高等院校工商管理类系列教材

运营管理

主　编　邹艳芬　胡宇辰
副主编　陶永进　何小兰　陆宇海

微信扫码
申请课件等相关资源

南京大学出版社

图书在版编目(CIP)数据

运营管理 / 邹艳芬,胡宇辰主编. — 南京：南京大学出版社，2019.12(2021.8 重印)
ISBN 978-7-305-22730-1

Ⅰ.①运… Ⅱ.①邹… ②胡… Ⅲ.①企业管理—运营管理 Ⅳ.①F273

中国版本图书馆 CIP 数据核字(2019)第 264916 号

出版发行　南京大学出版社
社　　址　南京市汉口路 22 号　　邮　编　210093
出 版 人　金鑫荣

书　　名　运营管理
编　　著　邹艳芬　胡宇辰
责任编辑　李素梅　武　坦　　　　编辑热线　025-83592315
照　　排　南京开卷文化传媒有限公司
印　　刷　南京人民印刷厂有限责任公司
开　　本　787×1092　1/16　印张 18.5　字数 473 千
版　　次　2019 年 12 月第 1 版　2021 年 8 月第 2 次印刷
ISBN　978-7-305-22730-1
定　　价　49.00 元

网　　址：http://www.njupco.com
官方微博：http://weibo.com/njupco
官方微信号：njuyuexue
销售咨询热线：(025)83594756

* 版权所有，侵权必究
* 凡购买南大版图书，如有印装质量问题，请与所购
　图书销售部门联系调换

前 言
Foreword

运营管理就是对运营过程的计划、组织、实施和控制,是与产品生产和服务创造密切相关的各项管理工作的总称。随着当今服务业的不断发展,生产的概念已逐步容纳了非制造的服务业领域,不仅包括了有形产品的制造,而且包括了无形服务的提供。面对全球性的竞争压力,实施有效的运营管理是企业管理人员最大限度地提高质量和生产率的重要工具。

运营管理的对象是运营过程和运营系统,是社会组织的投入至产出的转换过程,重点是对企业运营活动进行计划、组织和控制。运营管理的主要目标是质量、成本、时间和柔性(灵活性/弹性/敏捷性),即企业竞争力的根本源泉。近年来,随着科学技术的突飞猛进,产品知识密集程度的不断提高,生产和服务过程的日趋复杂,市场需求的日益多样化和竞争的激烈化,运营管理的内容更加丰富,范围逐渐扩大,体系日趋完整。本书编写过程中,力求体现其动态变化性和内容的系统性及前瞻性,注意体现服务业的运营管理和信息技术的应用,内容按照运营系统的竞争战略—运营理念—规划与设计—三大计划—管理与控制—持续优化进行安排。运营系统的规划与设计包括产品或服务的选择和设计、运作设施的地点选择、运作设施的布置、服务交付的系统设计、工作设计和产能规划。运营系统的管理与控制,主要是指在现行的运营系统中如何适应市场的变化,按用户的需求生产合格产品和提供满意服务,主要涉及生产计划、管理与控制三个方面。运营系统的优化主要是采用先进的生产方式对现有的系统进行优化,主要包括JIT和精益生产,以及其他先进生产方式。

本书由邹艳芬、胡宇辰任担任主编并负责统稿,陶永进、何小兰、陆宇海担任副主编。在资料的初步收集、整理和编写过程中,工商管理学院研究生池城(1～3章)、项雯静(4～6章)和黄慧霞(9～12章)等给予了大力支持;在编写的过程中,还得到了江西财经大学诸多专家的帮助,同时参考了大量相关文献,充分吸收了众多专家学者的优秀成果,在此,谨向所有提供帮助的师生朋友们致以深深的感谢!

由于编者水平所限,本书难免有不当和疏漏之处,渴望广大读者批评、指正。

编 者
2019 年 8 月

目 录
Contents

第一章　导　论 ··· 1
　　第一节　运营管理概述 ··· 2
　　第二节　运营管理的产生与发展 ··· 8
　　第三节　运营管理战略概述 ··· 12
　　第四节　服务业运营管理 ··· 21
第二章　运营管理理念 ··· 25
　　第一节　供应链管理理念 ··· 26
　　第二节　可持续性理念 ··· 37
第三章　产品/服务设计 ··· 47
　　第一节　产品设计管理 ··· 47
　　第二节　产品开发方法 ··· 55
　　第三节　服务设计 ··· 61
第四章　流程分析与工艺选择 ··· 68
　　第一节　生产能力规划 ··· 69
　　第二节　生产流程分析 ··· 75
　　第三节　工艺选择与流程设计 ··· 78
　　第四节　服务流程分析及工艺设计 ··································· 86
第五章　选址规划与设施的布置 ··· 95
　　第一节　生产设施选址 ··· 96
　　第二节　生产设施的布置 ··· 102
　　第三节　服务设施选址与布置 ··· 108
第六章　工作系统设计 ··· 119
　　第一节　工作设计 ··· 120
　　第二节　作业测量 ··· 127
　　第三节　人机工程 ··· 136

第七章 生产计划 ... 144
第一节 生产计划系统 ... 146
第二节 综合生产计划 ... 150
第三节 主生产计划 ... 156
第四节 物料需求计划 ... 161

第八章 作业计划 ... 170
第一节 作业计划概述 ... 171
第二节 作业排序 ... 182
第三节 作业控制 ... 189

第九章 库存管理与控制 ... 196
第一节 库存管理与控制概述 ... 196
第二节 库存管理与控制的基本方式 ... 199
第三节 单周期和多周期库存模型 ... 203

第十章 现场管理 ... 215
第一节 现场管理概述 ... 216
第二节 现场管理方法 ... 219
第三节 目视管理 ... 223
第四节 定置管理 ... 225

第十一章 持续改进 ... 232
第一节 持续改进概述 ... 232
第二节 持续改进的原则 ... 236
第三节 持续改进的手段 ... 238
第四节 持续改进的工具 ... 239
第五节 持续改进活动程序 ... 241

第十二章 精益生产 ... 246
第一节 精益生产的历史发展过程 ... 247
第二节 精益生产的含义 ... 250
第三节 精益生产的体系结构与特点 ... 259
第四节 准时化生产方式 ... 261

第十三章 运营管理最新技术发展 ... 275
第一节 现代制造系统的发展趋势 ... 275
第二节 智能制造 ... 276
第三节 网络化制造 ... 283

参考文献 ... 289

第一章 导 论

学习目标

1. 了解生产系统的不同要素；
2. 熟悉运营管理的主要工作内容；
3. 了解运营管理的发展历程；
4. 掌握运营管理战略的一致性。

开篇案例

水木客的战略探索

一、瞄准：烧烤的商机

北京水木客科技有限公司（以下简称"水木客"）创始人戴先生和丁先生认为，实体餐饮业潜力最大，尤其是烧烤，非常符合他们选择品类时奉行的原则——"市场大、风险小"。同时，烧烤食品成本低，烹饪手法简单，管理难度低，而且顾客价格敏感度也较低，霸主地位公司少，以个体小型烧烤摊为主，经营管理水平低，创业者有机会脱颖而出。因此，2014年9月，水木客烧烤——"串亭"第一家店在东直门宇飞大厦开业。

二、升级：中式居酒屋

"串亭"的菜品结构和环境等与传统烧烤摊有显著区别，生意和人气蹿红，但营业时间只有18:00—24:00的6小时，因而，打造6小时的卓越体验就尤为重要。后升级为"居酒屋"：午间提供定食，晚餐可聚会，消夜做酒馆，多场景毫无违和感地在狭小空间融为一体，并设计出一系列菜系，如烧烤加上小火锅、疙瘩汤、烤鱼、铁板菜系和大份沙拉等形式感极强的菜系，与烤肉饭、龙虾饭等主食搭配，午间套餐形式丰富；高品质的平价酒水和手工精酿啤酒的加入，使晚间的"居酒屋"名副其实。

三、创新：购物中心开店

在创业期间，公司短期无法完成资金的回笼和积累，利用自有资金扩张，两年内都不可能。水木客便借助时下流行的众筹融资，做大规模。例如，在龙湖长楹天街购物中心招商经理成先生关注下，2014年串亭长楹天街店开业，并举办促销活动，尽管准备工作仓促，顾客抱怨不断，但纷纷肯定串亭的味道，渐渐地，其他几大购物中心纷纷联系串亭，希望其入驻。

四、疾行：全国扩张

2015年8月，串亭又在朝阳大悦城开店，迅速跻身一线餐饮品牌系列。至2015年年底，在"赢商网"公布的榜单中,串亭与海底捞、外婆家等创立十多年的老品牌并居榜单 TOP 20。随后,水木客的加盟工作逐渐启动。通过直营和加盟并行方式,创立短短一年半时间,在全国发展了 15 间店面,分布于北京、福建、江苏、四川、山西、内蒙古等多个省份。

五、挣扎:资本的冰火两重天

随着 O2O 热潮的消退,加上股市低迷,之前已宣布获得上亿元融资的水木客遭遇投资方毁约,串亭开始经营困难。最后两位创始人终止一切资本洽谈,集中精力引进人才、控制成本,狠抓管理。最后在 2016 年 3 月,串亭所有门店全部实现盈利。

六、掉头与转型:应对市场寒冬,抓住消费升级的机遇

2016 年,两位创始人认为餐饮业已然进入"四高一低"(租金、人力成本、食材成本和风险高,净利润低)的寒冬。串亭停止一切新店计划,并启动一系列措施来提高盈利能力。2016 年 10 月,串亭开始与知名川菜大师合作共同研发菜品,来自美国的第三大贝类供应商也尝试通过贴牌串亭进入中国市场,中国简餐协会也向串亭发出专家会员邀请……串亭也希望借助多方力量,酝酿转型升级。

(资料来源:王雪莉,毛川江. 水木客的战略探索. 清华经管.中国工商管理案例中心,2016.)

"一个国家的人民要生活得好,就必须生产得好",生产活动是人类最基本的活动,有生产活动就有生产管理。可以说,人类最早的管理活动就是对生产活动的管理。但由于市场经济的迅猛发展,全球通信和交通的日益便捷,国际资本流动的通畅,劳动力成本的巨大差异等原因,企业运营管理的复杂性日趋提高。

第一节　运营管理概述

自从人类有了生产活动,就开始了生产管理的实践。18 世纪 70 年代西方产业革命之后,工厂代替了手工作坊,机器代替了人力,生产管理理论研究与实践开始系统和大规模地展开。运营管理既要解决传统产业存在的问题,又要针对服务业、高新技术等新兴产业存在的问题进行研究。如果说 MBA 代表着财富、地位、权力和荣誉,那么运营管理则意味着汗水、心血、能力和胆识。现代企业为了适应变化多端的市场竞争,提高产品综合竞争能力,采用先进的制造技术和生产模式,提高运营管理水平已势在必行。

一、运营管理的含义

(一)运营管理的概念

运营管理是广泛应用于生产产品和提供服务的全球所有企业的一门学科,无论是生产产品的,如福特、Zara、华为、长虹、海尔等;还是提供服务的,如迪士尼、肯德基、顺丰速运、光线传媒、商业银行等。过去,人们习惯把提供有形产品的活动称为生产,将提供无形产品即服务的活动称为服务。近年来,随着服务业的兴起,更为明显的趋势是把传统的生产和服务统称为"运营"。因此,运营管理就是将输入转化为输出的一系列创造价值的活动,并体现为有形的产品和无形的服务。运营概念的发展,如图 1-1 所示。

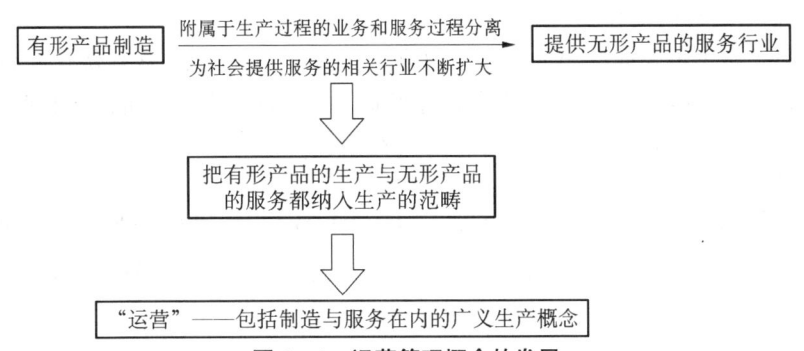

图1-1 运营管理概念的发展

（二）运营管理的目标

运营管理的目标是高效、低耗、灵活、清洁、准时地生产合格产品或提供满意服务。高效是指时间上能够迅速满足用户需要,在当前激烈的市场竞争条件下,订货提前期越短越有可能争取到用户;低耗是指生产同样数量和质量的产品,消耗的人力、物力和财力最少,目标是低成本—低价格—争取用户;灵活是指迅速适应市场变化,灵活变换和创新产品品种和服务;清洁指对环境无污染;准时是在用户要求的时间内,提供所需的产品和服务。

（三）运营管理的内容

企业管理的过程包括计划、组织、人员配置、领导和控制。运营管理也不例外,主要是对企业的运营系统进行规划与设计、管理与控制和优化的各种活动的总称。规划与设计包括产品或服务的选择和设计、运作设施的选址和布置、服务交付系统的设计、工作设计和产能规划;管理与控制主要是指在现行运营系统中,按用户需求生产合格产品或提供满意服务,主要涉及三项生产计划和库存、质量及项目的管理与控制;优化主要是持续地对现有系统进行改善,主要包括JIT和精益生产等。具体如图1-2所示。

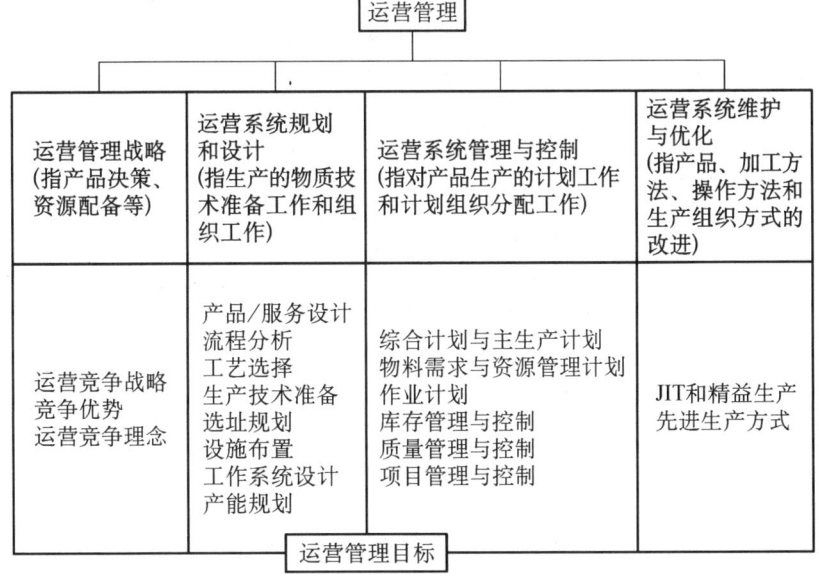

图1-2 运营管理内容图

1. 运营管理战略制定

运营管理战略决定企业产出的品种与组合、需要投入的资源要素与优化配置、生产组织方式设计,以及竞争优势的确立等,目的是为产品生产及时提供全套的、能取得令人满意效果的技术文件,并尽量缩短开发周期,降低开发费用。

2. 运营系统规划与设计

运营系统规划与设计管理包括生产规模与技术层次决策、设施设备选择与建设或购置、运营系统总平面布置、车间及工作地布置等;其目的是以最快速度、最少投资建立起最适宜企业的运营系统主体框架。

3. 运营系统管理与控制

运营系统管理与控制是对运营系统的正常运行进行计划、管理和控制。其目的是按技术文件和市场需求,充分利用企业资源条件,实现高效、优质、安全、低成本生产,最大限度地满足市场销售和企业盈利。主要包括计划编制(综合计划和作业计划等)和以计划为标准,质量、库存和项目的管理与控制等内容。

4. 运营系统优化

为适应市场变化,运营管理系统优化主要包括生产现场和生产组织方式的不断改进。运营系统的计划、管理和控制,最终都要落实到生产现场。因此,要加强生产现场的协调与组织,消除浪费,排除不适应生产活动的异常、不合理现象,使运营管理过程的各要素更加协调,不断提高劳动生产率和经济效益。

(四)运营管理的过程

运营管理过程就是把输入资源按照社会需要转化为有用输出、创造价值的过程。这一过程的载体即为形形色色的社会组织,有生产有形产品的,如海信、华为等制造型企业,有提供身体检查、理财、指导论文和面部美容等各种服务的,如医院、银行、高校、美容院等,这些社会组织的活动总称为运营管理。在运营管理过程中,每一个社会组织都有其特定的目标和功能,活动输入是能源、信息、原材料等,在一定的外部环境约束(如宏观经济、政治、社会、法律、市场、中观的行业发展)下,通过组织的内部资源支持(如人员、财力、技术等),输出为产品和服务,典型的生产系统运转过程如图1-3所示。

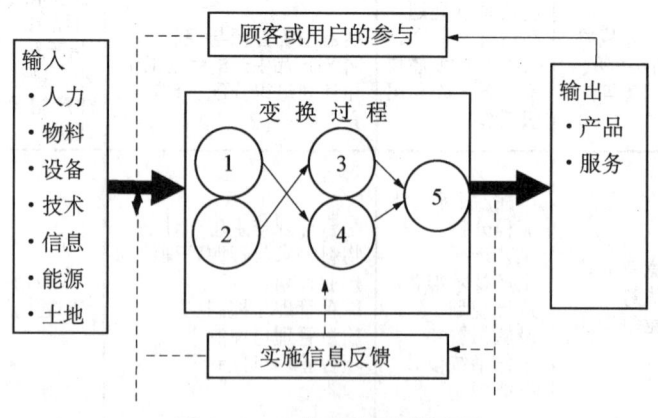

图1-3 生产系统运转过程图

社会组织的输出是企业赖以生存的基础、吸引顾客的依据;输入则是由输出决定,生产的产品或提供的服务决定了需要输入的资源和其他要素。这一转化过程的有效性是影响企业竞争力的关键因素之一。表1-1列出了不同行业、不同社会组织的输入、转换、输出的主要内容。

表1-1 输入—转换—输出的典型系统

系　统	主要输入资源	转　换	输　出
汽车制造厂	钢材、零部件、设备、工具	制造、装配汽车	汽车
学校	学生、教师、教材、教室	传授知识、技能	受过教育的人才
医院	病人、医师、护士、药品、医疗设备	治疗、护理	健康的人
商场	顾客、售货员、商品、库房、货架	吸引顾客、推销产品	顾客的满意
餐厅	顾客、服务员、食品、厨师	提供精美食物	顾客的满意

运营管理最初是针对生产制造过程的研究,即有形产品生产制造过程的组织、计划和控制等,被称为"生产管理学"(Production Management)。随着经济、科技、工业化、信息化的发展,社会构造越来越复杂,分工越来越细。原来附属于生产过程的服务过程相继分立,形成了专门的商业、金融、房地产等服务业。此外,人们对教育、医疗、保险、娱乐等方面的要求也不断提高,相关行业不断扩大。因此,对提供无形产品的运作过程进行管理和研究的必要性也就应运而生。至今,把有形产品和无形产品的生产和提供都看作是一种"投入—转换—输出"的过程,实现价值增值,称为"运营管理"。

(五) 运营管理的研究对象

运营管理的研究对象是运营系统,即使上述转换过程得以实现的手段,包括转换过程中相对应的一个物质系统和一个管理系统。物质系统是一个实体系统,主要由各种设施、机械、运输工具、仓库、信息传递媒介等组成。例如,机械工厂的车间、各种机床天车等工具、在制品仓库等;化工厂的化学反应罐和形形色色的管道等。管理系统主要是对物质系统的设计、配置和计划、控制等,主要内容是信息的收集、传递、控制和反馈。

二、运营管理的职能

(一) 企业管理的三项基本职能

企业管理有运营、理财和营销三大基本职能。运营是创造社会所需要的产品和服务;理财是为企业筹措并合理地运用资金;营销是将产品和服务输送到顾客手中。可见,运营管理是企业管理的基本活动之一,与其他两大职能(理财和营销),以及人力资源、信息系统、技术等之间的关系,如图1-4所示。

企业管理的目的是要在充分发挥市场营销、运营管理与财务管理等职能作用的基础上,实现企业系统的整体优化,创造最佳效益。在企业管理系统中,三大职能互相影响、互相制约。如果营销体系不健全,营销政策不完整、销售渠道不畅,即使企业产品竞争力很强,也难以销售出去,更谈不上取得市场地位、获得竞争优势。如果运营管理系统不完善,产品质量不能保证,再健全的营销体系也很难将产品销售出去。如果财务管理系统较弱,资金筹措和运作能力低,资金支持不足或运用不好,企业将无法做大做强。因此,企业是一个完整的有机系统,必须以系统的观点、从系统的角度,全面提高企业各职能的管理水平。

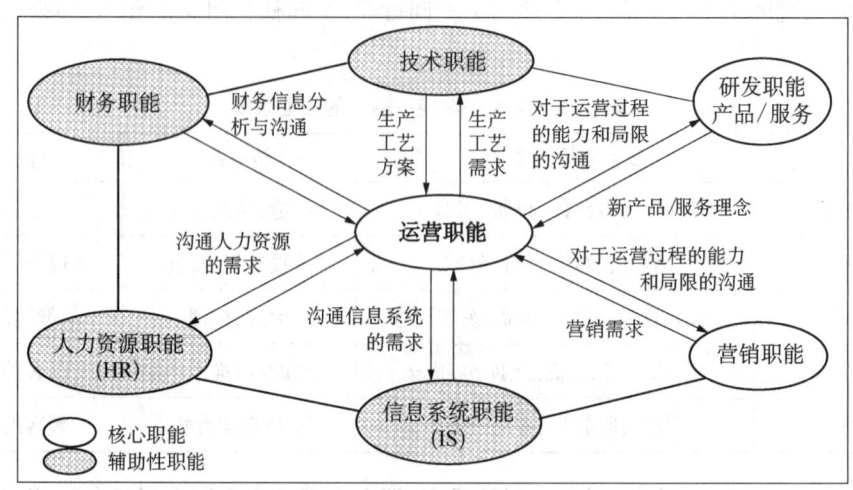

图1-4 企业的运营管理职能与其他核心、辅助性职能的关系

(二) 运营管理职能的发挥

运营管理职能在企业中的作用并不是一贯的,为了生存与发展,在企业的不同时期,运营职能从最初的内部中立到最终的外部支持,真正取得运营优势。企业在初创期,最为关注的是财务,继而是营销,这一方面由哈佛大学的海斯和惠尔赖特两位教授最先提出"四阶段模型",南加利福尼亚大学的蔡斯教授后来在此基础上做了进一步的完善。该模型描述了运营职能从一个近乎消极的角色(阶段1)到竞争战略要素(阶段4)的整个发展过程,如图1-5所示。

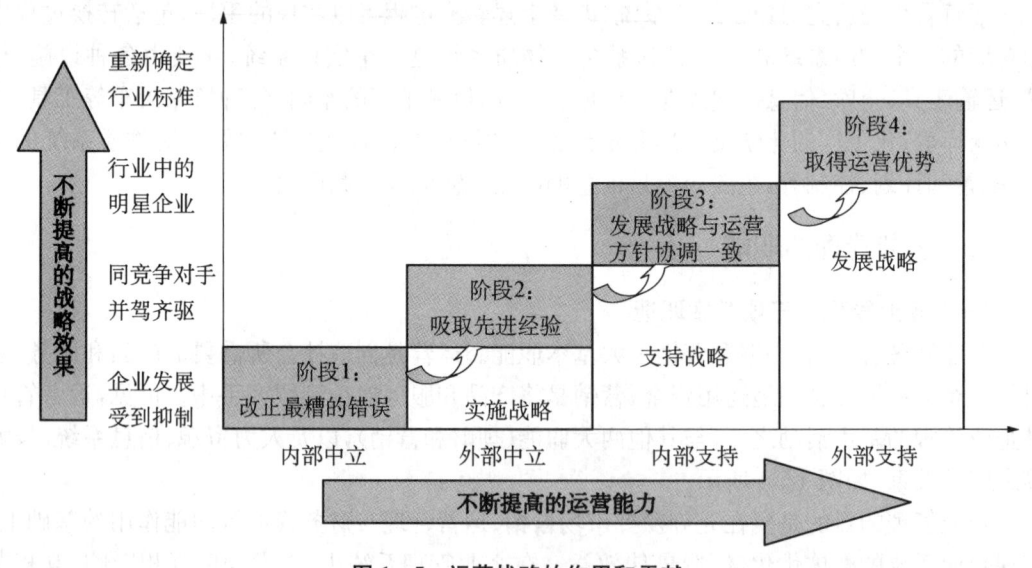

图1-5 运营战略的作用和贡献

阶段1:内部中立。在这一阶段,运营职能的贡献少得可怜。其他职能都将它看作是阻碍有效竞争的拦路石。此时,运营职能是封闭保守的,充其量也只是被动反应式的,对公司竞争优势几乎没有任何贡献,最大目标是实现"内部中立",但不是通过采取任何积极措施,

而是避免更大失误获得的。

阶段2:外部中立。运营职能跳出阶段1所迈出的第一步就是拿自己和外部市场的同类型公司进行比较,吸取"先进经验",从而力争"上游",这并不意味着它就一定成为市场上"明星梯队"中的一员。

阶段3:内部支持。在这一阶段,运营职能基本具备了跻身"明星梯队"的实力,目的很明确,争当第一,对公司竞争目标或战略目标有清醒认识,建立充足的运营资源,为公司在市场竞争中战胜对手创造条件。这一阶段的目标是通过制定切实可行的运营战略,努力做到"内部支持"。

阶段4:外部支持。这一阶段中,运营职能逐渐演变成为决策的核心要素,是公司竞争胜利的基石,突出创造性和前瞻性。不仅要预测市场的可能变化,还要建立未来市场条件下竞争所需的运营能力,根本目标是努力做到在产品服务的生产方式和自身组织方式上比竞争对手"领先一步",即实现"外部支持"。

三、运营管理的作用

(一) 运营管理是企业价值链的主要环节

从人类社会经济发展角度来看,物质产品的生产制造是除了天然合成(如粮食生产)之外,人类能动地创造财富是最主要的活动。工业生产制造直接决定着人们的衣食住行方式,也直接影响着农业、矿业等其他产业技术装备的能力。在今天,随着生产规模的不断扩大,产品生产技术日益复杂,市场交换活动日益活跃,一系列连接生产活动的中间媒介活动变得越来越重要。因此,与生产密切相关的金融业、保险业、对外贸易业、房地产业、仓储运输业和信息业等服务行业是人类创造财富的必要环节,所占比重越来越大,作用越来越重要。作为构成社会基本单位的企业,其运营管理活动是人类最主要的生产活动,是企业创造价值、服务社会和获取利润的主要环节。

(二) 运营管理是企业市场链的主要活动

企业生产经营可以说有五大活动:财务、技术、生产、营销和人力资源管理。这五大活动是有机联系的一个循环往复的过程,如图1-6所示。企业为了实现自己的经营目的,首先,制定经营方针,决定生产经营边界;其次,准备资金——财务活动;再次,研制和设计产品及工艺——技术活动;然后,购买物料和加工制造——生产活动;最后,通过销售使价值得以实现——营销活动,如此周而复始;促使这一切运转的是人——人力资源管理活动。企业为了达成经营目的,以上五大活动缺一不可。

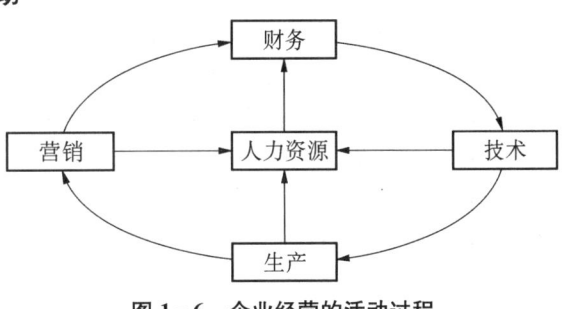

图1-6 企业经营的活动过程

(三) 运营管理是构成企业核心竞争力的关键内容

在市场竞争条件下,不同企业有各自不同的战略和成功的经验。归纳起来,最终都体现在企业所提供产品的质量、价格和适时性上,产品质量好,价格低,及时推出是竞争中取胜的关键。一个企业也许面临许多问题,如体制、资金、设备、技术、生产、销售、人员,与政府、银行、股东的关系等,任何一个方面都有可能影响整个企业的正常生产经营,但顾客只关心企业所提供产品的效用。因此,企业之间竞争实际上是企业之间产品的竞争,而产品竞争力在很大程度上取决于运营管理水平,即保证质量、降低成本和把握时间等。因此说,运营管理是企业竞争力的真正源泉。在市场需求日益多样化和个性化的情况下,如何适时、适量地提供高质量、低价格的产品,是现代企业经营管理领域中最富有挑战性的内容之一。20世纪80年代,美国工商企业界的高层管理者曾经把兴趣更多地偏重于资本运营、营销手段的开发等,对生产系统缺乏应有重视,结果导致企业与市场竞争的要求相距越来越远,同时,后起的日本企业依靠卓有成效的运营管理技术,产品风靡全球,全球竞争力不断提高。尤其日美汽车工业之间的竞争是一个最好的例证。如今,绝大多数企业已经意识到了运营管理对企业竞争力的重要意义,开始大力加强运营管理。

第二节　运营管理的产生与发展

一、运营管理的产生

运营管理产生的时间虽不长,但内容却十分丰富。经济学家亚当·斯密(1776)在《国富论》一书中,最早注意到了生产经济学。他揭示出劳动分工的三个优点:技能或熟练程度的发展、作业专门化的工作时间节约和机器工具的发明,使运营管理从完全叙述阶段发展到了具有应用科学特征阶段。随后,伊莱·惠特尼(Eli Whitney,1800)被认为是较早地通过采用标准化和质量控制来推广零部件互换的。他在为美国政府生产10 000支步枪的合同中,通过提供可以互换的枪械零部件获得了额外利润。1832年,查尔斯·巴贝奇在《论机器和制造业的经济》一书提出了许多关于生产组织和经济学方面带有启发性的观点,扩大了亚当·斯密的观察范围,并补充了亚当·斯密忽略了的一个重要优点,即在引用当时制针业的调查结果基础上,提出专业化分工导致制针业有七个基本操作工序:① 拉线;② 直线;③ 削尖;④ 切断顶部;⑤ 作尖;⑥ 镀锡或镀白;⑦ 包装,并可以按照不同工序对每种技巧订出界限作为支付报酬的依据。

弗雷德里克·W.泰罗(Frederick W.Taylor,1881)被誉为科学管理之父。他在员工选择、生产计划和作业计划、动作研究以及现在流行的工效学领域做出了巨大贡献,与亨利·甘特(Henry Gantt)、弗兰克·吉尔布雷斯和莉莲·吉尔布雷斯(Frank and Lillian Gilbreth)夫妇均是最早系统地探索最佳生产方法的先驱,为运营管理的发展做出巨大贡献。1913年,亨利·福特(Henry Ford)和查尔斯·索伦森(Charles Sorensen)将零部件标准化和肉制品包装与邮件分拣业的准装配线相结合,提出了流水线这一革命性概念。

二、运营管理的发展历程

引用杰伊·海泽的研究成果,运营管理的发展分为四个阶段:19世纪末以前的早期管理思想阶段;19世纪末到20世纪30年代,以泰罗科学管理和法约尔一般管理思想为代表的古典管理思想阶段;20世纪30年代到40年代中期,以梅奥的人际关系理论和巴纳德的组织理论为代表的中期管理思想阶段;20世纪40年代中期以后一系列管理学派(管理科学派、行为科学派和系统管理学派等)为代表的现代管理思想阶段。具体如图1-7所示。

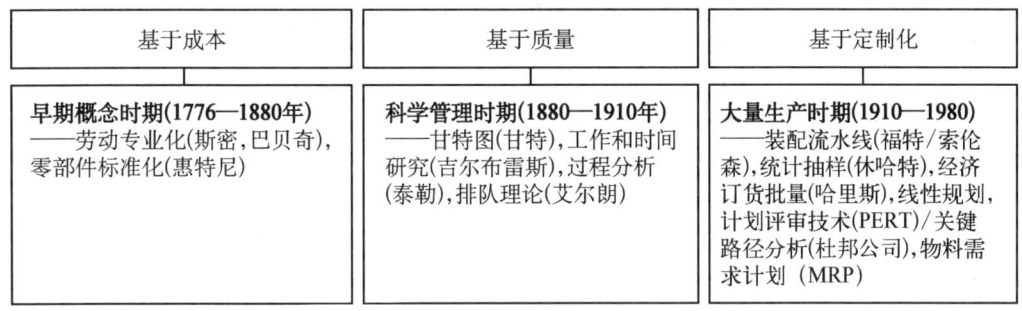

图1-7 运作管理大事记

质量控制是运营管理中另一个做出历史性贡献的领域。沃尔特·休哈特(Walter Shewhart,1924)将统计知识,尤其是统计抽样成功运用到质量控制中。爱德华兹·戴明(Edwards Deming,1950)提出,管理者应在工作环境和流程方面做出更多改进,以便改进质量。

运营管理持续结合其他学科的发展来丰富自身的内容,包括工业工程和运筹学,如产品和工艺的设计常常依赖于生物学和物理学的发展,尤其是自然科学的创新(如生物学、解剖学、化学和物理学):新型黏合剂、印刷电路板的新化学处理方法、应用在食品检验中的伽马射线,以及制造高品质玻璃的工艺等;信息科学通过对资料进行系统处理来获取信息,对运营管理做出了特别重要的贡献,尤其是互联网和电子商务正不断促进生产率的提高,并使产品和服务越来越丰富多彩。运营管理决策的制定需要精通管理科学、信息科学、生物或物理学科的一种或多种知识。本书介绍了多种获取知识的途径,以便学习者为将来从事运营管理工作做好准备。

三、运营管理的挑战

20世纪20年代开始出现了"第一次生产方式革命",即单一品种(少品种)大批量生产方式替代了手工制造单件生产方式,但随后代之的是"多品种、小批量生产方式",即"第二次生产方式革命"。我国传统的生产管理模式,是在20世纪50年代学习苏联的基础上创立起来的,与单一品种(少品种)大批量生产方式相适应,以产品为中心组织生产,使得整个经济处于投入多、产出少、消耗高、效益低的粗放型发展状态,形成"大而全""小而全"的工业生产体系。与现代企业运营管理相比,传统生产管理模式存在四个弊端:缺乏柔性,对市场反应能力低;"多动力源的推进方式"使库存大量增加;单一产品的"大而全""小而全"生产结构;生产计划与作业计划相脱节,计划控制力弱等,难以应对时代的挑战。

(一) 现代运营管理的挑战

运营管理过程就是产品和服务的提供过程,是通过将各种资源投入转化为输出的过程。而输出的产品和服务的价值是指输出与输入之比,根据价值工程理论可知,企业的目标就是通过提高产品或服务的价值,更好地服务于顾客,以获得企业的生存和发展。但价值的提高,随着经济的发展和潜力的不断挖掘,尤其是如今的知识经济时代,企业经营环境面临诸多挑战,如图1-8所示。

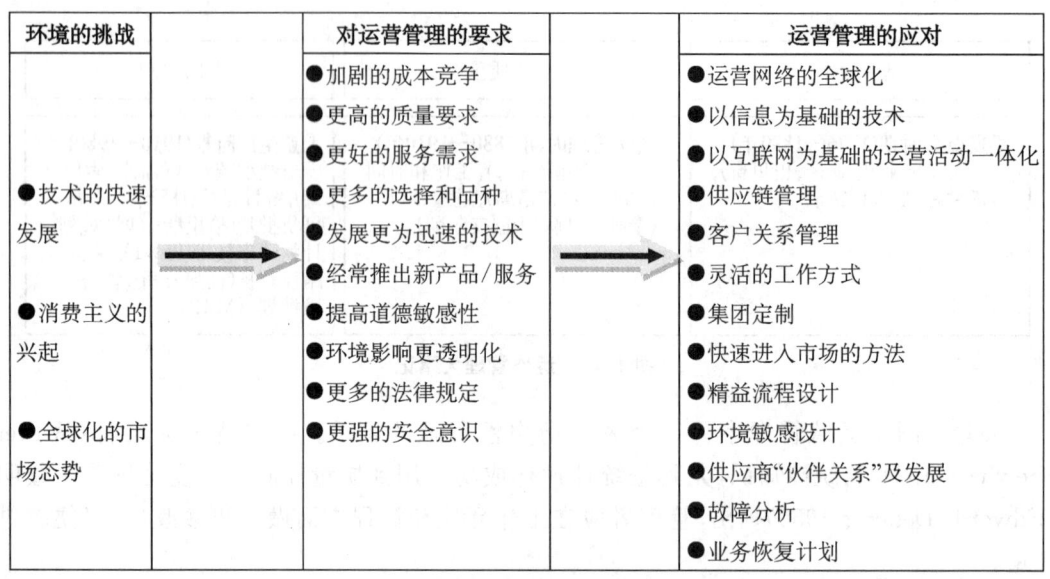

图1-8 企业运营管理的挑战、要求和应对

1. 技术的快速发展

由于交通、通信和网络技术的快速发展,资讯丰富爆炸,知识信息可以瞬间即得,大英博物馆数百万卷的信息5秒钟可以发到任何一台服务器上,得以传播。知识更新速度加快,工业经济时代的300年把人类知识的总和翻了一番,相当于历史的5 000年,如今基本每5年就可以翻一番。据统计数据:每隔10年,世界原来的500强企业便有1/3消失;国内企业数量增加33倍,经营环境复杂25倍,平均寿命缩短至20%,平均利润逐年递减10%;民营企业平均寿命仅为29年。竞争更加激烈且没有止境与界限,环境呈现出发展越来越迅速、变化越来越快、竞争越来越激烈的特点、运营和业态模式越来越多元化、产品生命周期越来越短。因此,在运营管理中,利用可靠、便捷低廉的全球通信和运输网络,尤其是互联网,首先进行快速的产品/服务开发与设计;其次,面对更新的技术、更快的行动和更有效率的对手,运营系统的规划设计一定具有快速响应的性质和柔性的特征;最后,在运营系统管理和控制过程中,为满足顾客的需求,应对技术、材料和工艺等的快速变化,必须吸收供应商参与,并与关键供应商建立长期的合作关系,通过合资、联盟等形式,秉持供应链管理的理念,不断降低原材料到产成品的库存。

2. 消费主义的兴起

生活条件的改善使人们越来越关注自己和自身的需求,同时,社会进步的一个重要特征就是每个人愿意以自己喜欢的方式过上自己想过的生活。这一变化对企业运营管理构成三个方面的挑战:① 在现代企业中的员工,从过往的唯命是从到今天的追求个性张扬和个人的自我价值实现,与制度的冲突逐渐增多,领导者在运营管理的工作设计和测量中,必须考虑员工整体贡献的重要性,进行恰当的员工授权、工作扩展;② 顾客需求多元化使企业从低成本的标准化产品和生产模式到大规模的定制生产,生产流程必须具有足够的柔性,以便随时随地满足每个顾客的个性化需求;③ 大众对污染、腐败和诸多社会与伦理等问题不断关注,使企业在运营管理中必须不断投入环保生产和绿色制造,提高企业的可持续性,尤其是环保型的产品和流程以及包装等的设计,考虑产品的生物降解、零件的重复或循环利用等,从供应商采购,原材料加工为成品,到交付顾客使用,在各个关键的节点上都必须考虑绿色和环保的要求。

3. 全球化的市场态势

随着科技进步、网络发展、信息交流,尤其是通信和运输费用的快速下降使各个区域市场不断面临全球市场竞争。运营管理必须不断创新,随时随地以更快、更好和更合适的方式进行生产,市场和顾客是全球化的,个体性差异更大,顾客选择更多,对响应速度和能力也要求更高。阿尔文·托夫勒在《权力的转移》一书,充分说明以上的诸多挑战环境中,企业为适应外界挑战,在运营管理中,只有持续改进才能跟得上时代的发展与变化。要应对40年的工作时间,前工业化阶段,只要7~14年的学习;工业化阶段,求学时间延伸为5~22年,而在当今后工业化阶段,管理者必须为企业和员工提供终身学习的机会和理念。管理大师彼得·圣吉说:"你未来唯一持久的优势就是比你的竞争对手学得更快的能力。"

(二) 现代运营管理新趋势

严峻的挑战也是良好的契机,抓住机遇,采用先进生产方式,构造新的运营管理模式,促进企业运营管理以及社会经济的发展,意义非凡。

1. 生产方式上,从粗放式生产转变为精益生产

按照精益生产方式,以市场需求为依据,准时组织各环节的生产,一环拉动一环,消除整个生产过程中的一切松弛点,从而最大限度地提高生产过程的有效性和经济性,尽善尽美地满足用户需求。采用拉动式生产,彻底地改变传统的各环节都按自己的计划组织生产,靠大量的在制品储备保任务、保均衡的做法,使社会需要的产品以最快的速度生产出来,减少储存,最终做到生产与市场的同步。

2. 生产组织上,从"以产品为中心"转变为"以零件为中心"

"以产品(零件)为中心"组织生产是指在整个企业生产过程中,各生产阶段之间的"物流"和"信息流"是以产品(零件)为单位流动和传递的。"以零件为中心"组织生产要求整个生产过程中,在各生产阶段内部和之间,从工艺设计、计划编制、生产组织实施等各个环节,都以零件为单位组织安排,传递"物流"和"信息流",使整个生产过程受到严格、有序的控制。

3. 运营管理手段上,由手工管理转变为计算机管理

管理现代化的目标之一是手段的计算机化、自动化。目前,大多数企业正在推进全面计算机化管理,首先是人事档案、劳动工资、材料库存和成本等单项管理,另一方面是产品的市场预测决策、生产计划、工艺设计、工装和生产制造等方面,采用计算机辅助设计(CAD)、计算机辅助工艺过程设计(CAPP)、计算机辅助制造(CAM)、制造资源计划(MRPⅡ)、成组技术(GT)和柔性制造技术(FMS)方法。近20年发展起来的计算机集成制造系统(CIMS)使企业的经营计划、产品开发设计、生产制造等一系列活动可能构成一个完整的有机系统,并进一步朝着经营与生产一体化、制造与管理一体化的高度集成方向发展。

4. 生产品种上,由少品种、大批量转变为多品种、小批量生产

时代发展到今天,一方面,在市场需求多样化面前,少品种、大批量生产方式缺乏柔性,

不能灵活适应市场需求的弱点逐渐显露；另一方面，飞速发展的电子技术、自动化技术和计算机技术等使生产方式和工艺技术的灵活转换成为可能。可以肯定地说，为最大限度地满足用户对产品品种、质量、价格与服务的需求，多品种、小批量生产将越来越成为主流。

5. 管理制度上，由非制度化、非程序化、非标准化转变为制度化、程序化和标准化

企业在管理业务、管理方法、生产操作、生产过程、报表文件、数据资料等各个方面，特别是在生产现场生产无序，管理混乱，"跑、冒、滴、漏"以及"脏、乱、差"等现象依然存在。现代运营管理要求的制度化、程序化和标准化是要做到有据可依，有章可循，按制度办事，按作业标准操作，按程序管理。

第三节 运营管理战略概述

企业战略是企业为获得长期生存与发展而在战略期内对发展方向和关系全局性问题的总体谋划。运营管理战略则是在企业总体战略、竞争战略的指导和约束下的职能战略之一，是企业战略成功的基础和保障。

一、运营管理战略的概念

运营管理战略是企业战略的重要组成部分，是企业为了实现总体战略，对运营管理系统所做的总体规划。因此，在不同的企业战略下，必须制定与之相适应的运营管理战略。运营管理战略的作用，如图 1-9 所示。

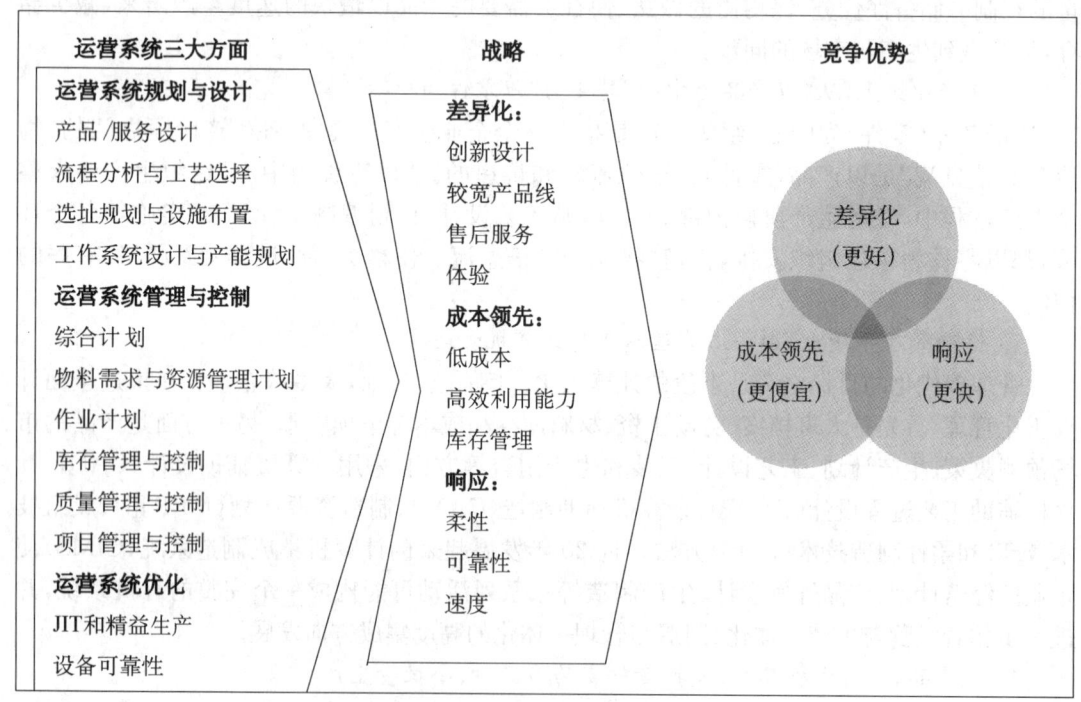

图 1-9 运营管理战略的作用

(一) 运营管理战略的特点

运营管理战略在整个企业战略体系中所处的地位决定了它在企业经营中的特殊位置，并形成了自身的一些基本特征。

1. 从属性

运营管理战略虽然属于战略范畴，但它从属于企业战略，是企业战略的一个重要组成部分，必须服从企业战略的总体要求，从运营管理角度保证企业总体战略目标的实现。

2. 支撑性

运营管理战略作为企业重要的职能战略之一，要从运营管理角度支撑企业总体战略目标的实现，为企业战略的有效实施提供基础保障。

3. 协调性

运营管理战略要与企业总体战略、竞争战略，以及其他职能部门战略保持高度协调，一方面运营管理战略不能脱离其他职能战略而自我实现，另一方面它又是其他职能战略实现的必要保证。

4. 竞争性

运营管理战略制定的目的是通过构造卓越的运营管理系统来为企业获得竞争优势做贡献，从而使企业能在激烈的市场竞争中发展壮大自己，在与竞争对手竞争市场和资源的过程中占有优势。

5. 风险性

运营管理战略的制定是面向未来的活动，而未来环境及企业条件变化的不确定性，使战略制定和实施具有一定的风险性。

(二) 运营管理战略的竞争重点

运营管理系统是企业的竞争之本，只有具备了运营管理系统的竞争优势，才能赢得产品优势和企业优势，因此，运营管理战略的竞争重点就是影响竞争力的因素，即 TQCF，具体解释如下。

1. 交货期

交货期(Time)是指比竞争对手更快速地响应顾客需求，体现在新产品的推出和交货时间等方面，是企业参与市场竞争的重要因素，具体可表现在两个方面：快速交货和按约交货，前者是指向市场快速提供产品的能力，对企业争取订单意义重大；后者是指按照合同约定按时交货的能力，对顾客满意度有重要影响。

2. 质量

质量(Quality)是顾客满意度的体现。企业一方面要以满足顾客需求为目标，建立产品质量标准，达到消费者的质量期望水平；另一方面生产过程中以质量零缺陷为目标，保证产品可靠性，提高顾客满意度。此外，良好的物资采购与供应控制、包装运输和使用的便利性以及售后服务等对质量也有很大影响。

3. 成本

成本(Cost)是生产成本、制造成本、流通成本和使用成本等诸项之和。降低成本对于提高产品竞争力、增强市场应变能力和抵御市场风险具有十分重要的意义。主要的措施如优化产品工艺与流程设计、降低单位产品材料与资源消耗、降低设备故障率、提高质量、缩短运营管理周期、提高产能利用率和减少库存等。

4. 柔性

柔性(Fragility)是指企业在组织和生产方面体现出来的快速适应市场需求和外部环境的能力，增强制造柔性已成为企业形成竞争优势的重要因素。关键柔性主要包括产品产量柔性、新产品开发及投产柔性和产品组合柔性等，以及由此衍生的运营管理系统的设备柔性、人员柔性和能力柔性等，甚至是供应商的合作柔性。

在TQCF四个竞争要素方面，企业想同时优于竞争对手是不太现实的，企业必须从具体情况出发，集中主要资源，认真分析、动态协调，进行多目标平衡，形成独特的竞争优势。

二、运营管理战略的内容

作为企业的职能战略，运营管理战略处于承上启下的地位，承上是对企业总体战略、竞争战略的具体化，启下是作为运营管理系统的总体战略，推动系统贯彻执行具体的实施计划。因此，运营管理战略不是一个孤立的单元，而是企业系统的有机组成部分，通过运营管理战略框架进行横向、纵向系统分析，横向体现在与其他部门的联系，纵向体现在与顾客的联系，如图1-10所示。

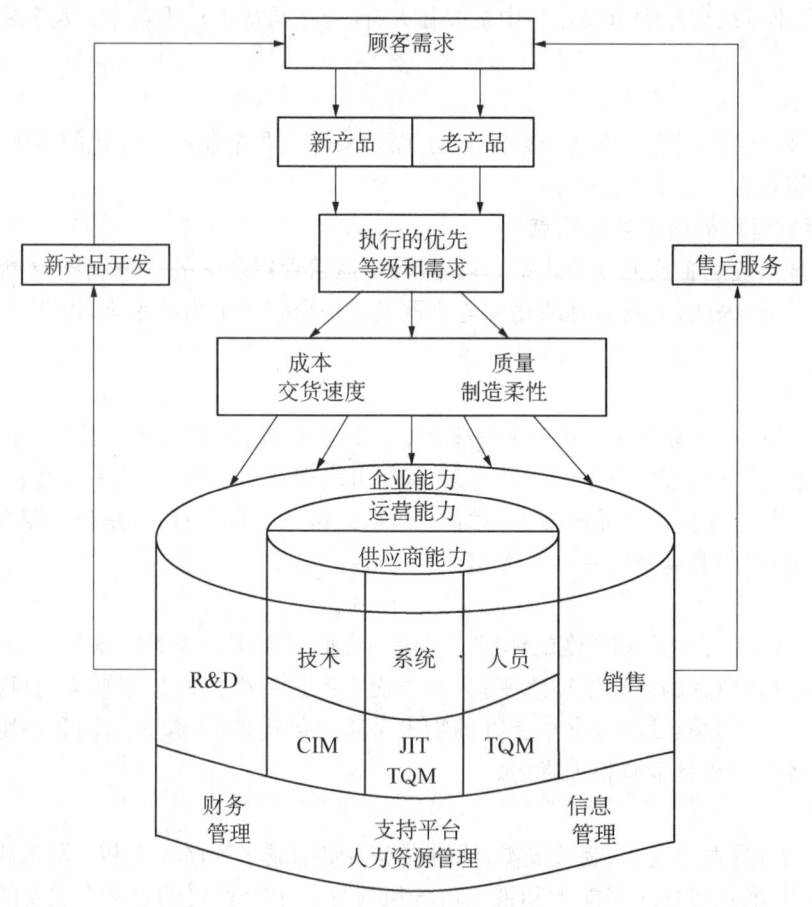

图1-10 运营管理战略框架

图 1-10 体现了运营管理战略将企业资源与市场需求的有机联系。首先,确定顾客对新产品和现有产品的需求状况,包括产品的质量、性能、价格和交货期及优先级别等。其次,明确运营管理的重点,并与顾客需求的优先级别相一致。最后,生产部门动用所有能力,努力实现生产以满足顾客需求,赢得订单。所以,运营管理战略框架图直观地体现了对顾客需求从发现到满足的运营管理流程。

需要解释的几点:① 生产部门的全部能力包括技术、系统和人员水平,图中底部的内圈表示"生产能力桶",所标示的 CIM(计算机集成制造)、JIT(准时化生产)、TQM(全面质量管理)只是代表了应用在技术、系统和人员水平三方面所需要用到的概念和工具。② "生产能力桶"中包括了供应商,是为了表明供应商必须是在技术、系统和人力三方面都得到企业认可的协作者。否则不会被选为供应商。③ 图中的外圈是"企业能力桶"。把产品的需求特性与"企业能力桶"联系起来,是因为顾客对产品的需求特性不仅与运营管理有关,也与企业 R&D、销售等其他部门有关。④ 底部的支持平台体现了企业财务管理、人力资源管理和信息管理等对运营管理的支持,以便更好地满足顾客需求。而运营管理战略主要包括总体战略、产品/服务设计与开发,运营系统设计与优化三个方面内容。

(一) 总体战略

运营管理总体战略包括产品(服务)选择战略、自制或外购战略和运营管理方式选择战略三个方面。

1. 产品(服务)选择战略

企业进行运营管理,首先要确定的是以何种产品(服务)来满足市场需求,实现企业发展,也就是制订产品(服务)选择战略,这关系着企业的兴衰存亡,必须予以高度重视。

企业的产品(服务)选择,需要是对各种设想进行充分论证后的科学决策,通常要考虑企业内外部因素:

(1) 外部市场条件。主要分析拟选择产品(服务)行业所处的生命周期阶段、市场供需的总体状况及发展趋势、企业开拓市场资源及能力、企业在目标市场的地位和竞争能力预期等。

(2) 内部各种条件。运营管理条件主要分析企业的技术、设备水平,新产品的技术、工艺可行性,所需原材料和外购件的供应状况等;财务条件主要分析产品开发和生产所需的投资、预期收益和风险程度等财务衡量指标,并结合产品所处的生命周期来判断产品对企业的贡献前景;以及企业内部各部门由于职能划分不同带来的工作目标差异性必然会对产品选择产生影响,增加工作难度。例如,生产部门倾向于成熟的单一产品;营销部门追求产品组合的宽度和深度,倾向于新产品的不断推出;财务部门则更青睐销售利润高的产品选择。这就需要企业综合考虑、全面协调。

除此之外,企业还要兼顾社会效益、生态效益等影响因素。

2. 自制或外购战略

企业的新产品开发或建立(改进)运营管理系统首先面对的就是自制或外购决策。企业自制战略有完全自制和装配阶段自制两种选择:前者需要企业建造完备的制造厂,购置相应生产设备,招聘人员,组织生产,完成生产的各个环节;后者即"外购+自制"战略,部分零部件外购,企业建造总装配厂进行产品组装。企业外购战略只需成立一个经销公司,为消费者提供相应的服务即可。一般而言,对于产品工艺复杂、零部件繁多的生产企业,那些非关键、不涉及核心技术的零部件,如果外购价格合理,市场供应稳定,企业会考虑外购或以外包的方式来实现供应。

3. 运营管理方式选择战略

正确选择运营管理方式可以帮助企业动态地适应快速变化的市场需求、日益激烈的市场竞争、日新月异的科技发展,使企业能适应甚至引导运营管理方式的变革。可供企业选择的运营管理方式有许多种,这里仅介绍两种典型的生产方式:

(1) 大批量、低成本战略。适用于特定的市场上需求量大、差异性小的产品或服务的提供,特别是在居民消费水平普遍不高的经济发展阶段的国家(地区)。20 世纪初的福特汽车公司首创流水线生产,现在 Wal-Mart 公司的低成本、大规模生产方式的选择,都是这一战略执行的典型代表。

(2) 多品种、小批量战略。最早出现于 20 世纪 80 年代初,兼有大批量生产的低成本优势和单件小批量生产的适应消费者个性化需求特点,是介于大批量生产与单件小批量的一种中间状态。当前,许多著名企业(如丰田、惠普等公司)都采用这种运营管理方式。

除以上两种较传统的运营管理方式外,可供企业选择的先进生产方式有敏捷制造、JIT、计算机集成制造等。

(二) 产品(服务)开发与设计

产品(服务)的开发与设计主要是确定功能、型号和结构,进而选择制造工艺,设计生产流程。随着现代科技的快速发展,产品生命周期总体上不断缩短,R&D 的重要性日益彰显,新技术、新产品的不断推出成为保障企业生存与发展的重要条件。按照产品或服务开发与设计方向,可将该战略分为四类。

1. 技术领先者或技术追随者

企业在进行产品或服务开发与设计时可以通过自主研发来掌握新技术,也可以通过学习技术领先者来开发、设计产品或服务,做技术领先者或追随者是产品或服务设计时的两种不同选择,前者需要不断创新和大量研发投入,因而风险较大,但一旦成功则可获得较丰厚的回报,在竞争中处于领先地位;后者主要是学习新技术,仿制新产品,因而相对投入少、风险小,但相比技术领先者投资回报率低,并且容易在技术上受制于人。当然,通过努力学习,对技术和产品进行改进,也有可能形成竞争优势。波特教授曾经将两者与企业竞争战略联系起来提出:技术领先者和追随者,在获取成本领先优势或差别化优势方面各有特点,前者较后者更易于获得竞争优势,如表 1-2 所示。

表 1-2 研究开发战略与竞争优势

竞争优势	技术领先者	技术追随者
成本领先	① 优先设计出成本最低的产品或服务 ② 优先获得学习曲线效益 ③ 创造出完成价值链活动的低成本方式	① 通过学习技术领先者经验,降低产品或服务成本和价值链活动费用 ② 通过仿制减少研究开发费用
差别化	① 优先生产出能增加买方价值的独特产品 ② 在其他活动中创新以增加买方价值	通过学习技术领先者的经验,使产品或交货系统更紧密地适应买方需要

2. 自主开发或联合开发

自主开发就是企业根据市场分析预测,依靠自己的技术力量进行新技术、新产品的研究开发;联合开发则是指企业通过与合作伙伴或其他机构联合开发新技术、新产品,前者对于企业规模大、R&D能力强的行业领先者很有吸引力;后者是实力稍逊企业的理性选择,希望可以通过联合实现资源聚合,达到各方共赢。此外,对于一些复杂的产品或技术,由于涉及的知识前沿、投入巨大、周期较长,联合开发的适用性更强。

3. 外购技术或专利

在企业预期进行独立或联合开发没有条件或者风险过大时,就会考虑借助外部研发力量,外购先进的技术或专利,增强企业自身的技术实力,不仅可以节约R&D投入,降低R&D风险,同时缩短产品开发与设计周期。但需要关注的重点是外购后的消化、吸收和特色创新。

4. 基础研究或应用研究

基础研究是对某个领域的某种现象进行研究,但不能保证新知识一定可以得到应用,成果转化为产品的时间长、风险高、投资大,可一旦成果得以应用,则会发挥巨大潜力。应用研究则是企业根据市场需求状况选择一个潜在领域,有针对性进行的研究活动,实用性强,较易转化为现实生产力,但一般需要基础理论研究成果的支持。例如,空气动力学研究属于基础研究,而赛车车型研究则属于应用研究,后者要以前者为基础。

(三)运营系统的设计与优化

运营管理系统的设计与优化是企业战略管理的一项重要内容,也是企业战略实施的重要步骤,主要关注四个方面:选址、设施布置、工作设计、考核与报酬等规划和设计;层层推进的三大计划和三大管理与控制和系统优化等。

三、运营战略制订的影响因素

无论企业总体战略是差异化、成本领先抑或是快速响应战略,运营管理战略在制定和实施方面,考虑不同观点都会有所裨益。一种观点是资源观,即从可支配的财力、物力、人力和技术资源等方面考虑,确保未来战略与这些资源相匹配。另一种观点是波特的价值链分析,用于识别优势活动或具有潜在优势的活动,即识别提升竞争优势的机会。企业可以提供独特价值的增值领域包括产品研发、设计、人力资源、供应链管理、流程创新或者质量管理等。波特还建议利用五力模型(直接竞争对手、潜在进入者、顾客、供应商和替代产品)来分析竞争对手。

除了竞争环境,企业作为一个系统,影响运营管理战略制订和实施的还有多种外部因素,包括政治、法律、文化等。因此,伴随着产品从导入期到成长期、成熟期,再到衰退期的过程,企业需持续考虑内部、外部的变化,建立具有动态性的战略,如图1-11所示。

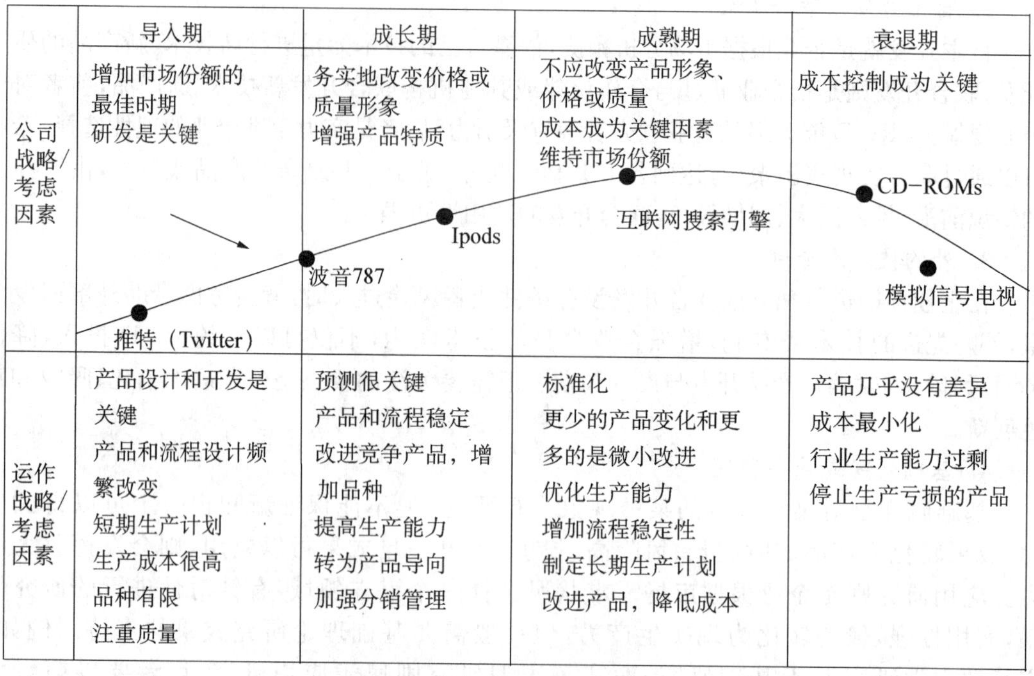

	导入期	成长期	成熟期	衰退期
公司战略/考虑因素	增加市场份额的最佳时期 研发是关键 推特（Twitter）	务实地改变价格或质量形象 增强产品特质 波音787　Ipods	不应改变产品形象、价格或质量 成本成为关键因素 维持市场份额 互联网搜索引擎	成本控制成为关键 CD-ROMs 模拟信号电视
运作战略/考虑因素	产品设计和开发是关键 产品和流程设计频繁改变 短期生产计划 生产成本很高 品种有限 注重质量	预测很关键 产品和流程稳定 改进竞争产品，增加品种 提高生产能力 转为产品导向 加强分销管理	标准化 更少的产品变化和更多的是微小改进 优化生产能力 增加流程稳定性 制定长期生产计划 改进产品，降低成本	产品几乎没有差异 成本最小化 行业生产能力过剩 停止生产亏损的产品

图 1-11　产品生命周期中的战略和需要注意的问题

四、运营管理战略的一致性原则

由于企业制定的战略不同，为保证战略的有效实施，运营管理能够提供有力的支撑，必须将战略与运营联系起来，保持一致桥梁是竞争优势，下面以美国西南航空公司为例进行分析。

（一）美国西南航空公司的业绩

在竞争激烈的美国航空业中，西南航空是目前唯一一家保持盈利的美国主要航空公司。美国 2001 年的经济衰退、"9·11"事件等使客流量大幅下降，运营成本不断提高，一系列难题使绝大多数航空公司严重亏损，排行第一的美洲航空几度谈判、历险才暂时避免了破产。第二和第六的联合航空和美国航空相继宣布申请破产保护，其他几大公司也陷入严重的经营困难，而西南航空却在这前所未有的逆境中始终保持着盈利。2001 和 2002 两年中，美国八家主要航空公司中七家均亏损上亿美元，而西南航空盈利 7.5 亿美元。2007 年，运力过剩和史无前例的燃油价格让美国整个航空业共亏损 100 亿美元，达美航空和西北航空等 7 家申请破产法保护，其他航空公司纷纷亏损，西南航空作为美国第二大航空公司净利润为 6.45 亿美元，相比 2006 年增长了 29.26%。2011 年第一季度，西南航空实现利润 500 万美元，经营性营业收入 40 亿美元，2012 年第一季度，又实现利润 9 800 万美元，合每股 13 美分，运量同比增长 23%，运能则同比增长 25%，满载率为 77.3%，是美国唯一一家自 1973 年以来每年都盈利的航空公司，且利润净增长率最高。

（二）美国西南航空公司的战略

西南航空的业绩来源于卓有成效的低价策略运营管理。从开业第一天起，西南航空就认为低价和优良服务会开拓市场，并以此向传统的高价策略提出挑战。西南航空把机票分为旺季和淡季两种,采取淡季降价来增加班机搭载率,令收入提高。西南航空的策略是在任何的市场环境下,都是票价最低的航空公司,底价售票,有时候比乘坐陆地运输工具还便宜。按照传统规则,当飞机每班都客满,票价就要上涨。但西南航空却不提价,而是增开航班。正如它宣称的:我们不是和其他航空公司打价格战,而是和地面运输业竞争。因为西南航空不买大型客机,不飞国际航线,不与大航空公司硬碰硬,提供No-fills服务,不设头等舱,机舱座位先到先就座;不供给正餐,只提供花生、小甜饼、普通饮料,注重降低成本,增加利润,并不是抢夺市场份额。同时西南航空还拥有保守的资产负债表,一直保持比竞争者低的负债率。上述的做法让西南航空提供全美绝大多数的折扣机票,持续低价使许多乘客成为西南航空的忠诚顾客,如图1-12所示。

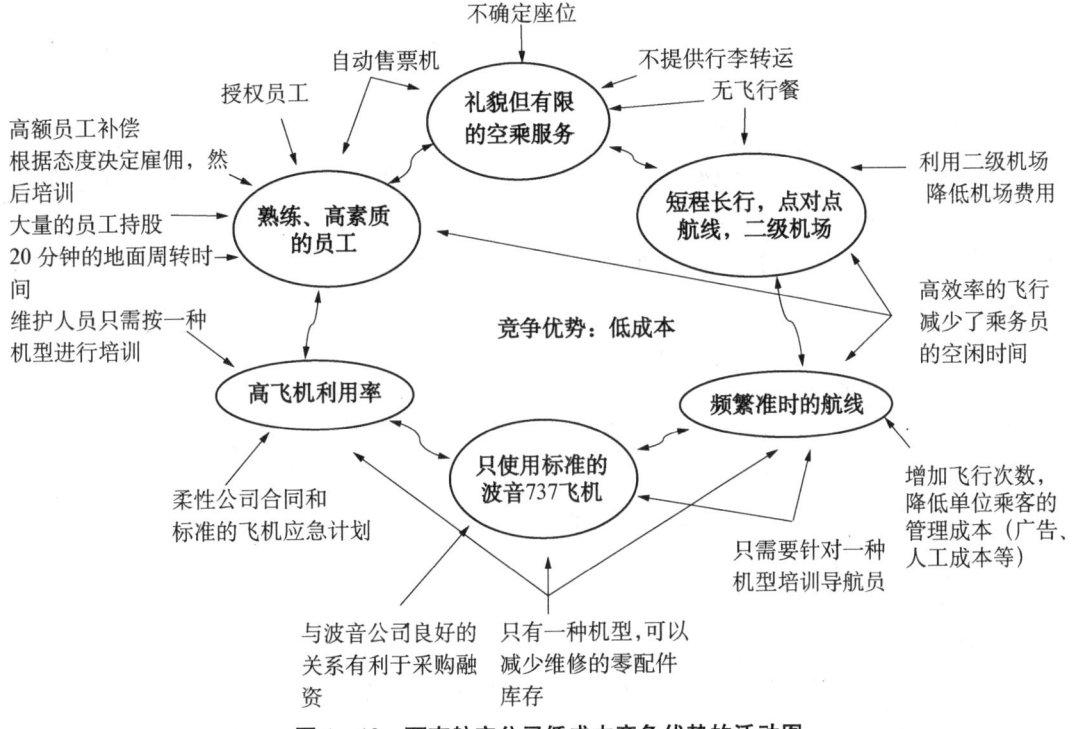

图 1-12 西南航空公司低成本竞争优势的活动图

说明: 为取得低成本竞争优势,西南航空公司识别众多关键成功因素(弧型箭线所连)及相应的支撑活动(直箭线所连)。在本图中,低成本优势高度依赖于良好的运作职能。

(三)美国西南航空公司的战略一致性

西南航空低价策略的成功主要源于其优秀的运作管理和近乎完美的短程运输:效率高,班次多,航班多。为保持低价策略,西南航空有一系列的举措和活动。

1. 使用同一机种

由于西南航空只使用波音737机种,公司的驾驶员、空乘人员、维护工程人员都可以集中精力去研究、熟悉同一种机型,这种策略使它获得许多好处。驾驶员和空乘人员都能用公司所有的飞机,所有的维护工程人员都能修公司任何一架飞机,这为调动飞机和更换组员带来许多方便。作为使用同一机种的忠诚顾客,西南航空公司在向波音公司购买飞机时可获得更多折扣。

2. 拥有最有生产力的团体

西南航空员工每人平均每年服务 2 400 名旅客，是任何其他航空公司的两倍，是美国航空界最有生产力的团队。西南航空的员工流动率平均每年低于 5%，相比于美国其他同行来说，这数字是最低的。由于工作人员的配合和努力，西南航空的飞机从降落到起飞，平均需要 15~20 分钟。整个过程包括上落乘客、货物、补充燃料和食物、安全检查等，其他航空公司大约需要两到三倍的时间来完成同样的工作。

3. 精简的业务流程运作

西南航空认为简单可以降低成本并且加快运作速度。例如，简化登机程序令西南航空减少了地勤服务和机务人员。在西南航空，每架飞机仅仅需要 90 名员工就可以开航。这比其他航空公司几乎少用一倍的员工。取消了不具弹性的工作规则，令雇员可以为了按时完工、按时交接而负起责任，在有需要的情况下大家可以互相帮忙。

4. 高效的内部信息流动

西南航空的特殊文化是服务的品质在于员工是否有能力建立坚实而真诚的人际关系。西南航空保持扁平的组织架构，排除官僚主义，任何和旅客以及竞争形势有关的资讯并鼓励员工为公司的发展出谋划策。绝大多数的员工知道他们几乎随时可以拿起电话和公司的副总裁级的人员直接沟通。西南航空的总裁们会在周末的凌晨和地勤人员一起清洁飞机。

5. 独有的员工精神

由于西南航空能赋予员工家庭式的归属感，所以企业的内聚力很强，雇员们互相信任。西南航空员工有着苦干实干的态度、良好的团队精神，自动自发地去帮助其他同事。独有的西南航空员工精神为它在竞争中带来不少优势，让公司在航空业环境不好的情况下顺利地渡过难关。尽管许多航空公司都尝试模仿西南航空的商业模式和策略，但没有一个能做出比西南航空更加好的成绩。

6. 密集的班次

西南航空主要以飞短程航线为主。因为乘客通常在 1 小时航程内的城市间飞行，每天需要有许多班机起降供他们选择。西南航空以密集的班次著称，它会在一些热门航线上比其他的竞争者开出两倍或者更多的航班。根据 2000 年的统计显示，西南航空的飞机平均每天有 8 次飞行，飞机的使用时间是 12 小时。

西南航空拥有最佳的飞行安全记录。每天飞行这么多班次和运载数以千计的乘客而没有发生过重大的交通事故，它的安全记录足以给顾客们充足的安全感。这个记录有赖于它严格的安全检测和维护，使它的飞行安全标准超过联邦航管局的标准。西南航空拥有最年轻的飞机队，平均机龄只有 8 年。它拥有最高的完航指数（Completion Factor），即西南航空在定期航班次中取消的班次最少。

7. 亲切周到的个性化服务

以顾客为重心的弹性服务规则可以使员工以额外的时间和耐心对待有特别需要的乘客。西南航空的员工经常表现出真诚和亲切的服务态度，并为旅客带来欢笑。西南航空在守时、行李托运和乘客投诉等项目上在行业权威评选中记录良好。这是工作人员对服务顾客积极投入和奉献的成果。

第四节　服务业运营管理

一、服务的分类

菲利普·科特勒给出服务的定义是：一方能够向另一方提供的任何一项活动或利益，本质上是无形的，并且不产生对任何实物的所有权问题。

（一）按顾客与服务企业关系划分

服务按与顾客的关系，分为连续性和间断性服务，如移动通信和酒店服务；按能否在账面上反映，分为显性和隐性服务，如车辆保养和咨询服务；按重要程度，分为核心性、便利性和支持性服务，如移动通信分为基本业务和增值业务两部分；按差异化，分为定制化和标准化服务，如酒店的 VIP 服务与一般服务。

（二）按服务范围划分

较为常见的是按照服务范围分类，可以分为对内和对外两类服务。其中对外服务是一种素质管理，它的主要业务要求与顾客相互联系，以达到服务的目的，对内服务是一种支持大组织活动的服务。对内对外服务两种服务类型的比较，如表 1-3 所示。

表 1-3　对内服务和对外服务对比

	对内服务	对外服务
定义	支持企业组织内部各项活动高效运作为目的的服务	一个组织向组织外部的顾客提供服务
典型范例	信息管理（数据处理）、会计、工作流程维修、人力资源管理	银行、航空公司、医院、维修部、律师事务所，零售商和导游等
使用范围	企业内部	外部消费者

（三）按接触程度划分

服务接触程度是指顾客在系统中的停留时间占为顾客服务总时间的百分比。一般说来，百分比越大，二者相互作用的程度越高。相比而言，与顾客接触程度越低的服务系统越难以控制和调整。与顾客接触程度较高的服务系统中，顾客的影响和系统的变化往往同时存在。例如，一家银行既有高接触程度的分支机构提供仅需一分钟左右的现金支取服务和复杂的超过一小时的贷款申请服务等，也有低接触度的通过自动取款机的自助服务，主要差别如表 1-4 所示。

表 1-4　银行中高度接触与低度接触系统的主要差别

设计决策	高度接触系统（分支机构）	低度接触系统（检查中心）
设施位置	必须在顾客近处运作	可在接近供应、运输或劳力的地方运作
设施布局	服务设施应该满足顾客的生理、精神需求以及顾客期望	服务设施应把着眼点放在生产效率上

续　表

设计决策	高度接触系统（分支机构）	低度接触系统（检查中心）
产品设计	环境及有形产品决定了服务的性质	顾客不在服务环境中，这样的产品由较少的因素决定
流程设计	顾客对生产过程的各个阶段具有直接而迅速的影响	顾客没有介入流程的主要部分
排程	在排程中必须考虑顾客的影响	顾客关心的主要是完成时间
生产计划	订单不可存储，均衡生产将导致经营亏损	储备充足及生产流畅是可能达到的
工人技能	直接的劳动者组成了服务生产的主要部分，因此必须与公众有良好的交流	直接劳动者仅仅需要技能
质量控制	质量标准常常是由顾客掌握的，因此它会发生变化	质量标准一般是可以测量的，因此是固定的
时间标准	服务时间依赖于顾客的需求，因此时间标准是宽松的	工作是在顾客的替代物上进行的（如表格），这样，时间标准是相对固定的
工资支付	变化的输出要求基于时间的工资体制	固定的产出允许基于产量的体制
服务能力计划	为了避免服务跟不上，必须根据高峰时的需求制定服务能力	适当储存以使服务能力保持在平均需求水平上

二、现代服务管理理念

（一）服务三角形

服务的基本特征是顾客的参与性。因此，服务的三个基本组成部分都必须以顾客为中心。一方面，服务战略的制定，必须有相应的目标顾客支持，是服务成功的前提；另一方面，在服务战略的指导下，服务提供系统、员工素质与技能应相互匹配，保证服务战略能够得到切实有效的贯彻落实和顾客的认可。图1-13描述了服务三角形四个要素之间的动态交互关系，只有妥善处理这些动态交互关系，服务才会有竞争力，企业才会有满意收益。顾客是服务组织所有决策和行动的着眼点，是服务策略、服务系统和员工的核心。

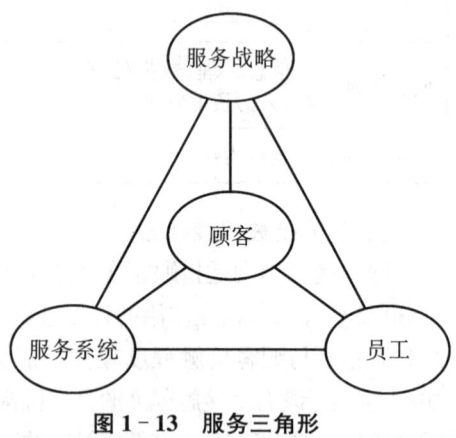

图1-13　服务三角形

（二）两种服务管理观点

现代服务管理理念存在两种观点，一种观点认为组织存在的目的是为了服务顾客，系统与员工的存在是为了完成服务作业，即认为组织是为服务而生的，整个组织的使命、系统设计及员工使用都是为了服务顾客；另外一种观点，将员工看作公司管理者与顾客群体的"传递器"，认为管理阶层如何对待员工，员工就如何对待顾客。因此，公司如果希望员工提供优质顾客服务，管理层就必须妥善对待员工。

三、服务业运营管理特点

有形产品的生产过程和无形产品的服务过程都是一个"输入—转换—输出"的运营管理过程,输出的有形产品可以储藏、运输,满足跨时间、跨空间的需求,相应的生产过程就可以通过库存、人员和生产速率调节等适应需求的波动;而输出的无形服务不能预先生产和储存,管理就更趋复杂。虽然目前对服务的定义还没有一个全球统一的标准,但这两种不同的输出的区别主要表现在以下四个方面,如表1-5所示。

表1-5 产品与服务的区别

特　性	产　品	服　务
输出品的形态	有形的产品	无形的服务
产品/服务的储藏	可库存	无法储藏
生产/运作设施规模	大规模	小规模
生产/运作场地数	少	多
生产资源的密集度	资本密集	劳动密集
生产和消费	分开进行	同时进行
与顾客的接触频度	少	多
受顾客的影响度	低	高
顾客要求反应时间	长	短
质量/效率的测量	容易	难

(一) 顾客参与程度不同

制造生产过程基本上不需要顾客参与,而服务则不同,顾客需要在运作过程中接受服务,有时顾客本身就是运作活动的一个组成部分。

(二) 对顾客需求的响应时间不同

制造业企业所提供的产品可以有数天、数周甚至数月的交货准备周期,而许多服务业企业提供的服务却必须在顾客到达后短时间内做出响应。由于顾客到达的随机性,就使得短时间内需求的不确定性很大,想保持需求和能力的一致性难度很大。从这个角度考量,制造业企业和服务业企业的运作能力计划及人员和设施安排等必须采用不同的方法。

(三) 运作场所的集中性和规模不同

制造企业的生产设施可远离顾客,从而可服务于地区、全国甚至国际市场,比服务业组织更集中、设施规模更大,自动化程度更高和资本投资更多,对流通、运输设施的依赖性也更强,而对服务企业来说,服务不能被运输到异地,其服务质量的提高有赖于与最终市场的接近与分散程度。设施必须靠近其顾客群,从而使一个设施只能服务于有限的区域范围,这导致了服务业的运作系统在选址、布局等方面有不同要求。

(四) 在质量标准及度量方面不同

由于制造业企业所提供的产品是有形的,所以其产出的质量易于度量。而对于服务业企业来说,大多数产出是不可触的,无法准确地衡量服务质量,顾客的个人偏好也影响对质量的评价,因此对质量的客观度量有较大难度。

复习思考题

1. 何谓运营管理？内容有哪些？
2. 服务业运营管理的特征有哪些？
3. 运营管理的总体战略包括哪些内容？
4. 简述产品开发与设计战略的类型。
5. 简述运营管理战略的一致性。

案例分析

双汇集团的运营管理

双汇集团是以肉类加工为主的大型食品集团，总部位于河南省漯河市，总资产100多亿元，员工65 000人，肉类年总产量300万吨，是中国最大的肉类加工基地，2010年在中国企业500强中排序160位。营业收入由1984年前的不足1 000万元到2010年的500多亿元，年均增长35%。双汇集团坚持用大工业的思路发展企业，先后投资40多亿元，从发达国家引进先进的技术设备4 000多台套，坚持高起点、上规模、高速度、高效益工业基地建设，形成了以屠宰和肉制品加工业为主，养殖业、饲料业、屠宰业、肉制品加工业、化工包装、彩色印刷、物流配送、商业外贸等主业突出、行业配套的产业集群。双汇集团率先把冷鲜肉的"冷链生产、冷链配送、冷链销售、连锁经营"模式引入国内。大力推广冷鲜肉的品牌经营，实现热鲜肉、冷冻肉向冷鲜肉转变，传统销售向连锁经营转变，改变了传统的"沿街串巷、设摊卖肉"旧模式，结束了中国肉类生产、销售无品牌的历史，开创了中国肉类品牌。上市年报数据显示，2017年，双汇发展公司实现营业收入504.47亿元，股东净利润43.19亿元，实现基本每股收益为1.31元。

双汇的运营管理系统主要由养殖—加工—包装—物流供应等构成，各个环节相互协调、相互补充，实现生产过程的全部机械化操作。特别指出的是双汇对原材料的加工水平、包装技术和物流系统大大缩短了生产周期，降低了生产成本，使得企业利润大大增加。双汇集团的运营管理因信息化和供应链管理系统的应用而产生了根本性的变革：集团总部可以实时掌握各地库存，根据库存由系统自动生成订单，制定符合市场需求的生产计划；通过大宗采购、统一配送降低成本，从源头上控制了一些以前经常发生的财务问题，为集团在供应链中获得最大利润、全面提升企业竞争优势提供了强有力的保障。

（资料来源：潘春跃，杨晓宇，等.运营管理[M].北京：清华大学出版社，2012，第3页.）

【思考题】

1. 双汇集团的运营管理系统是怎样构成的？
2. 双汇集团的运营对你有何启示？

第二章　运营管理理念

 学习目标

1. 掌握供应链管理理念的概念和特征；
2. 了解供应链网络构建的模型和步骤；
3. 掌握供应链管理环境下的采购策略/物流管理方法、供应链信息控制模式和信息系统；
4. 掌握可持续性理念的概念和特征；
5. 掌握可持续性理念下的运营管理。

 开篇案例

供应链系统总经理的困惑

2009年博洛尼家居用品（北京）有限公司供应链系统总经理薛总在每月一次的订单交付质量会上，再一次听到客服部门反映的一起交付质量事故：

2009年11月1日，姜先生在多方比较下，选择了在博洛尼订购一套橱柜，他计划在2010年元旦搬家，需要在12月份将橱柜安装完毕。与博洛尼销售小姐洽谈后签订了销售合同，宋设计师也已按姜先生的要求设计了一套橱柜方案。根据生产特点等，该款式工期为40天，12月10日安装，这样为姜先生预留20天完成房子其他部分的装修，刚好可以元旦入住，经再三确认订单细节，博洛尼均表示库存充足。于2009年12月5日，客服致电姜先生，通知推迟5天安装，虽然能够按天数赔付延期费，但姜先生再三表示他要的是如期安装而不是延期费，并与宋设计师联系，得知公司用于制作A380拉手的铝型材（M067）出现断货，不得不因为等待此材料延期5天，并承诺一定与12月15日准时安装，姜先生也就勉强同意了。

12月14日，客服又打来电话，提出其中一款电器暂时没货，估计要再次推迟10天，甚至更久至元旦后。姜先生气愤地打电话质问宋设计师，经宋设计师登录公司系统查询，发现的确没有货了，有100台在路上，预计10天后到，但根据以往情况，很有可能要推迟到元旦以后。于是宋设计师只能一再解释，并承诺给予赠品等，这才打消姜先生的怒气。

供应链系统总经理薛总已然意识到，要采取措施来解决严重影响公司对客户订单按时交货率的问题。

（资料来源：谢滨. 博洛尼家居用品（北京）有限公司. 清华经管/中国工商管理案例中心，2013.）

在竞争日益激烈的今天,企业要想立于不败之地,就必须依据 SWOT、PEST 等战略分析工具,对企业面临的外部机会和威胁、内部优势和劣势,首先制定正确的企业战略,然后确定竞争优势,最后,在企业运营管理过程中,从运营系统外部环境而言,采取供应链管理理念,加强外部联合,共同合作,相互扶持,如以森林之力抵御外部的风沙,而不是单打独斗;从运营系统内部规划和设计上,时刻考虑其可持续性,良好的基础,优秀的柔性,面对顾客的产品/服务和流程等的全面可回收、可重复和无污染等;从运营系统管理和控制过程上,秉持持续改进的理念,以适应如今快速变化的环境。没有任何一个企业能够依据固定不变的模式和方法,取得长久的优势,成功企业唯一不变的就是其不断的改进,才能使其立于不败之地。

总之,一个企业要想健康成长,首先是健康的基础,在运营管理系统的基础设计和规划上是可持续的,其次是外部环境的优良性,采用供应链管理理念,不断合作,追求共赢,最后是在成长的过程中,有持续改进的理念,动态地适应市场和顾客的变化,这样才能保证一个企业的健康发展。

第一节　供应链管理理念

一、供应链管理产生的必然性

(一) 供应链管理概述

供应链是围绕核心企业,通过对信息流、物流、资金流的控制,从原材料采购开始,经过中间产品和最终产品,最后由销售网络把产品送到消费者手中的将供应商、制造商、分销商、零售商直到最终用户连成一个整体的功能网链结构模式。供应链管理就是使供应链运作达到最优化,以最低的成本和最好的服务水平,通过协调供应链成员的业务流程,使供应链从采购开始,到满足最终顾客的全过程,包括工作流、物料流、资金流和信息流等均能高效运作,把合适的产品以合理的价格及时准确地送到消费者手中。

1. 供应链管理的目标

供应链管理的目标是使整个供应链的资源得到最佳配置,为供应链企业赢得竞争优势、提高收益率,为客户创造价值。因此,供应链管理是以满足客户需求为根本出发点,共同的价值观为战略基础,提升供应链竞争能力为主要竞争方式,广泛应用信息技术为主要手段和物流的一体化管理为突破口的管理方式。由此可见,供应链管理可以减少不确定因素,降低库存;加强企业核心竞争力;快速响应市场;增加用户满意度。

2. 供应链管理的核心

按照供应链管理理念,企业将供应商和用户进行有效的合作,作为运营系统的组成部分,如图 2-1 所示。由图可见,供应链管理的核心是战略合作。

该系统由六个部分组成,即供应商、用户(客户)、投入、转换、产出和管理等。后面四部分已在前面描述,下面对供应商和用户的作用分别加以说明。

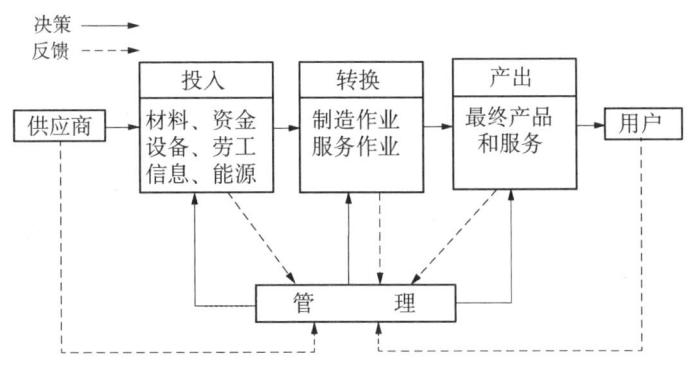

图 2-1 现代企业运营系统

(1) 供应商的作用。

供应商是生产要素的生产者和供应者。以前,企业与供应商之间是以价格或合同为基础的委托与被委托关系,甚至让众多的供应商进行竞争,企业从中选择能提供低价格、高质量资源的供应商,被选择的供应商十分清楚,单次选择并不具有可持续性。但在当今的市场环境下,供应商的交货时间和交货质量对企业至关重要,为形成有效竞争,现在企业需要把供应商视为运营系统的一部分,并与之建立相互信赖、利益共享的长期合作伙伴关系,供应商不仅按期供应物料,甚至参与产品、零部件的开发和设计过程,双方共同努力,提高产品竞争力。

(2) 用户的作用。

用户在运营系统中为企业提供产品需求信息。过去,生产厂家往往独立开发产品,经常由于不符合用户需求而导致失败。今天,企业认识到用户输入和反馈的重要性,把用户作为运营系统的组成部分,使他们参与新产品的试制与开发,从而生产出真正满足市场需求的产品。

(二) 供应链管理产生的背景

在全球市场竞争条件下,产品生命周期越来越短、品种越来越多、交货期越来越短、用户期望越来越高。在波特价值链理论的启示下,企业价值链各个环节的集成程度对企业竞争优势起着关键作用,这驱使管理者们形成了供应链管理新模式。

1. 传统管理模式的弊端

在传统管理模式思想指导下,企业在运作模式上采用"高度自制"策略,一个企业囊括了几乎所有零部件的加工、装配活动。不仅如此,还把分销甚至零售环节的业务也纳入自己业务范围之内,最后形成无所不包的超级组织,即"大而全""小而全"的"纵向一体化"管理模式,如图 2-2 所示。但这一模式会增加企业投资负担、存在丧失市场时机的风险、迫使企业从事不擅长的业务活动,在每个业务领域都直接面临众多竞争对手等主要弊端。

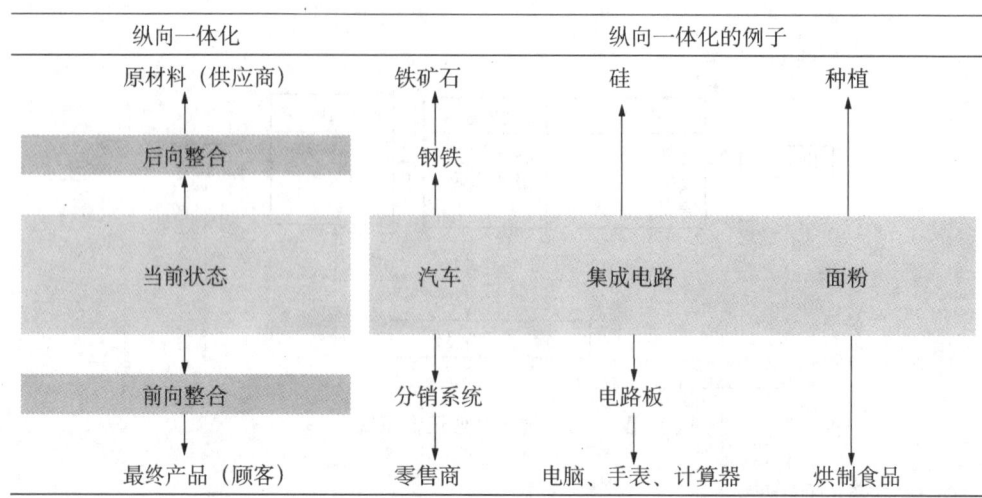

图 2-2 纵向一体化示意图

(资料来源:[美]杰伊·海泽,巴里·伦德尔.运作管理原理[M].北京:北京大学出版社,2010,第 507 页.)

2. 企业关系的转变

传统供应商关系是指供应商与制造商的合作关系。供应链战略合作关系是供应商与制造商之间在一定时期内共享信息、共担风险、共同获利的协议关系。后者与前者区别很大,在新的竞争环境下,前者强调直接的长期合作,强调共有的计划和共同解决问题的努力,强调相互之间的信任与合作,如在供应商选择标准方面,前者关系下,价格是首要的考虑因素;而在后者关系下,是多标准并行考虑的,比如交货时间和质量的可靠性等。对比如表 2-1 所示。

表 2-1　供应链战略合作关系与传统供应商关系的比较

比较内容	传统供应商关系	供应链战略合作伙伴关系
相互交换的主体	物料	物料、服务
供应商选择标准	强调价格	多标准并行考虑(交货和质量可靠等)
稳定性	变化频繁	长期、稳定、紧密合作
合同性质	单一	开放合同(长期)
供应批量	小	大
供应商数量	大量	小(少而精,可以长期紧密合作)
供应商规模	小	大
供应商的定位	当地	国内国外
信息交流	信息专有	信息共享
技术交流	不提供	提供
质量控制	输入控制信息	质量保证(供应商对产品负全面责任)
选择范围	投标评估	广泛评估可增值的供应商

鉴于"纵向一体化"管理模式的种种弊端,"横向一体化"思想兴起。许多企业将原有的非核心业务外包出去,自己集中资源发展核心竞争力,通过和相关企业结成战略联盟占据竞争中的主动地位。"横向一体化"形成了一条从供应商到制造商再到分销商的贯穿所有企业的"供应链",链上的节点企业必须达到同步、协调运行,利益共享,这就是供应链管理的理念。

(三) 供应链管理的信息优势

在供应链管理条件下,链中各节点企业信息交互,加强沟通,易于形成信息优势。供应链信息流是指整个供应链上信息的流动。它是一种虚拟形态,包括了供应链上的供需信息和管理信息。因此,有效的供应链信息流管理主要作用在于及时在链中传递需求和供给信息,提供准确的管理信息,从而使得供应链成员都实时信息共享,以形成统一的计划与执行,从而为最终顾客更好地服务。供应链信息流具有覆盖范围广、获取途径多、信息质量高的特点,如图 2-3 所示。

图 2-3 供应链管理企业信息交互

1. 信息交互渠道

(1) 零售商与顾客的信息交互。零售商与顾客近距离接触时,可以将商品的功能、特性等信息传递给顾客。同时采集顾客的需求、偏好的变化以及最新潮流等信息,并利用这些最新动态信息进行市场预测。

(2) 零售商与制造商的信息交互。零售商将需求信息、预测信息和促销计划以及产品改进等信息传递给制造商,制造商就能及时了解顾客需求,快速响应市场需求。制造商也将自己的供货提前期、生产能力、进度安排等信息与下游销售商分享,就能避免制造商供货短缺时上下游博弈而产生抽象需求信息。

(3) 供应商与制造商实现信息交互。供应商掌握了制造商的生产进度安排和库存控制,就可以合理安排自己的长短期生产计划和供货计划,根据制造商的库存水平变化及时准确地安排送货,既节约了制造商的订单发出成本,又使得供应商和制造商的原料库存最低。

2. 信息交互模式

(1) 点对点信息交互模式。最简单的模式就是两个企业之间直接进行信息的交互,信息直接从提供方传送给需求方,不需要经由其他数据转换或存储中心,即信息交互在多个信息系统间进行两两传递。

(2) 文件级间接信息交互模式。文件级间的信息交互是指企业各自不同的物流应用系统具有的各自独立的数据库、文件系统之间进行的信息交互模式,系统间的信息通过数据标准的交互方式实现。

(3) 公共数据库级信息交互模式。公共数据库级信息交互是将供应链物流中交互的信息集中在一个公共数据库中，各企业根据权限对其进行操作，完成与多个合作伙伴的信息交互。

(4) 综合信息交互模式。在实际供应链物流管理的信息交互实施过程中，上下游企业之间并不是单一地选择某一种模式进行信息交互，他们可以根据自己需要以及交互信息的保密程度综合地使用以上三种模式。综合信息交互模式是在前三种交互模式的基础上，将交互的信息与交互过程集成起来，即实现了信息与过程的集成，从而提高了信息交互的效率。

3. 供应链信息管理

(1) 供应链管理信息控制。

① 企业级分散式信息管理模式：在供应链的节点企业内部，信息可以采用分散管理的方式，也就是企业各个部门根据自己的业务和职能进行相应的信息管理，信息在部门之间传递，由部门决定信息传递的方向和内容。这种模式主要应用在工作组级信息和个人级信息的管理上。

② 企业级集中式信息管理模式：企业实行信息化管理，建立各种应用信息系统，在技术层面上，建立一个中心数据库，对组织的数据进行集中统一的存储和管理，这有利于实现数据共享，减少数据冗余，维护数据完整性和一致性。同时成立一个专门信息管理机构来负责信息和信息系统的管理。但是这种方式使信息的流动缺乏灵活性。

③ 供应链级分散式信息管理模式：信息在供应链中的各企业的各部门之间传递，由部门决定信息的内容和流向，信息的管理处于一种自发的分散的状态。在这种方式下，企业难以控制内部信息，容易泄露机密信息而造成风险，同时，整个供应链的信息一致性也差，难以形成有效一致的供应链信息流，从而供应链效率低下。

④ 两级综合协调信息管理模式：由于各企业一般采用信息集中管理方式，各部门都是与该企业信息中心进行信息传递。企业与供应链中其他企业的信息传递主要由信息中心负责控制，部门也可以直接访问其他企业信息中心，同时为保证整个供应链中信息的一致性和完整性，通常由核心企业的信息中心负责整个供应链信息流管理。

⑤ 供应链级集成式信息管理模式：在供应链之外建立一个独立信息集成中心，该中心能够进行信息收集、存储、加工、传递和维护。这种模式下，各节点之间不必也不能直接传递信息，而是通过高速通信通道与信息集成中心建立实时连接来访问或递交有关信息，从而实现所有信息在整个供应链上的实时共享。

(2) 信息技术在供应链管理中的应用。

① 基于 EDI 的供应链信息管理：在供应链管理的应用中，电子数据交换（Electronic Data Interchange, EDI）是供应链企业信息集成的一种重要工具，基于 EDI 的信息集成后，供应链节点企业之间与有关商务部门之间也实现了一个集成，形成一个集成化的供应链，其基本过程是先将企业各子公司和部门的信息系统组成局域网，在局域网的基础上组建企业级广域网，再和其他相关企业和单位连接。通过 EDI，可以快速获得信息，提供更好的服务，减少纸面作业，更好地沟通和通信，提高生产率，降低成本，并且能为企业提供实质的、战略性的好处。

② 基于 Internet/Intranet 的供应链企业信息组织与集成模式：在 Internet/Intranet 集成网络环境下，供应链企业内部与企业之间的信息交流通常都是通过双方的 IP 和主页来完成的。这种信息沟通方式无论从效率上还是从时间上都是传统方式无法比拟的。在

Internet/Intranet 集成环境下开发的管理信息系统,必须提供高效率的数据库与 Web 相接,利用可视化开发工具,采用有效方式与数据库端连接。同时采用先进的网络数据库引擎技术,并与 Web 技术结合,可实现企业动态、交互的信息管理系统,实现基于 Web 的信息网络。

根据 Internet/Intranet 集成化管理信息系统的网络结构,可以在供应链企业中充分利用 Internet/Intranet 建立三个层次的管理信息系统:外部信息交换、内部信息交换和信息系统的集成。传统信息系统主要是 POS(销售时点信息系统)和 EOS(电子自动订货系统)。POS 是指通过自动读取设备,如收银机在销售时直接读取商品销售信息,并通过通信网络和计算机系统送到有关部门进行加工分析以提高经营效率的系统,该系统最早用于零售业。EOS 是指企业间利用通信网络和终端设备以在线联结方式进行订货作业和订货信息交换的系统。EOS 系统能及时准确地交换订货信息,在供应链管理中起到了极大的作用。

当前供应链中流行的信息系统,是由传统的各个拥有独立功能的信息系统整合起来后而突出发展起来的。这一阶段的最典型的信息系统是集成各种功能的制造资源计划(MRP)、企业资源计划系统(ERP)和客户关系管理系统(CRM)。

二、供应链管理模式

(一) 供应链体系结构模型

1. 供应链拓扑结构模型Ⅰ:链状模型

结合供应链的定义,不难得出这样一个简单的供应链模型(见图2-4),通常称其为模型Ⅰ。模型Ⅰ清楚地表明产品的最初来源是自然界,如矿山、油田等,最终去向是用户。产品因用户需求而产生,最终被用户所消费。产品从自然界到用户经历了供应商、制造商和分销商等多级传递,并在传递过程中完成产品加工、产品装配形成等转换过程。被用户消费掉的产品最终仍回到自然界,完成物质循环(如虚线)。模型Ⅰ只是一个简单的静态模型,表明供应链的基本组成和轮廓概貌,可以进一步地将其简化成链状模型Ⅱ(见图2-5)。模型Ⅱ是对模型Ⅰ的进一步抽象,它把企业都抽象成一个个的点,称为节点,并用字母或数字表示。节点以一定的方式和顺序联结成一串,构成一条供应链。在模型Ⅱ中,若假定 C 为制造商,则 B 为供应商,D 为分销商。在模型Ⅱ中,产品的最初来源(自然界)、最终去向(用户)以及产品的物质循环过程都被隐含抽象掉了。模型Ⅱ侧重于供应链中间过程的研究。

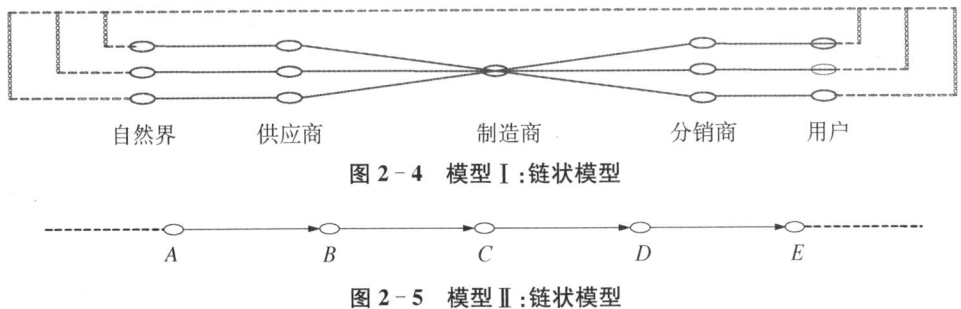

图2-4 模型Ⅰ:链状模型

图2-5 模型Ⅱ:链状模型

2. 供应链的模型Ⅲ:网状模型

事实上,在模型Ⅱ中,C 的供应商可能不止一家,而是有 B_1,B_2,B_n 等 n 家,分销商也可能有 $D_1,D_2,\cdots,D_m$ 等 m 家。动态地考虑,C 也可能有 $C_1,C_2,\cdots,C_k$ 等 k 家,这样模型Ⅱ就转变为一个网状模型,即供应链的模型Ⅲ(见图2-6)。网状模型更能说明现实世界中产品的复杂供应关系。在理论上,网状模型可以涵盖世界上所有厂家,把所有厂家都看作是其上面的一个节点,并认为这些节点存在着联系。当然,这些联系有强有弱而且在不断地变化着。

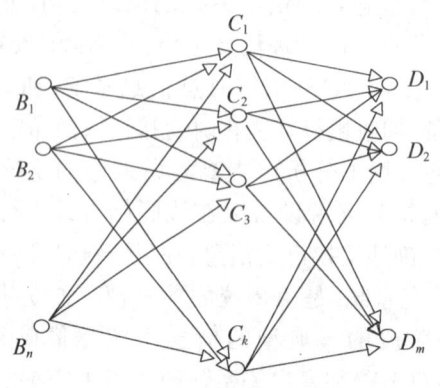

图2-6　模型Ⅲ:网状模型

(二)供应链合作伙伴的选择

合作伙伴的选择主要经过分析企业市场竞争环境、建立合作伙伴选择目标、建立合作伙伴评价标准、成立评价小组、合作伙伴的参与、评价合作伙伴和实施供应链合作关系等5个步骤。

1. 集成化供应链管理环境下合作伙伴的类型

在集成化供应链管理环境下,根据合作伙伴在供应链中的增值作用和竞争实力,可将合作伙伴分成不同的类别,分类矩阵如图2-7所示。

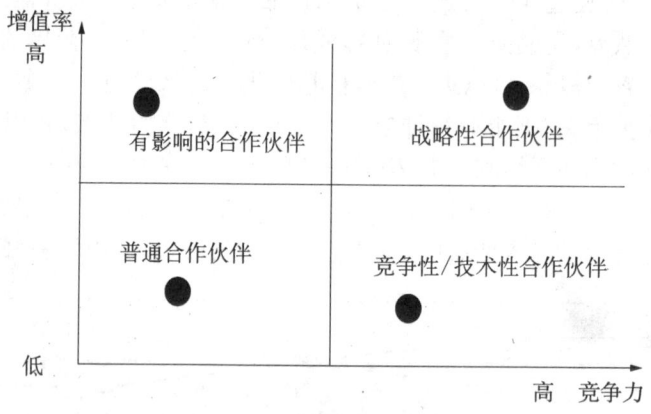

图2-7　合作伙伴分类矩阵

纵向代表的是合作伙伴在供应链中增值的作用,对于一个合作伙伴来说,如果他不能对增值做出贡献,他对供应链的其他企业就没有吸引力。横向代表某个合作伙伴与其他合作伙伴之间的区别,主要是设计能力、特殊工艺能力、柔性、项目管理能力等方面的竞争力的区别。在实际运作中,应根据不同目标进行合作伙伴选择。对于长期需求,要求合作伙伴能保持较高的竞争力和增值率,因此,最好选择战略性合作伙伴;对于短期或某一短暂市场需求,只需选择普通合作伙伴;对于中期需求,可根据竞争力和增值率对供应链的重要程度,选择不同类型的合作伙伴(有影响力的或竞争性/技术性的合作伙伴)。

2. 供应链合作伙伴选择的参考因素

供应链合作伙伴选择的基本因素包括:

(1) 成本。企业选择合作伙伴的一个关键的目的是要降低成本,因此企业要对各备选合作伙伴的成本进行核算,以实现供应链成本最小化的目标。

(2) 核心竞争力。企业寻找合作伙伴的根本原因是要集中资源培养和提升自身的核心竞争力。因此这就要求合作伙伴必须拥有各自的核心竞争力,同时这种核心竞争力又是企业实施供应链管理所需要的。这是建立合作伙伴关系的必要条件。

(3) 价值观。价值观和战略思想是企业一切经营活动的灵魂和导向,合作伙伴与企业拥有一致的价值观和战略思想,才有可能建立合作伙伴关系。

以上3个因素是建立合作伙伴关系的前提条件。只有满足这3条,才有建立合作伙伴关系的必要和可能。供应链合作伙伴关系选择还包括一些其他因素,如工艺与技术的连贯性、企业的业绩和经营状况、信息交流与共享、响应速度、风险性以及合作伙伴数量与质量。

3. 供应链合作伙伴选择的评价准则

根据企业调查研究,影响合作伙伴选择的主要因素可以归纳为四类:企业业绩、业务结构与生产能力、质量系统和企业环境。为了有效地评价、选择合作伙伴,可以框架性构建多层次的综合评价指标体系,第一层次是目标层,包含以上四个主要因素,影响合作伙伴选择的具体因素建立在指标体系的第二层,与其相关的细分因素建立在第三层等。

【案例2-1】

一家连锁宾馆决定更换他们的清洁用具供应商,因为原来的供应商在交货问题上常常表现得不可靠。这家宾馆对两个新的供应商进行评分,分数为1~10,相应的评分标准见下表。表中也列出了各个标准的相对重要性,同样分数是1~10。根据这次评分,B供应商在整体得分上优于A供应商。

标 准	权 重	A供应商得分	B供应商得分
成本绩效	10	8(8×10=80)	5(5×10=50)
质量记录	10	7(7×10=70)	9(9×10=90)
承诺交货速度	7	5(5×7=35)	5(5×7=35)
实际交货速度	7	4(4×7=28)	8(8×7=56)
可靠性记录	8	6(6×8=48)	8(8×8=64)
产品范围	5	8(8×5=40)	5(5×5=25)
革新能力	4	6(6×4=24)	9(9×4=36)
总权重得分		325	356

(资料来源:[英]奈杰尔·斯莱克,斯图尔特·钱伯斯,罗伯特·约翰斯顿.运营管理[M].中国市场出版社,第321页.)

三、供应链管理理念下的运营管理

在供应链管理理念下,运营管理的多个方面都会发生变化,其中最明显的就是采购管理和物流管理。

(一)基于供应链的采购管理

采购是一个复杂的过程,目前很难对它进行统一的定义,根据环境的不同它可以有不同的定义。狭义地说,采购是企业购买货物和服务的行为;广义地说,采购是一个企业取得货物和服务的过程。然而,采购的过程并不仅仅是各种活动的机械叠加,它是对一系列跨组织边界活动的成功的实施。因此,对采购的定义可以是:用户为取得与自身需求相吻合的货物和服务而必须进行的所有活动。

1. 模型

采购管理是供应链管理中的重要一环,是实施供应链管理的基础。基于供应链的采购管理模型如图2-8所示。采购部门负责对整个采购过程进行组织、指挥、协调,它是企业与供应商联系的纽带。生产和技术部门通过企业内部的管理信息系统,根据订单编制生产计划和物资需求计划。供应商通过信息交流,处理来自企业的信息,预测企业需求以便备货,当订单到达时按时发货,货物质量由供应商自己控制。这个模型的要点是以信息交流来实现降低库存,以降低库存来推动管理优化,畅通的信息流是实现该模型的必要条件。实现此模型的关键是畅通无阻的信息交流和企业与供应商制定的长期合作契约。

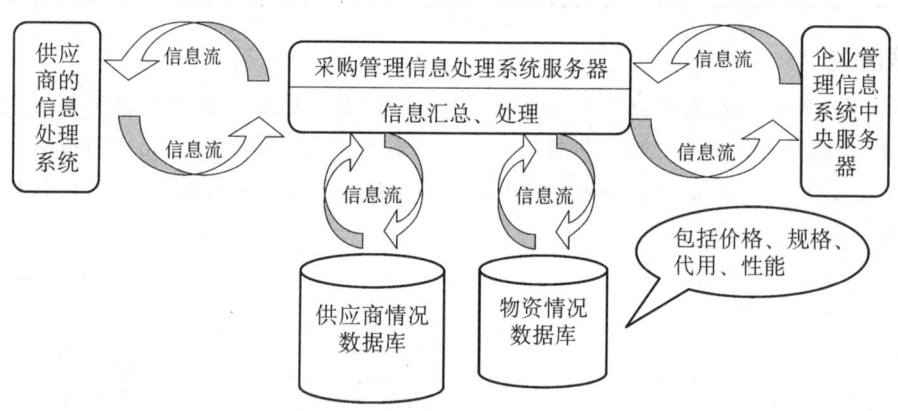

图2-8 基于供应链的采购管理模型

2. 基于供应链的采购管理和传统采购管理的区别

供应链管理环境下企业的采购方式和传统的采购方式的差异主要体现在如下三个方面:

(1)从为库存而采购到为订单而采购的转变。在传统的采购模式中,采购的目的很简单,就是为了补充库存,即为库存而采购,因此采购过程缺乏主动性,采购部门制订的采购计划很难适应制造需求的变化。在供应链管理模式下,采购活动是以订单驱动方式进行的,制造订单的产生是在用户需求订单的驱动下产生的,然后,制造订单驱动采购订单,采购订单再驱动供应商。这种准时化的订单驱动模式,使供应链系统得以准时响应用户的需求,从而降低了库存成本,提高了物流的速度和库存周转率。

（2）从采购管理向外部资源管理转变。一方面，在传统的采购模式中，供应商对采购部门的要求不能得到实时响应；另一方面，关于产品的质量控制也只能进行事后把关，不能进行实时控制，这些缺陷使供应链企业无法实现同步化运作。为此，供应链管理采购模式的第二特点就是实施有效的外部资源管理。实施外部资源管理也是实施精细化生产、"零库存"生产的要求。

（3）从一般买卖关系向战略协作伙伴关系转变。在传统的采购模式中，供应商与需求企业之间是一种简单的买卖关系，因此无法解决一些涉及全局性、战略性的供应链问题，而基于战略伙伴关系的采购方式为解决这些问题创造了条件。主要反映在如下几个方面：第一，库存问题。在供应链管理模式下，通过双方的合作伙伴关系，供应与需求双方可以共享库存数据，从而减少了需求信息的失真现象，提高供应链的整体效率。第二，风险问题。供需双方通过战略性合作关系，可以降低由于不可预测的需求变化带来的风险。第三，通过合作伙伴关系，双方可以为制订战略性的采购供应计划共同协商，不必要为日常琐事消耗时间与精力。第四，降低采购成本问题。通过合作伙伴关系，供需双方可以避免许多不必要的手续和谈判过程，信息的共享也避免了信息不对称决策可能造成的成本损失。第五，战略性的伙伴关系消除了供应过程的组织障碍，为实现准时化采购创造了条件。

3. 供应链管理环境下的准时采购策略

（1）准时采购的基本思想。准时采购也叫 JIT 采购法，是一种先进的采购模式。它的基本思想是：在恰当的时间、恰当的地点，以恰当的数量、恰当的质量提供恰当的物品。它是从准时生产发展而来的，是为了消除库存和不必要的浪费而进行的持续性改进。要进行准时化生产必须有准时的供应，因此准时化采购是准时化生产管理模式的必然要求。

（2）准时化采购的特点。准时化采购与传统采购方式的不同之处主要表现在如下五个方面：

① 准时化采购采用较少的供应商，甚至单源供应。传统的采购模式一般是多头采购，供应商的数目相对较多。从理论上讲，采用单供应源比多供应源好，一方面，管理供应商比较方便，也有利于降低采购成本；另一方面，有利于供需之间建立长期稳定的合作关系，质量上比较有保证。但是，采用单一的供应源也有风险，比如供应商可能因意外原因中断交货，以及供应商缺乏竞争意识等。

② 对供应商的选择标准不同。在传统的采购模式中，供应商是通过价格竞争选择的。但在准时化采购模式中，由于供应商和用户是长期的合作关系，供应商的合作能力将影响企业的长期利益，因此对供应商的要求就比较高，在选择时，需要进行综合评估，价格不是主要的因素，质量才是最重要的标准，同时质量不单指产品质量，还包括工作质量、交货质量、技术质量等多方面内容。

③ 对交货准时性的要求不同。准时采购的一个重要特点是要求交货准时，这是实施精细生产的前提条件。交货准时取决于供应商的生产与运输条件。对于供应商来说，要使交货准时，可从以下两个方面着手：一是不断改进企业的生产条件，提高生产的可靠性和稳定性，减少延迟交货或误点现象；二是为了提高交货准时性，运输问题不可忽视。

④ 对信息交流的需求不同。准时化采购要求供应与需求双方信息高度共享，保证供应与需求信息的准确性和实时性。由于双方的战略合作关系，企业在生产计划、库存、质量等各方面的信息都可以及时进行交流，以便出现问题时能够及时处理。

⑤ 制定采购批量的策略不同。小批量采购是准时化采购的一个基本特征。准时化采购和传统的采购模式的一个重要不同之处在于，准时化生产需要减少生产批量，因此采购的物资也应采用小批量办法。

（二）供应链物流管理

1. 供应链物流管理概述

供应链中物流管理水平的高低直接影响整个供应链的竞争力。例如，欧洲一家日杂公司的负责人曾说，他们生产的产品从渔场码头得到原材料，经过加工、配送到产品的最终销售需要 150 天时间，而真正消耗在产品加工上的时间只需要 45 分钟，其余的时间都消耗在物流过程中了。如果能提高物流绩效，缩短物流周期，就可以大幅度降低整个供应链的供货周期，提高产品的总体竞争力。

供应链物流管理是指以供应链核心产品或者核心业务为中心的物流管理体系。前者主要是指以核心产品的制造、分销和原材料供应链为体系而组织起来的供应链的物流管理，后者主要是指以核心物流业务为体系而组织起来的供应链的物流管理。

供应链物流管理是结合供应链的特点，综合采用各种物流手段，实现物流实体的有效移动，既要保障供应链正常运行所需的物资需要，又要保障整个供应链的总物流费用最省、整体效益最高。

2. 供应链物流管理的方法

（1）联合库存管理（JMI）。联合库存管理就是建立起整个供应链以核心企业为核心的库存系统，具体来说，一是要建立起一个合理分布的库存点体系，二是要建立起一个联合库存控制系统。

（2）供应商掌握库存（VMI）。供应商掌握库存就是供应商掌握核心企业库存的一种库存管理模式，是对传统的由核心企业自己从供应商购进物资、自己管理、自己消耗、自负盈亏的模式的一种革命性变动。

（3）供应链运输管理。运输管理的任务，重点有三个：一是设计规划运输任务，二是找合适的运输承包商，三是运输组织和控制。

（4）连续补充货物。连续补充货物（Continuous Replenishment Process，CRP），就是供应点连续地多频次小批量地向需求点补充货物。它包括配送和准时化供货方式。

（5）分销资源计划。分销资源计划（Distribution Requirement Planning，DRP）技术主要解决分销物资的供应和调度问题。基本目标是合理进行分销物资和资源配置，以达到既能满足市场需求又使得配置费用最省的目的。

（6）准时化技术（JIT）。准时化技术包括准时化生产、准时化运输、准时化采购、准时化供货等一整套 JIT 技术。其思想原理就是在合适的时间将合适的货物按合适的数量送到合适的地点。

（7）快速、有效的响应系统。它是 20 世纪 80 年代由美国塞尔蒙公司提出并流行开来的一种供应链管理系统，其主要思想是组织由生产厂家、批发商和零售商等构成的供应链系统在店铺空间安排、商品补充、促销活动和新商品开发与市场投入四个方面相互协调和合作，更好、更快并以更低的成本满足消费者需要为目的的供应链管理系统。

第二节 可持续性理念

可持续性是指一种可以长久维持的过程或状态。人类社会的持续性由生态可持续性、经济可持续性和社会可持续性三个相互联系不可分割的部分组成。

一、可持续性理念下的企业管理

可持续性是企业运营管理的趋势，是现有环境保护和人类进步的表现。可持续性把环境保护作为它积极追求实现的最基本目的之一，环境保护是区分可持续发展与传统发展的"分水岭"和"试金石"。可持续发展把环境建设作为实现发展的重要内容；可持续发展把环境保护作为衡量发展质量、发展水平和发展程度的客观标准之一；环境保护可以保证可持续发展最终目的的实现。

（一）可持续性企业管理的概念

在供应链管理理念下，企业的可持续性运营管理主要体现在绿色供应链管理上。

1. Steve V. Walton

绿色供应链管理就是将供应商加入企业的环境战略中，其核心思想是将集成管理的思想应用到绿色供应链的领域中(1998)。

2. M. H. Nagel

环境意识是供应链管理的一种从顾客到直接供应商的长期的战略驱使过程，主要集中在激发供应链中环境友好的技术创新，有效的成本节约，在顾客与供应商中建立起环境保护的意识平台进而实现在供应链内保持长期的战略关系，绿色供应链的管理涉及产品的使用、组成以及生产的全过程。他在原有供应链思想的基础上强调环境保护的意识，并且要求在供应链内达成一种长期稳定的战略关系，同时强调技术支持在绿色供应链运营过程中的关键作用。

3. 我国学者王国民

绿色供应链是指在以资源最优配置、增进福利、实现与环境相容为目标的以代际公平与代内公平为原则的从资源开发到产品的消费过程中物料获取、加工、包装、仓储、运输、销售、使用到报废处理、回收等一系列活动的集合，是由供应商、制造商、销售商、消费者等要素组成的系统，是物流、信息流、资金流等运动的集成。

以上学者们的定义都体现了绿色供应链管理的四大特点：

（1）充分考虑了对环境的影响。传统供应链站在供应链核心企业的角度没有考虑供应链对社会和环境所带来的负面影响。

（2）体现了系统、集成思想。绿色供应链管理不是各个环节的单独管理，而是将整个供应链作为一个系统来严格控制。

（3）闭环工作。绿色供应链就像生态链一样，进行的是封闭循环运作，没有终止点。

（4）强调供应商之间的数据共享。数据共享包含绿色材料的选取、产品设计、对供应商的评估和挑选等过程的数据。绿色供应链管理的信息数据流动是双向互动的。

(二) 基本内容

1. 绿色设计

其基本思想是企业在设计阶段就将环境因素和预防污染的措施纳入产品设计之中,即在产品及生命周期全过程的设计中,优先考虑产品对资源和环境的影响。

2. 绿色材料

主要指在产品的生产准备及生产过程中,能耗低、成本低、易加工、噪声小、易回收、对环境和人无害、丢弃后易于自然降解而回归自然的材料。绿色材料是绿色设计的前提和关键。

3. 绿色生产

绿色生产是指从产品生产的始端就以节能、降耗、减少环境污染为目的,采用先进工艺、设备和严格的科学管理手段,以有效的物质资源循环为核心,使废物产量达到最小化,并尽可能地使废物处理实现资源化和无害化。

4. 绿色营销

绿色营销是指企业以环境保护为经营指导思想,以绿色文化为价值观念,以消费者的绿色消费为中心和出发点的营销观念、营销方式和营销策略。

5. 绿色消费

以保护消费者健康为主旨,符合人的健康和环境保护标准的各种消费行为和消费方式的统称。

6. 绿色回收

绿色回收是绿色供应链的重要组成部分,它和其他部分共同组成一个闭环的绿色供应链系统。

不少知名企业也在不断地实行绿色供应链管理,如沃尔玛的绿色供应链管理为行业所津津乐道。众所周知,商品的外包装本质上只要保证商品质量不受损,但却是最浪费材料且无法回收再利用。"环保360"项目是为2007年沃尔玛主要倡导的包装的绿色化而实施的。沃尔玛希望通过这个项目将环保从简单地减少公司本身对环境的损害扩展为员工、供应商、社区和顾客的共同参与及利益分享。沃尔玛为供应商设定了包装记分卡,在记分卡里,沃尔玛根据9个可持续度量的标准对产品进行评估。超过6万家沃尔玛的供应商被要求在2007年12个月使用记分卡,以便弄清同类似的供应商相比,他们在包装创新、环境标准、能源效率方面的情况。

(三) 企业可持续性管理现状

1. 麦肯锡全球调查

麦肯锡在2014年开展了一次关于企业可持续性战略的线上调研,全球范围内3 344个企业高管参与了调查。调查结果显示,各级别的管理者都意识到企业可持续性的商业意义,但在把握其可持续性项目的声誉、执行、问责性方面仍有很大改进空间。高管们都力挺企业可持续性,认为可持续性对于企业发展战略有越来越重要的意义。挑战是如何在操作层面把握企业可持续性的价值(这也是本次调查的重点)。

一大挑战是企业信誉管理。许多年来大部分的高管都将企业信誉视为可持续性项目的一个首要动机。在调研的13个选项中,企业信誉是他们认为对于本行业而言最具商业价值潜力的。但此次调研中,许多受访者表示他们的公司不会将企业信誉建设限于商业价值方面。

将那些可持续性表现卓越的企业与其同行对比,可以看到另一个核心挑战:将企业可持续性整合到组织核心版块。企业管理者也分享了一个企业可持续性项目的成功要素,包括优秀的过程管理、大胆的目标(包括内部与外部目标)、战略聚焦以及领导层的广泛支持。

2014 年麦肯锡全球调查的结果如下:

(1) 可持续性地位的提升。

企业可持续性正在成为企业商业活动中一个更具战略意义以及整合度更好的部分。在过往调查中,企业可持续性最主要是出于成本控制和企业信誉等理由。如今 43%(比例最高)的调查对象表示企业努力把可持续性项目与整体的商业目标、使命与价值观协调一致——在 2012 年调查中,选择这种做法的被访者只有 30%。这种变化可能的一个原因是企业领导者自己相信可持续性变得越来越重要。将可持续性发展视为首要议题的 CEO 人数比 2012 年多了一倍。也有大量高管将其视为议程重要性排名前三之一。

随之而来的重大挑战是如何在实践中全面把握企业可持续性的价值——越重视企业可持续性,越需要将其整合入乃至改变核心商业活动。在那些已经开始可持续性项目的企业中,最大的挑战是执行问题,面临的阻碍包括缺乏绩效激励、与可持续性发展所需较长周期的性质所相违的短期内获取效益的压力。问责性是另一个麻烦:34% 的企业高管(相比于 2011 年的 23%)表示企业内部太少人对企业可持续性负责。而在那些还没开始可持续性项目的企业中,行动的最大挑战仍旧是领导层对可持续性优先地位的考虑。

(2) 越来越重视企业信誉。

在 13 个选项中,企业高管表示发展可持续性的首要目的是减少运营过程中的能源使用(64%)、减少废弃物(63%)、提高企业形象(59%)。这与 2011 年、2012 年调查结果基本一致,但有一点值得注意的是越来越多高管将企业信誉管理视为非常重要的一个议题。在被问到何种因素对于企业未来五年内最具价值潜力时,企业信誉是公认的第一位。但企业信誉管理不是一个有清晰界定的议题(不同于"以可持续产品开发新市场"这种较容易理解的主题)。当企业高管被问公司在信誉管理方面会采取何种行动以及如何向消费者传递价值理念、维护利益相关方关系时,结果显示不同行业对企业信誉的理解与管理有较大差异。

大部分差异取决于企业想要在信誉管理与可持续性议程上投入多少行动。在能源开发行业,高管们表示企业(59%)有 7 项核心行动,信誉管理是其中四分之三的公司会处理的议题,主要通过本土社区投资、外部报告、员工志愿者活动等。而在高科技行业中,企业平均有 5 项核心行动,其中一半公司有信誉管理项目。这些结果确认了一个事实:企业信誉管理没有统一的解决方案,这也许是企业信誉乃至可持续性对于许多企业而言难以管理的原因。

被问及哪些行动能够增进商业价值时,排在首位的答案是顾客沟通。除此之外的选项都非常分散。这些问题在不同行业中有着不同的答案,同时也反映了自上而下理解与沟通可持续性商业价值的重要性。在能源开发行业,董事会与顶层管理者是最为投入的,高管们也对于可持续性的经济效益有最高的预期,其中社区投资是目前最为普遍也是回报最大的项目类型。相反,在金融领域,领导层的参与度最低,对可持续性项目(主要是志愿者活动)经济回报的预期也最低。

(3) 领导层的态度或倾向。

不管哪个行业的公司,开发可持续性项目的价值都需要组织做出某种协调的努力。麦肯锡根据自身的经验与过往的工作,明确了可持续性项目成功所需的组织运作。实际上,当深入观察那些可持续性领跑企业时,麦肯锡发现它们具有某些共同的特性。

不奇怪这些领跑者比其他企业更有可能拥有以下 12 项特性,但调查显示有些特性是将造成差异的决定性因素。领跑企业的高管比其他人更加倾向于设定大胆的外部目标(比例高出 5 倍)、运用战略聚焦(比例高出 3 倍)、让整个组织了解企业可持续性项目的商业价值(比例高出将近 3 倍)。此外,领跑企业还往往会有效地运用绩效管理,如设定大胆的内部目标、动员领导层广泛参与从而推进可持续性项目。

更重要的是,这些领跑企业的大部分高管均表示其负责人会将可持续性置于优先地位,并拥有较高的员工参与度,包括 CEO、董事会、顾问委员会等。领跑企业会采取更多行动去管理产品的生命周期,与其他公司相比会更倾向于运用生命周期战略(比例高出 4 倍)。企业内部在实现可持续性商业价值方面也会遇到更少的阻碍,因为组织在整体运营中已经很好地贯彻了可持续性原则。

(4) 贯彻可持续性的途径。

为了更好理解可持续性项目的核心成功因素,麦肯锡深入探究了在上述特性背后的组织实践。领跑企业的高管表示他们的公司会更善于营造良好的组织氛围、为企业可持续性项目确定方向,而挑战最大的工作是项目执行(包括员工动员、能力建设、工作协调)。这些结果反映出目前企业在可持续性与内部运营方面存在的各种协调问题。58% 的高管表示可持续性基本整合到企业文化中,但仅有 38% 认为能够做到协调一致的绩效管理。

进一步分析成功案例,可以看到一些有趣的模式浮现出来。麦肯锡确定了四种不同的可持续性组织模式:领导支持(Leadership Supported),执行聚焦(Execution Focused),外部导向(External Oriented),深度整合(Deeply Integrated)。四种类型的特性如下:

① 领导支持型:广泛动员组织内各级别的领导者,强调员工鼓励与清晰的战略;

② 执行聚焦型:有清晰的架构、问责机制,强调中层管理者投入;

③ 外部导向型:从外部引入创新思想,开发资源网络与人脉,顶层与中层积极投入;

④ 深度整合型:在企业可持续性项目上给予员工激励,聚焦于创意,所有级别员工广泛参与。

这四种模式都各自有其代表性的领跑企业。这也说明了对于企业可持续性而言没有单一的成功秘诀。根据调查结果提出对未来的展望:

(1) 拓展产品生命周期。

如今紧张的资源状况造成了能源市场上空前高的价格与波动性。但调查显示大部分公司都还没开始执行能够拓展其产品生命周期从而显著减少资源依赖的战略。根据我们的其他研究,产品设计与多渠道分解、回收领域有巨大的商业价值潜力。有前瞻眼光的企业应该为了社会福利与自身经济利益开始投资于其产品的"循环性(Circularity)"。光在材料耗费上,全球市场就有着每年节省下 1 万亿美元的潜力。

(2) 关注科技。

科技发展将创造可持续性的解决方案。但仅有 36% 的高管表示其企业已经将可持续性项目整合到企业数据库与分析网络中。想要在当今资源紧张的世界中获得商业价值增长的企业,应该花更多时间考虑如何将其科技能力整合到可持续性议程中。

(3) 聚焦战略。

随着可持续性发展对商业活动变得越来越重要,企业应该统一内部的认识以及行动。

不论企业采取什么模式,他们都应该规划一个五年之内的战略,明确界定其可持续性项目的优先地位。

2. 服装快时尚行业的实践

每年制造数亿、数几十亿件服装的快时尚行业一直头顶浪费、不环保的恶名。不过,快时尚行业近年亦陆续开始进行可持续性相关业务,特别是瑞典的 H&M 从 2013 年开始即推出 Conscious Exclusive 可持续系列产品。年中,娱乐明星舒淇曝光的婚纱照婚纱正是来自 H&M 的 2014 年可持续性系列产品。

H&M 母公司 Hennes & Mauritz AB(HMb.ST)海恩莫里斯在官方网站的可持续栏目介绍称,时尚行业是全球第二大产业,因此"我们有巨大的责任去保护环境"。该公司表示希望在 2020 年开始,能够实现全线有机棉使用。瑞典公司同时称,可持续发展不仅仅是原材料的使用,还包括公司对供应商的严格要求。

据 Hennes & Mauritz AB 海恩莫里斯一年一度的可持续发展报告显示,公司 2015 年有机棉使用率为 31.4%,而 2014 年为 21.2%;2015 年共有 130 万件服装使用的是循环使用原料,是 2014 年的四倍;2015 年回收了 12 341 吨衣物,较 2014 年的 7 684 吨提升 60.6%,相当于 6 000 万件 T 恤的原材料。

快时尚行业的可持续、环保显然不仅仅是企业社会责任的自觉,主流精英、娱乐明星的环保倡导;NGO 组织的不懈努力更是这种大势所趋潮流的重要推动力量。而据咨询公司 Euromonitor International 欧睿国际的调查数据显示,甚至消费者都是这股力量的推手。该机构称,2016 年超过 14% 的美国消费者希望寻求天然材料的服装、配饰产品,较 2015 年上升 1.1%;消费者寻求可回收循环利用服装的意愿有 2% 的提升,特别是越来越多的千禧一代,他们比其他年龄段的消费者更追求可持续性产品。

在 H&M 推出 Conscious Exclusive 系列三年后,其竞争对手 Zara 在 2016 年 9 月亦首次推出可持续系列 Join Life,主要由 Zara 的回收产品进行再造而生产出来。除此之外,Zara 还有一系列计划涉及环保原材料,如生产过程中使用包括 BCI 棉花和 TENCEL© lyocell 在内的可持续原材料。其中,BCI(Better Cotton Initiative,良好棉花发展协会)是一个旨在推动责任棉花产业的组织,致力于在棉花种植过程中保护土地和周围的自然环境。在种植过程中,劳动条件以及水、化肥和杀虫剂的使用都受到严格监管;TENCEL© lyocell 则是一种源自可持续经营森林的纤维,生产工序在一个封闭循环中完成,100% 的生产用水和 95% 的化学品都可以重复使用。

据 Zara 官方网站称,2015 年,Zara 在西班牙和葡萄牙全境以及英国、爱尔兰、荷兰、瑞典和丹麦等 24 个国家的 834 家店铺配置了回收箱。2017 年,Zara 又在德国、法国、意大利、波兰、希腊、奥地利、瑞士、日本、美国、俄罗斯、韩国和澳大利亚配置回收箱。2020 年,力争让顾客能在全球所有店铺都能投放回收衣物。Zara 称,网站消耗的 84% 能量来自可再生环保能源,另外,50% 的店铺已经达到生态高效要求,并致力于到 2025 年,公司总部、物流工厂及门店所消耗的能量 100% 来自可再生能源。

Zara 母公司 Inditex SA (ITX.MC)集团和 Hennes & Mauritz AB 海恩莫里斯分别为全球第一和第二大服装零售商,2015 年两间公司的销售额分别为 209 亿欧元(约合 222 亿美元)和 1 808.6 亿瑞典克朗(约合 197 亿美元),净利润分别为 28.75 亿欧元(约合 30.57 亿美元)和 208.98 亿瑞典克朗(约合 22.7 亿美元)。

对于快时尚行业推动可持续项目的发展,*You Are What You Wear*:*What your Clothes Reveal About You* 一书作者、临床心理学家 Jennifer Baumgartner 在接受彭博社采访时称,当下人们对潮流趋势的追逐意愿越来越小,看上去他们更乐意选择那些经典且恒久的产品,而这种思潮已经进入大众视野,并获得认可。2016 年,《你穿的每一条牛仔裤可能……》及《一年不买衣服……》系列的煽动性文章在微信公众号广泛传播,尽管几乎所有文章都逻辑混乱、为吸引眼球而生,但巨大的阅读和转发量从侧面亦显示,作为制造大国、污染大国,饱受雾霾、污染水源侵害的中国消费者对环保同样重视。尽管,这种重视是通过一种同样受到"污染"的信息而来。

那么,快时尚行业是否真的能够实现可持续呢?目前来看,答案是否定的。以价格便宜和出货量取胜的快时尚行业与可持续发展存在天然的对立。据时尚研究数据公司 Edited 首席分析师 Emily Bezzant 预计,目前可持续系列只占 Zara 产品的 1.5%,最早开始可持续系列的 H&M 环保系列产品也仅仅占到 3.5%。她坦言,快时尚和可持续行业天然不匹配,对于快时尚行业的最大挑战是,协调可持续系列的价格符合快时尚,亦适应千禧一代的环保需求。

不过,Zara 和 H&M 为首的快时尚行业对可持续发展的关注、推动和实践,显然具有示范作用,这将促使整体服饰行业更多的企业、品牌加入,将服饰行业的浪费、污染尽可能地减低。

二、可持续性企业评价——国际连锁企业管理协会评价结果

国际连锁企业管理协会称:根据一项新的排名,优美科公司(Umicore)是 2013 年全球最具可持续性的公司。不过,"可持续性"到底是什么意思呢?

多伦多媒体公司 Corporate Knights 研究部的副总裁道格·莫罗(Doug Morrow)表示,可持续性是对公司的一种确认,认可该公司的长远利益在思想上和财务上与其资源利用效率、主动采取的健康与安全措施以及负责任的领导方式保持一致。

Corporate Knights 公司旗下杂志《公司骑士》的主编托比·希普斯(Toby Heaps)补充道,可持续性就是当有益于公司的与有益于我们这个星球的达到一致时的状态,反之亦然,"它意味着创造出的财富多于我们所破坏的财富。它意味着公司在增长整体财富时达到平衡,植根于人力、产出、金融、自然与社会资本。"

Corporate Knights 刚刚公布了第九届全球最具可持续性公司的榜单,它也被称为全球 100 强(Global 100)。"表彰最具可持续性的公司很重要,这里面有两个主要原因。"希普斯如是说,"其一,它促使公司披露核心的社会与环境指标,这一点很重要,因为若不加以衡量就无法实行管理。从责任的角度来看,阳光是最好的消毒剂。其二,由于全球 100 强明确定义的排名方法得到人们的尊重,并在达沃斯世界经济论坛(World Economic Forum in Davos)举行期间备受瞩目,它推动公司相互竞争,以决出哪家公司能够最好地驾驭其商业模式,以让世界变得更加美好。"

为了确定 2013 年的排名,Corporate Knights 基于财务表现、可持续性指标的披露以及其他标准,将包含 4 000 家上市公司的初始名单缩减到了 350 家。他们利用关键的环境、社会和治理绩效指标——其中包括废物排放效益、首席执行官和普通员工的薪酬比率、领导层多元化程度以及员工流动率——对剩下的 350 家公司进行了评估,然后给这些公司打分,公

司的得分是相对同行业竞争对手而言(对于各个行业分别使用基于该行业最新报告趋势的绩效指标)。

三、可持续性下的运营管理

企业应该在运营管理的各个方面坚持可持续性的规划、设计、管理和控制等。从运营管理角度，可持续性意味着生态的稳定性，即建立一个支持环保和资源再生的生产系统。整个产品的生命周期阶段——从产品的设计到生产、衰退或再循环——提供了资源保护的机会。地球资源是有限的，要能够从这些资源中获得更多利用价值。

(一) 产品/服务设计方面

企业输出的产品/服务符合社会所期望的伦理、环保和可持续性发展的要求。通过技术和发明等使得原材料等输入的资源更少，成本更低，或采用可循环的原材料等，如杜邦公司发明的聚酯薄膜，强度更高、更细薄、耐克鞋的可循环材料等；建立环境保护和污染防治项目，在产品/服务生命周期的所有阶段对环境、健康和安全问题进行考虑，如百时美施贵宝公司的 Ban Roll-On 产品，更小的包装盒使所用的循环纸板减少了 600 吨，存放空间减少 55%，使污染防治和储运成本得以共同降低；设计的产品采用可回收材料，使产品在报废阶段，回收材料，如汽车产业，每年回收来自 1 300 万辆报废汽车超过 84%的材料，再如，宝马公司的环境友好设计，车的大部分材料可回收再利用，包括一些塑料部件。

(二) 流程设计方面

主要应用 4R 理论，即生产流程使用的资源(Resources)、生产原料和产品部件的循环再利用(Recycling)、适用的规则(Regulation)和公司的信誉(Reputation)，从以上四个领域设计和完善生产流程。

使用的资源(Resources)领域，主要是减少资源的投入，降低生产成本，有利于可持续发展，如沃尔玛和菲多利减少了生产过程中水和能源的投入量，斯巴鲁印第安纳州工厂平均每辆车的能源投入减少 14%，百事可乐的塑料包装瓶重量减少 20%，节约资源并削减了运输费用。循环再利用(Recycling)领域，垃圾是放错位置的资源，如塑料、玻璃、铅等，在垃圾处理上，建立有利于材料拆卸和再利用的流程，如安海斯布希公司使用再循环的工业废水提供动力，每年在能源和废物处理上节约 3 000 美元。规则(Regulation)领域，严格遵守相关的温室气体、应对气候变化等的国内外法律法规，减少污染和碳足迹，如菲多利公司的食品生产，通过对其原材料供应商和分销商制定目标，两年降低碳足迹 7%。信誉(Reputation)领域，企业通过绿色流程的采用，产生良好的信誉，吸引员工、顾客、供应商、经销商和利益相关者的关注，如英国的化妆品公司美体小铺强调的环境友好、本杰里公司的节能灯等，在消费者心里建立良好的信誉。

复习思考题

1. 阐述供应链管理理念对企业运营管理产生的影响。
2. 分析可持续性理念在企业运营管理中的体现。

案例分析

海底捞：供应链及信息化建设

海底捞的前身是简阳的一家麻辣烫小店。创业时，张勇并不会制作火锅底料，一点一滴的反复摸索、尝试令这家麻辣烫小店经营了下来。

1994年第一家海底捞火锅餐厅创办时，四张桌子上各一张平底锅，里面是冒着热气的火锅底汤，用竹签穿着各种食品放在底汤里小火慢煮，结账时数一数竹签，这就是海底捞最早的商业模式。2011年担任海底捞华北区物流经理的李杨梅在那时负责买菜。由于只有简阳一家餐厅，所有的食品都是论斤采购的。

虽然海底捞在郑州、北京、西安等不断开店并发展成连锁店，但各地门店数量较少，因此难以形成规模采购，各个门店直到2004年时才必须设立专门的采购、洗菜、洗碗等工作人员。

一位老员工回忆道："我刚来海底捞的时候还是采购员，当时只有少量食品是供应商送过来的，采购员每天早上就骑个三轮车上市场采购，然后慢慢演变，后来每个店都有专门的面包车负责采购。当时大概夜里两点就要起床，三点一起开车到大兴区新发地蔬菜批发市场。因为质量参差不齐，早上光线不好，如果缺乏挑选经验，买回来的菜品和干炸品质量就得不到保证。菜买回来后，所有员工都要用手洗菜、洗碗。"很多已经晋升领班或店长的员工以及目前的管理层还能回忆起早期自己轮岗洗碗的情境。

现在，海底捞的四个大型物流配送基地分别设置在北京、上海、西安、郑州，以"采购规模化，生产机械化，仓储标准化，配送现代化"为宗旨，拥有标准的食品加工车间和国际先进的加工设备、现代化的冻库和保鲜库等仓储设施、自动化的搬运工具和采购车队，形成了集采购、加工、仓储、配送为一体的大型物流供应体系。中国烹饪协会火锅专业委员会秘书长乔杰在2010年3月参观位于北京的物流配送中心后指出："目前建立物流配送中心的火锅企业为数不少，但是自动化如此之高，供应产品如此之全的物流配送中心并不多见。"对此，张勇说："我们更多的是把成本花在了看不见的地方。"

四大物流配送基地中，北京物流配送基地（四川海底捞餐饮股份有限公司北京食品分公司）成立于2006年，是四个中机械化程度最高、规模最大的一家，占地面积近15亩，厂区投资800万元，生产线投资70万元左右，北京地区每天的产品加工量达到14~18吨。2011年年初，这家物流配送基地负责着海底捞在北京16家餐厅和天津6家餐厅的产品加工及配送工作。

1. 加工

合作供应商将蔬菜送到物流基地，由品质检控人员检验决定是否收货。合格的蔬菜会通过一条长长的流水线，经过"拍打""冒泡"等模拟人工洗菜环节，再由人工拣掉残叶、留住菜心，在布满小孔的桶中甩干，最后包装进入配送环节。流水线的循环水温常年控制在0到4摄氏度，室温控制在6到8摄氏度，每天有专门的检控人员对食品的检查标准、各车间和库房的温度、湿度进行严格控制。整个流水线处于全消毒的封闭环境，工作人员进入车间时，必须反复消毒并从头到脚着装。员工们必须常年在低温下工作以保证菜品。

海底捞的招牌菜"滑牛"的加工过程最能体现海底捞对品质的要求。在最能保证荤菜质量的恒温18度荤菜车间里,员工专门取牛后腿内侧称为"黄瓜条"的两块肉制作滑牛。供应商送来的"黄瓜条"是速冻的,解冻后表皮往往会比较黏软,工作人员会削掉表皮品质不好的部分,再把阻碍吞咽的筋去掉,用肉类切片机切为标准的3毫米厚薄片,再用手工切成4~5厘米的小块,不符合标准形状的肉片不会进入下一环节——"滚揉机"。40度的水、色拉油、调料和滑牛片在滚揉机中搅拌后,制成餐桌上的"滑牛"招牌菜。中央厨房每两个小时就会响起鸣笛声,这时所有荤菜员工就会集中到洗手池旁排队洗手,这样做的目的是为了保证荤菜的清洁程度。

海底捞餐厅会在每天中午12点之前将订单需求发送到物流中心,物流中心的计划部门通过数据分析后统筹采购、生产和配送任务,并根据淡季旺季的波动进行适当调整。物流中心的中央厨房一天生产的货品会在晚上6点前陆续送到餐厅中去。北京的物流配送基地和一些冷链供应商签订协议,每日都要向北京和天津26家餐厅供应食品。冷链车辆中都有温度计,其中的芯片24小时分秒记录着温度是否超过要求的范围。运输任务完成后,芯片中的记录被复制到电脑中,易于查找温度不达标的问题所在。一辆配送车配送的餐厅不超过两家,这样能使食品在车中的时间不会太长,以保证食品质量。海底捞餐厅在收到配菜后只需用水清洗一下就好,这样大大减少了餐厅员工的负担。后厨空间的减少也能增加餐厅服务区的面积,因此也能降低成本提高利润。自从海底捞中央厨房和物流中心建立起来后,就不再允许餐厅自行到市场或超市采购质量参差不齐的菜品了,而只允许供应商送些时鲜水果到餐厅,以及允许员工为了满足客人临时的需要而外出到超市购买一些小食品或水果等。

2. 信息化建设

海底捞采取的是分步骤实施的信息化策略。

在人力资源方面,海底捞扩张迅速,不同地区人员调动频繁,人力资源管理单纯凭人工操作存在困难;在供应链方面,各个片区配送中心资料不统一,业务流程不一致,管理层需要的报表和数据经常无法完整和及时提取;此外,海底捞还需要对原始的进销存财务软件进行升级。从2005年开始采用金蝶软件ERP系统K/3,建立企业人、财、物、产、供、销科学完整的管理体系。除以金蝶为主的ERP系统外,海底捞还在视频会议、电子签章、收银系统、档案管理方面进行信息化投入。2008年4月,海底捞被国家信息化测评中心评为"2008年度中国企业信息化500强入选企业"。

2010年,海底捞开始筹备升级ERP系统,整体由金蝶转向国外厂商SAP,在IT方面的投入是以往的几倍,其中在SAP的ERP系统方面的投入占总投入的65%以上。

3. 采购配送

为了尽可能降低库存成本,四大配送中心每天的原材料进货量和生产量,经过各个门店报送需求后,由计划部经过严格的数据分析后确定并下达采购及生产任务。计划部门通过供应链管理系统查询到实时库存,一方面可以参考实际库存安排合理的采购量,另一方面也满足各个门店的业务经营需要。海底捞的四大配送中心以规模化的生产能力和成本管理提供了获取最大程度营业额和利润的可能。

以"一滴香"为关键词的化学火锅危机令中国的火锅餐饮行业受到重大打击,也带来了一轮行业洗牌。化学火锅危机爆发后,海底捞第一时间向所有客人和记者开放物流配送中心和加工流水线,并设置专门的讲解员,给来访者讲解各种原材料的优劣,一些餐厅如何作假,以及各种菜叶的清洗方式等。此外,海底捞、小肥羊等火锅店品牌企业负责人于2010年3月签订行业自律公约,承诺不使用对人体有害的化学原料处理食品和食品原料。

2010年海底捞创始人张勇甚至决心与IBM合作,在北京耗巨资打造一家餐厅,称为体验未来餐饮的"数字餐厅"。数字餐厅可以把各种食材的营养成分、产地和运输、配送时刻等信息以电子化的形式展现在消费者面前,同时配以各种虚拟的就餐环境,还可以与身在异地的朋友远程视频共同就餐。这是张勇心目中的未来。

(资料来源:郑晓明,赵子倩. 海底捞:供应链与信息化建设推进餐饮品质. 清华经管/中国工商管理案例中心,2011.)

【思考题】
1. 在原料采购、加工、配送等方面,中餐可以标准化到什么程度?
2. 海底捞优越的供应链体现在哪些方面?
3. 从海底捞的供应链管理中你能得到什么启示?

第三章　产品/服务设计

学习目标

1. 了解产品设计的必要性、新产品的分类、并行工程关键技术；
2. 理解产品设计的概念、并行工程主要思想；
3. 掌握产品设计与开发过程。

 开篇案例

诺基亚是一家创立于1865年的老店，原本从事纸浆业；2000年起诺基亚手机一步一步打败摩托罗拉、爱立信等大厂，2003至2006年达到高峰，全球市场占有率为72.8%。当时《天下杂志》《时代杂志》皆到芬兰取经，想要了解这个每年51天见不到太阳的冰湖之国，如何"创新"征服世界。诺基亚全盛时期，全芬兰1%人口在诺基亚上班，每年贡献国家1.5%的GDP（国民生产总值）。但是，在2008年，iPhone发行一年后，诺基亚市值就已被苹果超越；根据《商业周刊》统计，2011年诺基亚市值仅为苹果的7%。2013年，位于中国上海的诺基亚大楼宣布停业。

据专家分析，诺基亚失败的原因主要有两点：一是产品设计无亮点，缺少独特功能，与其他智能机相比，没有竞争优势；二是技术创新滞后，与其合作的微软WP7对企业用户缺少吸引力。

社会组织赖以生存的基础就是公司面向社会提供的产品或服务。企业的成功关键之一就是有为数不多的拳头产品，如英特尔的芯片，而不成功的产品策略可能会为企业带来灭顶之灾，如开篇案例中的诺基亚。产品设计是企业满足市场需求，保持竞争优势的关键，是实现产品差异化、成本领先、快速响应的基础和必须面对的选择。

第一节　产品设计管理

产品设计是将人的某种目的或需要转换为一个具体的物理或工具的过程，把一种计划、规划设想、问题解决方法，通过具体载体，以美好形式表达出来。它包括确定产品的基本结构、性能参数和技术指标，以及制造工艺等。

一、新产品/服务开发

(一) 新产品的分类

新产品是指在技术、性能、功能、结构、材质等方面具有先进性或独创性的产品。

1. 改进型产品

改进型产品是对老产品的改进与完善,创新程度最小的一类新产品。在产品设计与制造流程中稍做改动,投入资源少。目的是保持市场份额,确保近期现金流。

2. 换代产品

换代产品是指产品基本原理不变,因部分采用新技术使产品性能有重大突破。目的是拓宽产品系列,保持市场活力,延长产品系列的生命周期,确保利润增长。

3. 创新产品

创新产品是指采用科学技术的新发明所开发的产品,它是创新程度最高的一类新产品。需要对产品设计或流程进行革命性的变动,有利于企业保持持续的竞争力。

【案例 3-1】

互联网重塑中国商业

2009 年 9 月 10 号晚,阿里巴巴在 2 万人聚集的杭州黄龙体育场举办十周年庆典。场上表演的是装扮古怪的马云和来自五大洲的员工。嘉宾台上看戏的高朋满座,有万通冯仑、复星郭广昌、新东方俞敏洪、北大教授周其仁、文化名人于丹。一面是中国重量级互联网公司的"闹腾",一面是中国重量级商业和学界领袖的"反应"。

每一个互联网企业,其实都是其所在行业创新的驱动力量,是整合的工具。新浪整合媒体业,报纸都在说:"我们在给新浪打工"。阿里巴巴整合外贸业,所以它能提前 6 个月预知经济寒冬的到来。携程整合订票业,剿灭了不计其数的小代理商。淘宝整合零售业,短短 5 年就成为中国销量第一的卖场。

新产品开发的关键要把握三点:第一,必须满足技术与市场匹配的原则;第二,要建立在了解和确定需求的基础之上;第三,可以通过技术实现。

(二) 新产品开发的重要性

新产品开发策略最主要的依据是战略一致性,会对整个系统的设计和管理产生深远的影响。例如,关注成本领先策略的早期格兰仕微波炉,品种较少,款式简单;关注差异化策略的苹果手机,产品新潮,市场领先;关注快速响应的 Zara,新款服饰的推出速度平均仅为 12 天,而同行业的一般为 120～180 天,每年设计 50 000 款,进入市场的仅 12 000 款,最新发布的时装流行款式最快只需 7 天便在专卖店见到实物。因此,为竞争优势的取得和保持,完成战略一致性,企业最先面对的运营系统决策就是新产品的开发设计。具体有以下三点表现。

1. 产品生命周期理论的要求

企业依靠产品来谋求生存和发展有两条途径:一是增加原有产品的产量;二是开发新产

品。但一般来说,任何产品都经历导入期、成长期、成熟期和衰退期四个生命周期阶段。产品一旦进入衰退期,利润会逐步缩减。因此,一般企业应在原有产品进入成熟期时,推出新产品,如此类推,企业在创新产品的前提下,保持一个相对具有竞争力的不断更新的产品组合,才可能保证利润的持续流入,如图3-1所示。

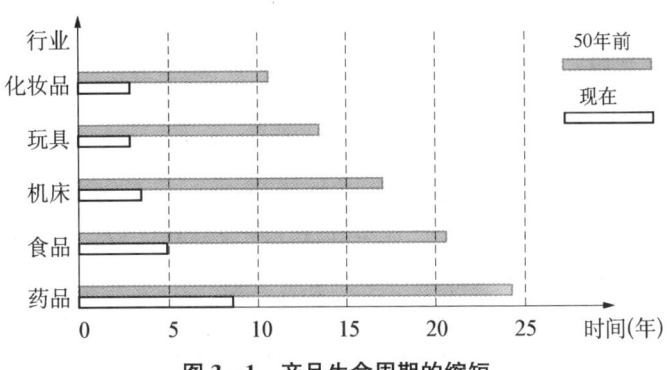

图3-1 产品生命周期的缩短

50年前与现在产品生命周期的对比可见,前者基本是后者的3倍以上。产品生命周期的缩短,意味着企业应尽快推出新产品,因为在产品生命周期的不同阶段,企业推出同一类型产品所能获得的利润会越来越少,如图3-2所示。

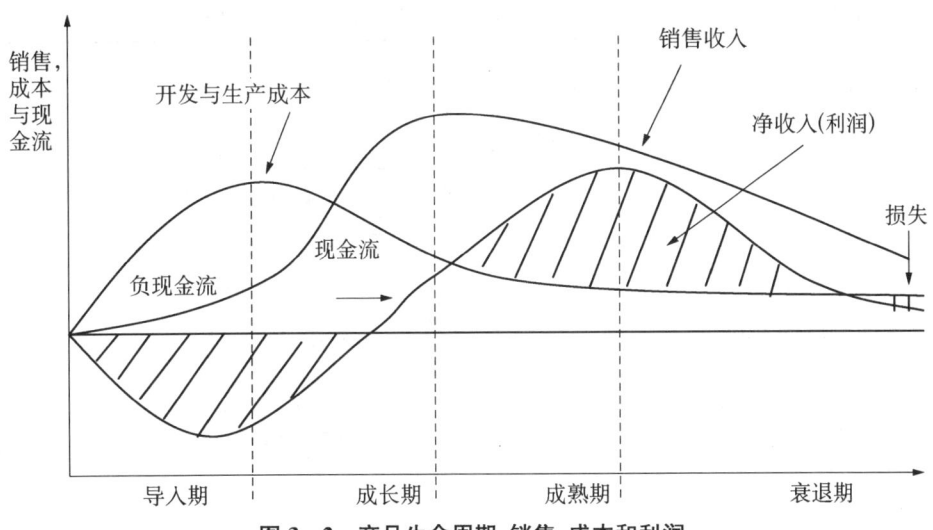

图3-2 产品生命周期、销售、成本和利润

【案例3-2】

海尔公司的产品开发

海尔作为家电制造业的领先企业,在新产品开发过程中,也面临着挑战和问题:客户需求多变、上市周期短、竞争激烈,用户要求越来越苛刻,做正确的业务决策很难,研发预算超支,开发效率低下,研发废弃项目增多等问题。如何解决以上挑战和问题,保证新产品开发

成功上市并获得商业成功,是海尔集团面临的重要课题,也是中国企业面临的一个重要课题。海尔集团通过与国外著名咨询公司合作,引进先进的开发管理模式,解决产品开发过程中存在的问题,并不断通过实践和优化,形成一套适合中国家电行业的结构化产品开发流程,为提升中国家电行业的整体产品开发管理水平做出贡献。

2. 市场竞争加剧的无奈

企业竞争优势取决于能否向市场提供满足需求的新产品。市场竞争加剧迫使企业不断开发新产品,提高市场份额和产品价值,积聚比较优势,迫使竞争者淡出或退出市场。同时,随着高新技术进步越来越快,适用范围越来越大,节省人力,降低劳动成本,提高产品服务质量,缩短用户需求响应,使企业获得降低成本和快速响应双重优势。不同产品更新换代的速度都在不断加快,如表3-1所示。

表3-1 不同产品更新换代的速度比较

产品	更新换代所花时间
机械产品	美国3年更新一轮,中国10.5年
电子产品	6个月~18个月全部更新一轮
保健品	5年~10年更新一轮
通信领域	20世纪80年代产品的寿命为4年,20世纪90年代为1.5年

产品研制到投产的时间也越来越短,如表3-2所示。

表3-2 不同时期产品研制、投产周期长短比较

时期	产品从构思、设计、试制到商业性投产所花时间
19世纪	70年左右的时间
两次世界大战期间	40年左右的时间
战后20世纪60年代	20年左右的时间
20世纪70年代后期	5~10年的时间
现在	3年或更短

3. 消费者需求变化的拉动

随着社会发展,消费者需求日益多样化、个性化和高级化。具体表现在:产品规格、花色品种、需求数量的多样化和个性化;产品功能、质量和可靠性的要求标准日益提高,且以用户满意度为导向;价格相对低廉,满足顾客个性化需求。如今,最令客户满意的产品都是企业与用户共同设计完成的。

【案例3-3】

格兰仕于1993年舍弃年利润800多万元、创汇3 000万元的毛纺厂及其他业务,集中一切资产、技术、人力资源于微波炉的开发、生产及市场推广,当年销售1万台。1994年10万

台;1995 年 25 万台,市场占有率 25.1%,成为行业第一。其后,格兰仕的销量逐年腾飞,1996 年 60 万台,市场占有率 34.7%;1997 年 125 万台,市场占有率 49.6%;1998 年总产量 315 万台,内销 213 万台,市场占有率 61.43%。

4. 社会市场营销趋势的响应

企业利用新型无公害的原材料生产和开发环保的新产品,可以克服营销观念仅仅满足个别消费者需要而造成的资源浪费、环境污染、生态破坏以致广大消费者利益受到损害的弊端,做到在满足消费者的需求和取得合理利润的同时,保护环境,减少公害,维持一个健康和谐的社会生存环境,不断提高人类的生活质量。这也是可持续发展的要求。

5. 生产过程成本的减少

据统计,产品设计时间占产品总开发时间的近 60%,可见,产品设计与工艺设计影响着新产品的创新速度。同时,研究还表明,制造过程中生产率的 70%~80% 是在设计和工艺阶段决定的,所有质量问题的 40% 可以归因于低劣的设计和工艺。更重要的是,企业在产品设计时采用新的开发手段和方法,以保证产品开发早期阶段能做出正确的决策,从而提高产品质量、降低产品成本,进一步缩短产品开发周期,如布斯罗伊德(Boothroyd)引用福特汽车公司的报告表明,尽管产品设计和工艺费用占整个产品费用的 5%,却影响了总费用的 70% 以上。索勒纽斯(Sohlenius G.)以波音公司为例进行分析后指出:一般产品成本的 83% 以上在产品设计阶段被决定,而这一阶段本身所占费用仅为产品全部成本的 7% 以下。

6. 企业销售额的源泉

新产品是企业销售额的源泉,对全球知名企业调查发现,尤其是各个行业领导型企业的相当一部分销售额(大约 50%)都来源于公司推出不到 5 年的新产品/服务,行业的前三名一般新产品的销售额占到 30%~40%,如图 3-3 所示;而且实践证明,这一比例越高,公司越可能成为行业领导者。例如,迪士尼的游客访问项目大多集中于魔幻世界王国、未来世界、迪士尼—好莱坞影城和动物主题公园;巨人思科公司增收的大部分来源于非网络产品,其正从路由器和开关等核心业务制造领域转向计算机服务器本身。

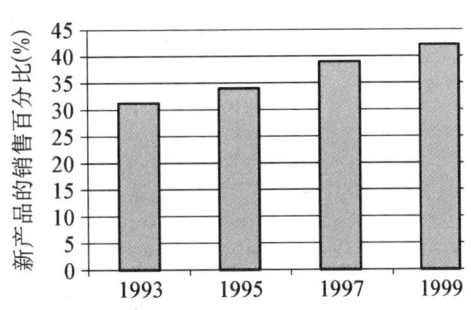

图 3-3 领导型公司新产品的销售百分比

因此,产品设计作用重大,几乎占用了 60% 开发时间,决定了 70% 的成本;是快速响应客户要求和提高竞争力的关键。公司获得的大部分利润来源于新产品,所以对产品和服务的开发与设计要持续不断地推陈出新,建立一个与顾客顺畅交流、及时了解顾客需求的组织机构,营造创新的组织文化、前沿的研发意识、强有力的领导、正式的激励和恰当的培训等氛围,将顾客需求信息快速推进新产品/服务设计论证通道。

二、产品设计与开发过程

一般产品设计与开发过程由产品构思阶段、结构设计阶段(总体设计、技术设计、工作图设计等)和工艺设计阶段三阶段构成,如图 3-4 所示。

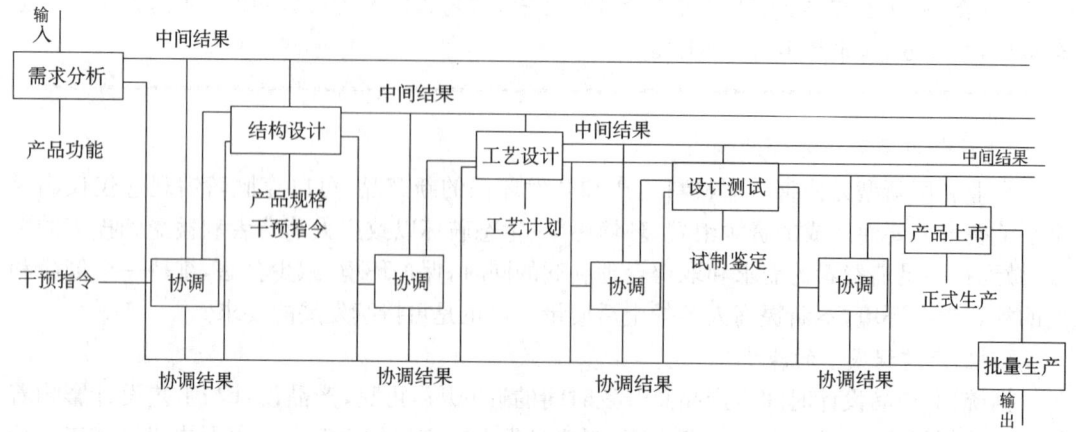

图 3-4 产品设计过程图

(一) 产品构思

1. 产品构思的含义

产品构思又称产品设想,是在市场调研基础上,根据社会、自然环境、技术发展动向,结合顾客的需要提出来的。开始时可能是一些含糊不清的想法,它可以由企业从事产品开发的技术人员提出来,也可以由企业职工,包括技术管理人员、销售人员、生产工人提出,还可以由顾客直接提出。产品构思的来源如图 3-5 所示。

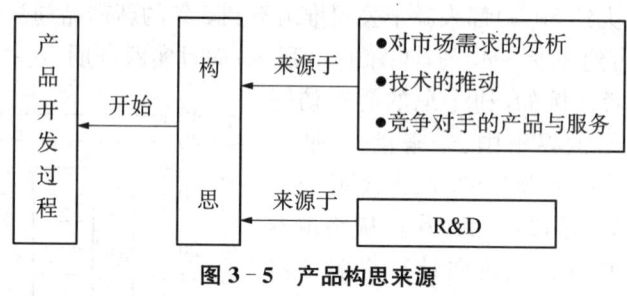

图 3-5 产品构思来源

【案例 3-4】

日本的创意思维方法

资生堂——废除等级观念,内省的哲学

日本电气——引进奖励体制

富士通——研究人员更多的自由,与生产率挂钩的报酬制度

丰田公司——丰田公司研究社,每年举办一次创意奥林匹克竞赛

日立公司——怪人俱乐部,拥有 1 200 多名成员

欧姆龙公司——每月开办的紧急学校

富士公司——高级经理学习非正规知识,拓展思路
西米柱建筑公司——职员必须玩游戏,用团队精神解决问题

从上面日本各企业的创意思维方法可以看出,日本企业从各个方面来增强员工的创新能力,从而推进产品的创意构思。

2. 产品构思的工作内容

一种有效的产品构思在交付正式的产品/服务设计流程前,必须要将产品决策与企业实力、市场动态、产品生命周期和竞争状况有效联系在一起。新产品/服务的设计对公司的未来发展影响重大。因此,产品构思阶段要完成的工作包括如下内容:首先,对来自公司内外部多个来源的产品创意进行筛选;其次,结合公司实力,分析内外部市场和条件,评估企业实施这一创意的能力;最后,结合顾客要求,对创意再次进行修改和完善。为尽量降低失败风险,以上过程要在顾客高度参与的环境下进行反复地评价、反馈与交流。

(二) 结构设计过程

产品结构设计过程包括从明晰设计任务开始,到确定产品具体结构为止的一系列活动,一般分为总体设计、技术设计、工作图设计三个阶段,如图3-6所示。

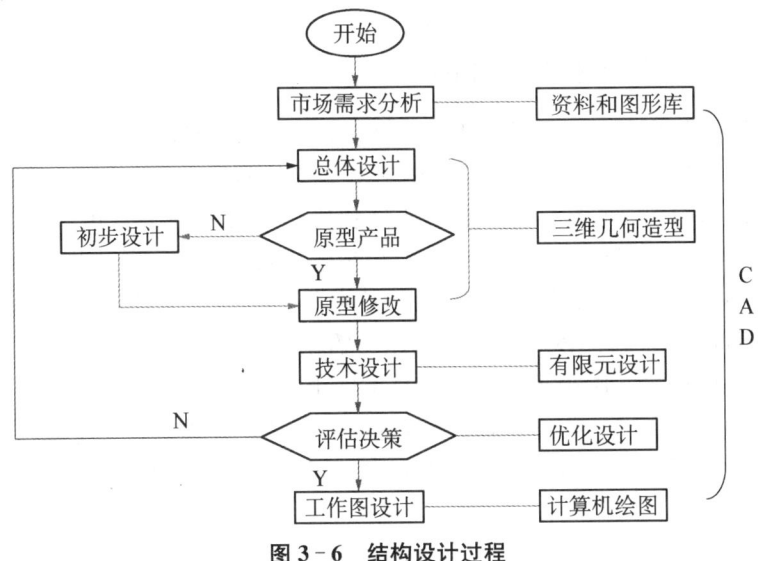

图3-6 结构设计过程

1. 总体设计（概念开发）

通过市场需求分析,确定产品的性能、设计原则、技术参数、概略计算产品的技术经济指标和进行产品设计方案的经济效果分析。这一过程有效地回答了新产品/服务的可行性,尤其是技术可行性。

2. 技术设计（系统设计）

将技术任务书中确定的基本结构和主要参数具体化,进一步确定产品结构和技术经济指标,以总图、系统图、明细表、说明书等总括形式表现出来。这一过程相当于产品的功能说明。

3. 工作图设计（细节设计）

根据技术设计阶段确定的结构布置等，进一步做细节设计，逐步修改完善，绘制全套工作图样和编制必要的技术文件，为产品制造和装配提供精准依据。这一过程相当于企业内部的产品说明书。

（三）工艺设计

工艺设计是指按产品设计要求，安排或规划出把原材料加工成产品所需要的一系列加工过程、工时消耗、设备和工艺装备需求等的说明。工艺设计是结构设计过程和制造过程之间的桥梁，它把产品的结构数据转换为面向企业内部产品制造的指令性数据。程序包括从零件图到加工工序操作顺序决定的所有阶段，具体如图 3-7 所示。

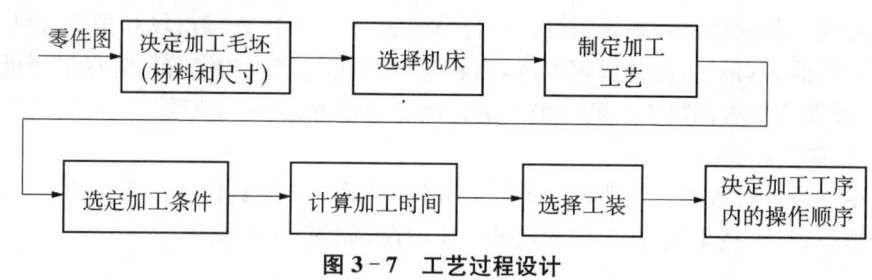

图 3-7 工艺过程设计

三、产品设计的原则和绩效评价

为了满足同一使用目的与要求，可设计出多种产品；为实现同一功能，可设计出多种结构。由此可以获得在技术上等效、在经济上不等价的各种方案。因此，要通过对设计方案的技术经济效益分析，进行最佳方案的评价和选择。选择一个真正能为企业带来效益的产品并不容易，产品设计和选择应该遵循以下几条原则：设计用户需要的产品（服务）；设计可制造性和鲁棒①性强的绿色产品。为了使企业保持长久的竞争力，必须不断地向市场推出新产品，为此，企业必须有效响应用户需求，并且能超过竞争对手。抓住机会的能力、快速开发出新产品、用很短时间将产品推向市场，对一个企业而言是十分重要的，因为产品市场寿命是有限的。为此，就必须对企业的产品设计绩效进行测量和控制，争取取得最大的效益。根据企业在市场上的竞争要素，通常用表 3-3 所列内容作为度量产品开发绩效的主要指标。

表 3-3 产品开发的绩效评价指标

绩效指标	评价标准	对竞争力的影响
时间	新产品引入频率 从新产品构思到上市的时间 构思数量和最终成功数量 实际效果与计划效果的差异 来自新产品的销售比例	顾客/竞争对手的响应时间 设计的质量——接近市场的程度 项目的频率——模型的寿命

---

① 鲁棒是 Robust 的音译，也就是健壮和强壮的意思。它是在异常和危险情况下系统生存的关键。

续 表

绩效指标	评价标准	对竞争力的影响
生产率	每一个项目的研究发展周期 每一个项目的材料及工具费用 实际与计划的差异	项目数量—新产品设计与开发的频率 项目的频率—开发的经济性
质量	舒适度—使用的可靠性 设计质量—绩效和用户的满意度 生产质量—工厂和车间的反映	信誉—用户的忠诚度 对用户的相对吸引力—市场份额 利润率

第二节 产品开发方法

组织产品开发有四种方法。第一种,传统的美国产品开发方法,它是通过研发部门、产品设计部门、工程部门和生产部门进行组织开发;第二种,选派一位产品经理去领导产品开发系统和相关的组织工作;第三种,美国应用得最好的产品开发方法——团队法,如产品开发团队、可制造性设计团队和价值工程团队;第四种,日本最常采用的方法,将组织的研发、工程、生产部门都在一个组织之内进行,结构化程度更低,更易于交流协作。然而,典型的西方模式和传统智慧仍然认为团队是一种较好的运作模式。产品开发团队常常包含来自营销、生产、采购、质量保证和现场服务等各领域的代表,以及买方代表,目标是产品或服务的可销售性、可制造性和可服务性。这种团队的使用也称为并行工程,即通过产品开发的各相关方同时参与来加快产品开发。

一、串行过程

(一) 串行的产品设计方法

串行设计是指从需求分析、产品结构设计、工艺设计一直到加工制造和装配一步步在各部门之间顺序进行。串行的产品开发工作流程如图 3-8 所示。

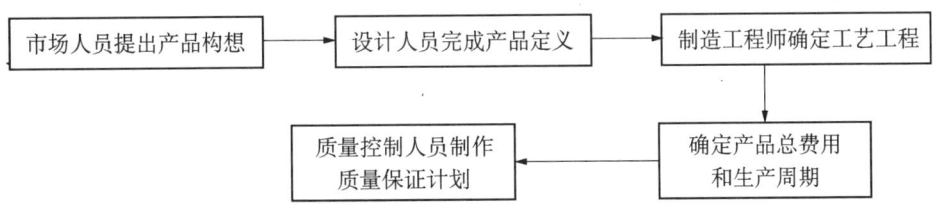

图 3-8 串行的产品开发工作流程

传统的串行产品开发模式:产品设计→工艺设计→计划调度→生产制造。在这种模式下,如图 3-9 所示,设计工程师与制造工程师之间互相不了解、不交往,中间有如隔了一堵墙。

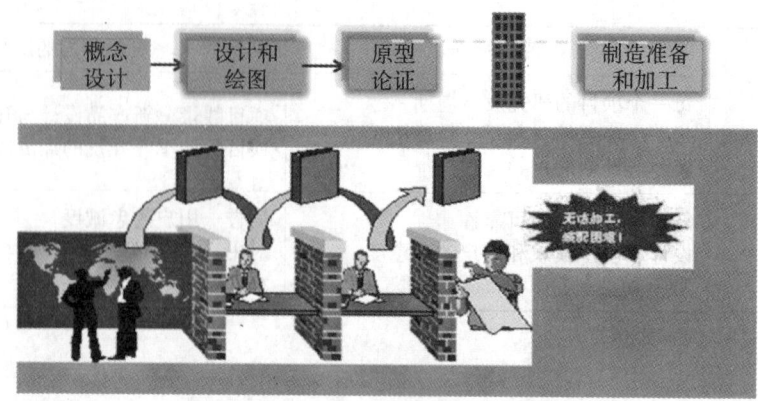

图 3-9 传统的开发模式

（二）串行产品开发存在的问题

串行产品开发存在的首要问题是以部门为基础的组织机构严重地妨碍了产品开发的速度和质量。存在的关键问题有：各下游开发部门所具有的知识难以加入早期设计，但加入设计的阶段越早，降低费用的机会越大；各部门对其他部门的需求和能力缺乏理解，目标和评价标准的差异和矛盾降低了产品整体开发过程的效率。

二、并行工程

（一）并行工程的概念

美国国防先进研究计划局（DARPA）1987年12月举行并行工程专题研讨会，提出发展并行工程的DICE计划。美国防御分析研究所IDA（Institute of Defense Analyses）对并行工程（Concurrent Engineering，CE）及其用于武器系统的可行性进行调查研究，1988年公布了著名的R-388研究报告，明确提出并行工程思想，发出并行工程倡议。西弗吉尼亚大学设立了并行工程研究中心，许多大型软件公司、计算机公司开始对支持并行工程的工具软件与集成框架进行开发。CE在国际上引起各国的高度重视，其思想被更多的企业及产品开发人员接受和采纳，各国政府也加大支持并行工程技术的开发力度。并行工程已在一批国际著名企业中获得成功应用，如波音、洛克希德、雷诺、通用电气等均采用并行工程技术来开发自己的产品，取得显著效益。

并行工程是对产品及其相关过程，包括制造过程和支持过程，进行并行、一体化设计的一种系统化方法。该方法力图使产品开发者从一开始就考虑到产品全生命周期（从概念形成到产品报废）的所有因素，包括质量、成本、进度和用户需求，如表3-4所示。

表 3-4 产品设计考虑的因素

过　程	需求阶段	设计阶段	制造阶段	营销阶段	使用阶段	终止阶段
考虑因素	顾客需求产品功能	减低成本提高效率	易制造易装配	竞争力（低成本、标新立异）	可靠性、可维护性、操作方便	环境保护

（二）并行工程设计方法

并行工程是一种强调各阶段领域专家共同参加的系统化产品设计方法，其目的在于将产品的设计和产品的可制造性、可维护性、质量控制等问题同时加以考虑,如图 3-10 所示,以减少产品早期设计阶段的盲目性,尽可能早地避免不合理因素的影响,缩短研制周期。

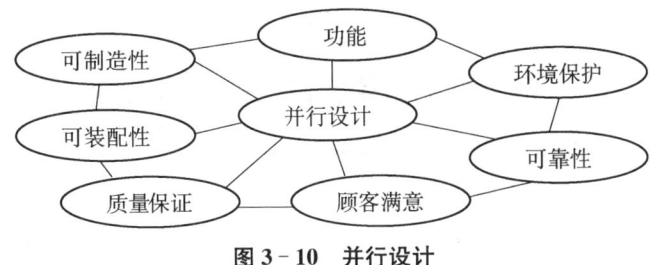

图 3-10 并行设计

(三) 并行工程关键技术

并行工程中,会涉及多种技术,如表 3-5 所示。但其中较为关键的是过程管理与集成技术、团队、协同工作环境等。

表 3-5 并行过程中的技术选择

过程	需求阶段	设计阶段	制造阶段	营销阶段	使用阶段	停止阶段
采取措施	顾客参与质量功能部署	CAD/CAPP VR/PGT	DFM DFA	价值工程 CE	工业工程 IE	绿色制造

注:CAD(Computer Aided Design):计算机辅助设计;
CAPP(Computer Aided Process Planning):计算机辅助工艺过程设计;
VR(Virtual Reality):虚拟现实;
PGT(Product Growth Team):产品增长小组;
DFM(Design for manufacture):面向制造的设计;
DFA(Design for assembly):面向装配的设计;
CE(Computer Engineering):计算机工程。

1. 过程管理与集成技术

包括过程建模、过程管理、过程评估、过程分析和过程集成。

2. 团队

由传统部门制或专业组变成项目为主的多功能集成产品开发团队(Integrated Product Team,IPT)。

3. 协同工作环境

产品开发由分布在异地的、采用异种计算机软件工作的多学科小组完成。具体关键技术包括约束管理技术、冲突仲裁技术、多智能体技术、CSCW(Computer-Supported Cooperative Work)技术等。

4. DFX

DFX(Design for X)是 CE 的关键技术,X 代表产品生命周期中的各项活动。应用较多的是 DFA(面向装配设计)和 DFM(面向制造设计)。

5. PDM

产品数据管理(Product Data Management,PDM)集成和管理产品所有相关数据及其相关过程。PDM 能在数据的创建、更改及审核的同时跟踪监视数据的存取,确保产品数据的完整性、一致性及正确性,保证每个参与设计的人员都能即时地得到正确数据,使产品设计返回率达到最低。

【案例 3-5】

并行工程的应用实例——波音公司

自 1991 年起,在波音 767-X 系列产品上采用:
① 按飞机部件组成两百多个 IPT;② 改进产品开发流程;③ 采用 DFA/DFM 等工具;④ 利用巨型机支持的 PDM 系统辅助并行设计;⑤ 大量应用 CAD/CAM 技术,做到无图样生产;⑥ 仿真技术与虚拟现实技术等 CE 的方法和技术。

获得了以下显著效益:
① 提高了设计质量,极大地减少了早期生产中的设计更改;② 缩短了产品研制周期,优化了设计过程;③ 减少报废和返工率,降低了制造成本。

(四)并行工程的速度优势

应用并行工程的思想,在产品设计的不同阶段采取不同的措施,可以减少产品设计中出现错误的概率,节省了修补失误所消耗的时间,从而缩短了开发周期,提高响应速度。串行和并行工程的开发时间对比,如图 3-11 所示。

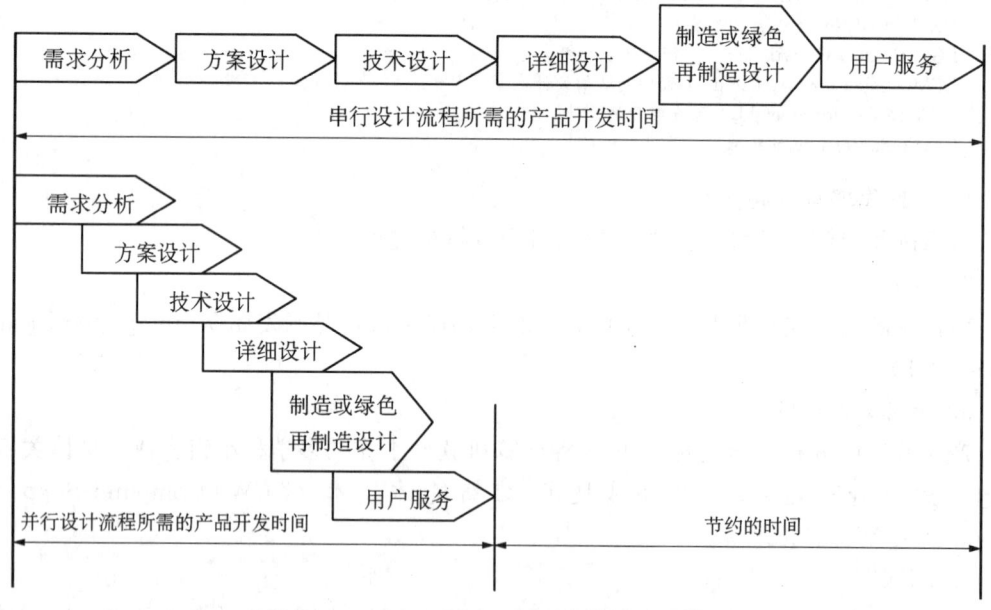

图 3-11 串行和并行工程的开发时间对比图

(五)并行工程的人员构成

新产品开发特别强调人的作用,由于产品设计是一项创造性的劳动,离开了人的创造性思维,要设计出创新产品是不可能的。此外,由于技术和产品复杂性的增加,产品研究和开发更加依赖于多方人员的参与,因而组织和人员之间的沟通、协作显得尤为重要。并行工程要求组织各方面的人员,组建集成产品团队,如图3-12所示。

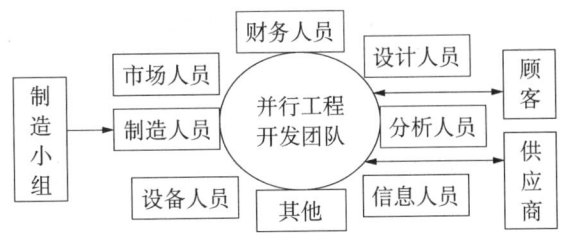

图3-12 并行工程开发团队人员构成

三、现代的产品设计

(一) 产品设计的途径选择

由于产品生命周期的缩短,新产品开发的速度十分重要,众多公司的实践证明,新产品上市的时间越早,产品生命周期的利润会越高。因此,企业更多关注的是新产品如何更快地推向市场,而较少关注如何使产品设计达到最优或提高产品的生产效率。因为,首家推出新产品的企业,在竞争对手开始生产相近或改良的产品之前,产品的价格可以是足够高的垄断性价格,可以在某种程度上弥补低效率的产品设计和生产方法,如柯达首次引入的Ektar镜头,价格比常规镜头高10%~15%;苹果创新的iPod及其新型号在提出5年后仍占有75%的市场份额。但由于技术的复杂性日益提高,产品开发的费用和风险也日益提高,因此,企业为实现新产品开发的快速响应和设计的可靠性,以及风险和利润等之间的均衡,一般有企业内部开发到联盟开发等多种实现途径,如图3-13所示。

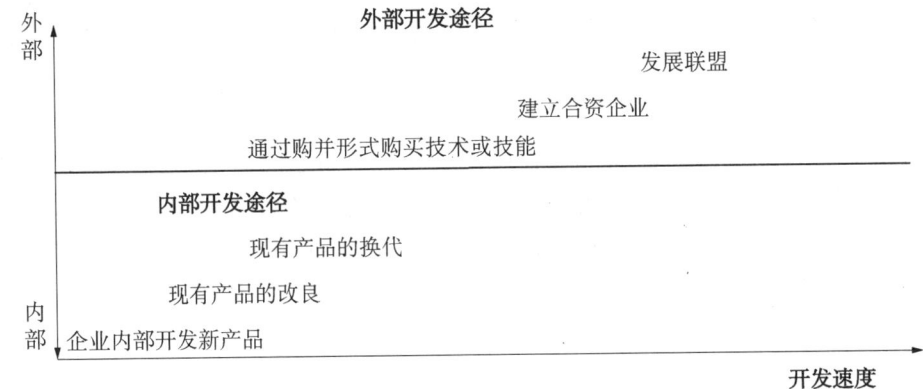

图3-13 产品开发途径与速度的关系

由图3-13可见,在新产品开发时,由于时间竞争的重要性,企业采用多种途径推进新产品的开发速度,从开发速度最慢的企业内部开发途径到联盟的产品开发系列。在产品内部开发途径中,最慢的企业内部新产品开发的风险也最高,而且完全由企业自己承担;产品的改良和换代能够使用组织现有的产品能力进行革新,延长产品的生命周期,开发速度更快,风险也更低,如不断改进的手机、个人电脑和飞机等产品在颜色、尺寸、重量和特征等方面的改变。产品的外部开发途径一般有购买技术、建立合资企业和发展联盟等具体形式途径,如表 3-6 所示。

表 3-6 产品的外部开发途径

产品外部开发途径	含 义	实 例
购买技术	处于技术最前沿的公司,往往通过购并创业公司来加速产品开发,这些创业公司已经开发出了与前者使命相一致的技术	微软并购思科系统公司促进新产品开发
合资企业	合资企业通常是两家公司共同拥有其所有权,一般适用于开发不属于公司核心使命的特殊产品机会	通用汽车公司和丰田汽车公司在北加利福尼亚组建的合资企业,丰田学习建造和管理北美的企业,而通用公司则学习丰田的制造技术
企业联盟	企业联盟是指企业个体与个体间在策略目标的考虑下结成盟友,自主地进行互补性资源交换,各自达成阶段性目标,最后获得长期的市场竞争优势,并形成一个持续而正式的关系	飞利浦公司与松下合作开发数字卡带

(二)产品设计趋势

1. 绿色再制造

绿色再制造是指以废旧产品性能提升为目标,以先进技术和产业化生产为手段,以产品全寿命周期理论为指导,以优质、高效、节能、节材、环保为准则,来修复、改造废旧产品的一系列技术措施或工程活动的总称,其重要特征是绿色再制造产品的质量和性能达到甚至超过新品,但成本只是新品的50%。绿色再制造这一崭新理念的提出,打破了产品传统的"从摇篮到坟墓"的单生命周期形式,实现了废旧产品"从坟墓到新生"的多寿命周期的新形式。

2. 顾客需求驱动

可持续生产与消费、以顾客为中心的商业模式和产品日趋同质化等因素,促使制造企业从单一产品的设计生产转移到整体解决方案(包含产品与服务)的设计生产。产品服务系统(Product Service Systems,PSS),正是适应制造企业这一战略转移而提出的一个新理念。在产品服务系统方案设计中,顾客立足于所要完成的工程,从施工环境和工程任务角度对需求进行描述。

3. 立体化设计

如果做功能和设计的时候只考虑一个点,那就是二维思维,很容易被复制。做到立体化定位前,一定要把整个产品的定位想清楚。坚持为少数人设计:虽然为大众设计还是为小众设计,为大众做产品还是为小众做产品争论了很多年。其实,所有产品都是从小众开始传播。小米是为"发烧友"而生,"发烧友"非常少,但瞄准可以贯穿整个需求,具有非常垂直贯穿力的小众用户。例如,一开始猎豹只需要一部分喜欢炫酷、喜欢张扬有感觉的小众用户就可以了。一方面,用户是金字塔结构,找到核心少部分用户群,他们往往是产品的有力传播者。另一方面,传播效应是倒金字塔结构,专家和具有艺术气息的人的社会影响力比大众好得多。以简洁为美,如苹果手机只有一个按键,两岁多的小孩都可以拿来看动画片。

第三节 服务设计

一、服务设计的内涵

服务的一个显著特点：服务不能储存（制造业可以在淡季储备库存，以备旺季之需）。因而服务业需要满足市场回升的需求，服务产能问题便随之成为主要问题了。一个重要的设计参数就是"目标产能"和与其相关的生产成本。

服务设计及开发与典型制造业产品设计及开发的主要不同点在于：服务工艺与服务产品必须同时开发，事实上，在服务中工艺即是产品（当然这样说是基于一般的认识，许多制造业正使用像 CE 及 DFM 这样的概念作为设计手段，以实现产品设计与工艺设计更紧密的结合）；虽然支持服务的设备和软件受专利和版权保护，但是服务运作过程缺乏像产品生产那样的法律保护；服务包和确定的产品不同，服务包构成了开发过程的主要输出；服务包的许多部分常常用于训练那些未加入服务组织中的个体；很多服务组织提供的服务是全天候的，而且随时可以改变。

（一）服务设计的概念

服务设计是指服务企业根据自身特点和运营目标，对服务运营管理做出的规划和设计，其核心是完整的服务包与服务传递系统的设计。服务包（Service Package）是指在某个环境下提供的一系列产品和服务的组合。服务传递系统则是指服务组织如何将服务从组织的后台传递至前台并提供给顾客的综合系统，其内涵是服务组织的运作和管理过程。

服务设计以为客户设计策划一系列易用、满意、信赖、有效的服务为目标广泛地运用于各项服务业。服务设计既可以是有形的，也可以是无形的；客户体验的过程可能在医院、零售商店或是街道上，所有涉及的人和物都为落实一项成功的服务传递着关键的作用。服务设计将人与其他诸如沟通、环境、行为、物料等相互融合，并将以人为本的理念贯穿于始终。

（二）服务设计的特性

由于服务和产品存在本质区别，所以服务设计也具有区别于产品设计的特性。

1. 服务无形，更注重环境因素

与制造业相比，服务是看不见摸不着的无形存在的，这会给企业和顾客带来一些问题，比如很容易被对手模仿、很难让顾客切实触摸到真正的产品。这一特性促使服务设计需要更加注重一些不可触摸因素，更加注重环境因素。

2. 服务的生产和消费同时进行

提供服务与消费服务的过程是同时进行的，这就使得在服务设计中先于顾客发现和改正服务中的错误更加困难。因而员工培训、服务流程设计、处理好与顾客的关系就显得特别重要了。

3. 服务无法存储，需要更加注重服务系统设计

服务是无形，不能储存的，不能通过库存来调节生产，顾客不足时候，服务能力又没有得到充分利用，造成机会流失，资源浪费。因而，更加需要重视服务系统设计来弥补这些缺点。

4. 顾客参与使服务质量难以控制,服务设计需要充分了解顾客心理

在制造业中,顾客是很少参与制造过程的。但是,在服务业中,顾客经常作为参与者出现在服务过程中。顾客的参与要求企业必须注意服务设施的物质环境,因为它会直接影响顾客的消费心理。

(三) 服务策略:核心与优势

服务策略决定服务的性质和重点及其目标市场。这就要求管理者评估一种特殊服务的潜在市场和盈利能力(或者是需要,如果这是一个非营利性组织的话),以及组织提供服务的能力。一旦组织做出了服务重点和目标市场的决策,就应该确定目标市场顾客的要求和期望。然后服务设计者根据这些信息设计服务传递系统。

服务设计的两个关键点是服务要求的变化程度与顾客接触并卷入传统系统的程度。这会影响到服务的标准化或必须定制的程度。顾客接触程度和服务要求的变化度低,服务能达到的标准化程度就越来越高。没有接触及很少或没有流程变化的服务设计和产品设计极其类似。相反,高可变性及高顾客接触通常意味着服务必须是高度定制的。

1. 明确作业核心

制定服务策略首先要确定运作核心,即确定那些使公司在同业竞争中胜出的优势,它们包括:① 友好及善意地对待顾客;② 服务的快速及便利;③ 服务的价格;④ 服务的可变性(必要时采用设站售货的原则);⑤ 作为服务的中心或伴随服务提供有形产品质量;⑥ 构成服务的特殊技能。

2. 整合服务行销与服务设计

在服务中获得竞争优势需要将服务营销与服务过程相结合,从而达到甚至超过顾客的期望,如图 3-14 所示。图 3-14 简要地给出了产生服务优势和服务失败的各种因素。正如它所示,营销部门有义务向顾客承诺和管理顾客获得的服务。反馈环节表明,如果效果不令人满意或者没有创造服务优势,管理层必须改变服务市场营销策略,或者改变服务系统。在顾客离开这个系统前,需要监督和控制执行,并建立一个补救计划以消除负面影响。

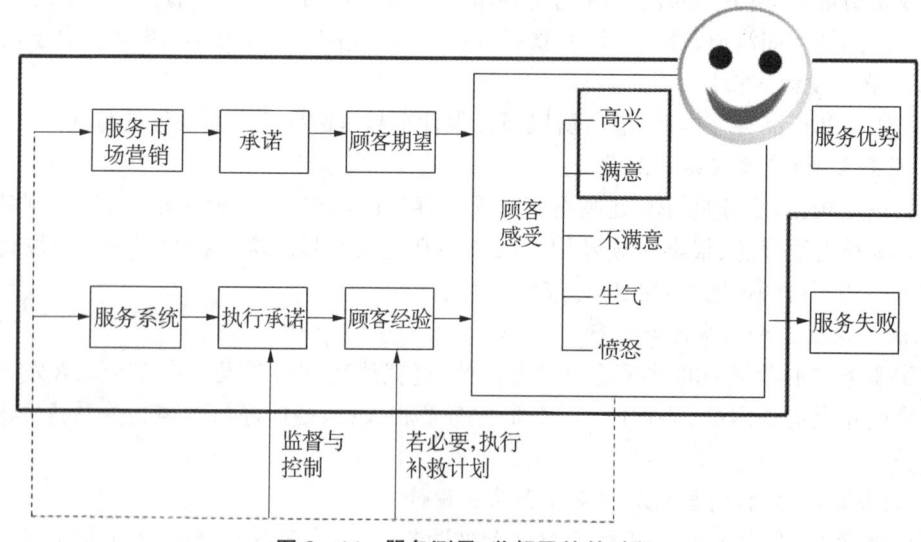

图 3-14 服务测量、监督及补救过程

监督和控制包括重新委派员工以适应短期的需求变化的标准管理;检查顾客与员工之间的交流情况;在很多服务中还要求管理人员随时接待顾客。补救计划包括培训一线员工,使他们具有处理诸如超量预订、丢失行李或者饭菜变质等问题的能力。

一个公司的服务在服务过程如果不能获得竞争优势,那么至少也应该与它的竞争对手持平。衡量顾客满意度的经济价值的一个途径是调查顾客,要求他们就服务和质量的每一条条款在两个方面进行评估:重要性和满意度。换言之,把注意力放在顾客认为最重要的因素上来,特别是要着眼于顾客满意度低于重要率的那些因素。

二、服务系统设计方法

服务包是顾客所感知的一系列产品和服务的组合,包括支持性设施、辅助品、显性服务、隐性服务。在设计良好的服务系统中,这些方面更具理想服务包的特点。服务包的定义关键在于设计服务系统自身,这种设计可以通过多种方式实现,包括生产线方式、自助服务方式、个体维护方式(顾客接触方式)和信息授权方式等。

(一) 服务系统的设计

1. 生产线方式

以麦当劳为先锋的生产线方式涉及的不仅仅是生产一个巨无霸所需要的步骤,而且正如 Theodore Levitt 所提及的那样,应该将快餐传送当作一个制造过程而不是一个服务过程。麦当劳除了运用市场营销技巧和财务技巧外,还认真地控制着每个输出口核心功能的实施——在一个相当清洁、秩序井然和令人愉快、彬彬有礼的服务环境中,快速提供统一的高质量食物。系统用设备替代人,并有计划地使用技术,使麦当劳独具魅力,获得了其他任何公司也不能比拟的、为顾客所钟爱的地位。麦当劳的经营理念正是生产线方式的系统设计的典型代表,该系统主要内容如表3-7所示。

表3-7 生产线方式

方 式	内 容	代 表
生产线方式	1. 将提供产品视为制造程序,而非服务程序; 2. 关注产生结果的效率,而非个人; 3. 服务标准化,环境和品质具有一致性; 4. 使用设备代替人力; 5. 大量运用防呆措施	麦当劳(首创)

2. 自助服务方式

与生产线方式不同,自动服务方式通过让顾客在服务生产中发挥较大作用来改善服务过程。自动取款机、自动服务加油站、沙拉酒吧以及汽车旅馆的市内咖啡机都提高了对顾客的服务水准,这些都是现场技术应用的典型事例。这种方式需要服务组织在销售中使顾客相信自动服务能帮助到顾客的消费。因而,此种方式需要以建立顾客信任,改善成本、速度和便利,保证相关程序有效使用为基础。具体内容如表3-8所示。

表 3-8 自动服务方式

方式	内容	代表
自助服务方式	1. 顾客参与服务过程,强化作业,提高生产率。 2. 使用某种程度的定制来降低成本。 3. 使用防呆措施,确保服务顺利进行	ATM 移动自助缴费

3. 个体维护方式

个体维护方式让每个员工在每天的工作中,收集并使用与质量相关的数据,从而建立可使用的信息系统。这些系统可以迅速提供一些重要的信息,包括现有顾客个人偏好的资料;无缺陷的产品或服务的数目;质量得以改进的机会。具体内容见表 3-9。

表 3-9 个体维护方式

方式	内容	代表
个体维护方式	1. 个体销售人员和顾客之间关系的发展,是一种面对面的定制服务。 2. 组织中广泛应用于手机和处理顾客反应和满意程度的信息系统。信息包括现有顾客个人偏好的资料;无缺陷的产品或服务数目;质量得以改进的机会	希尔顿酒店;诺德斯托姆百货

4. 信息授权方式

信息授权方式主要是通过顾客参与公司服务、共享公司信息,以提升公司的服务质量。企业通过该功能可授权本企业员工和顾客查看本企业所提供的服务种类等相关信息,并可对授权进行查询、参与及提供建议等权限。信息授权具体包括两个方面:员工授权和顾客授权。与信息授权方式相关的内容见表 3-10。

表 3-10 信息授权方式

方式	内容	代表
信息授权	1. 员工授权。IT 技术使员工在授权的情况下,共享组织信息。 2. 顾客授权。IT 技术使顾客自由选择适合的服务提供商,也可参与服务,通过网络查询服务过程	自动办公 快递

(二) 设计优良服务系统的特性

设计优良的服务系统必须具备以下九个特性:① 与组织使命一致;② 用户友好;③ 设计稳健,以适应情况的多变性;④ 有可持续性;⑤ 节约成本;⑥ 具有顾客能看到明显的价值;⑦ 后方运营(即与顾客无接触)和前方运营(即与顾客有接触)之间存在有效的联系;⑧ 有简单、统一的主题(快速);⑨ 有确保服务可靠和优质的设计特性与检查措施。

(三) 顾客满意度与服务设计评价

1. 顾客满意度

顾客满意度是指顾客对其要求已被满足的程度的感受。顾客满意度是一个综合性的指标,既包括心理需要的满足,也包括具体的使用价值的满足。一般来说,顾客满意度越高,重复购买的可能性越大。因此,一个企业对顾客需求的满足程度决定着企业的获利能力。

在服务功能设计中,应以顾客需求为导向,最大限度地使顾客感到满意。其目的是提高顾客对企业的总体满意程度,营造适合企业生存和发展的良好内外部环境。企业要及时跟踪研究对服务的满意程度,并依此设定改进目标,调整营销措施,在赢得顾客满意度的同时树立良好的企业形象,增强竞争能力。

2. 服务质量

由于服务质量具有无形、异质性等特性,使服务质量存在有别于产品质量的特点,其中最重要的一点就是服务质量是顾客的主观感受。因此,在服务质量管理中,需要研究顾客的主要状况和顾客满意程度。

服务质量形成于从市场开发、服务设计到服务提供的全过程。这些过程中的诸多因素都会影响服务质量。需要考虑的因素有:在市场开发阶段,需要对顾客需求进行准确定位,预测顾客需求量;在服务设计阶段,需要策划和编制服务规范、服务提供规范和质量控制规范,明确这些规范与顾客需求之间的关系;在服务提供阶段,需要测定顾客满意度,并对不合格服务采取补救措施。其中,设计过程是服务质量的关键过程,它确定企业所提供的服务和服务提供过程的内在固有质量。

3. 服务设计评价

在进行服务设计时,可以选择恰当的服务质量评价指标对所设计的服务质量进行评价。因为顾客满意具有体验和信任的特征,使得在服务正式提供之前测定顾客满意度的难度更大。未来能够设计出使顾客满意的服务,在服务设计过程中,企业应该及时地收集顾客信息,倾听顾客对有关问题的反映,并与顾客建立良好关系,吸引顾客参与设计显得尤为重要。

为了更好地进行服务设计,可以采用质量功能展开的方法,将顾客满意转化为可识别和可测量的服务规范。质量功能展开的基本方法在服务设计中的应用与制造业基本相同。

复习思考题

1. 阐述产品设计的最新理念。
2. 分析互联网等的发展对产品设计的影响。

案例分析

施乐公司复印机绿色再制造的设计管理

施乐公司成立于1906年,公司位于美国康涅狄格州的斯坦福市,从事复印纸生产,当时只是一家不出名的小公司。1947年,施乐购买了静电印刷专利,并于1949年推出了首台普通纸复印机,从此施乐获得了巨大发展,在接下来将近20年的时间里凭借专利技术保护主宰了世界复印机市场。20世纪90年代初,施乐公司仍是世界上最大办公设备制造商之一。它的业务遍及70个国家和地区,包括6个制造中心和3个研究中心,拥有员工超过10万名。

施乐公司从20世纪60年代开始尝试恢复使用过的复印机部件,最初这些恢复后的部件常常被一些专门的复印机维修公司买走,用于为施乐复印机的用户提供维修服务。由于这些修复后的零部件相较于新部件来说,具有价格便宜、质量可靠的优势,很受用户欢迎。

施乐公司意识到了事情的严重性,于是改变了企业的经营模式,采取了一项新举措——用复印机的租借模式取代传统的销售模式,收到了特殊的效果。

由于复印机的产权长期归自己所有,施乐公司在产品设计之初就考虑将来绿色再制造的需要。自此以后,施乐公司进入了复印机绿色再制造的快车道。在短短的几十年里,施乐公司复印机的绿色再制造活动发展迅猛,取得了良好的经济和社会效益。

到20世纪80年代末期90年代初期,施乐公司发展了一个正式的绿色再制造系统,主要回收和绿色再制造废旧复印机、打印机和墨盒等产品。

1994年,施乐推出了含有20%的回收废物,而质量等同于标准纸张的复印用纸和打印用纸。客户可以免费地将某些施乐复印机上的墨粉仓以旧换新,回收的墨粉仓进行重新翻新和使用,这项措施使墨粉仓的再利用率达到了60%以上。

每一年,施乐公司在全球主要的制造工厂中都保持着国际标准组织颁发的15014001认证资格,施乐公司的所有适用产品都符合"能源之星"标准的要求,不断巩固她在"财富500家"企业中,作为环保先锋的领导地位。通过复印机的绿色再制造业务,施乐公司节省了数百万美元的原材料费和废弃物处理费,并树立起了对社会负责,环境友好型企业形象。

1. 施乐公司复印机绿色再制造设计管理的现状

(1) 设计管理的产品生命周期视角:施乐公司复印机绿色再制造设计管理采用了产品生命周期理念,对产品从设计、制造、装配、包装、运输、使用到报废全过程进行统筹安排和规划。不仅考虑产品生产过程中的低能耗低污染问题,还要考虑产品到达用户手中后使用过程中的低能耗低污染问题。

(2) 设计管理的外部经济性视角:施乐公司不仅从绿色再制造业务中获得了可观的经济效益,而且获得了节省能源、节约资源、保护环境、承担企业社会责任等良好的生态和社会效益,具有显著的外部经济性。如富士施乐公司在泰国的整合资源循环系统2007年的二氧化碳排放量减少了30 000吨,2006年的填埋率为零,新资源使用量减少了3 500吨,零部件的再利用率上升至40%~50%,在三年多的时间里已经基本实现了收支平衡。

(3) 设计分析方面:① 复印机新产品的再制造性设计。施乐公司将设计管理的重点放在了新产品设计的环节,即在复印机新产品设计阶段就考虑该复印机未来的绿色再制造加工的需要,重视提高复印机新产品的再制造性,这将有助于最终提高企业的经济效益和社会效益。② 不同类型废旧复印机的绿色再制造策略。施乐公司的废旧复印机在检测后被分为四类,这四类废旧复印机分别是使用时间较短(仅2个月以内)的复印机、目前生产线仍有同型号产品在生产的退役复印机、生产线已停止生产但市面上仍有销售的退役复印机和生产线已停产且市面已不再销售的老机型复印机。然后,不同类型的废旧复印机分别采取不同的绿色再制造策略。

2. 施乐公司复印机绿色再制造设计管理的问题

(1) 仍沿用传统的串行设计流程:施乐公司的绿色再制造的设计流程仍沿用传统的串行的开发设计流程,即复印机产品从概念设计、详细设计、工艺设计、到原形制造及检测、生产制造、上市销售及使用、废旧复印机回收、绿色再制造,直至绿色再制造复印机再次上市销售等全过程是一个串行的过程,产品开发工作是按照顺序一步步完成的,上一环节的全部工作完成后才开展下一个环节的工作。

(2) 设计平台不完备:组织平台方面,由于施乐公司复印机绿色再制造流程仍采用传统的串行产品研发、制造、销售、回收、绿色再制造、再销售设计管理模式,因此相应地其组织结构也依然是一种多层次、多环节、直线职能型结构形式。即各阶段的人员和工作任务是按照职能部门和生产单元划分的。

(3) 未引入虚拟设计和网络设计等先进设计理念:施乐公司复印机绿色再制造设计管理中,尚未引入虚拟设计和网络设计等先进设计理念。随着数字化时代的到来,施乐公司在这一方面急需改进。

3. 施乐公司复印机绿色再制造设计管理的改进建议

(1) 采用并行设计流程。施乐公司采用并行设计流程后,可实现复印机绿色再制造设计活动的过程集成、人员集成、功能集成和信息集成,极大地极高设计方案的合理性和时效性。

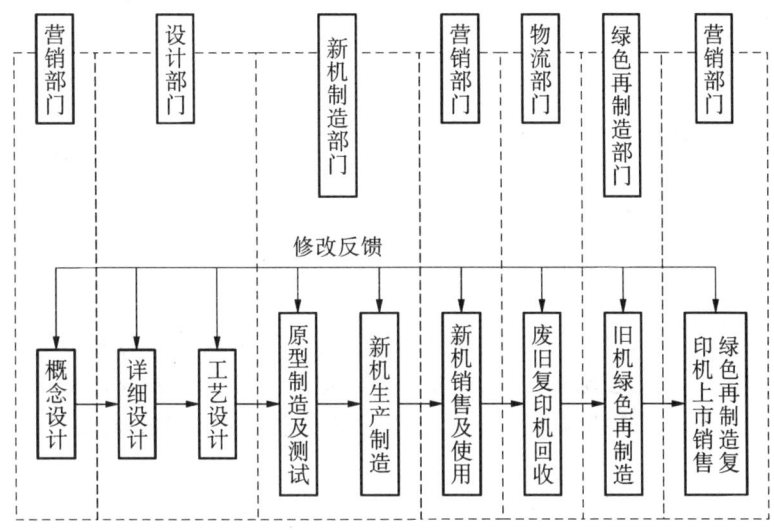

(2) 搭建完备的设计平台。

① 组织平台方面:主要是采取施乐公司复印机绿色再制造跨职能部门的人员(设计人员、制造人员、物流人员、绿色再制造人员、营销人员)、供应商、用户及其他相关人员等组成项目组的方式进行运作的。

② 信息技术平台方面:为了保证复印机绿色再制造并行工程设计理念的顺利实现,施乐公司还需要搭建以计算机集成为基础的信息技术平台,为参与复印机绿色再制造设计工作的各部门、各地区、各专业的专家提供信息沟通和数据共享。

(3) 引入虚拟设计和网络设计等先进设计理念。

① 引入虚拟设计理念:施乐公司复印机绿色再制造的设计流程可以在虚拟设计的设计理念指导下进行优化,大大降低研发成本、减少研发风险、缩短研发时间,保证绿色再制造企业产品设计的成功。

② 引入网络设计理念:施乐公司复印机绿色再制造的设计流程可以在网络设计的设计理念指导下进行优化,即通过互联网这种全球网络系统,绿色再制造企业的设计者即使分布在世界各地也可以很方便地进行技术合作和核心资源共享,快速设计出适应市场需求的高质量、低成本的产品。

【思考题】

1. 施乐公司绿色再制造的前景如何?
2. 施乐公司绿色再制造的实施障碍有哪些?

第四章 流程分析与工艺选择

🔒 **学习目标**

1. 了解生产流程的构成和工艺类型；
2. 掌握生产流程的分析方法；
3. 掌握工艺选择的关键问题；
4. 学会工艺选择的决策方法。

 开篇案例

亨利是一个大城市的州立汽车管理办公室主任，他正试图对驾照更新的操作过程作一个分析，该过程的有关数据如下表所示。现在每一步的工作都分派给一个不同的人来做的，显然，他们的工作量是不平衡的。他的上司要求他想办法提高工作效率，同时也要考虑成本。

工 作	操作的平均时间(秒)	工 作	操作的平均时间(秒)
1. 检查更新申请的正确性	15	4. 检查眼睛	40
2. 登记与付款	30	5. 照相	20
3. 检查文件	60	6. 发临时驾照	30

他发现第1、2、3、4项工作由时薪6美元的一般职员做；第5项工作是由时薪8美元的摄影师来做；第6项必须由时薪为9美元的交通官员来做。第1项是检查申请表写得是否正确，必须在其他工作开始之前做好。同样，第6项工作必须在其他工作做完后才能进行，其他工作的顺序可调整。分局要给每架用来照相的照相机付费10美元/天。

问题：

(1) 根据现有处理过程，每小时能处理的申请最多为多少？
(2) 如果增加一个人，应该放在哪道工作？这时能处理的最大申请量为多少？
(3) 你怎样调整过程以满足每小时120份申请的要求？
(4) 根据现今技术发展，应该如何处理更高效？

分析：

(1) 该过程可以看作是个流水线，瓶颈是决定速度的关键，工序3最慢，即为流水线的节拍，产量＝时间÷节拍＝60×60÷60＝60，即每小时最多处理60件申请。
(2) 如果增加一人，肯定放在最慢的工序3上，这时工序3的时间为60÷2＝30，这样最慢的工序是 4 了,这时产量＝60×60÷40＝90,即每小时最多处理 90 件申请,增加一人产量提高了 50%。

(3) 要满足每小时处理 120 份申请的要求,节拍＝时间÷产量＝60×60÷120＝30,即每道工序的时间不能高于 30 秒。分析发现,只有工序 4 超过 30 秒。怎么办呢?再增加一个工作人员,立即满足要求,但是成本也增加了。我们可以先来分析一下,这个流程现在至少需要多少人。

最少人数 $Se = \sum ti/r = 195 \div 30 = 7$,由此可知,7 个人员也可以满足要求。这时可以考虑合并工序,其中 4 和 5 合并是最直接的,40＋20＝60,正好。可是要求有 2 台照相机,成本增加了。最好的方式是 1 和 4 合并,虽然 1 不可以改变顺序,但是 4 可以提前,所以,1 和 4 合并,工序时间＝(15＋40)÷2＝27.5,这样每道工序平均时间都不大于 30 秒,满足每小时处理 120 件的要求。只是合并 2 个工序,就让效率又提高了 33%(当然培训是必不可少的)。

(4) 前面是将这个项目看成流水线分析的,即用制造业方式分析,但这是个服务业的项目。服务业提供服务,要求方便快捷,最好是一站式,所以可以将 1~4 工序合并,还可以通过网上传送报告及核查,包括照片,驾照快递,付款……你有何建议?

第一节 生产能力规划

一、生产能力的界定

生产能力,即产能,是指一个设施的最大产出率。设施可以是一个工序,一台设备,也可以是整个企业组织。从广义上说,产能是人员能力、设备能力和管理能力的总和。人员能力是指人员的数量、实际工作时间、出勤率、技术水平等诸因素的组合;设备能力是指设备的数量、水平、开动率和完好率等诸因素的组合;管理能力包括管理人员的经验、熟练程度与应用管理理论、方法的水平和工作态度。从狭义上说,主要是指人员能力和设备能力,在资本集约度较高的制造企业中,尤其是指设备能力。由于实际企业管理中,管理能力一般只能做定性分析,而人员能力和设备能力是可以定量测算的,故生产能力主要是指狭义的能力,即在一定的条件下,企业内部各个运营环节综合平衡以后能够产出一定种类产品的最大数量,它是反映企业产出可能性的指标。没有一种度量适用于所有类型的组织,根据具体情况,不同的组织需要考虑采用不同的度量。一般来说,可分为三种基本形式。

(一) 最大生产能力

最大产能是指一个设施的最大产出率。一种是技术上的"最大",是除正常维修、保养时间以外的,设备连续运转时的产出能力。另一种是经济上的"最大",是在合理人员和时间安排下,一个组织设备的最大产出能力。

(二) 有效生产能力

在最大生产能力基础上,考虑到具体的产品组合、一定的生产进度计划方法和质量要求、设备维修等因素,做出相应扣除而得到的生产能力。可见,有效生产能力通常要小于最大生产能力。

(三) 设计生产能力

企业建造期间,设计规划所能达到的生产能力,主要是为以后的生产发展规划等提供参考。各种生产能力间的关系:

$$有效生产能力 = 利用率 \times 最大生产能力$$
$$实际生产能力 = 效率 \times 有效生产能力$$
$$生产效率 = 实际产出 \div 有效生产能力$$
$$生产利用率 = 实际产出 \div 设计生产能力$$

二、生产能力规划的决定因素

生产能力的影响因素有产品、人员、设施、工艺和运作等多个,如图4-1所示。下面就每一个影响因素进行分析。

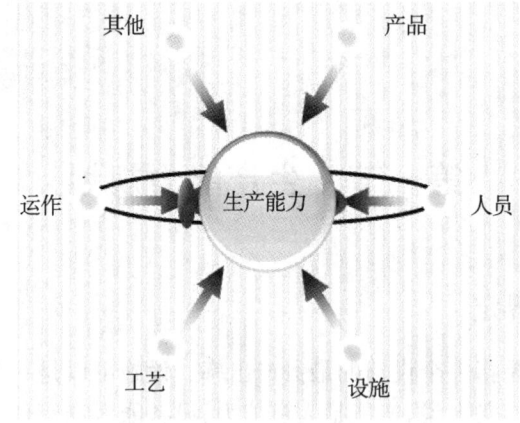

图4-1 生产能力的影响因素

(一) 产品因素

产品设计对生产能力影响巨大,一般来说,产出越相近,生产方式和材料就越有可能实现标准化,达到更大生产能力。此外设计的特定产品组合也必须加以考虑,因为不同产品组合有不同的产量。

(二) 人员因素

履行一项任务涉及的各类人员需要的培训、技能和经验对潜在和实际产出有重要影响。另外,相关人员的动机、缺勤和滚动与生产能力也有着直接联系。

(三) 设施因素

生产设施设计和工作区布局,包括厂房大小和扩大规模的潜力;厂址因素,包括运输成本、与市场的距离、劳动供应、能源和扩张空间等都是很重要的因素。

(四) 工艺因素

产品工艺设计是决定生产能力的一个明显因素,工艺设计是否合理影响产品质量。如果产品质量不能达到标准,就会增加产品检验和返工工作,从而导致产量下降。

(五) 运作因素

一个组织由于存在不同设备生产能力或工作要求的矛盾而产生的排程问题、存货储备的决策、发货的推迟、所采购的原材料部件的合意性,以及质量检验与制程控制等,都对有效生产能力具有影响。

(六) 其他因素

产品标准,特别是产品最低质量标准,能够限制管理人员增加和使用生产能力的选择余地,如企业为了达到产品和设备的污染标准,经常会减少有效生产能力。

三、生产能力的计算

不同类型企业的生产能力计算方式不同。相比之下,制造业企业生产能力的计算稍微复杂一些,主要是因为产品的加工环节多,参与的设备数量大,设备能力是呈阶梯式发展的,又非连续变动的,所以各环节的加工能力是不一致的。计算工作通常先确定计量单位,从底层开始,自下而上,逐步计算单台设备、班组(生产线)、车间、工厂的生产能力。一般主要针对流水线和成批加工生产类型企业和服务行业的生产能力计算。

(一) 生产能力的计量单位

由于企业种类的广泛性和产品与生产过程的差异性,在生产能力计算前,必须确定计量单位。常见的是以产出量的物理单位计量,调制型、合成型制造业企业以代表性产品产出量单位表示。例如,钢铁厂、水泥厂以产品吨位计量,家电生产厂以产品台数计量。若企业生产多种产品,则选择产量与工时定额乘积最大的产品作为代表产品进行计量,其他产品换算到代表产品。换算系数 k_i 由下式求得:

$$k_i = t_i / t_0$$

式中, k_i——i 产品的换算系数;

t_i——i 产品的时间定额;

t_0——产品的时间定额。

1. 以原料处理量为计量单位

分解型企业一般使用单一的原料分解制造出多种产品,则以工厂年处理原料的数量作为生产能力的计量单位是比较合理的,如炼油厂以一年加工处理原油的吨位作为生产能力计量。

2. 以投入量为计量单位

对于生产能力不能存储的服务业企业,如果以产出量计量生产能力,易于使人感到不确切,不易把握,便以投入量进行计量。例如,发电厂用装机容量计量,航空公司以飞机座位数量计量,医院以病床数计量,零售商店以营业面积,或者标准柜台数计量,电话局以交换机容量计量等。

(二) 生产能力的计算

1. 单台设备及流水线生产能力的计算和确定

大量生产企业按流水线组织生产时,生产能力按每条流水线核算。流水线的生产能力决定于承担每道工序设备的生产能力,因此,生产能力的计算从单台设备开始。计算公式为:

$$P_0 = F_e / t$$

式中，P_0——单台设备生产能力(台/件)；

F_e——单台计划期(年)内有效工作时间(小时)；

t——产品的工序时间定额(台时)。

工序有一台设备承担时，单台设备的生产能力即工序生产能力；工序由 S 台设备承担时，工序生产能力为 $P_0 S$。流水线的生产能力是在各道工序的生产能力综合平衡及同期化的基础上确定。

2. 设备组生产能力的计算

在成批生产及单件小批生产企业，当工段按工艺原则或对象原则组织时，生产能力的计算通常从设备组开始，构成设备组的基本条件是它们在生产中的互换性，也就是设备组中的任何设备在大体相同的时间内，可以完成分配给设备组加工的任何相同工序，并能达到规定的质量标准。例如，金属切削机床分组的标准是：机床的用途(工艺工序种类)；机床的规格尺寸；机床的生产率；机床的动力特征和功率；机床的精度等。锻压设备、铸造设备按设备的种类、用途、加工吨位和生产率等进行分组。设备组生产能力的计算公式为：

$$P = F_e \cdot S / t$$

式中，P——设备组生产能力；

F_e——有效工作时间；

S——设备组的设备数量(台)；

t——生产单位产品所需该种设备的台时数。

【例 4-1】 设生产车间 A、B、C、D 四种结构、工艺相似的产品，根据产量及劳动量的大小，选定 B 产品为代表产品，其单位产品在铣床上的台时消耗为 5 小时；设铣床组共有 6 台铣床，每台铣床的全年有效工作时间为 4 650 小时，那么该铣床组的生产能力为多少？

解：$P = F_e \cdot S / t = 4\,650 \times 6 \div 5 = 5\,580$(台)

3. 工段(车间)生产能力的计算

由于各设备组生产能力一般是不相等的，因此确定工段(车间)的生产能力时，要进行综合平衡工作。通常以主要设备组的生产能力作为综合平衡的依据。主要设备组是指完成劳动量比重最大或者贵重而无代用设备的设备组。生产能力不足的设备组为薄弱环节，要制定薄弱环节消除措施。生产能力取决于工段(车间)的生产面积，如地面造型工段、装配工段(车间)，其生产能力按生产面积进行计算。

地面造型工段生产能力的计算公式为：

$$P_x = A_x \cdot \rho$$

式中，P_x——造型工段的生产能力(吨)；

A_x——造型生产面积(平方米)；

ρ——单位造型面积合格铸件年产量(吨/平方米)。

装配工段(车间)的生产能力计算公式为：

$$P_z = F_s A / at$$

式中，P_z——装配工段的生产能力(台)；

F_s——计划期工作时间(小时)；

A——装配工段的生产面积(平方米);

a——单位产品占用的生产面积(平方米/台);

t——单位产品装配时间。

4. 企业生产能力的确定

企业生产能力是在综合平衡基础上确定的,综合平衡的内容主要包括两个方面:一是各基本生产车间生产能力的平衡,二是基本生产车间与辅助生产车间及生产服务部门之间生产能力的平衡。前者首先要确定主要车间,并以主要车间的生产能力作为平衡依据,在包括各个工艺阶段的机械工业企业中,通常以机械加工车间为主要车间;后者一般是以基本车间的生产能力为基准,核对辅助车间生产能力协调配合的情况。同样,在确定企业生产能力的过程中出现能力不平衡情况时,必须制定薄弱环节的消除措施,使企业生产能力达到较先进的水平。

四、生产能力规划

产能规划是提供一种方法来确定由资本密集型资源(设备、工具、设施等)和总体劳动力规模等综合形成的总体生产能力的大小,从而为实现企业的长期竞争战略政策提供有力支持。产能规划所确定的生产能力对企业的市场反应速度、成本结构、库存策略和企业自身管理与员工制度等都将产生重大影响。产能规划具有时效性、层次性和不确定性,是建立在预测基础之上的战略计划。

(一) 产能规划的分类

一般来讲,产能规划可以按照时间段和作用层次进行分类。

1. 按时间段分类

(1) 长期产能规划:基于企业长远利益考虑而制定的通常大于一年的产能规划,一般分为扩展与收缩两类。具有战略性质和很大风险,对企业远期利益至关重要,需谨慎处置,周密考虑,以及高层管理者的参与和批准。

(2) 中期产能规划:一般是指更为具体的 6 至 18 个月的月产能规划或季产能规划。在此规划中,产能可能会因为雇佣、解雇、新工具的使用、少数设备购买和外包等方面产生变化。

(3) 短期产能规划:少于一个月的短期产能规划,与公司每日或每周的进程和生产调度情况密切相关,涉及消除计划与实际产出之间差距的调整方案,如加班、劳动力转移或选择其他的生产路线等。

2. 按层级分类

(1) 公司层级:主要是企业级别涉及内部各工厂的总体生产能力规划,是总体生产能力和投资预算的依据。

(2) 工厂层级:企业下属各工厂的生产能力规划,是工厂为满足市场预期需求量和生产能力最优利用之间权衡的结果。

(3) 车间层级:生产一线的产能计划,是车间主管为满足每天的工作量,在本部门生产水平基础上,结合机器设备与人力资源情况,做出详尽具体的工作调度计划的依据。

(二) 生产能力柔性

产能柔性是指迅速增加或减少生产水平,以及将生产能力迅速从一种产品或服务转移到另一种产品或服务的能力,主要通过工厂柔性、制作流程柔性、员工柔性以及战略柔性来实现。越来越多的企业在产能规划时会考虑到柔性问题,如通过与供应商合作,将供应商的能力纳入整个系统等。

柔性工厂:工厂柔性最理想的状态是实现零转换时间的运作。可移动设备、易拆卸墙壁、易获取且易重新安装的设备都能帮助工厂实现产能的快速转换。

柔性流程:主要通过柔性制造系统和简单易拆装的机器设备两个方面实现。这两项技术方法都可以让企业进行快速、低成本的产品转换,使规模经济成为可能。

柔性工人:通过培训员工掌握多种技能,具有能够快速地从一个工种转入到另一个工种的能力。与专业工作者相比,他们需要接受更广泛的培训,以及管理人员和工作人员的配合与支持。

五、服务能力规划

(一)服务业能力规划的影响因素

虽然服务业与制造业能力规划会面对许多相同的问题,确定设施规模的方法也大致相同,但服务业能力规划受时间、选址和需求波动的影响更大,而且产能利用会直接影响到服务质量。

时间:由于服务的非储存性,时间成为供应中必须考虑的要素,服务能力必须在需要时能够提供服务,如航班、理发、美容等。

选址:服务的提供必须是与顾客在某一具体地点通过面对面或某种媒介完成,一地服务能力的富余无法满足另一地的需求。因此,服务能力必须靠近客户,保障在客户需要时可用。

需求的波动性:服务系统的需求易变性远远高于制造业生产系统,这主要是由于服务的非储存性、接触性和易受顾客影响性,服务提供与顾客需求之间难以用库存进行平滑,波动性大。

(二)服务能力规划的调整

根据服务提供的特点,服务能力规划的调整主要有三个方面的内容。

首先,采用两种方法应对顾客的多样化需求,一是在服务型企业建立时,就充分考虑顾客的可能需求,并进行相应的设施配置、员工培训适应等,但这对于初创企业,无论从财力或经验上都难以满足。二是让顾客成为服务的直接参与者,如"自助餐"等。

其次,在服务高峰地点附近设址,并采用弹性工作时间鼓励员工在高峰时间上班。例如,快餐店、洗衣店一般设在居民区附近,服务时间以方便居民获得服务为主。

另外,在增加服务网点和提高服务能力之间进行权衡。在服务设施附近需求的集中性增加或比较分散时,前者需要加大服务提供能力,如增加员工,提供多种服务;后者则需要寻找新的需求高峰区,建立新的网点。但由于新网点的成本比较高,所以企业权衡之下,一般更愿意较多地提高服务能力。

(三)服务能力利用率和服务质量

在服务业,服务能力利用率与服务质量密切相关,据统计,一般地,服务能力利用率在80%左右,可以保持最好的服务质量;超过80%,会造成企业服务能力和服务质量的下降。以电信业为例,座席利用率与服务水平的关系(服务利用率与服务质量之间的关系)如图

4-2所示。座席利用率是指话务员用于讲电话的时间,利用率为100%,表示话务员当班时间完全在讲电话,一点空闲也没有;反之,利用率越低,表明话务员"空闲"时间越多,效率会很差。但座席利用率并不是越高越好,过高时,表示每当话务员挂断前一个电话,立即会有下一个电话进来。这也意味着,每时每刻总会有顾客在线上等待,服务满意度会变差,同时等待时间变长,放弃率增高,服务水准下降。

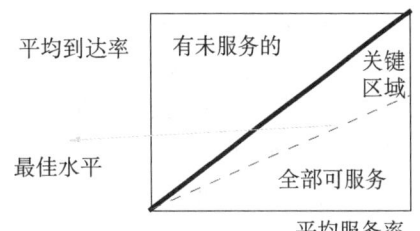

图4-2 服务质量利用率与服务质量的关系

根据不同行业的服务特性,服务能力最佳利用率有一个非常具体的范围。在不确定性和风险较高的情况下保持低利用率是比较恰当的,如医院的急诊部门和消防部门应该保持低利用率,因为事件发生概率的不确定性较高,通常是性命攸关,风险较高。比较有预见性的服务,如通勤列车服务或无须与顾客进行直接接触的服务,如邮局信件服务,可以达到接近100%的利用率。有趣的是,还有一种服务是需要较高的利用率。所有运动比赛举办方都期待爆满的场景,不仅仅为100%的边际利润率,还因为人员爆满会产生更热烈的气氛,激发主场队伍的斗志,让观众兴致高涨,从而间接刺激未来的门票销售。

第二节 生产流程分析

生产流程是指将资源转化为产品/服务的组织方法。由于工业化社会对效率的不懈追求,使得生产流程不断地向专业化和集中化方向发展,对这一复杂性日益增强的生产流程的动态化改进,依靠的就是对流程的反复分析和比较。流程观认为,企业运营得好坏取决于流程本身效率和流程之间的合作效率,加强流程管理、强化流程之间合作,可快速提升绩效。

一、生产流程的构成

虽然,生产流程随着生产条件和产品性质的不同而各异,但任何生产流程均由四种不同部分所构成,即作业(加工)、检验、搬运和停滞。生产对象在整个生产流程中反复经过这四种活动,在形态上、空间上、时间上从原材料转换成目标产品。

(一)作业(加工)

作业(加工)是指有目的地改变一物体的物理或化学特性,与另一物体相互装配或分拆,或为另一作业(加工)、搬运、检验或库存做安排或准备。有时也可指接发信息、计划或做核算工作等。就机械制造而言,作业(加工)有变形、切削、焊接、处理、涂料、装配和包装等辅助作业。

(二)检验

在生产流程中,对加工品,利用一定的手段,按照规定的标准进行检查验收等活动,以达到保证产品质量、减少废品损失的目的。根据技术和管理上的要求,检验的实施方式一般包含检验项目(为确定检验的工序和内容,分为对质的与量的检验两种)、检验人员(自觉检验与被动检验)、检验时间(首件检验、中途检验与成品检验等)、检验数量(普遍检验与抽样检验)和检验地点(集中检验与巡回检验)等。

(三) 搬运

在生产流程中,对生产对象(也包括大量的辅助材料)做空间的转换,即将指定的生产对象在必要的时间内,以经济而安全的方式,运至需要的地方。搬运必须满足安全、及时、经济和保质保量四个方面的要求。搬运的方式很多,选择有效的搬运方式,需要考虑搬运对象的体态、包装、特性和搬运流程及设备等。

(四) 停滞

在生产流程中,生产对象的形态或位置并不改变,仅有时间的改变。停滞的发生往往是由于生产流程中各个部分之间不平衡或不协调造成的,如加工与搬运能力、工序与工序之间、材料供应与计划加工、零件供应与总装要求等的不平衡或不协调,以及由于设备调整、生产事故、计划变更等原因造成的。按性质不同,停滞可分为正式储存和临时堆放(等待)两类。前者经过一定手续进入仓库的零件、半成品等;后者如因等待检验或下一工序的临时性堆放、机床旁的搁置等。停滞一方面具有稳定生产、调整时间差异、减少计划变更等积极作用,另一方面有损失时间的副作用,如延长生产时间,增加在制品,以及空间、时间和生产资金的占用等。在生产上,应尽量将停滞的副作用减至最小。

二、流程图

流程图是反映全部生产活动及活动间相互关系的工具,包括工序之间、工艺阶段之间的关系,以及其他类似因素,如移动距离、操作工序、工作与间断时间、成本、生产数据和时间标准等。流程图可以把问题迅速形象化,以便能够按逻辑顺序系统地改进工作,提高生产流程效率。

(一) 流程图设计中常用的概念

在流程图中,一般用以下五种符号来表示流程中不同的事件或活动,具体见表 4-1。

表 4-1 流程图的五个通用符号

活动类别	符号	含义
操作	○	在工作过程中使物体发生变形、变质、组合和分解
运输	⇨	移动物体使之改变位置的活动
检验	□和◇	检查或化验物体在数量上或质量上是否合乎标准
停滞	D	下一活动不能连续进行所发生的停留或等待
储存	▽	有计划、有目的地储存

注:○代表操作,是唯一可以使物体增值的活动,如化学搅拌机的搅拌、钻床上钻孔、打字员打字等。
⇨代表运输,包括手工与机械搬运,以及完全自动化的传输等。
□代表数量检验,◇代表质量检验,当同时对这两个方面检验时,使用联合符号,主要活动记在外层,如 ◇□ ,表示以数量检验为主、质量检验为辅的两种检验同时进行的活动。
D 表示停滞(Delay),一般发生在工作地,由于下一行动未能即刻发生而产生的,不必要也不可控的停留或等待时间。如在制品等待电梯、公文放置等待存档、半成品等待搬运等。
▽代表储存,储存物品必须有一定的存放地,存储行为的取消要经一定程序的认可。例如,物料存入仓库,领料时必须经有关负责人签字,公文存档亦然。

若两种活动同时发生在同一工作地,可以视为同一活动,采用联合符号,如 ○□ ,表示操作与检验同时发生(并以检验为主),或因两者不可分开而视为一项活动。

(二) 作业流程图

作业流程图是以产品为对象,运用加工、检验两种符号来对产品生产过程进行的总体分析。目的是了解产品从原料开始到成品输出的整个生产过程,便于了解生产系统内的生产环节、主要工序,加工顺序,以及从全局出发分析问题。作业流程图是对产品生产过程的简要记录及进行分析的特定办法,如机械制图的外形图和装配图一样,只有一个大概的轮廓,常常被喻为鸟瞰图,只用操作和检验两个符号来标示全部作业的时序安排,记录了从原材料到产成品的全部生产过程,外购件和自制件的相互关系与装配顺序,并在作业流程图符号旁标明所需时间、地点与距离等内容,如图 4-3 所示。

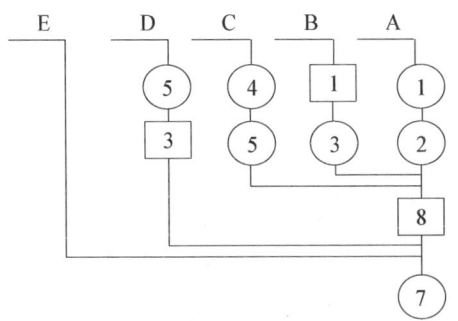

图 4-3 工序图框架

(1) 零件按进入装配线的先后,由右向左顺序排列,如图 4-3 所示,是先 A,次 B,再 C 依次进入主装线;

(2) 每个自制部件的生产过程用○与□两个符号由上至下按工艺顺序用短垂线连接;

(3) 外购件用水平线进入主装线,同时在水平线上标注名称、规格数量以及供应来源。

作业流程图绘好之后,再附一个简单的总结表,以便归纳、总结。总结表构造如表 4-2 所示。

表 4-2 总结表

项 目	次 数	时 间
○		
□		

(三) 工艺流程图

工艺流程图是一种详尽的记录方法。它描述产品或单项零件在生产过程中各个工序上的流动状况。所采用的符号多而全,由全部五种活动符号来表示工序安排,除○和□外,其余三种都是非生产性活动,又是研究与分析的重点,必须有翔实的第一手资料,以便于分析、改进。工艺流程图有两种不同的类型:材料型和人工型。前者用材料上所发生的各种事件作为主体来代表流程,后者用人的活动来表示流程。

工艺流程图主要可用于减少移动距离、缩短库存时间、消灭不必要的作业和搬运,以及改进工厂布局等。绘制的注意事项：① 标题栏；② 按时间先后顺序，填写工序内容；③ 在图表的符号栏内，预先画好固定的五种符号，只需按顺序连接符号即可；④ 填写时间及距离；⑤ 填总结表：活动名称、次数、时间和距离。

工艺流程图和作业流程图有诸多相似之处，但前者提供的信息量更大，表示一个流程中所发生的全部活动：加工、搬运、检验、停滞和库存，以及认为与分析有用的信息，如所需的时间和移动距离等。遇到复杂产品时，用后者比较简明。

三、生产流程分析方法

对上述五个活动逐个考虑后，通过取消—合并—重排—简化四项技术（即 ECRS 技术，这里用这 4 个词的英文首字母表示进行改进）。通常对于目的性的问题，如做什么，可以采用取消与合并；对于时间、地点及操作者的人选问题，可以进行重新安排、优化组合；而对于操作手段不合理方面要简化。如表 4-3 所示。

表 4-3　ECRS 技术的内容

1. Elimination　取消：对任何工作首先要问：为什么要干？能否不干？包括： ◆ 取消所有可能的工作，步骤或动作（其中包括身体、四肢和眼的动作）。 ◆ 减少工作中的不规则性，比如确定工件、工具的固定存放地，形成习惯性机械动作。 ◆ 除需要的休息外，取消工作中一切怠工和闲置时间
2. Combination　结合、合并：如果工作不能取消，则考虑是否应与其他工作合并。 ◆ 对于多个方向突变的动作合并，形成一个方向的连续动作。 ◆ 实现工具、控制和动作的合并
3. Rearrangement　重排：对工作的顺序进行重新排列
4. Simplification　简化：指工作内容、步骤方面的简化，亦指动作方面的简化、资源的节省

经过 ECRS 处理后的工作方案可能有很多，主要从经济价值、安全程度和管理便利程度方面考虑，从中挑选最优方案。通过分析与改进，可以总结出缩减的移动距离、节约的时间和操作次数等。

第三节　工艺选择与流程设计

产品和服务设计确定后，根据产品与服务的特点和企业的运营战略及竞争优势，进行工艺选择和流程设计。

一、工艺选择

（一）工艺类型

按照企业所提供产品或服务的差异化程度和产量规模，可以将工艺类型划分为五种基本类型：工艺专门化、批量加工、重复性加工、连续性加工和项目型。

（1）工艺专门化：当产品或服务存在高度差异且产量低时，适宜采用这种方法。工艺专门化可以分为工艺专门化制造(如工具模具厂)和工艺专门化服务(如美容院)。

(2) 批量加工:当产品或服务的差异性一般且要求的产量为中等规模时,适宜采用这种方法,如制造业报纸、杂志的印刷;服务业客运服务,如火车向成批旅客提供服务。

(3) 重复性加工:当企业提供的产品或服务的标准化程度较高且产量较大时,适宜采用这种方法,如制造业的计算机生产;服务业的肯德基和麦当劳的作业线。

(4) 连续性加工:当产品或服务是高度标准化的并且是大量产出时,适宜采用这种方法。连续性制造,如钢材、石油的生产;连续性服务,如冬天连续向家庭和企业供暖等。

以上4种工艺类型特点的总结,如表4-4所示。

表4-4 各工艺类型的特点

	工艺专门化	批量加工	重复性加工	连续性加工
特点	高度差异化,产量低	差异化一般,产量较大	标准化程度较高,产量较大	高度标准化,大量产出
对设备和工人的要求	高柔性的设备和技术工人,加工是间歇性的	对设备的柔性和对技术工人的要求没有工艺专门化的高	较低柔性的专门用途的设备,对工人技术要求不高	不要求设备柔性,工人技术水平较低
优点	高柔性,灵活性好,能处理差异很大的工作	有一定的柔性和灵活性	产量高、在制品库存较低、成本易估计、单位成本低、效率高、管理的常规性	产量极高,效率极高、在制品库存低、成本易估计、单位成本极低、便于管理
缺点	效率低、在制品库存高、产量低、单位成本高、成本估计困难、管理复杂	在制品库存高、单位成本较高、成本估计略带常规性、管理比较复杂	柔性低、灵活性差、固定成本高、停工成本高	刚性大、固定成本极高、不易改变、停工成本极高

(5) 项目型:当出现一系列具有特定目标的非常规工作,且要求在一定时期内完成,适宜采用项目方式,如一个咨询项目、一场演唱会等。不同项目对设备的柔性、工作人员的技术和管理的要求不同,成本估计很复杂。

在工艺类型的现实应用中,企业可以采用单独一种或混合几种工艺类型,如从事重复性生产的企业,也会设有工艺专门化的修理车间。此外,基于竞争压力或产品生命周期,企业的工艺类型选择随着设备、技术的变化,对工艺类型的选择可能发生变化。例如,开始采用重复性或连续性生产的企业,在面对顾客需求日益多样化的压力时,可能逐渐演变成工艺专门化或批量加工。

(二) 工艺选择的关键问题

1. *产品和服务需求的性质*

生产过程输出的产品和服务,虽然创造了价值,但只有通过流通渠道进入市场才能实现价值,为企业带来收益。由此可见,工艺选择必须与对应的产品和服务市场需求相匹配,有什么样的市场需求特征,就应该相应地选择什么样的产品和工艺。

2. 自动化程度

自动化是指在生产中拥有传感和控制设备，能够实现自动操作。自动化程度可以是单个作业自动化，也可以是全流程自动化。与人工劳动相比，自动化具有很多优点和一定的缺陷。

（1）优缺点。

优点：自动化可以提供人工劳动所不可能提供的完全一致的标准化生产和服务；机器排除了罢工、情绪化、疲劳、厌倦等人性化的情绪问题；自动化减少了变动成本。

缺点：自动化的技术含量和成本较高、刚性较大，不可轻易改变；自动化会对部分工人的工作产生冲击，会在一定程度上对工人的心理和生产率产生负面影响。

基于上述自动化的优点和缺点，企业在进行工艺选择时，对于是否要实行自动化以及自动化程度，要结合企业运营系统的具体情况，进行认真思考和衡量。

（2）分类。

自动化通常有 3 种类型：固定型（又称为底特律型自动化）、可编程型、柔性型。

① 固定型自动化：采用高成本、高专门化设备进行固定序列的作业，是 3 种类型中最具刚性的一种。具有低成本、高质量的优点和柔性低、工艺改变成本很高的缺点。20 世纪初，福特公司是应用固定型自动化的典型。

② 可编程型自动化：采用包含作业顺序和每一作业具体细节的计算机程序所控制的高成本通用型设备。优点是能够经济地小批量生产较大范围内的低产量产品；缺点是程序改变时需要一段时间的停工。计算机辅助制造及数控机床是可编程型自动化的两种应用形式。

③ 柔性型自动化：从可编程自动化转变而来，但所用设备通用性比可编程自动化低。优点是需要的生产转换时间较少，几乎能允许设备持续运转和产品灵活变化，无须批量生产。柔性型自动化的应用形式有很多，如制造单元和柔性制造系统：制造单元是由一组位置很近的工作地组成，生产为数不多的相似部件，机器通常由自动物料递送装置连接在一起，对生产地的运营差异性要求不高。柔性制造系统（FMS）是一个巨大的技术综合体，由一组包含计算机监控装置、自动物料递送装置、机器人以及其他自动化加工设备在内的机器组成，可用于处理间断性加工要求。优点是柔性较高、灵活性强、劳动成本较低、质量一致，是同时实现工艺专门化和重复性生产的一种方式。缺点是实施比较复杂，成本较高，需要较长的计划和发展时间，所能加工的部件品种有限，只能用于生产相似部件。

（三）工艺选择工具

1. 产品—工艺矩阵定义

1979 年海斯（Robert H. Hayes）和惠尔莱特（Steven C. Wheelwright）提出的战略分析工具：产品—工艺矩阵（Product-Process Matrix，PPM），可以帮助企业通过分析产品结构或产品生命周期，选择与之匹配的工艺结构。PPM 是一个二维的矩阵。横坐标表示产品结构/产品生命周期，沿箭头方向从左往右表示导入期—成长期—成熟期—衰退期；纵坐标表示工艺结构/工艺生命周期，工艺生命周期方面，沿箭头方向从上向下表示工艺生命周期的发展，如图 4-4 所示。

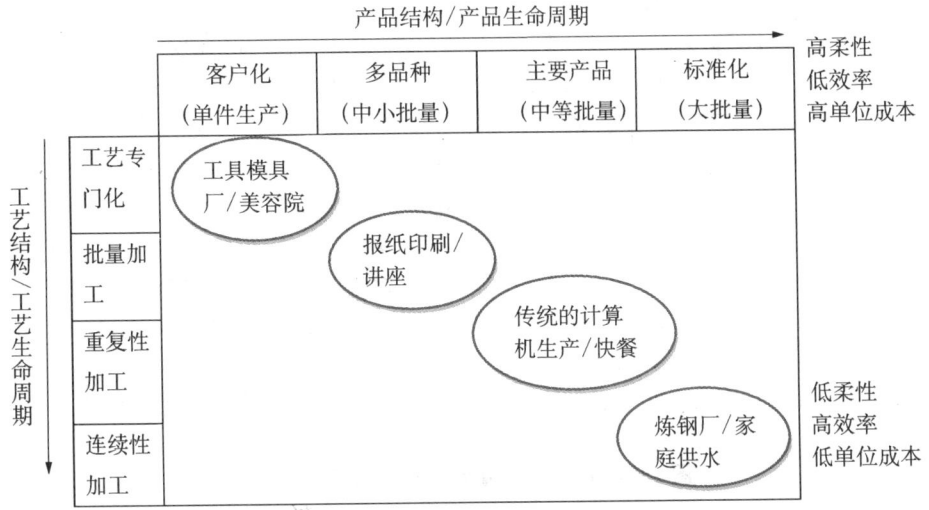

图 4-4 产品—工艺矩阵

2. 产品—工艺矩阵的使用方法

理论上认为,沿着 PPM 矩阵对角线选择和配置工艺,可以达到最优的水平。对角线下方损失了柔性和对市场反应的灵活性,对角线上方失去了一定的效率和成本优势。极端的情况是左下角和右上角的选择,此时的工艺选择和产品结构是极端不匹配的。然而,很多企业传统的做法是只关注产品结构和生命周期的这一维度,根据市场的变化,调整产品结构,但是却忽视了对工艺结构和周期的调整,从而使得企业的策略逐渐偏离对角线,不能获得最佳的效益。但是,在现实中,随着技术的发展,特别是互联网的发展和普及,企业也可以利用一些先进技术采用偏离对角线的选择策略,出奇制胜,最终获得竞争优势。

二、生产流程设计

(一) 生产流程类型

生产流程设计对产品的柔性、成本和质量以及企业的战略实施效果影响很大。对生产流程选择影响最大的是产品质量和品种数。不同品种—产量水平下生产流程选择方案,如图 4-5 所示。

一般而言,随着图中的 A 点到 F 点的变化,单位产品成本和产品品种柔性都是不断增加的。A 点对应的是单一品种的大量生产,在这种极端的情况下,采用高效自动化专用设备组成的流水线是最佳方案,生产效率最高、成本最低,但柔性最差;随着品种增加及产量下降(B 点),采用对象专业化形式的成批生产比较适宜,品种可以在有限范围内变化,系统有一定的柔性,但操作上的难度较大;C 点表示多品种小批量生产,采用成组生产单元和工艺专业化混合形式较好,B 和 C 一般比较适合模块化生产;另一个极端是 D 点,它对应的是单件生产情况,采用工艺专业化形式较为合适。

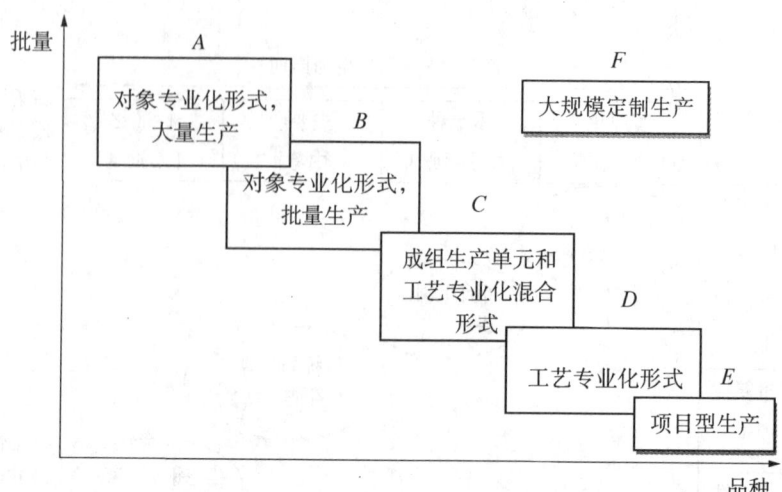

图 4-5 品种—产量变化与生产流程的关系

1. 对象专业化生产

对象专业化生产是以产品/服务为对象,按照生产产品或提供服务的要求,组织相应的生产设备或设施,运行周期长的连续式生产流程,一般也称为流水线生产,适用于少品种、大批量的产品,如玻璃、卷纸、灯泡、啤酒等的生产。对象专业化生产需要高度的标准化和有效的质量控制。企业固定成本和设备的利用率高(70%～90%),变动成本低,以规模经济为主。

2. 模块化生产

模块化生产是处于对象专业化和工艺专业化之间的生产方式。在一个连续的生产流程里,模块通常是已经预备好的零件或部件,是一种经典的装配线形式,几乎所有的汽车和家用电器生产企业均采用这种生产流程。比对象专业化更具有柔性,比工艺专业化结构更加复杂。因而兼具了连续性生产的经济优势和小批量、多品种的定制优势。技术的进步、经济的发展及企业对利润的追求,使生产方式由单件小批生产、批量生产、大批量生产向模块化生产演化。传统生产方式的弊端促使企业不断寻求既能够快速应对市场多样化、个性化需求,又能够低成本为顾客提供定制产品的新的生产方式。在这种背景下,模块化生产方式应运而生。模块化生产是先通过零部件的组合装配出具有不同功能的模块,再根据产品的结构、功能选择满足要求的模块,通过模块的组合生产出满足顾客要求的产品。因此,模块化生产的基本单元是独立的模块。针对顾客需求的多样化、个性化特征,模块化生产方式可采用多品种装配流水线,具有产品结构转换迅速,设备调整时间短,快速响应顾客的多样化需求的优点。

3. 工艺专业化生产

工艺专业化是设备与人力等按具体的活动(工艺内容)组织成一个生产单位,每一个生产单位只能完成相同或相似工艺内容的加工任务,如焊接、打磨、油漆等活动。对于提供小批量、多品种生产或服务的企业,不同的产品有不同的加工工艺路线,不能像流水作业那样以产品为对象组织生产流程,只能以所要完成的加工工艺内容为依据来构成生产流程,因此称为工艺专业化形式。当产品间歇性地移动时,这些工艺的组合提供了高度的柔性。每个流程的设计都要考虑满足频繁变化的、多种不同的产品/服务。工艺专业化设施的变动成本很高,利用率非常低(5%~25%),如许多餐厅、医院和机械加工车间等,但随着计算机数控设备和 CAM 等的发展,使设备利用率和生产准备时间等有大幅度的改进。

4. 大规模定制生产

大规模定制生产是指对定制的产品和服务进行个别的大规模生产,是满足不断变化的、独特的客户需求,又力图以对象专业化(标准化的大批量)的低成本完成工艺专业化(个性化的小批量)的多品种快速响应,一般都必须采用模块化的生产方式。因此,大规模定制生产模式兼具了以上三种生产流程的优点,对运营管理者相应提出了更高的挑战,需要建立能够高效使用组织资源快速响应市场的敏捷制造流程,但也会为企业带来了可观的收益,如 20 世纪 90 年代,率先实行大规模定制的摩托罗拉公司开发的全自动制造系统,在全国各地的销售代表用笔记本电脑签下订单的一个半小时内,就可以制造出 2 900 万种不同组合的寻呼机中的任何一种,彻底改变了竞争的本质,使摩托罗拉成为美国仅存的寻呼机制造商,占有全球 40%以上的市场份额,以及戴尔计算机公司和丰田汽车公司等。

大规模定制生产流程实际是按订单生产产品的大量生产系统。按顾客的订单而不是预测进行生产实现的难度很大,需要以下几个条件:首先产品设计上,必须是快速且充满想象力和多元化的模块化设计;其次在工艺设计上,必须具有能够适应设计和技术变化的柔性;再次需要严密控制的库存管理、从设计到交货全程跟踪订单及材料的精密作业计划和有效协作的反应迅速的合作者。也因此,首先,需要企业准确分析量化和尽量降低产品多样化成本,对产品线进行合理化,削减低利润产品的生产,充分利用宝贵资源,提高生产的柔性程度,促进大规模定制产品的开发,以极大地提高整体利润;其次,通过高度标准化零件、工艺、工具和原材料,降低产品成本,提高加工柔性;再次,深入实行敏捷制造,在无须生产准备时间和库存的条件下,根据订单进行产品的快速生产,实行敏捷产品开发过程,以实现产品的超速上市;最后,并行设计产品族和柔性的制造工艺,围绕模块化的结构、通用的零件和模块、标准化的接口和工艺进行敏捷的产品设计。尤其是产品设计模块化、产品制造专业化,以及生产组织和管理网络化等。

5. 项目型生产

对拍一部电影、组织一场音乐会、生产一件产品和盖一栋大楼等单件非重复性任务,所有的工序或作业环节都具有一定的特殊性,最好采用项目形式进行生产。

(二)五种流程类型的比较

从以上描述可见,五种生产流程具有很大的差别,从输出产品、输入资源、管理与控制和竞争重点四个角度进行对比,差别以及各自的特征如表 4-5 所示。

表 4-5 不同生产流程特征比较

特征要素	对象专业化生产	模块化生产	工艺专业化生产	大批量定制生产	项目型生产
输出产品					
产量和品种	产量高、品种少	有选择的标准化产品	产量低、品种多	产量高、品种多	单件生产、品种很多

续　表

特征要素	对象专业化生产	模块化生产	工艺专业化生产	大批量定制生产	项目型生产
生产依据	长期的预测	频繁的预测	订单生产	通常根据订单	单一化的订单生产
移动速度	典型的流水线快速转移	产品装配以小时和天计	移动缓慢	产品在设施中快速移动	移动很慢
订货类型	批量很大	批量较大	成批生产	大批量	单件、单项定制
输入资源					
技能要求	较少领域技术熟练	需适度培训	多种技能	培训具有柔性的操作者	多种技能
工作任务	标准化生产、重复性很强	重复性较强	没有固定形式、多种工作指令	定制生产、工作指令很多	任务变化很多、多种工作指令
工资水平	低	一般	高	较高	很高
设备	专用设备,投入高	装配线中专用设备辅助,投入较高	通用设备,投入较低	转换速度快的柔性设备,投入一般	通用设备,投入较低
管理与控制					
生产控制	相对简单,与需求预测相对应	较为复杂,基于多种模块的各种计算机模型	复杂,需要权衡可用的存货、生产能力和顾客服务水平	十分复杂,需按订单进行生产	复杂,需具有高度的灵活性
成本控制	固定成本高、变动成本低	固定成本依据设施的柔性而定	固定成本较低、变动成本较高	固定成本较高、变动成本较低	固定成本较低、变动成本很高
质量控制	容易	一般	困难	较为困难	很困难
库存控制	原材料和在制品库存较低、成品库存较高	准时制采购方法和库存管理、成品库存很少	原材料和在制品库存较高,一般无成品库存	原材料库存较低、在制品库存相对较低,一般无成品库存	原材料和在制品库存中等,无成品库存
竞争重点					
柔性	低,大量生产	一般,模块装配	中等	较高,定制生产	高,单件生产
成本	低,规模经济	相对较低	中等	相对较高	高,特色服务

续表

特征要素	对象专业化生产	模块化生产	工艺专业化生产	大批量定制生产	项目型生产
质量	均匀一致	较为标准	变化多	变化一般	变化很多
按期交货程度	高	较高	中等	较高	低

(三) 流程的选择

以上 5 种生产流程,当产品的数量和品种相匹配时,任何一种流程,都能够降低成本、提高响应速度和产品/服务差异化程度,为特定公司带来竞争优势。如当产品生产批量很大时,设备利用率高,连续型的对象专业化生产流程的低成本优势很明显,但当市场产品/服务的需求差异很大,批量很小,个性化很强,间歇式的工艺专业化生产流程的高柔性更合适。从产量和成本费用的角度进行流程选择,如图 4-6 所示。

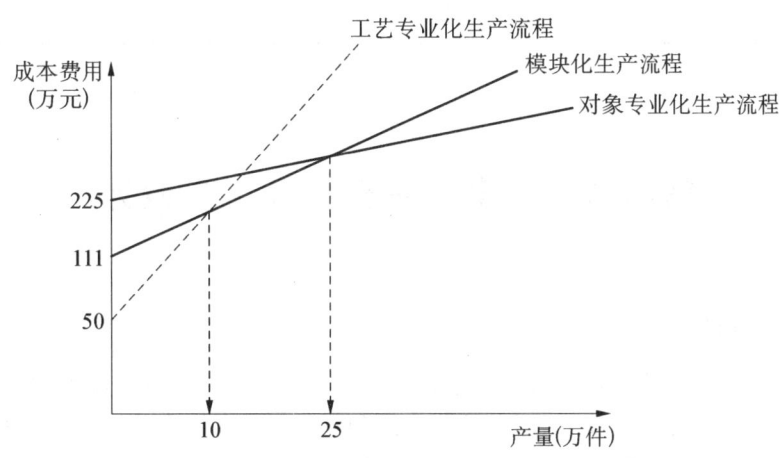

图 4-6 不同生产过程方案的费用变化

产量为零时的费用是生产系统的初始投资,形成固定成本。成本线的斜率代表单位产品的变动成本。从成本费用和产量的角度进行选择,在产量低于 10 万件时,适合采用工艺专业化生产流程;当产量在 10 万件到 25 万件时,适合采用模块化生产流程;当产量高于 25 万件时,适合采用对象专业化生产流程。三种生产流程在各自的产量适合区域内,成本费用是最低的,而产量是由市场需求确定的,因此,从一定角度而言,产品的生产流程选择与目标市场的特性、产品的本质和企业的能力与战略目标所决定的。

(四) 生产流程设计的基本内容

生产流程设计所需要的信息包括产品信息、运作系统信息和运作战略,在设计过程中应考虑选择生产流程、垂直一体化研究、生产流程研究、设备研究和设施布局研究等方面的基本问题,慎重思考,合理选择,根据企业现状、产品要求合理配置企业资源,高效、优质和低耗地进行生产,有效满足市场需求。

生产流程设计的结果体现为如何进行产品生产的详细文件,对生产运作资源的配置、生产运作过程及方法措施提出明确要求。生产运作流程设计的内容如表 4-6 所示。

表 4-6 生产流程设计的内容

输 入	生产流程设计	输 出
1. 产品/服务信息 产品/服务要求,价格/数量,竞争环境,用户要求,所期望的产品特点 2. 生产系统信息 资源供给,生产经济分析,制造技术,优势与劣势 3. 生产战略 战略定位,竞争武器,工厂设置 资源配置	1. 选择生产流程 与生产战略相适应 2. 自制、外购研究 自制、外购决策,供应商的信誉和能力,配套采购决策 3. 生产流程研究 主要技术路线,标准化和系列化设计,产品设计的可加工性 4. 设备研究 自动化水平,机器之间的连接方式,设备选择,工艺装备 5. 布局研究 厂址选择与厂房设计,设备与设施布置	1. 生产技术流程 工艺设计方案,工艺流程之间的联系 2. 布置方案 厂房设计方案,设备、设施布置方案,设备选购方案 3. 人力资源 技术水平要求,人员数量,培训计划,管理制度

第四节 服务流程分析及工艺设计

一、服务流程

服务流程就是为顾客提供服务的全过程,包括接触顾客、提供服务过程和售后服务过程等。服务流程实质是服务提供者、服务依附产品和服务接受者结合的过程,合适高效的服务流程能提高顾客满意度,所以顾客参与对服务流程有着重要影响,以此主要形成以下三种类型。

(一)顾客直接参与服务流程

顾客直接参与服务流程可使顾客对服务环境彻底了解,深刻体验服务,如电影院为顾客提供观影服务。在观影过程中,消费者全程参与服务过程,形成服务体验。

(二)通过互联网参与服务流程

随着互联网的发展和计算机的普及,企业通过网络等电子媒介方式提供服务,顾客间接参与服务过程,如快递、银行卡等的网上查询业务。

(三)顾客不参与服务流程

部分服务也可以在完全没有客户参与的条件下完成,如部分售后与维修服务、餐饮店的饮食提供等。

在服务系统设计中,主要使用的设计工具,有服务接触设计、服务蓝图设计、质量功能展开等三个方面。

二、服务接触设计

(一) 服务接触

服务接触是服务情境中,供应者与接收者间的面对面互动,也就是客户与服务传递系统间的互动,包括前线员工、客户、实体环境及其他有形因素等对象,对于服务差异、品质控制、传送系统等层面影响很大。服务接触是客户与服务系统之间互动过程中的"真实瞬间",是影响客户服务感知的直接来源。服务质量很大程度上取决于客户感知,客户感知又以服务接触能力为基础。按照服务接触的主体性质分类,如表 4-7 所示。

表 4-7 服务接触按照接触的主体性质分类

服务接受者	服务提供者	
	人	机器
人	相互信任;态度礼貌;良好沟通;支持体系	友好的用户界面;顾客检查、核对交易安全
机器	容易沟通;快速反应;交易证据;网络服务	硬件软件配套;自动检测、核对交易记录;交易安全

(二) 服务接触三元

服务接触分为顾客、服务组织及接触顾客的员工三者相互作用形成的三角形。在服务接触过程中,每个参与者都试图控制服务过程,从而导致对灵活性的需求和接触顾客的员工的授权。服务特性之一就是顾客主动参与服务生产过程。每个关键时刻都设计顾客和服务提供者之间的交互作用。图 4-7 描述了服务接触中的三元组合,反映三个要素中的两两关系,并提出了冲突的可能来源。

对于营利性服务组织,管理人员为了维持边际利润和保持竞争力,会尽可能提高服务传递效率;而非营利型组织的目标是一定预算范围之内的工作效果。为了控制传递过程,管理人员常常会利用规定或程序来限制为顾客提供的服务,与顾客接触员工的自主权和判断,导致服务缺乏针对性,易于引起顾客不满。最后员工和顾客都试图对交互过程实施可感知的控制,员工希望通过控制顾客的行为使各种管理更轻松自如;而顾客希望控制服务接触获得更多的利益。

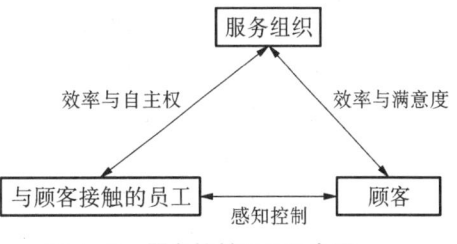

图 4-7 服务接触三元组合图

(三) 构建服务平台:服务系统设计矩阵

1. 服务系统设计矩阵

服务平台能够以不同的方式来构建,提供六种常见可选方案的服务系统设计矩阵,如图 4-8 所示。

矩阵的最上端表示顾客与服务接触的程度:隔离系统表示服务与顾客是分离的;渗透系统表示服务与顾客的接触是利用电话或面对面沟通;反应系统表示既要接受又要回应顾客要求。矩阵的左边表示一个符合逻辑的市场建议,也就是说,与顾客接触越多,卖出商品的机会也就越大。矩阵的右边表示随着顾客对运营施加影响的增加,服务效率的变化情况。

矩阵左端,服务接触式通过电子邮件实现的,顾客与服务系统没有互动。矩阵右端,顾客通过面对面的沟通按要求获得服务。其他四种方式包含不同程度的交流。生产率与服务接触呈负相关。但是,面对面接触提供了更多销售机会,而电子邮件销售产品机会少得多。

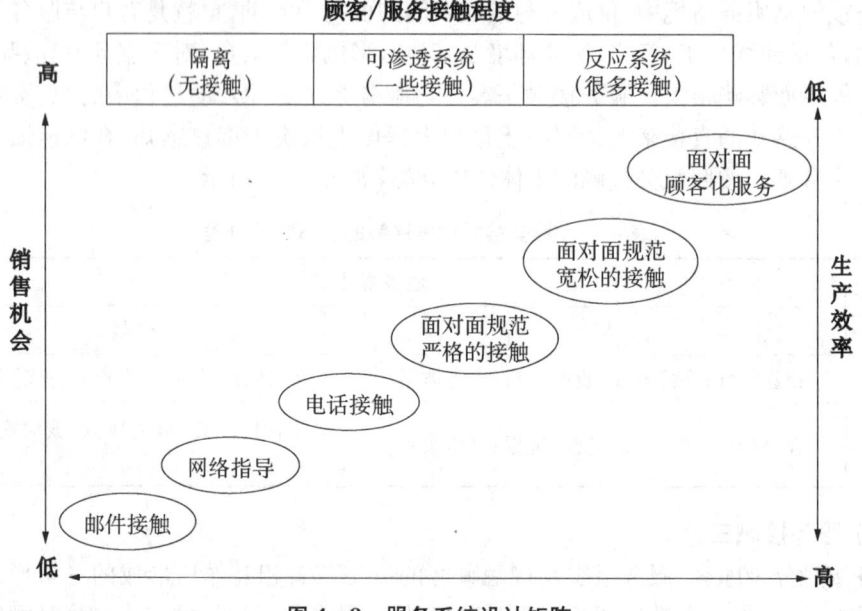

图 4-8　服务系统设计矩阵

矩阵中某些条目的位置是可以变化的,以"网络指导"项为例,公司和顾客之间产生了明显的距离,但可以根据客户的需要来设计网站,为顾客提供相关的信息和服务,从而做出智能反应,为企业提供大量新的销售机会;当顾客所需要的服务超过了网站程序提供服务的能力时,服务系统会请求员工帮助。

2. 矩阵的扩展——顾客/服务接触程度 VS 员工作业及创新特性

图 4-9 对服务系统设计矩阵进行了扩展,该图显示出工人、运营和技术革新方面都随着顾客与服务接触程度的变化而变化。从工人的要求来看,邮件技能与文书技能、互联网技能与辅助技能、电话接听技能与口头表达能力之间的关系是不言而喻的。面对面规范严格的接触特别需要工人有程序技能,因为工人必须遵循标准程序。面对面规范宽松的接触则往往要求工人掌握交易技能(银行出纳员、绘图员、餐厅领班、牙医),完成服务设计。面对面定制化服务要求工人具有专业的判定基准,便于明确顾客的需要和期望。

	顾客与服务人员接触程度					
	低 ←―――――――――――――――→ 高					
	邮件联系	网络及指导	电话接触	严格接触	宽松接触	定制化服务
工人要求	书写技能	辅助技能	表达技能	程序技能	交易技能	判断技能
运营重点	文件处理	需求管理	电话技巧	流程控制	产能管理	综合委托人意见
技术革新	办公自动化	常规方法	计算机数据库	辅助电子设备	自助服务	委托人与员工队伍

图 4-9　顾客/服务接触程度 VS 员工作业及创新特性

三、服务蓝图设计

顾客常常会希望提供服务的企业全面地了解他们同企业之间的关系,但是,服务过程往往是高度分离的,由一系列分散的活动组成,这些活动又是由无数不同的员工完成的,因此顾客在接受服务过程中很容易"迷失",感到没有人知道他们真正需要的是什么。为了使服务企业了解服务过程的性质,有必要把这个过程的每个部分按步骤画出流程图来,这就是服务蓝图。但是,由于服务具有无形性,较难进行沟通和说明,这不但使服务质量的评价在很大程度上还依赖于顾客的感觉和主观判断,更给服务设计带来了挑战。20 世纪 80 年代美国学者 G.Lynn bhostack 等人将工业设计、决策学、后勤学和计算机图形学等学科的有关技术应用到服务设计方面,为服务蓝图法的发展做出了开创性的贡献。

(一) 服务蓝图

在服务设计过程中需要将服务过程描绘出来,一个常用工具是服务蓝图,正如 G. Lynn Shostack 建议,这种方法能描述并且分析一种现有或正在设计中的服务。建筑设计中的建筑图纸称为蓝图,因为这种图纸是用蓝线特别绘制的。蓝图展示了产品的样图和制造过程中的一些具体范围。服务蓝图是详细描画服务系统的图片或地图,服务过程中涉及的不同人员可以理解并客观使用它,而无论他的角色或个人观点如何。服务蓝图的关键要素是服务流程图。

绘制服务蓝图的主要步骤:① 划分各道程序的分界线并决定所需要细节的程度;② 确定所包括的步骤并描绘它们;③ 准备主要程序步骤的流程图;④ 指出可能出现故障的地方,吸收能最大程度减小故障出现的特征;⑤ 建立执行服务的时间框架,估计程序所需时间的可变性;⑥ 分析利润率。从积极和消极两方面决定利润率的影响因素及其敏感程度。

服务蓝图是用箭头线把服务过程中的各项作业(用矩阵框或菱形框表示)按其前后顺序连接起来的作业顺序图。从纵向上,根据特定的服务项目划分。横向上把蓝图分为四个层次,即顾客层、前台、后台和支持层。一个典型的汽车修理厂的服务蓝图,如图 4-10 所示。

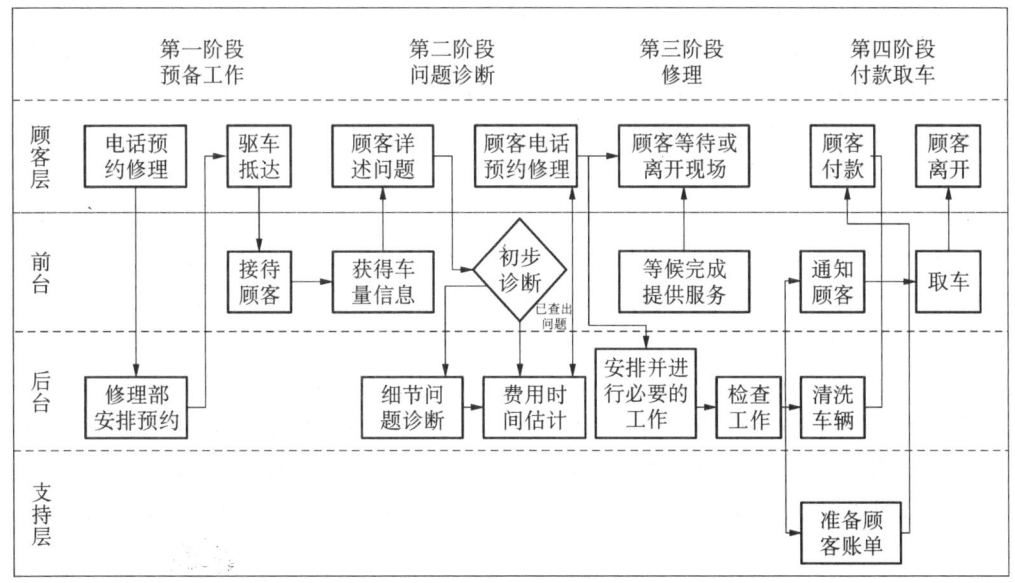

图 4-10 汽车修理厂服务蓝图

图4-10的流程图上所标注的各项作业构成了一个典型的与顾客接触行为。为了更好地表示出控制这些作业的实体,该图共分为四个层次,第一个层次是由顾客掌握的活动,第二个层次是由接待顾客的服务人员来完成的活动,第三个层次是汽车修理厂里进行的修缮工作,最后一个层次是内部计算工作。完整的四个阶段,预备工作、问题诊断、修理和付款取车阶段,特别在问题诊断阶段,明确了问题的诊断及查出等预防故障的措施。

服务蓝图直观上同时从几个方面展示服务:描绘服务实施的过程、接待顾客的地点、顾客雇员的角色以及服务中的可见要素。它提供了一种把服务合理分块的方法,再逐一描述过程的步骤或任务、执行任务的方法和顾客能够感受到的有形展示。

(二) 服务蓝图过程

服务蓝图包括顾客行为、前台员工行为、后台员工行为和支持过程。顾客行为部分包括顾客在购买、消费和评价服务过程中的步骤、选择、行动和互动。这一部分紧紧围绕着顾客在采购、消费和评价服务过程中所采用的技术和评价标准展开。与顾客行为平行的部分是服务人员行为,其中,前台员工行为是顾客能看到的服务人员表现出的行为和步骤,这部分则围绕前台员工与顾客的相互关系展开,那些发生在幕后,支持前台行为的雇员行为称作后台员工行为,它围绕支持前台员工的活动展开。蓝图中的支持过程部分包括内部服务和支持服务人员履行的服务步骤和互动行为。这一部分覆盖了在传递服务过程中所发生的支持接触员工的各种内部服务、步骤和各种相互作用。

服务蓝图与其他流程图最为显著的区别是包括了顾客及其看待服务过程的观点。实际上,在设计有效的服务蓝图时,值得借鉴的一点是从顾客对过程的观点出发,逆向工作导入实施系统。每个行为部分中的方框图表示出相应水平上提供服务的人员执行或经历服务的步骤。

(三) 服务蓝图内容

服务蓝图内容包括服务结构要素和服务管理要素。前者实际上定义了服务传递系统的整体规划,包括服务台的设置、服务能力的规划。后者明确了服务接触的标准和要求,规定了合理的服务水平、绩效评估指标、服务品质要素等。以此制定符合客户导向的服务传递系统,首先关注识别与理解客户需求,然后对这种需求做出快速响应。介入服务的每个人、每个环节,都必须把客户满意作为自己服务到位的标准。

(四) 防呆措施或故障预防

服务蓝图虽然描绘了服务设计的特性,但却没有提供任何直接的措施保障服务过程与设计吻合。针对这个问题的改进途径是根据各阶段可能出现的故障提出应用防呆措施或故障预防程序。防呆措施是指针对因必然错误导致服务欠缺而采取的防止措施。防呆措施在生产和服务领域内都有广泛应用,大致可分为警示方式、物理的可视的接触方式以及3T方式(Task, Treatment, Tangible Features)。比如医院手术室器物管理,每次手术前后必须严格清点物件,以防误落在患者身体中;麦当劳的油锅可一次油炸最佳数量的食物提示;用一把宽口铲子定量捏取每一种大小不同的油炸食物;储藏空间根据预先规定的已包装和已测量产品的组合来设计;在每个设施的周围提供充足的垃圾箱,以保持清洁等。

【案例 4-1】

一家 10 m² 理发店,没电话没厕所,不能预约,却年入 10 个亿!

1996 年,小西国义在东京开了第一家自己的理发店,店铺面积只有 10 m²。每当店里来了客人,要先刷卡付钱排号。没几分钟,就坐上了理发座椅,理发师从头到尾就问了一个问题:"你想怎么剪?"整个过程中,理发师几乎一言不发,几分钟之后,就完成了一个简单合适的发型,客人满意地离去。这家连锁店每年总营收超过 166 亿日元,为什么呢?紧紧抓住一个核心理念:省时。丢掉所有附加服务,只有剪发,迅速地剪发,把节约时间做到极致,目标明确,流程简单。

(1) 排队时长一目了然:每家店的店门外,都会有一排看上去很廉价的凳子,每个凳子上都装有传感器,只要客人坐下,信号就会被传到店外的三色灯,显示目前需要排队等候的时间。蓝灯表示要等 5 分钟,黄灯 10 分钟,红灯表示要等 15 分钟。客人可以在店外一目了然地看到预计需要等待的时间,从而决定是不是要排队等候。

(2) 自动取号,没有人啰唆:这家店没有前台,只有一台自动贩卖机,上面清楚地标明服务流程,付款取号就行。而且不收现金,节约了找零的时间。

(3) 139.68°黄金角度:这家店有一个非常著名的神奇角度——镜子和工具台之间非常精确,呈 139.68°。小西国义做了无数次测试和计算,认为这个角度最科学最省时。

(4) 不洗头,只吸头发:为节约时间,这家店把洗头换成了吸头,他们发明了空气洗头器,顶端附有软毛,可以吸附和清理碎发。

(5) 服务贴心标准:除了疯狂节约时间,店里还提供很多贴心的服务,如防止碎头发弄脏眼镜片而提供眼镜盒;所有非一次性使用工具,包括理发师的手都必须一客一消毒。梳子干脆送给顾客留作纪念。

(6) 大数据管理:从取号到剪完离店,两个时间节点数据上传到公司总部。总部能清晰了解到每个员工的工作效率。针对服务用时最长的理发师,总公司会专门派人前去店内确认情况,加以指导和培训。

(资料来源:21 世纪网.http://news.21so.com/2017/chanye_0824/1433686.html.)

四、服务质量功能展开

(一) 质量功能展开

质量功能展开(SQFD)是日本质量专家赤尾洋二提出的一种面向市场的产品设计与开发方法,是用于倾听顾客声音,将顾客期望恰如其分地翻译成生产计划、产品设计、制造等各阶段的具体技术要求,达到缩短开发周期提高质量降低成本的目的。广义认为 SQFD 是一种顾客驱动的产品开发系统化方法,采用系统化的、规范化的方法调查和分析顾客需求,并以矩阵或图表形式将顾客需求转化成产品开发各阶段的工程特征、零部件特征、工艺特征和质量控制参数和方法等产品属性信息,使产品能真正全面地满足顾客需求。

(二) 服务质量功能展开

服务质量功能展开主要应用于服务设计、服务传递等阶段。服务质量差距 GAP (GAP=感知质量－预期质量)模型是 SQFD 发展阶段中的一个模型。总体思路为:先对顾客进行调查,为顾客需求的重要度打分,再用 SERVQUAL 量表确定服务质量 GAP,然后计算顾客的满意得分(满意得分=GAP×重要度),最后将顾客的满意得分作为质量屋的权重。Li 和 Lu(2005)在对大量质量功能展开、服务质量功能展开文献进行梳理的基础上,提出服务质量 GAP 模型,如图 4-11 所示。

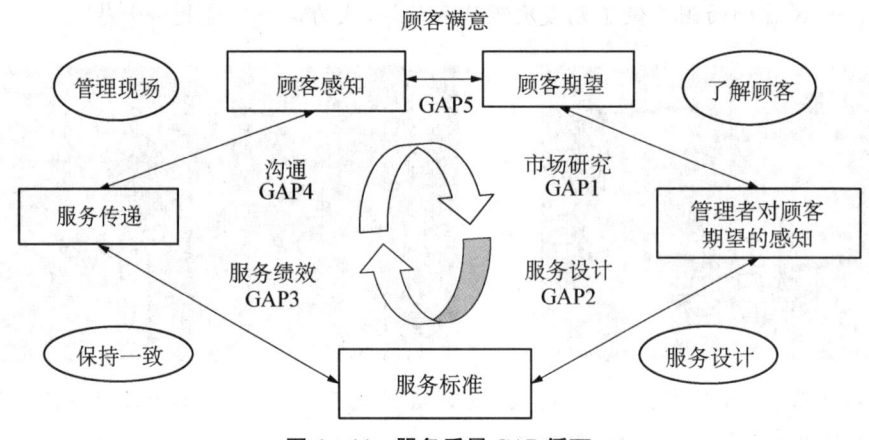

图 4-11 服务质量 GAP 循环

质量功能展开(QFD)于 1972 年首次应用于三菱重工的神户造船厂,并取得了很大成功。此后该项技术相继被日本其他公司所采用。丰田公司于 20 世纪 70 年代后期使用 QFD,取得了巨大的经济效益,新产品开发成本下降了 61%,产品开发周期缩短了 1/3,质量也得到了改进。从 20 世纪 80 年代中期开始,QFD 被介绍到美国,引起了广泛的研究和应用。美国的两家非营利性培训组织 ASI(American Supplier Institute)和 GOALIQPC (Growth Opportunity Alliance of Lawrence.Inc.)为 QFD 在美国的推广做了很多的工作,培养了大批的 QFD 人才,使 QFD 技术成为美国企业产品开发的一个强有力工具。福特汽车公司于 1985 年在美国率先采用 QFD 方法。之后,AT&T、IBM、HP、3M、麦道公司、波音公司等都先后成为该技术成功的尝试者。20 世纪 80 年代中期,QFD 由意大利传入欧洲并同样得到了广泛应用。瑞典在 1987 年开始应用 QFD,爱立信、沃尔沃公司等都积极引入这种技术,德国则在 20 世纪 80 年代末接触 QFD 技术,欧洲公司都积极引用 QFD 技术来建立竞争优势。最近,南美、韩国相继引入 QFD 并取得了初步成效。20 世纪 90 年代初,QFD 技术引进我国,并从航天业、兵器工业、核工业等企业开始,得到广泛应用。

复习思考题

1. 生产流程的构成包括哪几部分?
2. 如何对生产流程进行分析?
3. 工艺的类型包括哪些?
4. 如何进行工艺的选择?

案例分析

青岛酷特 C2M 商业模式

大众网青岛 2 月 7 日讯(记者 丁一珈 毛道光) 当众多企业还在研究"互联网+""大数据""供给侧改革"等新名词的时候,青岛酷特智能股份有限公司凭借一整套的创新模式与理论,依托大数据和互联网技术,开辟出一条工业化的个性定制服装路径,并形成了 C2M 的商业模式。

依托大数据建立版型库 创新探索之路: 据了解,酷特(Cotte)的前身是创立 20 余年的大型服装企业——红领,主要生产经营高档西服、西裤、衬衣及服饰系列产品。酷特(Cotte)把工业流水线和个性化制造这两个相互矛盾的模式融为一体,凭借大数据驱动流水线生产,并建立起一个版型库,囊括了数量达几百万种版型,足以满足客户的个性化需求。现在,工厂接单后,可以根据客户的数据实时生成适合他们的版型,完全摆脱了对制版师的依赖,成本也大幅缩减。同时,每道工序都是由不同员工加工完成,根据客户需求进行个性化定制。酷特(Cotte)引入 RFID(射频识别)技术,在客户人体数据采集完成后,传输到总数据平台,RFID 制卡人员把全数据录入到一个电子标签内,并跟随与其对应的衣服一直走完全部生产流程。每道加工工序的工人拿到一件分配的衣服,会首先刷卡读数,根据代码转译成的指令来完成诸如剪裁、钉扣、刺绣等具体操作,每个人面前的小屏幕,就是用来显示每件衣服应当进行的操作指令。

依托互联网搭建线上平台 聚焦未来的商业模式：目前,工厂的订单主要来自两个平台：一是大众创业平台,酷特(Cotte)为服装行业的创业者提供全供应链服务,目前约70%的海内外订单来自这个平台；二是Cotte,一款直接针对终端消费者的App,它让品牌直接面对消费者,工厂直接从平台上获取订单。Cotte作为移动互联网应用程序,服务于个体客户。通过简便的操作,使用者就可以在手机端、Pad端选择喜欢的服装款式,并进行个性化定制。

酷特(Cotte)的C2M商业模式是消费者个性化需求驱动工厂生产、制造端直接面向消费者的生产消费模式。C2M平台是用户的线上入口,也是大数据平台。它实现了从产品定制、交易、支付、设计、制作工艺、生产流程、后处理到物流配送、售后服务全过程的数据化驱动和网络化运作。顾客下单后,工厂才进行生产,没有资金和货品积压,实现了"按需生产、零库存",可以最大限度地让利给消费者,消费者无须再分摊企业库存成本和渠道成本等。定制生产在成本上只比批量制造高10%,但收益却能达到两倍以上。

【思考题】
1. 与过去的经营观念相比,酷特(Cotte)有何创新？
2. 从流程管理的角度来分析酷特(Cotte)的成功之道。

第五章 选址规划与设施的布置

学习目标

1. 领会影响选址的环境因素；
2. 掌握企业选址的一般程序和选址方案的评估方法；
3. 领会设施布置的基本问题和基本类型；
4. 掌握设施布置的方法。

开篇案例

麦当劳苏州塔园路店"未来2.0"餐厅

位于苏州高新区的麦当劳塔园店坐落在一个小型社区商场的入口处，面积不大，但能见度很高，在偌大的十字路口十分引人注意。这家餐厅的颜值在同类型快餐门店中是比较突出的，在周围包括星巴克、汉堡王一众暗色的门店装修风格中，这间麦当劳明亮的"阳光黄"和大面积的通透落地门窗顿时显得轻快温馨。

麦当劳的塔园项目耗时两个月进行了三轮调研，整个项目的策略方向逐渐确定为"社区""家庭友好""消费升级"，项目组确定了设计策略主题词：轻松，包括环境、服务方式、数字化交互方式、产品组合等让顾客和员工都感到轻松。

这个来源于顾客洞察的主题词后续就落实到了餐厅各个元素的设计中。最直观的是空间设计，阳光黄作为主色调，辅之以原木色、白色。造型上，一楼空间家具选择北欧风格，长桌高凳和圆桌矮凳错落，配上整个一楼的落地门窗；亲子空间放在能见度较低的二楼，除了黄色主调，还配上了清新养颜的马卡龙蓝绿色调，墙上小屋形装饰造型和天花板上云朵挂

饰,精心选择和设计数字化娱乐,包含互动体感游戏和交互绘画游戏桌的游戏区;餐厅设置了多项定制服务的柜台点餐和触屏自助点餐机、取餐分离的柜台,并增设了儿童模式。2016年12月,塔园店正式开业,成为社区里一个顾客乐意经常回头光顾的温馨小屋,在低客流环境下达到了盈利目标,消费者整体满意度和品牌认可度很高。

(资料来源:赵正.中国经营报,2018-01-04.)

第一节　生产设施选址

一、选址的重要性

选址是企业的重要决策之一,对企业未来产品的生产成本、行业地位和市场竞争力等方面会产生深远的影响。

(一)设施选址的含义

设施是指生产运作过程得以进行的硬件手段,它通常由工厂、商店、办公楼、车间、设备或仓库等物质实体构成。设施选址是指运用科学方法决定设施的地理位置,以便有效、经济地达成企业的经营目标。选址一般只有在企业需要新扩建工厂,增加生产能力或转移厂址时才会发生。

设施选址包含两层含义:选位,即选择设施设置的地区,如沿海/内地,南方/北方,甚至国内/国外;定址,即选定具体区域,也就是在已选定的地区内确定一个具体地点。

(二)选址的重要性

选址策略的目标是企业利润最大化,对于不同类型的组织就存在不同的具体实现路径,如工业企业通常考量成本最小化,服务提供组织一般考量收入最大化,而仓储等多考量成本和交付速度等。对每一个企业而言,选址十分重要,因为固定设施一般投资较大、专业性很强,一旦决策失误,后期改变的难度很大,具有不可逆性,而且对以下三方面影响很大。

1. 运营成本

设施建成后,对企业的生产费用、工资、税收、租金和原材料的成本,尤其是运输成本影响很大,也很难改变。据统计资料显示,企业的运输费用一般占到产品/服务销售价格的1/4,如果再考虑其他成本内容,如生产费用方面的工资、税收、租金等,选址影响到的成本比例将达到50%,这也是众多汽车、电脑、家电等国际跨国集团纷纷在中国建厂的原因。成本最小化是工业企业关注的重点。

2. 销售收入

设施建成后,尤其是服务性企业,周围的居民或群体便是其服务的目标客户,这一商圈的性质就决定了企业的收入潜力,因此,肯德基、家乐福、沃尔玛、国美、百货大楼等坐落在城市相对繁华地段。服务型企业关注较多的是销售收入最大化。

3. 研发产业链等方面

研发需要的是高素质、专业化的人才和环境,选址确定后,能够吸引到的人才素质、数量和吸引成本,产业链的支撑和相关产业的交流、市场压力等方面,对致力于差异化竞争优势和以创新为主的高端或新兴产业的影响很大。例如,英特尔2007年在美国设厂,而非劳动力较为低廉的亚洲;江西移动和江西电信集团公司将其新建的手游项目研发基地建址于中国的深圳,而非南昌等。

二、制订选址决策的一般程序

(一) 企业设施选址决策的步骤

企业设施选址决策一般经过三个步骤,即明确企业设施选址的目标,列出评价选址地点优劣的标准;识别选址决策所要考虑的重要因素;最后找出可供选择的设施选址方案,并列出可供选择的地点。

(二) 选址方案

企业的选址方案一般来说包括三种,如扩建现有的系统规模;保留现有系统设施的基础上,再新增其他地点;放弃现有厂址,迁移到新的地点。产生的原因可能有以下几点:迫于环保的压力;原厂址的选择违背了科学规律;由于行业状况、环境条件、政府政策等因素的影响使得企业不得不做出迁址的选择。一般按照先选择一般性地区(如中国),再选择具体的地区(如华中地区、华东地区等),最后选择具体的位置(如北京等)的顺序依次进行。

备选的选址方案制订后,再应用合适方法进行评价,并做出决策,常见的方法包括因素评分法、重心法、运输模型及用于服务设施选址的直接推断法等。

三、生产制造业设施选址的影响因素

在设施选址时,决策的顺序是区域从大到小,从国家到地区再到最后的具体位置。而且每一个层次所需考虑的因素和决策的目标有一定的差异性,如图5-1所示。

由图5-1可知,在国家和区域选择中更多出于宏观战略性因素的考量,如市场、原材料、运输、协作企业、劳动力供应、气候和政策法规等条件;具体地点的选择更多趋于场所的可扩展性、给排水和土壤条件、公用设施、环境保护和土地开发费用等。具体按图分国家、地区和场所进行分析和阐述。

(一) 国家方面

在国家选择上,主要考虑的因素是国家层面的:政治风险、政府法律法规和态度、激励措施等,如国内政局稳定性,对私人财产、知识产权、城市规划、环境污染的态度等;文化和价值观,如文化素养,对待工作、时间、加班和薪金等的观念,会对公司的工作系统设计、综合计划、作业计划和测量及供应链绩效和诸多不易量化的无形成本产生很大影响;汇率和货币风险;交通、通信、社会和经济等方面的发达程度,这对将来企业运营过程中的设施成本、劳动力成本、材料及其产成品的运输成本等产生很大影响。

确定国家

关键成功因素
1. 政治风险、政府法规、态度、激励措施
2. 文化和经济问题
3. 市场位置
4. 人才、工作态度、生产率、成本
5. 供应品可获性,通信、能源的可获性
6. 汇率和货币风险

确定地区/社区

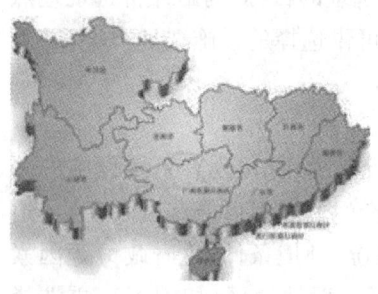

关键成功因素
1. 公司的愿望
2. 地区的吸引力(文化、税收、气候等)
3. 劳动力的可获性、成本,劳动力和工会的关系
4. 设施的成本和可获性
5. 地区的环保规定
6. 政府的激励措施和财政政策
7. 紧邻原材料和顾客
8. 土地/建筑成本

确定地点

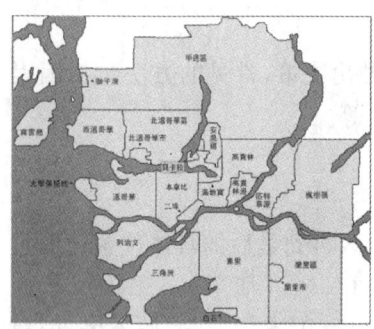

关键成功因素
1. 场地大小和成本
2. 航空、铁路、公路、水路体系
3. 城市规划的限制
4. 所需服务或供应品的就近性
5. 环境影响问题

图 5-1　影响选址决策的一些考虑因素

(二) 地区和地点方面

在地区和具体地点的选择上,主要考虑的因素是地区层面的:文化、税收、激励措施、财政政策、气候、环境保护的规定等是否具有吸引力;土地、劳动力和能源资源等能否为生产提供充足的保证;尤其需要重点考察的是紧邻的市场、供应商和竞争者:紧邻市场,主要是从企业输出的产品/服务角度进行考虑,因为对许多公司而言,尤其是产成品运输费用很高和运输困难的,如生鲜食品、啤酒、可口可乐等饮品和体积庞大的产品,以及需要靠近顾客的服务业企业,如理发店、美容院、餐厅等,这样不仅可以节约运输成本、加快交货速度,也更容易收集顾客资料,实现企业的快速响应;近邻供应商,主要是从企业原材料供应的角度进行考虑,由于一些企业的原材料体积大、易于变质或运输成本高等,如罐头厂、钢铁厂、海鲜加工厂和木材加工厂等;紧邻竞争者,主要是出于产业集群的角度考虑,形成集群的最重要因素是资

源优势,如自然资源优势的法国波尔多地区酿酒业集群,人才资源和信息资源优势的美国硅谷软件业集群和英国亨廷顿赛车产业集群、气候和劳动力资源优势的佛罗里达影视业和娱乐业集群、技术和教育资源优势的新加坡和中国台湾计算机软件产业集群、专业技术人员优势的堪萨斯飞机制造产业集群等。

从以上分析也可以看出,在选址时考量因素可以分为定性和定量两大类,越是宏观大的区域越倾向于定性因素的评价,越到具体的场馆越倾向于定量的计量,相对应的评价方法也是如此。

四、生产设施选址的评价方法

对备选方案进行评价是选址程序不可或缺的重要的最后环节,由于选址的导向不同,生产设施选址的评价方法有很多种,如因素分析法、生产线平衡法和"从至表"法等。

(一) 生产设施选址的导向

产品生产组织的选址主要是成本导向,考虑原材料、产成品的运输成本、能源和公共设施成本、劳动力成本、原材料成本和税收等有形成本,以及社区的态度、生活质量、教育水平和政府的素质等无形成本与未来成本,如表 5-1 所示。

表 5-1 产品生产设施选址因素

成本导向		研究方法
有形成本	无形成本与未来成本	
原材料的运输成本 产成品的运输成本 能源和公共设施成本 劳动力成本;原材料成本;税收等	社区的态度 生活质量 教育水平 政府的素质	运输模型 因素评分法 盈亏平衡分析法 交叉图
假设		
选址是成本的主要影响因素; 每个选址的大多数主要成本可以明确界定; 较低频率的顾客接触使企业可以将注意力集中在可识别的成本上; 无形成本是可以评估的		

(二) 因素评分法

因素评分法作为一种决策技术,是对定性的选址影响因素,采用主观打分方法进行量化,再采用定量分析方法进行处理,在现实生活中应用很广泛。其实施主要步骤是:

(1) 选择有关因素,例如市场位置、原材料供应、社区态度、运输条件、环保法规等重要因素,如前文所示的每一层次的影响因素,并结合企业的实际进行具体设置;

(2) 赋予每个因素一个权重,以此显示这一因素与所有其他因素相比在公司选址目标中的相对重要性;

(3) 给所有因素确定一个统一的评分取值范围(0~10 或 0~100);

(4) 管理层及相关参与人员给每一待选地点的各因素分别评分;

(5) 把每一因素的得分与其权重相乘,再把各因素乘积值相加得到待选地点的总分;

(6) 选择综合得分最高的方案,给出建议结论,并分析定量计算结果。

【例 5-1】 某企业需建设 1 个千万吨级的钢铁厂,现有 3 个备选厂址:北京、河北、山东,影响钢铁厂建设的主要因素有运输、资源、顾客、环保。利用因素评分法进行分析决策。

解: 计算过程如表 5-2 所示。

表 5-2 厂址选择的因素分析方法

影响因素	权数	候选厂址		
		北京	河北	山东
运输	0.4	0.4×7=2.8	0.4×8=3.2	0.4×10=4
资源	0.3	0.3×6=1.8	0.3×10=3	0.3×8=2.4
顾客	0.2	0.2×10=2	0.2×8=1.6	0.2×8=1.6
环保	0.1	0.1×6=0.6	0.1×8=0.8	0.1×9=0.9
总分	1	7.2	8.6	8.9

由表 5-2 可见,经计算,山东的总评分高,所以建厂的厂址应该设在山东。

每一种方法都有它的优点和不足,因素评分法的优点是:对每个备选方案的各种相关因素进行综合分析,为评判提供了合理的基础,有利于对备选地点进行比较和选择。不足之处在于:决策过程中会或多或少地融入决策者的主观因素,使得评判和决策不够客观。

(三) 盈亏平衡分析法

盈亏平衡分析法是使用成本—产量分析对选址决策进行经济比较的一种方法。通过确定每一个选址的固定成本和变动成本,并用数学法或图形法予以表示,以确定成本最低的地址,优点是可以为每一个选址提供适宜的产量范围。

选址盈亏平衡分析法有三个步骤:确定每个选址的固定成本和变动成本;画出每个选址的成本曲线;在期望产量一定的情况下,选择总成本最低的地点。

【例 5-2】 零件制造商的选址:加利福尼亚州的一家汽车零件厂的老板克罗斯需要扩大生产能力,考虑在三个地点作为新厂的选址,具体条件如表 5-3 所示。在每年期望售价 120 美元和产量 2 000 件的情况下,公司希望找出最经济的选址。

表 5-3 各个备选地址的成本

备选地点	固定成本	单位可变成本
阿克伦城	$30 000	$75
鲍灵格林	$60 000	$45
芝加哥	$110 000	$25

解: 假设新厂的产量预计为 X 件,则三个备选地点的总成本为:

阿克伦城的总成本 = 30 000 + 75X

鲍灵格林的总成本 = 60 000 + 45X

芝加哥的总成本 = 110 000 + 25X

画盈亏平衡分析图,如图 5-2 所示。由图可见,产量在 1 000 件以内时,阿克伦建厂总成本最低;产量在1 000件到2 500件之间时,鲍灵格林建厂总成本最低;产量在2 500件以上时,芝加哥建厂总成本最低。

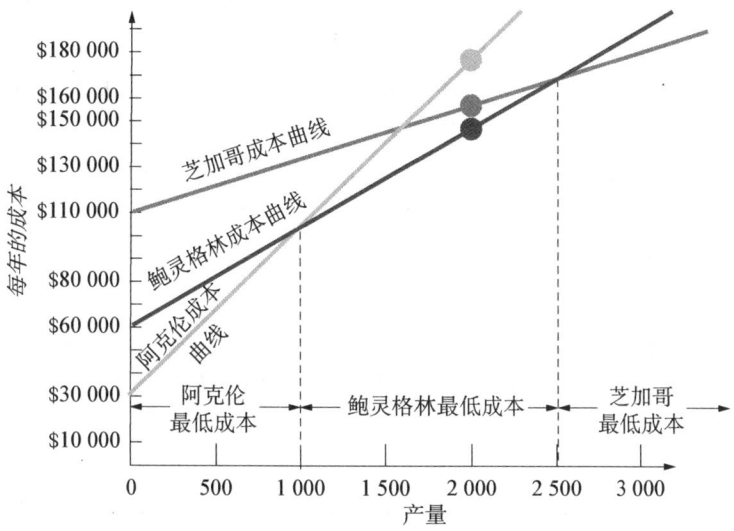

图5-2 三个备选方案的盈亏平衡分析图

其他的评价方法有运输模型法,目标是在几个供应点到几个需求点之间,确定出最佳的运输模式以使总生产成本和运输成本达到最小。每一个有供需点网络的公司都会面临这样的问题,如大众汽车公司复杂的供应网络,京东的仓库设置等。

【案例5-1】

农夫山泉 17.5°鲜橙的选址

农夫山泉于2014年11月,推出了名为17.5°橙的鲜橙产品,一经面市便受到了消费者的青睐;2015年,又推出了脐橙汁NFC产品,破解了脐橙榨汁的全世界公认"魔咒";2016年,常温NFC果汁产品问世。"看起来不过是一个橙子、两瓶果汁,农夫山泉却为此走了非常多的弯路,几乎可以用九死一生来形容。"农夫山泉董事长钟睒睒表示,这其中很重要的一点就是选址问题。

早在2007年前,农夫山泉就在全国寻找橙果产地,最终于2007年第一次来到赣州,看到漫山遍野的优质纽贺尔脐橙,觉得肯定能榨出好的橙汁,所以没多考证就决定落户拥有"世界橙乡"美誉的江西赣州,并随即在赣州开垦荒地,营建橙园和工厂。这种想当然的心态,让农夫山泉为之付出了巨大代价。由于对当地缺乏足够了解,农夫山泉早期工厂选址出现了失误。偏远的厂区一直受水电问题困扰,生产期间几乎天天停电,日常供水量不足40吨,难以满足生产需求。

农夫山泉在赣南遭到的打击还远不止此。开垦地处于又高又陡的丘陵地带,不仅增加了人力和物流成本,而且果树很容易受到极端低温的影响等问题接踵而来,一系列认识上的误区导致早期工厂一度陷入停滞,每年亏损超过2 000万。

农夫山泉为保障果品质量,重新选址,8年育橙,10年求索,从一开始的只雇用当地农民进行种植,到与拥有果园的果农签订采购合同,纳入合约管理。自2014年开始,与赣州当地橙子果农建立合作关系,截至目前,直管农户105户,合作农户812户,合作果园达到2万亩。在赣州收购的脐橙规模也在逐年递增,年增速超过50%。2014年向当地果农收购脐橙6 000万元;2015年达到1.2亿元;2016年收购2.4亿元。目前农夫山泉在赣州已经拥有12 000亩自有果园,50万株橙树,年产果可达20 000吨。

2016年,农夫山泉耗资6.8亿元在赣南信丰投建工厂,占地面积约395.6亩,是目前全亚洲最大的农业加工工厂。近日,该工厂已正式竣工投产,预计年销售额4.5亿元。目前虽然脐橙这一板块还处于亏损状态,但每年增速非常快,5年内相信规模可以达到30亿～50亿元。

2017年,农夫山泉又与信丰县政府正式签约6.6亿元,共同打造中国赣南脐橙产业园项目。然而这样的成绩是在经历了选址错误、设备选型错误、种植园选地错误等种种挫折后,才终于得以实现。

(资料来源:吕进玉.第一财经日报.2016年12月9日.)

第二节 生产设施的布置

一、设施布置的重要性和要求

设施布置是指在一个给定的设施范围内,对多个经济活动单元进行位置安排,以确保企业内部的工作流(材料或作业或顾客)畅通。由于布局需要投入大量的资金和精力,且具有一定的长期性,因此,设施布置合理与否,会对企业运营成本和效率以及战略实施产生一定的影响。

(一)设施布置的重要性

在影响组织长期运营效率的决策中,由于设施布置既能够造就产能、流程、柔性和成本方面的竞争优势,还有工作生活质量、消费者接触和组织形象等方面的竞争优势,因此,设施布置具有重大的战略意义,是关键性的决策之一,有助于组织的产品差异化战略、成本领先战略和快速响应战略的实施。

(二)设施布置的要求

有效的设施布置需要达到如下5点要求:

(1) 物料搬运设备。运营经理必须坚定材料运输和储存的设备,包括输送带、起重机、自动化仓库系统和自动货运车等。

(2) 生产能力和空间要求。只有在已知人员、机器和设备要求的情况下,管理者才能进行生产布置并且为每个零部件提供存放空间。以办公室布置为例,运营经理必须对每个员工的空间要求做出判断。

(3) 环境和美学。设备布置空间问题经常会对窗户、花盆和隔间高度提出要求,其目的是加速空气流通、降低噪声、保护隐私等。

(4) 信息流。对任何一个组织,沟通都是非常重要的,所以设施布置必须要方便信息流动,如邻近程度、空间开发、隔间和个人办公室等方面做出决策。

(5) 各个工作区间的搬运成本。材料搬运和相邻区域的重要性等方面可能存在一些特殊的考虑。

二、设施布置要考虑的因素

设施布置的目的就是将企业内部的各种物质设施按一定的空间形式组合,从而有效地为企业运营服务,以获得更好的经济效果。设施布置包括确定组成企业的各个部分的平面或立体位置,并相应地确定物料流程、运输方式和运输路线等。

(1) 设施包括的经济活动单元,取决于企业的产品、工艺设计要求、规模、生产专业化水平与协作化水平等多种因素。

(2) 各个经济活动单元需要的空间,活动单元空间太大,会影响生产效率,并且拉长工作人员之间的距离,从而产生不必要的疏远感;空间太小,人员活动展不开,甚至会引起人身事故。

(3) 各个经济活动单元空间的空间形状,会对工作便利性、员工参与工作的心理感受等诸多方面产生影响。例如,会议桌采用圆形还是传统教室的布置,会从不同的程度影响员工会议过程的参与度。

(4) 各个经济活动单元在设施范围内的位置,要充分分析,综合考虑,合理确定每个经济活动单元的绝对位置和相对位置,既要考虑组织内部运营的便利性,还要考虑内部经济活动与外部的联系。例如,出入口的经济活动单元应该布置在靠近企业的主干道边。

三、生产设施布置的基本类型

生产设施布置就是制订机器设备等的最佳位置组合,促进材料、人员和信息在区域内和区域间的流动,并达成生产目标,由于战略目标、竞争优势、生产设施、工艺流程和产品特点等的差异,尤其是生产流程导致设施布置的基本类型一般分为产品专业化布置、工艺专业化布置、定位布置、混合布置工作单元布置五种。

(一) 产品专业化布置

产品专业化布置是一种主要针对批量大、相似程度高和变化少的产品或产品族,根据产品制造的步骤来安排设备或生产过程的布置方式,也称装配线布置。前提条件是市场需求稳定、原材料和零部件供应充足且质量稳定,企业生产或提供一种或少数几种标准化水平极高的产量足够大的产品或服务,追求较高的设备利用率。布置形式如图5-3所示。

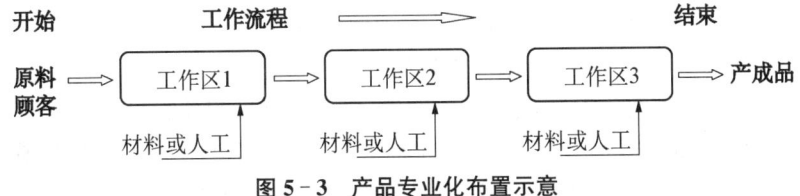

图5-3 产品专业化布置示意

产品专业化布置针对的是重复式的生产流程,最主要的就是达到各个工序、各台机器或各个平台的平衡,使加工线或装配线的流量保持平稳和连续,同时使每个工作站或机器的闲置时间最短。工作被分解成一系列标准化的作业,由专门的按照产品或服务的加工路线或加工顺序排列的人员或设备去完成。最为典型的就是生产线和装配线,前者是使用一系列的机器来完成零配件的制造;后者是经一系列工作站将准备好的零部件组装在一起。

产品专业化布置的设备自动化程度很高,优缺点十分明显,下面运用表格进行对比,如表5-4所示。

表5-4 产品专业化布置优缺点比较

优 点	缺 点
(1) 产品产量大,标准化程度高; (2) 单位变动成本、单位物料运输费用和在制品库存低; (3) 劳动高度专业化,工人和设备的利用率高; (4) 简化了培训和监督程序,管理者管理幅度加大; (5) 工艺路线选择及进度安排在系统初步设计中就已确定下来,计划工作相对容易; (6) 会计、采购与库存控制都高度程序化	(1) 设备投资巨大,产量要求很高; (2) 专业分工过细,系统对产量变化、品种多样或工艺设计变化等方面缺乏柔性; (3) 个别设备的故障或工人缺勤等对整个运作流程影响极大,工作单调重复,工人发展机会较少; (4) 预防性维护、迅速修理的能力和备用件库存十分重要

(二) 工艺专业化布置

工艺专业化布置是将相似的设备或功能放在一起的生产布局方式,适合于小批量、多品种的生产/服务。医院布置是经典案例之一,如图5-4所示。为满足不同人员的就诊需要,医院主要通过三种渠道来满足病人实现就诊目标。对于急危重症患者,直接进入急诊室就诊;对于需住院就诊的病人,流程是,首先进行挂号,前往各科室就诊,需要住院的去住院收费处办理住院手续,进入病区住院治疗;就诊时,在医生的建议下检查、治疗,并到各层收费处缴费,之后去相应的医技科室进行检查,需要取药注射的,则去各个楼层药房取药进行注射治疗。

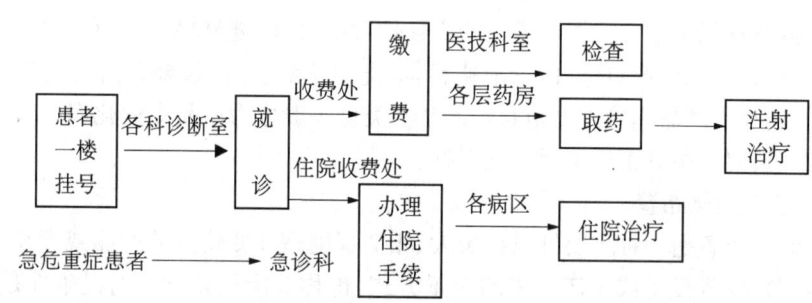

图5-4 医院工艺专业化布置的示意图

工艺专业化布置的最大优点就是设备和人员安排具有高度柔性,十分适合不同规格、不同形式的小批量多种零部件的生产;缺点是源于通用设备的使用,要求劳动力技能较高,在制品库存大,设备改变困难,物料搬运成本较高,订单完成时间相对较长。工艺专业化布置尤其是大型部门的,现在可以利用项目管理软件,包括计算机相关设施布置技术(CRAFT)、自动布置设计程序(ALDEP)、计算机关系布置规划(CORELAP)和工厂流量软件(Factory Flow)等,都能够提供一个好的解决方案,企业再结合实际情况,进一步寻求最优方案。

(三) 定位布置

定位布置（固定式布置）是指产品或加工对象保持停留不动，工人、材料和设备向其移动并在该位置作业。适用于产品重量、体积或其他一些因素使得移动不现实或难度极大，如船舶、桥梁、公路、建筑物和手术台等，又主要受空间场地的有限性、物料流动的集聚性和原材料的多样性等因素影响，为提高生产率，大多数企业选择前置标准化策略，即将产成品所需的各类零部件尽量在其他地方进行生产，如新建建筑物所需的门、窗、楼梯、墙板和许多附属装置都以模板形式预先建造好，有效地提高了现场的流程效率。

(四) 混合布置

混合布置是指企业同时存在两种或两种以上形式的布置。常用的混合布置方法是一人多机：当生产量不足以使一人看管一台机器时，可设置多台机器组成一个小生产线，由一个人同时看管。这种形式的布置可以充分地吸取上述设施布置的优点，从而不断优化设施布置的结构，减少成本，提高管理效率。

(五) 工作单元布置

工作单元将平常分散在各部门的人员和机器重新组合成一组，以便集中于一种单一产品或一组相关产品的制造，如图5-5所示。

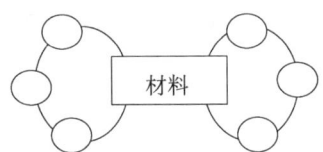

目前的布置形式——工人处于一个较小的、封闭的区域内。

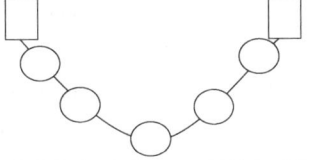

改进的布置形式——经过交叉培训的工人可以彼此提供帮助。如果需要增加产量，可以再增加第三名工人。

目前的工作形式——由于工作不可能均匀进行分配，因此直线布置很难使作业达到平衡。

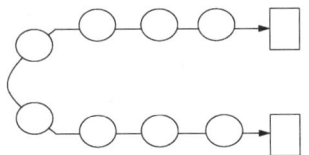

改进的布置形式——在U型布置中，工人接触的机会更多。经过交叉培训的工人人数由4名减少到3名。

图5-5 运用工作单元理念来改进布置形式

当生产批量需要机器和设备的特殊安排时，可以使用工作单元布置形式。生产中，成组技术将具有相似特性的产品放在一个特定工作单元中进行加工，广泛应用于金属加工、计算机芯片制造和装配作业。当产品设计或产量发生改变时，这些工作单元也需相应进行重组。工作单元的优势是：

（1）降低在制品库存，减少占地面积，因为工作单元设置的目标就是使机器间实现一个流程的生产。

(2) 降低原料和制成品的库存,因为流程工作的减少使得材料在工作单元间的移动速度加快。

(3) 减少直接劳动成本,因为员工间的交流增加,材料流动的速度加快,且计划得到改善。

(4) 提高员工的责任感和参与感,因为产品质量与员工及工作单元密切相关。

(5) 提高机器设备的利用率,降低机器设备的投资,因为计划得到改善,材料流动的速度加快。

四、设施布置的方法

设施布置的方法主要有物料流向图法和作业相关图法。

(一) 物料流向图法

按照原材料、在制品以及其他物资在生产过程中的总流动方向来布置工厂的各车间、仓库和其他设施,并绘制物料流向图。

(二) 作业相关图法

作业相关图法就是通过对一些影响设施布置的因素进行分析,确定出各部门间的关系和接近程度,然后将信息汇集到作业相关图中,并据此进行设施布置。

作业相关图法进行设施布置的程序是:首先,绘制作业相关图;其次,计算相关程度积分;最后,布置各部门的相互位置。

【例 5-3】 某厂有 9 个部门:接收与发运、原材料库、工具机修车间、中间零件库、生产车间、成品库、食堂、管理办公室、车库。根据工厂各组成部分间关系的密切程度加以布置,得出最优布置方案。

解:工厂的各组成部分的密切程度一般可以分为 6 个等级,如表 5-5 所示。

表 5-5 关系密切程度表示及其代号

关系密切程度	代 号	评 分
绝对重要	A	6
特别重要	E	5
重要	I	4
一般	O	3
不重要	U	2
不可接近	X	1

形成密切程度的原因,可能是单一的或综合的,一般根据,如表 5-6 所示。

表 5-6 产生关系的原因

产生关系的原因	代 号
共用记录	1
共用人员	2

续 表

产生关系的原因	代 号
共用场地	3
人员接触	4
文件接触	5
工作连续	6
工作类	7
共用设备	8
影响安全	9

在应用相对关系布置时,首先根据工厂各组成部分相互关系表,如图 5-6 所示,然后依据此表定出各组成部分的位置为止。对于该图进行解释说明,图 5-6 中每一个小格横线上方的字母 I 表示关系代码,即关系密切程度的代码。横线下方的数字 4 表示原因代码,即关系密切程度的原因编号,侧面小图示中指明的小方格表示的含义为:单位 1(接收与发运)和单位 8(管理办公室)之间的作业相关关系。该图表示的整体意思就是单位 1(接收与发运)和单位 8(管理办公室)之间的作业相关关系为 I(重要)。

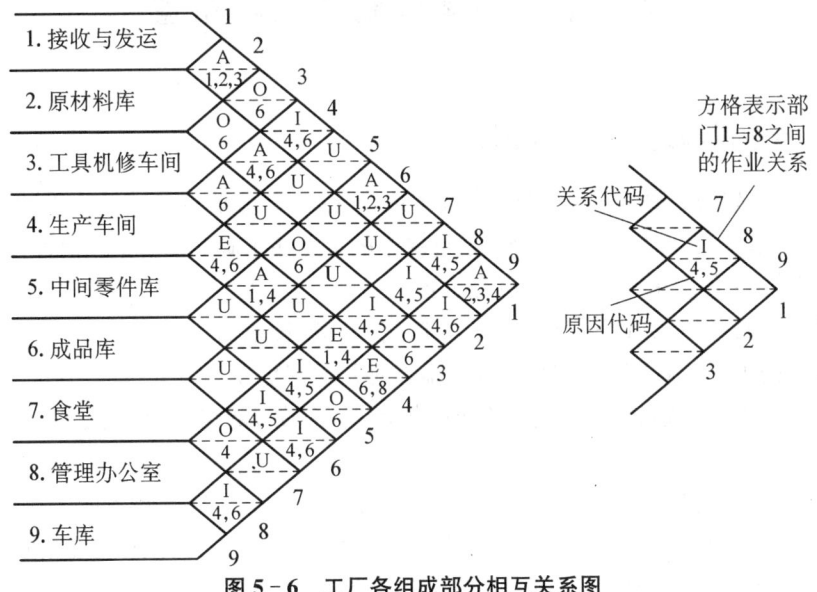

图 5-6 工厂各组成部分相互关系图

以生产车间为例,利用相对关系图,将生产车间与其他单位的相关程度进行综合分析出来,进行分类,处于同一关系程度的进行综合表示出来,如图 5-6,A(2,3,6)表示生产车间与部门 2、部门 3 和部门 6 的关系程度均为 A(绝对重要)。

相关程度计分=重要程度的评分×与表示相同关系性质的个数

最后,对相关程度的积分进行合计。同样可以计算出其他部门的关系积分值分别为:接收与发运 33 分、原材料库 29 分、工具机修车间 26 分、中间零件库 22 分、成品库 29 分、食堂 17 分、管理办公室 32 分、车库 30 分,如表 5-7 所示。

表 5-7　生产车间计分计算表

与其他单位相关程度	相关程度积分
A(2、3、6)	6×3=18
E(5、8、9)	5×3=15
I(1)	4×1=4
U(7)	2×1=2
小　计	39

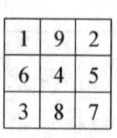

初始布置

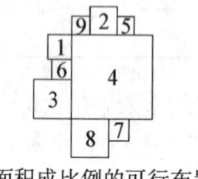

面积成比例的可行布置

图 5-7　设施布置对比图

根据作业关系密切的部门靠近的布置原则,初步确定各部门的位置和面积比例,布置基本原则:积分最高的部门应安排在厂区的中心区域;其他部门的位置应根据它们与中心部门的相关性质以及它们相互之间的关系性质来安排。如图 5-7 所示。

第三节　服务设施选址与布置

一、服务业设施选址的影响因素

制造业企业选址决策的重点在于追求成本最小化,而服务业企业选址决策的目标是实现营业收入最大化。因此,对于服务业企业选址决策的重点在于确定销售量和销售收入的多少。

从服务设施的角度来说,服务可以分为:

(1) 顾客到服务提供者处。例如,宾馆、饭店、商场、理发店等。

(2) 服务提供者到顾客处。例如,电梯维修、搬家、修剪草坪等。

(3) 服务提供者与顾客在虚拟空间内完成交易。例如,网络订票、网上购物等。这里主要考虑第一类。

由于对服务型企业而言,选址的决定性因素集中关注交易量和收入的提高,因此,主要考虑的因素就有选址辐射区域的目标客户的数量及消费者购买力、人口特征、地区的竞争态势及激烈程度和区位的独特性等方面。与制造业企业的设施选址问题类似,服务业企业的设施选址也包括地区选址和地点选址两个层次因素,而选择地区和选择地点考虑的因素并不是完全相同的。

(一) 选择地区的考虑因素

选择地区应考虑的因素主要有三个方面。该地区的顾客特点:人口密集度、平均收入水平;公用基础设施:道路、水、电等资源的可利用性;与顾客的接近程度以及可用的劳动力素质。值得提出的是,服务行业的不同对于设施选址考虑的因素也会有所不同。例如,医院、学校、邮局等选址必须考虑接近顾客,而运输、仓储、批发等企业在这方面的约束较少。

(二) 选择地点的考虑因素

选择具体地点应考虑的因素就更为具体和细致,一般情况下,也可以从三个方面进行考虑:周围的可扩展性(包括停车场);租金以及交通是否方便;目标客户的数量及便利性等。例如,零售业必须考虑有足够的停车场和交通便利,而对租金并不是很敏感,但一些较小的劳动密集型企业通常对低租金更感兴趣。

随着科技的发展,传统的服务地点选择模式已经发生了变化。例如,购买火车票,不仅设置了更多的火车票代售点,而且增加了选购的方式,如网络购票、电话购票,而银行的很多简单服务也被 ATM 机和网上银行及手机快捷支付所取代。

二、服务业设施选址的评价方法

(一) 服务业设施选址的导向

服务业设施选址是收入导向,主要的假设是:对服务性行业,选址是收入的主要决定因素,高频率的顾客接触是关键;对于给定区域,成本相对稳定,收入函数是关键。收入方面主要考虑交易的数量/收入、区域的物理特性和成本的决定因素等;研究方法主要是:回归模型、因素评分法、跟踪法、交通流量分析、人口统计分析、购买力分析、重心法、地理信息系统和综合分析法等,如表 5-8 所示。

表 5-8 服务业设施选址因素

收入导向			研究方法
交易数量/收入	物理特性	成本的决定因素	
吸引区域 购买力 竞争情况 广告/定价	停车场/入口 安全/照明 外观/形象	租金 管理水平 经营方针(工作时间、工资率)	确定各种因素重要性的回归模型;因素评分法;跟踪法;交通流量分析;吸引区域的人口统计分析;区域的购买力分析;重心法;地理信息系统;综合分析法
假设			
选址是收入的主要决定因素; 高频率的顾客接触是关键; 对给定区域来讲,成本相对稳定,收入函数是关键			

(二) 选址决策的步骤

服务业设施选址的评估方法,以比较常见和重要的零售业为例进行阐述。零售界最古老的格言之一"位置,位置,还是位置"揭示了零售企业成败的关键因素。零售业选址决策包括以下4个步骤:

(1) 商圈分析。评价每个地理区域的居民及现有商店的特点,分析区域和区域概况。

(2) 商店位置类型选择。商店位置的基本类型有三种:孤立商店、无规划商业区和规划的购物中心。通常表现为在未规划的商业区内开孤立商店还是在购物中心内开新店,当然这需要考虑组织的战略目标。

(3) 寻找大体位置。初步确定零售店的大概位置。

(4) 选定具体位置。在选定的大概位置内精准确定地址。

在确定了零售店的大体位置后,要对每个大体区位以及包含其中的具体店址进行评价,如表5-9所示。归纳了评价商店区位/店址的要素清单。在选择商店地址时,零售商应根据所有标准逐个评价可供选择的位置(和具体店址),并对每一个选择做出全面评价。

表5-9 选择的评价要素及内容

评价要素	评价内容
客流	行人的数量和类型
车流	车辆数、车辆类型、交通拥挤程度
停车措施	停车场的数量和质量、停车场到商店的距离
交通条件	大规模公交系统的可获得性、靠近主要高速公路、便于送货
商店构成	商店数目和规模、商店之间的互补性、零售的均衡配置
具体店址	可见度、区域内的布局、建筑和商业场地的规模和形状,以及使用状况和年限等
占用地条件	自有或租用条款、营运和维护作用、税金、区域规划的限制
全面评价	给出每个位置的总评分、选出最佳位置、选址具体地址

企业在进行全面评价时,某个店址在某些方面可能有优势,而在另外一些方面可能存在劣势,那么企业就要综合考虑,要与企业的目标相一致。

【案例5-2】

肯德基在北京南站3公里内开了7家店

餐厅选址最常说的就是找到"一流商圈、三流位置"和"3公里概念",但商圈不是以"公里数"来定义,而是用"顾客行动轨迹"来划分。以北京南站商业圈为例,肯德基有7家。实地考察发现,北京南站有多个进出站口和地铁的出入站口,肯德基7家之间的远近是按照人流走向来划分,每家店都有属于自己的餐厅商圈。

北京两家7-11便利店的对比

商业圈并不等于餐厅商圈。"餐厅商圈"是为餐厅贡献了75%的营业额或顾客的地理范围。老板们之前强调的"商圈"实际上是"商业圈",商业圈是因天然或人为因素促使人们相对集中于某一区域内工作、生活、消费而形成的地理范围。但要注意的是,餐厅的商圈大小是随时会变化的。当该城市的同品牌餐厅的密度逐渐增加时,商圈将变小;当销售推动/竞争对手变化时,商圈会变化;当经济好转,人们的可支配收入和私车拥有量增加,商圈一定要建立在"主流顾客"的基础上。

全球连锁的便利店7-11在北京红桥市场的营业额并不是很理想,虽然红桥市场的客流量大,但主要人群还是游客,没人是奔着7-11来。而在这,一碗老北京炸酱面更受欢迎。同时位于望京一个工作区的一家 7-11 却是生意红火。虽然四周有很多地方还处于建设中,并不是成熟的商圈,但这里的主流人群和 7-11 消费人群正好对应"白领、高管、外企人员"。而且 7-11 的门店位置就在车库和主路的交汇口,无论是下地铁的,还是开车的,这都是必经之路。选址就是选顾客,这句话是毋庸置疑的。所以选址一定要建立在餐厅"主流顾客"的基础上。

(三) 重心法

重心法是确定物流中心位置的一种方法,如销售中心、中间仓库、超市的配送中心或中转仓库等,用以追求物流成本最低。将分销成本看作运输距离和运输数量的函数,求得使得分销成本最小的位置。

重心法假设前提是在同一种运输方式下,运输数量不变,运输单价相同。基本思路:建立坐标系,并标出各个相关地点的位置,最后利用公式:

$$X_0 = \sum_{i=1}^{n} Q_i X_i \bigg/ \sum_{i=1}^{n} Q_i \qquad Y_0 = \sum_{i=1}^{n} Q_i Y_i \bigg/ \sum_{i=1}^{n} Q_i$$

式中,Q_i——第 i 种材料的年运输量;

X_i, Y_i——距中心城市坐标;

n——材料供应地(或产品销售地)数。

(X_0, Y_0) 即为计算出来的重心,也就是新设施的坐标,如图 5-8 所示。

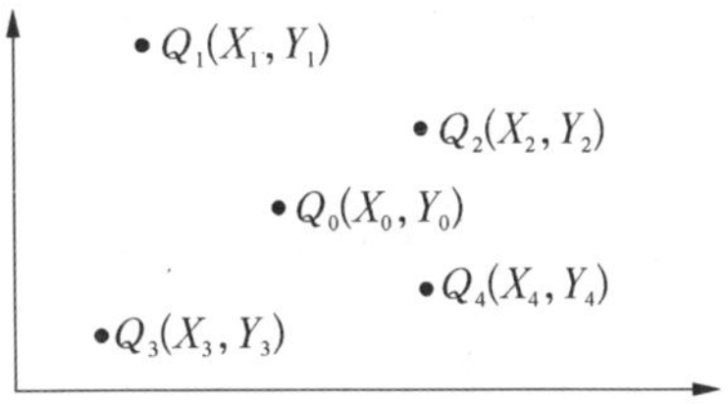

图 5-8 重心法图示

【例 5-4】 需建一个工厂,各种原材料供应地距中心城市距离和每年运输量如表 5-10 所示,试根据材料运输量和里程,确定合适的厂址(假设吨公里运输费相等)。

表 5-10 重心法实例的相关数据

材料产地及坐标	A (X_1, Y_1)	B (X_2, Y_2)	C (X_3, Y_3)	D (X_4, Y_4)
距中心城市坐标	(90,500)	(350,400)	(100,120)	(350,200)
年运输量	1 800	1 000	800	2 400

解: $X_0 = \dfrac{90 \times 1\,800 + 350 \times 1\,000 + 100 \times 800 + 350 \times 2\,400}{1\,800 + 1\,000 + 800 + 2\,400} = 238.7$(公里)

$Y_0 = \dfrac{500 \times 1\,800 + 400 \times 1\,000 + 120 \times 800 + 200 \times 2\,400}{1\,800 + 1\,000 + 800 + 2\,400} = 312.7$(公里)

选距中心城市:X 方向 238.7 公里,Y 方向 312.7 公里的地址。

(四) 其他方法

① 回归模型法,利用统计回归模型确定各个选址的关键影响因素;② 跟随法,在服务设施选址时,如肯德基与中国的大娘水饺;③ 综合分析法,即综合应用多种方法,如在为实际的大型公司服务设施选址时,经常需要同时运用以上多种方法,如肯德基的选址。在店址评估标准和一些成功案例基础上,许多连锁经营店址评估的标准化管理工具已经开发出来,主

要由租赁条件表、商圈及竞争条件表、现场情况表、综合评估表等表格组成。另外，一些小型服务企业的选址主要采用综合评价法，综合考虑能吸引和留住的人才以及网络发达程度，如网店的后台选址等；人口统计法，如速递公司的选址；区域特征法，如货运物流公司聚集点等。

目前，由于网络和技术的发展，服务办公室地点的选择不再拘泥于某一固定地点，可以选择在全球的任何地点进行办公，并且配有相应的全套设施。这种虚拟选址平台，即"服务办公室，虚拟办公"，起源于欧美，近期流行于我国上海、北京、广州等大中城市，适合于创业初期的中小企业及个人和驻外办事处及分支机构，服务的基本模式主要是提供以小型办公室和办公位出租为核心的服务包，具体包括：商业地址、会客室，经理室，办公桌椅、文件柜、代收信件、传真、代接电话、电话转接、饮用水、员工休息区、客户接待、行政服务等，并且根据实际需要提供各类衍生适用的增值服务包和有经验的创业咨询专家等。

服务办公室的发展优势主要体现在以下几点：节省资金，降低成本；节省时间，提高效率；不会放过每一个商业机会；马上拥有高素质的团队及良好的公司形象和有助于业务的高速拓展。

三、服务设施的布置

（一）仓库布置

仓库布置是指对承担仓储作业流程的各个部分在仓库中的相对位置、物品存放方式及各种设备所做的设计和安排，从而缩短存取货物的时间、降低仓储管理成本、提高仓库利用率。同时，有效的仓库布置也要使物料在仓库内的损毁费用最低。现代仓库已经大多开始使用自动化仓库系统（ASRS）管理。

在仓库布置中，需要遵循的准则是尽可能：采用单层，这样不仅造价低，而且资产的平均利用率高；货物在出入库时直线或直接流动，以避免逆向操作和低效运作；在物料搬运设备大小、类型、转弯半径的限制下，减少过道所占空间；利用仓库高度；将吞吐量大的货物存放在最容易存取的地方；将体积大的货物安置在距离运输区域较近的位置，以减少搬运时间；仓库内物质的存储区域按照存储货物的周转速度和产品大小来设计。

仓库布置的一个主要因素是如何处理收货/卸货和发货/装货之间的关系，这与货品的类型、运输工具等有很大关系。近年来，为了从源头上节约货物存储的非增值成本，出现了接驳运输和随机存储等多种形式，使仓库的布置有很大的改进。接驳运输是指当物料运到仓库时，直接进行装运换载，避免了收货、库存和订单分拣等活动。沃尔玛是这一技术的早期倡导者。这一技术能够降低分销成本、加快存货周转和改善顾客服务，据粗略估计，沃尔玛与竞争对手相比：直接供货量占配送中心库存分别为85%和50%~65%；平均补货周期分别为2天和至少5天；运输成本占总成本分别为3%和5%等。随机存储是在自动识别系统（AIS）和有效的管理信息系统相结合的条件下，采用条形码形式，人工操作员或自动化仓库系统以随机的形式对位于仓库中任意位置的货物进行装运。准确的存货数量和位置信息意味着整个工厂都可以得到利用，既增加了设备利用率，又降低了人工成本等。仓库平面图如图5-9所示。

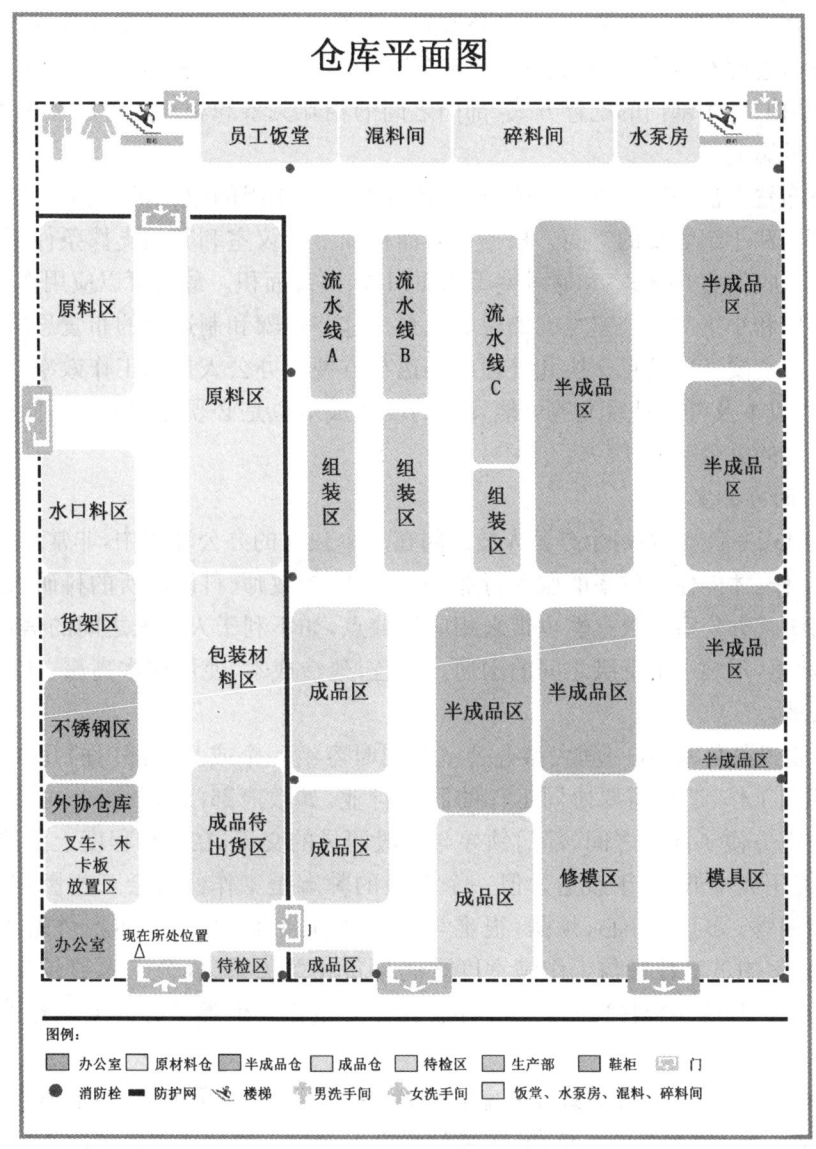

图 5-9 仓库平面图

(二) 办公室布置

企业管理部门的办公室布置中,主要的考虑因素通常不是要搬动的文件,而是涉及信息交换和处理的便利性。某些部门或小组的办公室必须临近设置,主要是因为必须经常性的面对面交谈、使用同一个硬件或交换原件等。但中央数据库、电子邮件、传真机,电子数据交换等信息技术的规范采用,大大减少了一些工作布置必须靠近的必要性。但绝大部分情况下,办公室员工的工作是在办公室中进行的,因而必须提供一个较好的办公室布置方案。

办公室布置中,有一些布置原则与生产制造系统对比,有相同之处,如按照工作流程和能力平衡要求划分工作中心和个人工作站,使办公室布置保持一定的柔性,以便于未来的调整与发展等;也有许多根本不同之处,如生产制造系统加工处理的对象是有形物品,而办公室则是信息以及组织内外的来访者;办公室的工作效率往往取决于人的工作速度,而生产制造系统与设备速度有相当大的关系;办公室布置中,同一类工作任务可选用的办公室布置有多种;组织结构、各个部门的配置方式、部门之间的相互关系和相对位置的要求对办公室布置有更重要的影响。

办公室布置方法一般有以下步骤:首先根据部门和小组的业务量,预测员工人数,进而确定每个部门和小组需要的空间。根据办公面积加上会议室和其他支撑条件所需面积,如休息室、食堂、收发室、维修室和储藏室等的面积,求出总面积。最后可以应用作业相关图法确定每个部门和小组的办公室之间的位置关系。这些步骤和制造业的布置思路是相同的,但办公室布置主要考虑信息交换和处理的迅速与方便及办公人员的工作效率,办公室的建造成本、使用成本及考虑日后发展可能发生的改造成本也是必须考虑的。不同的服务业特性有与之适应的办公室形式。

1. 传统的办公室

(1) 封闭式办公室:将每个办公人员封闭在一个独立的办公环境中,非常适合需要环境安静、独立工作,才能保证效率的服务行业,如高等院校教师、科研院所的科研人员、出版社编辑等。封闭式办公室的独立性也带来相应的缺点,如不利于人与人之间的信息交流和传递,产生疏远感,不利于上下级之间的沟通。而且,建造成本、使用成本高昂,建成后几乎没有改造的余地。

(2) 开放式办公室:在一间大型办公室内同时容纳一个或几个部门的几人、十几人甚至上百人共同工作,适合需要协同工作的服务行业,如政府部门、银行、公司管理部门等。开放式办公室方便了同事之间、部门领导与一般职员的交流,在某种程度上消除了等级隔阂;建造和使用成本低,易于改造。但一个明显的弊端是工作经常会互相影响,可能带来职员之间的闲聊,员工易分心,烦躁,很难与同事畅所欲言。瑞典卡尔斯塔德大学研究显示,共享办公室的员工数量与工作满意度之间呈负相关关系(办公室人数越多,幸福感越低),小型(3~9人)和中型(10~20人)开放式办公室比其他类型办公室工作的员工工作效率低。

(3) 模块式布置:针对开放式办公室的缺点,后发展起来中间有矮区隔的模块组合办公室,既有开放式办公室布置的优点,又在某种程度上避免了开放式布置情况下的相互干扰、闲聊等弊端,比较能保证工作效率,有很大柔性,可随时根据情况变化重新调整布置,办公室的建造和改造成本较低。模块式布置很适合既强调沟通又希望有自己的独立工作环境,能很好把握竞争和协作之间关系的现代"白领"工作人员。

现代化的办公室已经变得更加灵活,采用"开放设计"的概念对大开间的办公室进行模块分隔。这种分隔与一般的采用建筑材料的永久分隔相比,既经济又灵活。要注意的是,采用开放设计概念时,分隔材料必须有良好的吸音性能,以保证办公室保持合适的噪声水平。

实际上,在很多组织中,封闭式布置和开放式布置是结合使用的,如活动中心,包括会议室、讨论间、电脑、电视、电话、打字复印、资料室等进行一项完整工作所需的各种设备,甚至舒适的沙发、咖啡、茶、小点心等便于交流和放松的场所,既便于员工根据工作需求交流讨论,每人又仍保留有一个小小的传统式个人办公室便于独立思考。

2. 协作式办公空间

在智能手机、平板电脑和无线网络极大普及的当下,人们对办公室更是有了新的要求。不少人正在抗拒千篇一律而且过分讲究统一标准的办公室工作。他们希望工作时获得灵感,追求创意,并可运用以人为本的技术设备,方便他们顺利完成工作,而不是加重负担。

Steelcase 率先提出"游牧办公"(Nomadic Work)概念:"你可以在任何地方办公,没有固定工位,这是笔记本电脑和手机等智能设备普及带来的。例如,Steelcase 的客户之一德勤,只有很少的人在总部工作,很多员工都是在客户的公司工作,经常 90% 的工位是空置的,因此,把原本一个能容纳 1 000 人的空间,去掉固定工位,营造出一个容纳 300 人的可流动空间,不仅解决了系统层面问题,也给整天在客户公司工作的员工营造了归属感,帮助企业更好地开心地留住员工。"

与数字化移动办公趋势并行的,是商业环境日趋复杂、竞争压力日益增加的当下,管理方式也在发生变化。以前的管理学是控制加上信息发布塔,现在的企业越来越多是开放式的,强调创新和团队协作,赋予人工控制权和选择权会显得更重要。很大程度上来说,人们对自由、灵活、开放、有趣的办公环境的向往直接导致了全球范围内联合办公空间的兴起。对于办公空间,既需要功能性的,也需要舒适性的,提供不同的体验。尽管联合办公空间最初在人们的印象中是自由工作者和创业公司的聚集地,但越来越多的大公司开始入驻联合办公空间。例如,WeWork 从 2010 年成立到现在在全球范围内的 14 个国家、44 座城市中已有 135 处空间,如今约 22% 的会员为人数超过 500 人的公司。世界 500 强企业中有超过 50 家已经入驻了 WeWork,其中不乏像微软、IBM、戴尔、通用电气这样的商业巨头。这一现象在 2016 年尤为明显。许多大公司来到 WeWork,为的是三件事——办公空间、文化和业务增长。"显然能让员工们舒舒服服地待很久的办公空间是一项,一种在原来的办公室里无法提供的特殊办公体验的文化,以及与所有会员合作交流,获得业务增长的机会。"近年来越来越多的企业开始着手打造全新的属于自己的办公场所,如苹果等领导型企业建造的Campus,主要为了更好地塑造企业文化,帮助进行调节员工行为,创造适合企业内在的流程。

现在领导型企业的领导者已经开始把办公环境认为是企业战略的一部分,是对员工、企业形象、工作流程、企业战略的支撑……但因企业类型和性质不同,每种办公室布置都有各自适合的企业,应该采用的形态与"面临的变化、人和人们想要什么"有关。

【案例 5-3】

协作式办公空间 这会是办公室的终极形式吗?

乐高于 2017 年 3 月 28 日宣布正式启用位于上海环贸广场二期的办公总部,包括乐高中国总经理兼高级副总裁 Jacob Kragh 在内的 200 多名员工都不再拥有固定工位,每天到办公室后,自由挑选适合的座位。这种被称为"New Way of Working"的工作方式最早在 2014 年于乐高伦敦总部办公室推出,之后在新加坡总部实施,如今又推广到上海总部。"据观察,这种方式能有效促进员工的合作和沟通,所以在上海办公室搬迁新址时,引入了协作式办公空间。"Kragh 在接受《好奇心日报》专访时表示。

乐高的上海新办公室内景

(图片来源:乐高中国)

采用"全员无固定工位"制度的大公司还有德勤,据报道,德勤于 2015 年启用的阿姆斯特丹办公楼"The Edge"除了环保智能外,还以"办公桌轮用制"(Hot Desking)的贯彻而闻名。为了鼓励员工更多地与同事交流以及更高效地使用办公空间,2 500 名德勤员工分享约 1 000 张桌子,使用储物柜来收纳个人用品。

(三) 零售布置

零售商店布置是指店内所有的设施、物品和人员等的空间布局,目标是争取利润最大化。布局的基于思想是:销售量随展示给顾客的商品量而变化。展示率越高,销售和投资回报率越高。所以设计顾客的行走路线及商品分组是关键。因此,在沃尔玛要穿过长长的不经常买的杂货用品区域才能到达经常买的食品区;扶手电梯每层要绕一圈才能再上一层;超市里经常购买的物品总是在角落里,这就是顾客的行走路线设计,让顾客留下并待更长的时间,看到更多的商品以激发购买欲望。也因此不断更新时尚装修,配套停车场,舒适甚至豪华贴心的卫生间和休息场所,孩子们的托管游戏地,众多的餐饮选择,都成为很多购物中心的标配,甚至强大的餐饮成为主导,在娱乐和享用美食后顺带购物。

【案例 5-4】

关于排队的内幕

(1) 星巴克横着排:这是星巴克强大的社交基因所决定的。从技术上看面对吧台左侧横着排队,右边取咖啡,顾客之间会产生交流,最重要的是优化购物体验:缓解焦虑感、仪式化观感和避免制造拥挤感。送餐口有一排座位,是为了鼓励顾客和吧员交流而设置的,也有人称这是"家属区"。

(2) 麦当劳竖着排:作为快餐业的鼻祖,力图营造更热闹、快节奏的氛围。竖着排队一方面会让顾客产生焦虑感,点餐速度非常快。麦当劳店面往往在门口就贴出当日推荐的套餐组合,并把主推产品贴在室内(现在更有屏幕点单加快点餐效率)!同时,减少服务员和工作人员移动,基本大家回个头就能把炸鸡汉堡装在你的餐盘里。最远就是去做个甜筒,距离仅几步。

曲线回旋排队法

(3)迪士尼弯的排队:去过迪士尼,就知道排队的痛!迪士尼每个项目平均排队50分钟,遇上周末加晴天,3~5个小时也是有的。这等人流量迪士尼肯定是预测过的,所以排队设计是弯的:转个弯以为下一个就是你,实际上,可能还要再转180个弯!去过一次后,设计者的小心思就暴露无遗了!就是想让顾客甘心排队,总是喜出望外下一个就是我,下个转角遇到爱!

(4)宜家的动线设计:"人多不排队、排队不受罪",从宜家的动线图来看,就会发现宜家内部顾客流动线规划非常科学,几乎令消费者无法错过任何一个角落。当你真正踏入宜家门口,你就会被"导线"默默地引导着走完所有角落,当然也买了更多东西。更重要的是,合理的动线分散了人流、延长了购物时间,会让出口等着买单的队列不至于特别地长。

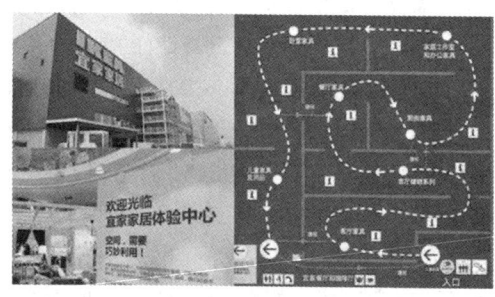

(资料来源:http://down.winshang.com/ghshow - 2546 - 3.html.)

复习思考题

1. 结合国内外的地理环境,试对设施布置的各种方法的适用范围进行讨论。
2. 零售商业企业的商品、货架等设施如何布置才能带来更多的销售收入?

案例分析

7-11连锁店:布局很精细

在日本,无处不在的7-11几乎已经成为人们生活中不可或缺的一部分。事实上,7-11单个店面的营业面积较小,商品陈列有限,而且价格并不便宜,为什么还有那么多人趋之若鹜呢?

开店布局——便民:为了创造一种良好的消费感受,出于便捷考虑,7-11只选择在消费者日常生活行动范围内开设店铺,如距离生活区较近的地方、上班或上学的途中、停车场、办公室或学校附近等。另外,为充分了解当地的消费心理和习惯,7-11在开店前都要进行消费者实态调查,了解7-11形象的市场定位,发掘对便利商店功能及服务的扩张。为日后采取针对性的营销策略和手段提供有效依据。

店面布局——精细:店面布局是最直观、最能展现形象的一面。7-11店内地方虽小,却不显拥挤、杂乱,购物感觉轻松和舒适。这归功于7-11对有限空间的精雕细琢:出入口设计一般在店铺门面左侧,宽度为3~6米,根据行人一般靠右走的潜意识习惯,在出入口处不会产生堵塞;装潢效果最有效地突出商品特色,使用最多的是反光性、衬托性强的纯白色,给人感觉整洁、干净;店内通道直而长,并利用商品陈列,使顾客不易产生疲劳厌烦感,不知不觉地延长在店内的逗留时间;在商品的陈列上使消费者马上就能看清楚商品外貌;经常变换店内布置,以不断制造视觉上的刺激。7-11的直观、整洁、宽松、新鲜的店内环境,在不断冲击消费者眼球的同时,也在日积月累中形成了美好的品牌感受。

商品布局——激发冲动:为激起消费者购物欲,7-11利用POS机收集购买信息,还曾推出以"你有Say"为主题的活动,通过各种渠道,全面了解顾客需要,从而推出更多创新的增值服务。不仅仅提供有形商品,更是一个社区服务中心。在24小时零售服务的基础上,发展出许多便捷服务,如"宅急便"(送货上门)、冲洗相片、代收电话费、代办旅游事务、代售邮票、音乐会票、飞机票、滑雪索道券和温泉券等。现在日本7-11又增加了网上购物、搬家公司预约、旅馆、飞机票、报纸和大学考试资料查询预订,以及音乐节目和明星照片下载等服务,在店内设置ATM机,基本上365天24小时随时可以使用。总之,人们生活中常用的商品和服务,在7-11便利店基本上都可以得到满足,实际上已经具备一个社区服务中心的功能。

服务布局——真诚:7-11一直坚持"商品和服务走在消费欲望的前头,让顾客感受超乎预期的满意"。在购物空间和品种齐全方面,无法与百货商店、超级市场相比,所以必须扬长避短,在服务方面对消费者体贴入微,让他们倍感亲切和舒适。在7-11购物不仅可以便捷地买到所需商品,购物过程也纯粹是一种享受。7-11的问候语、问候方式、问候时的情绪等,连临时员工、勤工俭学的学生都必须接受指导,确实做好面带笑容,真心诚意地招呼,必须真正让顾客体会到温暖热情。7-11现在已经统一了门店背景音乐,形成了7-11独特的CIS的一个有机组成部分,门店只需定时通过网络与总部系统联机,总机就能够将问候语、促销活动录制在更新的背景音乐信息、背景音乐中,给顾客更为直接和便捷的服务。

传播布局——潜移默化:除了内外环境、商品和服务的用心布局外,7-11利用各种手段把自身"传递新鲜生活"的形象传播出去,在消费者心中潜移默化、落地生根。7-11始终围绕"便利、服务"这一主题进行宣传,并且坚持不懈地保持和发展了这个主题概念,实现了品牌形象、内在素质与营销传播的高度统一,并理解和满足了消费者需要。在追求细节的完美上把这一主题演绎得活灵活现、真实生动,从而使品牌在目标消费者心目中,相对于竞争对手而言,占据更加清晰和理想的位置。为随时创造新鲜话题,7-11经常规划同一主题、不同类别的各式商品。7-11采用"主题式行销"手法,整合了近30种不同类别的商品,从鲜食、旅游、预购宅配等到一般商品。

通过选址、店面布置、商品组织、服务、传播等一系列信息关键点的布局和掌控,7-11用积木式的手法成功地"俘获"了消费者,并建立起一个叱咤风云、有口皆碑的连锁品牌帝国。

(资料来源:http://down.winshang.com/ghshow-1318.html.)

【思考题】

试从7-11的布局分析它成功的关键点。

第六章 工作系统设计

 学习目标

1. 理解工作设计的相关原理；
2. 掌握工作设计的内容和方法；
3. 掌握作业测量的常用方法；
4. 分析工作环境设计时应注意的问题。

 开篇案例

沃尔沃汽车公司的团队工作方式

作为沃尔沃公司重要的生产基地，危地马拉厂一直深受世界汽车工业界的注目。该厂的每部汽车都是由8~10人的工作小组从头到尾单独完成，完全不同于传统装配线的流水作业方式。

沃尔沃公司采用的工作方式，可以使工人在工作时兴趣盎然，同时使管理方式和工作环境更加人性化。在危地马拉厂的每个工作站都有一套独特的设备，将车体放在一个可回转的圆轴上，使汽车底部能够倾斜，一个原本空无所有的汽车底盘，随着燃料系统、电气系统等各种配件一齐到来，工作人员可以亲眼看到所有装配完成，一部完整汽车的产生过程。

每8~10人的小组一旦成立，就成为一个自我管理式团队，可以自己制订暂停和休假计划，当团队中有成员缺席时，可以组内重新分配工作。在这样的自主管理模式和责任制度下，团队人员彼此间有很强的凝聚力和休戚与共的团结感。为使员工具备多方面的能力，沃尔沃公司专门设计了一个称为"全力以赴"的培训计划，使每个小组成员不但成为具备装配整部汽车生产技术的作业人员，还掌握生产计划、质量控制、库存管理等工作。公司认为，使员工从工作中得到更大的参与感、喜悦感和成就感，是公司经营成果必不可少的因素。

（资料来源：理查德·B.蔡斯.生产运作管理.北京：机械工业出版社.）

制定正确的运营战略、选择合适的产品和作业技术并进行周密计划，对维持和提高企业的竞争优势是至关重要的。但一个作业系统运行的好坏，归根到底取决于控制、操作该系统的人，取决于员工对工作的热情和工作方法。泰罗曾说：高工资和低劳动成本相结合是可能的，这种可能性主要在于一流的工人在有利的环境下所做的工作量和普通水准工人所做工作量之间的巨大差距。如何造成就"一流的工人"及为工人提供一个理想的工作场所成为包

括制造业和服务业在内的各类企业关注的焦点,越来越多的企业从工作设计入手,运用工作研究的原理和方法,寻求更好的作业组织、作业程序和作业方法,以求不断提高生产效率,获得竞争优势。

第一节 工作设计

一、工作设计概述

(一) 定义

工作是指一名员工承担的一组任务或活动的总称。工作设计则是确定具体的任务和责任、工作环境以及完成任务以实现运营管理目标的方法。也就是说,工作设计是一个根据组织及员工个人需要,规定某个岗位任务、责任、权力及在组织中工作关系过程。

工作设计的目标有两个:一是体现在生产效果方面,完成规定的生产率和质量要求,二是保障工作安全、激励员工并提高工作满意度。良好的工作设计可以实现组织生产率和质量的提升、成本降低、生产周期缩短的目标,同时,使员工在工作中疲劳感下降,心情愉快,感到满足,因而促进企业总目标的达成。

(二) 工作设计的内容

工作设计的内容包括:明确生产任务的作业过程;通过分工确定工件内容;明确每个操作者的工作责任;以组织形式规定分工后的协调,保证有效的工作设计会为企业带来竞争对手难以复制的核心竞争优势。这些内容是在产品结构、技术、设备和流程及设施布置等的约束下,努力寻求个人和团队绩效的不断提高,符合企业运营战略和加强竞争优势的决策。具体内容总结如图 6-1 所示。

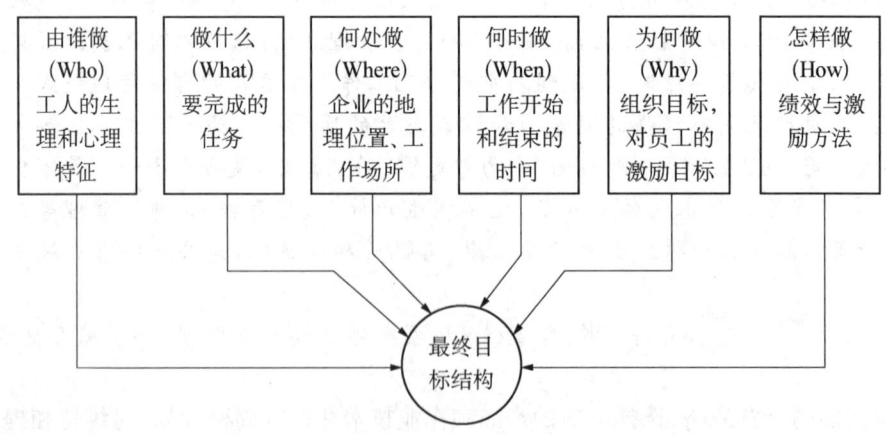

图 6-1 工作设计决策内容

由图 6-1 的 5W1H 可知,企业的工作设计决策与人力资源决策(Who)、产品决策(What)、选址决策(Where)、时间安排(When)、竞争战略(Why)、流程决策和设施布置

(How)等方面的运营规划和设计紧密相连。具体这些决策受到以下因素的影响:员工工作组成部分的质量控制、适应多种工作技能要求的交叉培训、工作设计与组织的员工参与及团队工作方式、自动化程度、对所有员工提供有意义的工作和对出色员工奖励的组织承诺和远程通信网络及计算机系统的使用等。以上 6 个因素主要是通过能力、素质和工作质量等改变企业效率。

二、工作设计方法发展历程

工作设计由于企业战略、员工素质、心理因素、工作环境和社会进步等方面的影响,为获得竞争优势,从 1900 年直至现在,主流的设计方法,经历了从劳动分工到团队作业和柔性作业这一发展历程。具体如图 6-2 所示。

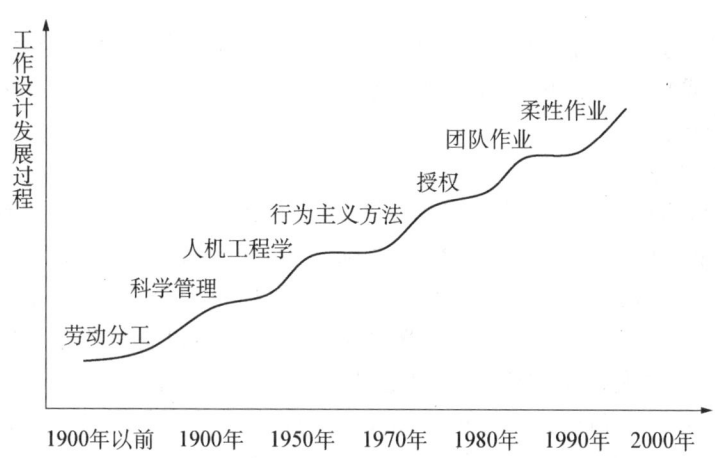

图 6-2　工作设计方法发展史

(一)劳动分工

劳动分工是指人们对社会经济活动的划分和独立化、专门化。具体地说,分工是人们在经济活动过程中技术上的联合方式,属于生产力范畴。劳动分工的观点首次出现于亚当·斯密 1776 年 3 月出版的《国富论》,并在书中系统全面地阐述了劳动分工对提高劳动生产率和增进国民财富的巨大作用。而在企业方面则更有利于提高工人的学习速度、灵巧性和工作效率。20 世纪初,亨利·福特运用劳动分工的观念把生产一辆车分成了 8 772 个工时。由此,分工论成为统治企业管理的主要模式。

企业内部的劳动分工一般有以下几种形式:

(1) 职能分工。企业全体员工按所执行的职能分工,一般分为工人、学徒、工程技术人员、管理人员、服务人员及其他人员。这是劳动组织中最基本的分工,它是研究企业人员结构,合理配备各类人员的基础。

(2) 专业分工。它是职能分工下根据企业各类人员的工作性质的特点,第二个层次的专业或工种分工。

(3) 技术分工。它是指每一专业和工种内部,按业务能力和技术水平高低进行的分工。这种分工有利于发挥员工的技术业务专长,鼓励员工不断提高自己的技术水平。

(二)科学管理

科学管理产生于20世纪初,是美国F.W.泰勒为代表的管理阶段、管理理论和制度的统称。泰罗把科学管理概括为:科学,而不是单凭经验办事;和谐,而不是合作;合作,而不是个人主义;以最大限度的产出取代有限的产出,每人都发挥最大的工作效率,获得最大的成功,就是提倡用高效率、低成本的生产方式加强劳动力成本控制。工作设计主要是通过时间和动作研究及工作分析来达到这一目标。

科学管理的基本原则包括:① 对人的劳动的每种要素规定一种科学的方法;用以代替陈旧的凭经验管理的方法。② 科学挑选工人,然后进行训练、教育,发展他们的技能。③ 与工人合作,保证所有工作都能按已发展起来的科学原则来进行。④ 在管理者和工人之间,工作的分配和责任的分担几乎是均等的,管理者当局把自己比工人更胜任的各种工作都承揽下来。

劳动分工和科学管理两阶段都是以劳动专业化或工作专业化为主,实践中最为典型的就是生产流水线或装配线,成就了当时的大规模生产方式,加强了多个企业的低成本竞争优势和快速成长,如汽车业。

(三)人机工程学

人机工程学起源于欧洲,形成和发展于美国。主要研究人在生产或操作过程中合理、适度劳动的规律问题。人机工程学在美国称为"Human Engineering"(人类工程学)或"Human Factor Engineering"(人类因素工程学),日本称为"人间工学"。在我国,所用名称也各不相同,有"人类工程学""人体工程学""工效学""机器设备利用学"和"人机工程学"等,大部分人称其为"人机工程学",确切定义是把人—机—环境系统作为研究的基本对象,运用生理学、心理学和相关学科知识,根据人与机器的条件和特点,合理分配人和机器承担的操作职能,并使之相互适应,从而创造出舒适和安全的工作环境,使工效达到最优的科学,这主要是为了突破人的局限性而进行的工作研究。例如,人对机器的操作,机器通过声、光、电等对人的信息反馈以及外部环境如温度、照明、湿度、空气质量、噪声等对人和机器设备的影响。

(四)行为主义方法

行动主义工作设计方法最早是由德国学者系统提出的(Hacker, Skell & Straub 1968; Volpert, 1975),20世纪90年代在英语国家得到完善与补充。行动理论设计有两个要点:一方面,行动过程是从目标、计划、执行到反馈来推进;另一方面,行动是由知觉调控的,主要有:传感动力水平(很大程度是无意识的过程);灵活行动类型水平(即已经做好的行动项目);聪慧水平(有意识的问题解决);启发式水平(即自我认知水平)。在实践中,强调"完整的行动",即完成行动过程的所有步骤。

(五)授权

授权是组织运作的关键,以人为对象,将完成工作所必需的权力授给部属人员,即主管将用人、用钱、做事、交涉、协调等决策权移和完成工作的必要责任转给部属。组织中的不同层级有不同职权,权限则会在不同层级间流动,因而产生授权问题。授权是管理者的重要任务之一,是当今非常流行的一种工作丰富化的方式。有效授权是一项重要的管理技巧。授权得当将惠及所有参与者。

授权具有四个特征:首先,本质是上级对下级的决策权力下放过程,也是职责的再分配过程。其次,要确保授权者与被授权者之间信息和知识共享的畅通,确保职权的对等和被授权者得到必要的培训。第三,授权是一种文化。第四,授权是动态变化的。

(六) 团队作业

团队作业是指由数人组成一个项目小组,共同完成一项工作的作业方式。团队作业的最大优点是相互协助、尊重人、信任人,鼓励更多的人参与到工作中来,出谋划策,自主管理。20世纪90年代以后,组织工作的复杂化、工作负荷与风险的提高,使得团队在组织中扮演着越来越重要的角色。可以说,团队是作业变革的产物,在很大程度上,团队成员的工作活动和良好互动是由团队作业本身决定的。由此,越来越多的研究者,特别是团队研究者,开始关注团队作业设计。

团队作业不仅可以吸引更多员工关心、理解、支持某项工作,更能充分发挥每一个参与者的特长及能力;而且可以使员工相互了解各个岗位的工作内容,培养员工一专多能;同时还可培养员工团队合作的习惯,增强团队合作意识。

(七) 柔性作业

柔性作业是指主要依靠有高度柔性的以计算机数控机床为主的制造设备来实现多品种、小批量的生产方式。柔性作业概念最早为英国的 Molins 公司在 1965 年提出,是为适应需求多变和竞争激烈而产生的市场导向型的按需生产的先进生产方式。柔性作业的优点是增强制造企业的灵活性和应变能力,缩短产品生产周期,提高设备利用率和员工劳动生产率,改善产品质量。因此,柔性作业是一种具有旺盛需求和强大生命力的生产模式。

三、工作设计的理论基础

(一) 工作设计中的社会技术理论

工作设计中的社会技术理论是由特瑞斯特及其研究小组首先提出的。该理论认为,在工作设计中应该把技术因素与人的行为、心理因素结合起来考虑。任何一个运营系统都包括两个子系统:技术子系统和社会子系统。如果只强调其中的一个而忽略另一个,就有可能导致整个系统效率低下,因此应该把组织看作一个包括人和设备、物料等的社会技术系统。生产设备、生产工艺及物流组织与控制方法反映了这个系统的技术性,而人是一种特殊的、具有灵性的投入要素,因此这个系统还应该具有社会性。人与物质因素结合的好坏决定着系统的经济效益和员工满意度。因此,在工作设计中,着眼点与其说放在个人工作任务的完成方式上,不如说应该放在整个系统的工作方式上。也就是说,工作小组应该比个人工作方式更重要,最佳的社会技术设计应该在交叉部分,如图 6-3 所示。

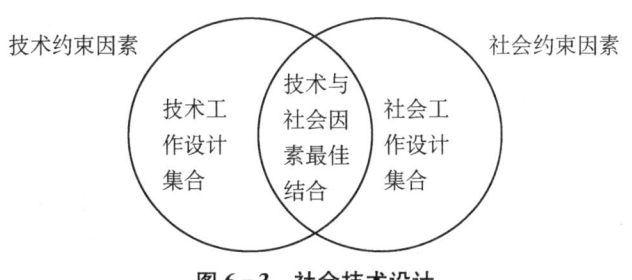

图 6-3 社会技术设计

社会技术设计理论的价值在于它同时强调技术因素与社会变化对工作设计的影响，这与早期工业工程过度强调技术性因素对生产效率的影响有很大不同。早期的工业工程师将工人看作机器的一部分，而社会技术设计理论除了考虑技术要素影响外，还将人的行为因素考虑进来，如把工人调动工作、缺勤、厌倦等与技术选择联系起来。如果把运营管理组织方式、新技术选择应用和工作设计联系起来考虑，还应该看到，随着新技术革命和信息时代的到来，以柔性自动化为主的生产模式正在成为主流。但这种模式如果没有工作设计思想和方法上的深刻变革，是不可能取得成功的。为此，需要从系统角度，将技术、生产组织和人的工作方式三者相结合，强调在工作设计中注重促进人的个性发展、激发人的积极性和劳动效率。

（二）工作设计中的行为理论

行为理论的主要内容之一是研究人的工作动机，尤其是心理因素的影响，这是梅奥的霍桑实验首次将心理因素引入工作研究中，对工作设计有直接的参考作用。人的工作动机有经济需要、社会需要及特殊的个人需要等多种（感觉到自己的重要性，实现自我价值等），对人的工作方式和工作结果有很大影响，因此，在工作设计中必须考虑到人的精神因素。

1. 工作专业化

工作专业化是指一个人工作任务范围的宽窄，所需技能的多少。工作专业化程度越高，所包含的工作任务范围就越窄，重复性就越强，相应的所需工作技能越少，要求越低；反过来，工作专业化程度越低，意味着工作任务的范围越宽，变化越多，从而也需要有多种技能来完成这些工作。因此，工作专业化程度高的优点和缺点，在管理方面和工人方面的主要表现，如表 6-1 所示。

表 6-1 工作专业化的缺点和优点

	管理方面	工人方面
优点	1. 员工培训简单，易于招到新员工 2. 工作效率较高，工作过程容易控制 3. 员工容易替代，工资较低	1. 对产品所承担的责任太少 2. 不需要接受太多教育 3. 比较容易学会干一项工作
缺点	1. 质量控制较难，责任不易分清 2. 生产线的柔性有限 3. 员工不满导致潜在成本消耗	1. 工作单调，易疲劳、厌烦；难以产生满足感 2. 学习机会少，水平不易有提高 3. 对生产的控制权少，限制创造性

由表 6-1 可见，高工作专业化程度既可能提高效率，也可能降低效率。因此，工作专业化程度的高低需要视具体情况具体分析，不应一概而论。以产品对象专业化为生产组织方式的企业，高度工作专业化可能会取得良好效果；而对于多品种小批量生产组织方式的企业，工作专业化程度低才能具有较强的适应性。

2. 单调感缓解设计

从管理者的角度深入分析，工作专业化最主要的局限性是只倾向于利用员工的手工技能，而不能充分发挥他们的才能，尤其是知识技能。为使员工得到更好的精神激励和物质激励，提高工作兴趣和工作设计的柔性、克服工作专业化的缺点，强化企业的快速响应优势，工作扩大化、工作丰富化和工作轮换三种方法被引入企业的工作设计。

（1）工作扩大化是指使员工的工作横向扩大,在现有工作基础上增加一些技能相似的任务,完成一项完整工作(生产一个产品或提供一项服务)的大部分程序,需要员工有较多的技能和技艺,从而提高员工钻研业务和工作的积极性。进一步,如果顾客对这个产品或这项服务表示十分满意并加以称赞,还会使该员工感受到成功的喜悦和满足,获得精神上的满足。

（2）工作丰富化。1959年,赫茨伯格和他的助手发表了著名的双因素理论,指出内在工作因素(如成就感、责任感、工作本身)是潜在的满意因素,即激励因素,而外在工作因素(如监督、工资、工作条件等)是潜在的不满足因素,即保健因素。据此,改进外在因素,如增加工资可能降低不满足感,但不会产生满足感,唯一能使工人感到满足的是工作本身的内在因素。将对工作的满足感与激励联系起来,应该强化内在因素使工作丰富化。

工作丰富化是指员工的工作纵向扩大,即给予员工更多的责任和参与决策、计划与管理的机会。例如,一个生产一线的工人,可以进一步负责若干台机器的操作,检验产品,决定机器的保养等。工作丰富化可以带来成就感、责任心和得到认可(表彰)的满足感。一般而言,通过学习,当他们掌握了丰富化后的工作内容,会产生成就感;当他们从顾客处得到关于产品/服务的反馈信息时,会产生被认同感;当他们需要自己安排设备的操作、制订保养计划和所需资源计划时,会增强他们的责任心。

海格曼和奥尔德海姆对前人的工作进行总结后,提出了工作设计的合理化特征,即技能多样化、任务完整性和重要性、自主决策性和及时反馈性。个人与工作成果是由三个关键心理状态决定的:① 工作意义感受。② 对工作责任心的感受。③ 对工作实际结果的认知。

工作丰富化是聚焦于纵向的工作延伸,集中于满足工人更高层次的需要上,而工作扩大化主要是工作在横向的伸展,集中于加入额外的任务,使工人的工作更具多样化。工作扩大化与工作丰富化的区别,如图6-4所示。

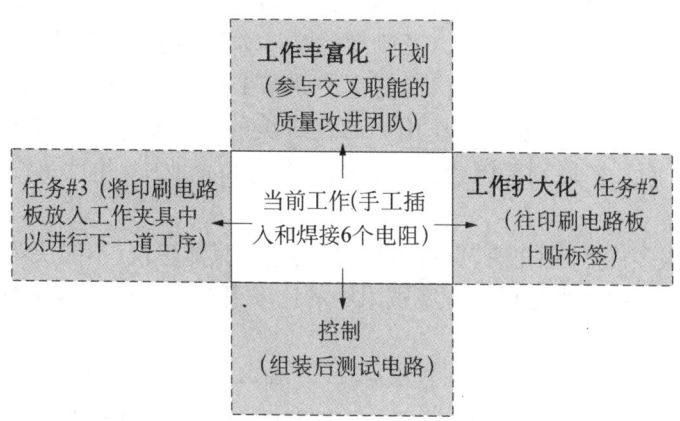

图 6-4 工作扩大化和工作丰富化的区别

（3）工作职务轮换。工作职务轮换是指允许员工定期(小时、天、周或月)轮换所做的工作,增加了工作任务分配的灵活性,给员工提供更丰富、更多样化的工作内容。例如,派人顶替缺勤的工人、向瓶颈环节多增派人等。当不同工作任务的单调性和乏味性不同时,采用定期轮换方式很有效,但需要员工掌握多种技能,可以通过"在岗培训"来实现。由于员工互相交换工作岗位,比较容易使员工体会到每一岗位工作的难易,理解他人的不易之处,互相体谅,使整个运营系统得到改善,但各企业的具体实施方法和实施内容则多种多样。

四、团队工作方式

团队工作方式是指由数人组成一个小组，共同负责并完成一项完整工作。在小组内，每个成员的工作任务、工作方法以及产出速度等都可以自行决定，在有些情况下，小组成员的收入与产出挂钩。基本思想是全员参与，从而调动每个人的积极性和创造性，尽可能提高工作效果（效率、质量、成本等的综合结果）。

团队工作方式可以追溯到20世纪二三十年代，在现代管理学中，是指20世纪80年代后半期才开始大量研究、应用的一种人力资源管理方法，对工作设计有更直接的参考意义。与传统的泰罗制分工方式的主要区别，如表6-2所示。

表6-2 泰罗制与团队式工作方式的对比

泰罗制生产方式	团队式生产方式
最大分工和简单工作	工作人员高素质、多技能
最少的智能工作内容	较多的智能工作内容
众多的从属关系	管理层次少、基层自主性强

团队工作方式也可以采取不同的形式，以下是3种常见的方式。

（一）解决问题式团队

解决问题式团队实际上是一种非正式组织，通常包括来自一个部门内不同班组的7—10名自愿成员。成员每周有一次或几次碰头，每次几小时，研究和解决工作中遇到的一些问题，如质量问题、生产率提高问题、操作方法问题，以及设备、工具的小改造问题等，然后提出具体建议，提交给管理决策部门。这种团队的最大特点是：只提出建议和方案，但没有权力决定方案是否立即被实施。最典型的是日本的小组，获得了极大成功，对于提高日本企业的产品质量、改善生产系统、提高生产率和工作人员的积极性、改善职工之间、职工与经营者之间的关系起了很大的作用。后经日美的合资企业在美国当地开始运用，同样取得了成功，进而又扩展到美国企业及其他的国家和企业中，并且在管理理论中也开始加以研究和总结。

这种方式有很多优点，但也有其局限性。因为它是只能建议，不能决策的一种非正式组织，所以，如果团队所提出的建议和方案被采纳的比率很低，该团队就会自生自灭。

（二）特定目标式团队

特定目标式团队是为了解决某个具体问题，达到一个具体目标而建立的。例如，一个新产品开发，一项新技术的引进和评价，劳资关系问题等。团队成员既有普通员工，又有与问题相关的经营管理人员，后者拥有决策权，也可以直接向最高决策层报告。因此，团队工作结果、建议或方案可以得到实施，或者本身就是在实施一个方案，即进行一项实际的工作，但不是一个常设组织，也不是为了进行日常工作，而通常只是为了一项一次性的工作，实际上类似于一个项目组。团队的特点是容易使一般职工与经营管理层沟通，使一般员工的意见直接反映到决策层。

（三）自我管理式团队

自我管理式方式是最具完整意义的团队工作方式，是为进一步克服工作扩展（工作扩大化、丰富化、轮换和授权)的局限,即更高的投资成本、培训成本和薪酬成本,但由于工作要求的提高,可能很难招聘到合适的员工,有人不愿意,有人没能力完成这一工作。因而出现了自我管理团队,由数人(几人至十几人)组成一个小组,共同完成一项相对完整的工作,小组成员自己决定任务分配方式或任务轮换,自己承担管理责任。诸如制定工作进度计划(人员安排、轮休等)、采购计划、决定工作方法等。在这种团队中,包括员工授权和组织重构两个重要概念,组织重构是员工授权的必然结果,原先的班组长、工段长、部门负责人(科室主任、部门经理等)等中间管理层的角色由团队成员自行担当,因此整个企业组织的层次更少,更为扁平化。

自我管理式团队工作方式是近几年才开始出现并被采用的,在美国企业中取得了很大成功。当然以上各种工作方式都曾经或正在某个或某些企业中获得成功,只要它们的特质是与企业的战略和特质是一致的,对于企业而言,应该是选择合适的,而不是先进或流行与否。但每一个成功的工作设计的背后一定是一个高度契合的员工激励体系。

第二节 作业测量

有效的人力资源战略的三个必要条件,除以上的工作设计外,就是工作标准的确定和工作计划。工作计划是指员工的雇佣政策,工作时间的安排和工作分类与工作守则等,而有效的工作计划的基础是工作设计和工作标准。

一、工作标准

(一) 工作标准的概念

工作标准是指一个训练有素的人员用正常的努力程度和技能(非超常发挥)完成一定工作所需的时间,也称为时间标准。20世纪初,弗雷德里克·泰勒同吉尔布雷斯夫妇的动作研究奠定了现代工作标准设定的基础。虽然人力资源一般只占销售额的10%以下,但工作标准的研究一直延续至今。

制定工作标准的关键是定义"正常"的工作速度和技能发挥。例如,要建一条生产线,或新开办一项事务性的业务,你需要根据需求设计生产能力、雇用适当数量的人员。假定一天的生产量需达到1 500单位,须根据一个人一天的工作量来决定雇佣人员数。但每人一天能产出的作业量是因人而异的。因此,必须寻找一个能够反映大多数人正常工作能力的标准,而且,即使经过严谨的程序建立起了工作标准,在实际工作中,也仍需不断地观察、统计,适时地修正。可见,工作标准是企业确定人力资源需求的基础。

制定工作标准的关键是确定正常的过程,并必须考虑一些具体的因素。

(1) 选择观察的对象具有代表性,即他的精力、效率、经验、技术能代表大多数人的水平;

(2) 考虑到每一作业步骤和休息时间的变化波动;

(3) 不能把一个人完成任务所需的单位时间作为全体人员的工作标准;

(4) 制定出的工作标准,要通过有经验的人加以修正。

(二) 工作标准的作用

工作标准在工作设计中的作用不仅可以确定员工的需求量,还主要表现在以下几个方面:

(1) 制订生产能力规划的基础。根据完成各项工作任务所需的标准时间,企业可以根据市场对产品的需求制订其人员计划和设备计划,包括设备投资和人员招聘的长远计划。也就是说,企业首先根据市场需求决定生产量,然后根据生产量和标准时间可决定每天的产出及所需人数,再根据每人操作的设备数和人员总数决定所需设备数量,在此基础上就可以制订设备和人员计划。此外,标准作业时间还是决定生产周期的重要前提。

(2) 作业排序和任务分配的依据。根据不同工序完成不同工作的标准时间,合理安排每台设备每个人的单位时间工作任务,以防止忙闲不均、设备闲置、人员闲暇的现象发生,有效地利用资源。

(3) 运营系统及运营程序设计的依据。工作标准可以用来比较不同的运营系统设计方案,以帮助决策,也可以用来选择和评价新的工作方法,评估新设备、新方法的优越性。

(4) 员工激励的依据,用工作标准评价员工的工作绩效,并给予相应的奖惩。

二、作业测量概述

对上述工作标准的设置主要是通过作业测量完成的。

(一) 作业测量的定义

作业测量,在工业工程中又称为时间研究,是各种时间测定技术的总称,用以制定各项工作或作业的时间标准,确定劳动定额,并通过某种研究方法(如工作抽样)评价现实的工作时间利用情况以及人员工作效率。简言之,作业测量就是在一定的标准测定条件下,确定作业活动所需的时间,并制定出时间标准或定额的一种科学管理方法。作业测量是企业制定劳动力需求计划、生产能力规划、员工工资及激励、预测生产成本等各项工作的依据。

(二) 作业测量的目的

(1) 建立合理工作时间定额和劳动力定额。企业要建立合理的劳动时间定额与劳动力定额,就必须有工作时间标准作参照,因此需要对每一个工作岗位的时间进行测量。通过工作时间的测量,为企业建立劳动时间定额与劳动力定额提供依据。

(2) 为制定标准工作成本与工资等级提供依据。企业在核定生产作业成本与工资等级的时候,也要以作业的定额时间,即工作时间测量为重要依据。

(3) 为工作绩效的评估与奖励提供依据。员工工作效率的评估最重要的依据就是工作时间,因此通过作业测量,可以考核不同岗位的工作效率,并为制定奖励方法提供依据。

(4) 为生产作业计划与生产控制提供参考。在进行工作分配时,部门管理者需要清楚每个岗位员工的具体工作能力,为此需要对工作时间进行测量。

三、生产时间消耗结构及工时定额

(一) 生产产品时间消耗的结构

产品在加工过程中的作业总时间包括产品的基本工作时间、设计缺陷的工时消耗、工艺过程缺陷的工时消耗、管理不善而产生的无效时间、工人因素引起的无效时间,如图 6-5 所示。

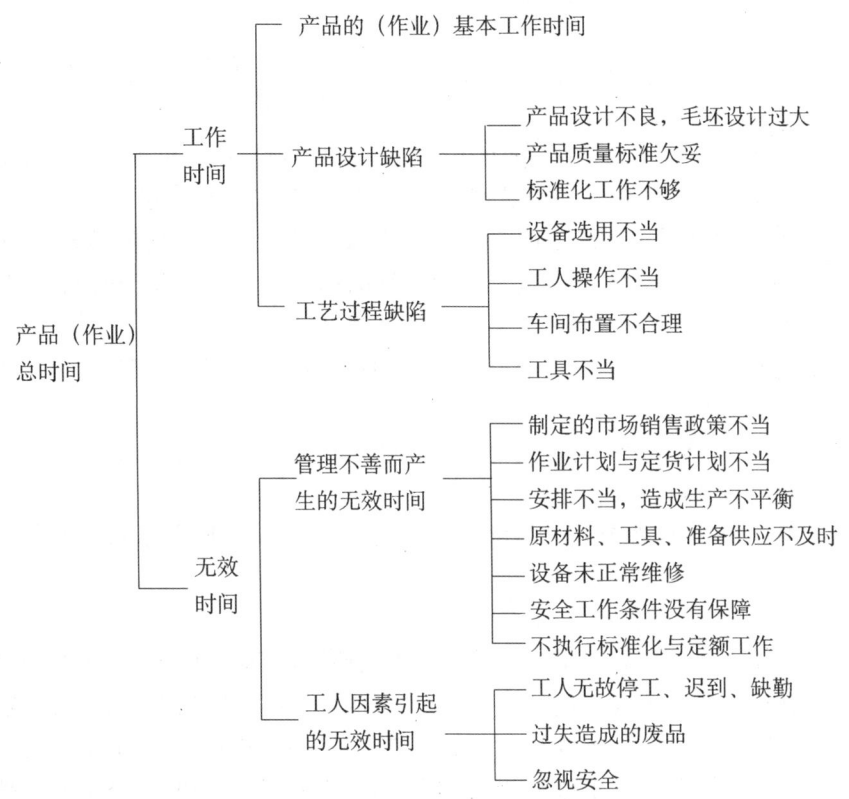

图6-5 生产产品的时间构成

1. 产品的基本工作时间

产品的基本工作时间也称定额时间,指在产品设计正确、工艺完善的条件下,制造产品或进行作业所用的时间,由作业时间与宽放时间构成。所谓宽放时间是劳动者在工作过程中,因工作需要、休息与生理需要,在作业时间中予以考虑的非作业时间。宽放时间一般用宽放率表示。

$$宽放率 = \frac{宽放时间}{作业时间}$$

宽放时间由三部分时间组成:

(1) 休息与生理需要时间。劳动过程中正常疲劳与生理需要所消耗的时间,如休息、饮水等时间。

(2) 布置工作地时间。在一个工作班内,生产工人用于照管工作地,保持工作地正常工作状态和生产水平所消耗的时间,如交接班时间、清扫机床时间等。

(3) 准备与结束时间。加工一批产品或进行一项作业之前的技术组织准备和事后结束工作所耗用的时间。不同生产类型的准备与结束时间不同,一般可通过工作抽样或工作日写实来确定。

休息与生理需要时间的确定依据的是疲劳研究,即研究劳动者在工作中产生疲劳的原因、劳动精力变化的规律,测量劳动过程中的能量消耗,从而确定恢复体力所需要的时间。

一般用能量代谢率标度作业过程中能量消耗的程度。计算如下式：

$$能量代谢率(RMR)=\frac{作业时能量消耗量-安静时能量消耗量}{基础代谢量}$$

公式中，基础代谢量为劳动者在静卧状态下维持生命所需的最低能量消耗量；安静时能量消耗量为劳动者在非工作的安静状态的能量消耗，一般按基础代谢量的1.2倍计算。能量代谢率划分为不同级别，按照不同级别的能量代谢率确定相对应的疲劳宽放率。由于宽放时间直接影响作业者一天的工作量及定额水平的制定。国外对此类时间的研究十分重视，将宽放时间做了更细致的分类。一般分为四类。

（1）作业宽放：作业过程中不可避免的作业中断或滞后，如设备维护、刀具更换与磨刃、切屑清理、熟悉图纸等。

（2）个人宽放：与作业无关的个人生理需要的时间，如上厕所、饮水等。

（3）疲劳宽放：即休息宽放。

（4）管理宽放：非操作者个人过失所造成的无法避免的作业延误，如材料供应不足、等待领取工具等。

2. 无效时间

无效时间是由于管理不善或工人控制范围内的原因，而造成的人力、设备闲置的时间。无效时间造成的浪费十分惊人。例如，运营管理中的（1）第一次浪费：超过必要数量的人、设备、材料和半成品、成品等的闲置与存放造成浪费，提高生产成本；（2）第二次浪费：人员过多，生产过程各环节不平衡，工作负荷不一致，导致奖惩不公，引起部分工人不满，进而怠工或生产效率降低等。为解决上述问题，企业增加管理人员，制定规章制度，最终浪费了人力、物力、财力，消耗了时间，形成恶性循环。最终造成劳务费、折旧费和管理费增加，提高了制造成本。在企业产品成本中，材料、人工费、管理费之和约占总成本的50%，减少生产过程中无效劳动的浪费是相对比较容易做到的。因此，减少无效劳动、挖掘内部潜力是运营管理的首要任务。减少甚至消除无效劳动所带来的无效时间损失是工业工程中工作研究探讨的基本内容之一。生产过程中由于无效劳动所带来的浪费归纳为以下几个方面：

（1）生产过剩的浪费。整机产品中部分零件生产过多或怕出废品有意下料过多，造成产品的零件不配套，积压原材料，浪费加工工时。

（2）停工等待的浪费。由于生产作业计划安排不当，工序之间衔接不上，或由于设备突发事故等原因。

（3）加工、搬运和动作的浪费。指加工过程中切削用量不当，由于车间布置不当造成产品在生产过程中迂回搬运，以及操作工人操作动作不科学等加工、搬运和动作方面，引起时间浪费。

（4）制造过程中产生的废品的浪费。

（二）工时定额

工时定额，又称为标准工作时间，是在标准的工作条件下，操作人员完成单位特定工作所需的时间。标准工作条件是指在合理安排的工作场所和工作环境下，由经过培训的操作人员，按照标准的工作方法，通过正常的努力去完成工作任务。可见工时定额的制定应当以方法研究和标准工作方法的制定为前提。

工时定额是企业管理的一项基础工作,其作用与作业测量等的较为相似,也是确定工作所需人员数和确定部门人员编制的依据,是计划管理和生产控制的重要依据,是控制成本和费用的重要依据,是提高劳动生产率的有力手段和制定计件工资和奖金的标准。

四、作业测量方法

作业测量方法主要有历史经验法、时间研究法、预定时间标准法和工作抽样法。而历史经验法是根据以往完成这一工作的时间进行确定,简单易行,但不易判断其准确性,因而更推荐后三种方法。

(一) 时间研究法

时间研究法是 1881 年弗雷德里克·泰勒首先提出的,用秒表和其他一些计时工具,来实际测量一名经过培训的、有经验的员工完成一件工作所需要的时间。基本过程分为以下 6 个步骤:

(1) 选择被研究的工作和观测对象。需研究的工作确定后,即选择观测对象,即被观测的操作者应是一般熟练工人,避免选择不具有普遍接受性的非熟练和非常熟练的人员。被选定的操作者还应与观测者协作,并尽量不受观测因素的影响。

(2) 划分作业操作要素,分解为细小动作单元,确定测量次数和样本数量等,并制定测时记录表。

(3) 记录观察时间,剔除异常值,并计算各项作业要素的平均值。设 t_{ij} 是作业要素 i 第 j 次的观察时间,则作业要素 i 的平均观察时间为:

$$平均观测时间 = \frac{1}{n}\sum_{j=1}^{n} t_{ij}$$

(4) 计算作业的观察时间,即将该作业的各项作业要素平均时间相加。例如,观测某车床加工某种零件的标准工作时间,根据测时法的基本要求,将该作业分解为 5 个作业要素进行观测,求出每个作业要素的平均时间,继而相加得该车床加工某零件的标准工作时间为 68.0 秒,如表 6-3 所示。

表 6-3 观测标准工作时间

作业要素	平均时间(秒)
置零件于卡盘并压紧	13.2
开车与进刀	3.0
车削	27.0
关车与退刀	12.0
卸下零件	12.8
作业时间	68.0

(5) 确定效率评定因子,计算正常作业时间。效率评定因子是时间研究人员将以上所观测到的操作者的操作速度,与自己理想中的速度(正常速度)做对比。例如,研究人员认为工人是在以 115% 的效率因子速度工作,也就是比正常速度快 15%,研究人员就要将作业时

间的观测值调整为：

正常时间=68×(1+0.15)=78.2(秒)

另一种情况，如果研究人员认为工人以 90%的效率因子速度工作，比正常速度慢 10%，则正常时间应为：

正常时间=68×(1-0.1)=61.2(秒)

效率评定因子对计算影响较大，美国管理促进协会提供了许多视频用于说明专家认可的因子。

(6) 考虑宽放时间比率，确定标准作业时间。由于个人生理需要，不可避免的延迟以及疲劳等引起的效率下降，需对正常时间进行调整，增加适当的宽放时间。例如，通过调查研究发现：个人生理需要时间占正常时间的 4%，疲劳时间占正常时间的 5%，不可避免的耽搁时间占正常时间的 3%，则总的宽放时间系数为 12%(=4%+5%+3%)，标准作业时间为：

标准作业时间=78.2×(1+0.12)=87.58(秒)

(二) 预定时间标准法

预定时间标准法(Predetermined Time Standard,PTS)把人们所从事的所有作业都分解成基本动作单元，对每一种基本动作都根据它的性质与条件，经过详细观测，制成基本动作的标准时间表。当要确定实际工作时间时，只要把作业分解为基本动作，从标准时间表查出相应的基本动作时间值，累加起来作为正常时间，再适当考虑宽放时间，即得到标准作业时间。

PTS 法起源于 20 世纪 30 年代，目前已发展到第三代。第一代 PTS 主要有动作因素分析法和动作时间测定法，上述两种方法很复杂，动作分类很细，不易掌握，目前国外仍在使用。第二代 PTS 有简易动作因素分析和动作时间测定法Ⅱ(MTM-2)等，是在第一代 PTS 方法基础上简化而来的。第三代 PTS 是模特法(Modular Arrangement of Predetermined Time Standard,MOD)，是澳大利亚的海德在长期研究第一代与第二代 PTS 法的基础上创立的，更简便且精度不低于传统 PTS 的新方法，目前得到了较为普遍的应用。因此，PTS 常见的有工作要素法、标准时间测量法、基本动作时间研究法等，其中用得较多的是 MTM。

(三) 模特法

模特法与上述的两种 PTS 法相比，具有形象直观，动作划分简单，好学易记，使用方便的优点，适用于加工部门、生产技术、设计、管理、服务等方面，制定时间标准、动作分析等。模特法将动作分为四大类 21 个具体动作：移动动作、终止动作、身体动作、其他动作。模特法以 MOD 为时间单位，1 MOD=0.129 秒。

1. 移动动作

移动动作指抓住或挪动物件的动作，分为如下 5 种。

(1) 手指动作(M1)：指用手指第三关节前部分进行的动作，每次时间值为 1 MOD。

(2) 手的动作(M2)：指手腕关节前部分进行的动作，每次时间值定为 2 MOD。

(3) 前臂动作(M3)：指肘关节前部分进行的动作，每次时间值定为 3 MOD。

(4) 上臂动作(M4)：指上臂及前面各部分以自然状态伸出的动作，每次时间值定为 4 MOD。

(5) 肩动作(M5)：指整个胳膊伸出再伸直的动作，每次时间值为 5 MOD。

以手拿着工具反复重复上述的移动动作，称为反射动作，可看作是移动动作的特殊形式，所用的时间值小于正常移动动作，如手指反射时间值为 0.5 MOD，手反射时间值为 1 MOD，前臂反射时间值为 2 MOD，上臂反射时间值为 3 MOD。

2. 终止动作

终止动作指在移动动作之后，动作的终结，操作者的手必定作用于目的物，有下列 6 种：

(1) 触碰动作(G0)：指用手接触目的物的动作，如摸、碰等动作。它仅仅是移动动作的结束，并未进行新的动作，每次动作的时间值定为 0 MOD。

(2) 简单抓握(G1)：指在移动动作触及目的物之后，用手指或手掌捏、抓握物体的动作。简单抓握必须保证目的物附近无妨碍物，动作没有迟疑，每次时间值定为 1 MOD。

(3) 复杂抓握(G3)：指抓握时要注视，抓握前有迟疑，手指超过两次的动作，每次时间值为 3 MOD。

(4) 简单放下(P0)：指目的物到达目的地之后立即放下的动作，每次时间值为 0 MOD。

(5) 注意放下(P2)：指注视目的物放到目的地的动作。在放置目的物的过程中只允许一次方向与位置的修正。每次时间值定为 2 MOD。

(6) 特别注意放下(P5)：指把目的物准确地放置在规定的位置或进行装配的动作，动作有迟疑，眼睛注视，有两次以上的方向、位置的修正动作，时间值定为 5 MOD。

3. 身体动作

身体动作指躯干、下肢的动作，分为下列 4 种类型。

(1) 踏板动作(F3)：指足颈摆动进行脚踏地的动作，每下踏一次时间值定为 3 MOD，返回一次其时间值也为 3 MOD。因此往返踏板一次，时间值定为 6 MOD。

(2) 步行动作(W5)：指步行或转动身体的动作，每动作一次其时间值为 5 MOD。

(3) 向前探身动作(B17)：指以站立状态弯曲身体、弯腰、单膝跪地，之后再返回站立状态的一个循环过程的动作，每一动作循环时间值定为 17 MOD。

(4) 坐和站起动作(S30)：指坐在椅上，站起之后再坐下的动作，每一循环过程时间值为 30 MOD。

4. 其他动作

(1) 校正动作(R2)：指改变原来抓握物体方式的动作，但只有独立地校正动作时才赋予时间值，每次校正动作其时间值定为 2 MOD。

(2) 施压动作(A4)：指作用于目的物推、拉、压的动作，推、拉、压的力在 20 牛顿以上，并为独立地施压动作，其时间值定为 4 MOD。

(3) 曲柄动作(C4)：指以手腕或肘关节为轴心划圆形轨迹的动作，每次时间值定为 4 MOD。

(4) 眼睛动作(E2)：指眼睛移动或眼睛对准目标的动作，每次动作时间值定为 2 MOD。在正常视界内(距眼睛 40 厘米范围内)，不赋予眼睛移动时间值。当眼睛注视范围较广时，颈部需要伴随眼球运动而转动时，其时间值为 6 MOD。

(5) 判断动作(D3)：指在两个动作之间判断要从事的下一动作所需时间的动作，一般是在前一动作停止时，判断下一个动作如何进行时发生的，时间值定为 3 MOD。

(6) 重量修正(L1)：指用手搬运时，不同物体重量所耗用的时间需要修正。单手负重，若不足 2 千克时不做重量修正；每增加 4 千克重量，单手负重的时间值增加 1 MOD。双手搬运时应换算为单手搬运进行修正。当物体滑动时，手的负重减轻，用有效重量计算，有效重量为实际重量的 1/3；在滚道上滑动时，有效重量为实际重量的 1/10。具体如表 6-4 所示。

表 6-4 模特法的动作分类与时间值

动作分类	动作名称	符 号	时间值(MOD)
移动动作	手指动作	M1	1
	手的动作	M2	2
	前臂动作	M3	3
	上臂动作	M4	4
	肩动作	M5	5
终止动作	触碰动作	G0	0
	简单抓握	G1	1
	复杂抓握	G3	3
	简单放下	P0	0
	注意放下	P2	2
	特别注意放下	P5	5
身体动作	踏板动作	F3	3
	步行动作	W5	5
	向前探身动作	B17	17
	坐和站起动作	S30	30
其他动作	校正动作	R2	2
	施压动作	A4	4
	曲柄动作	C4	4
	眼睛动作	E2	2
	判断动作	D3	3
	重量修正	L1	1

模特法的原理是根据操作时人体动作的部位、动作距离、工作物的重量，通过分析和计算，确定标准操作方法，预测完成标准动作所需时间。模特法的制定比较科学，使用十分方便，但实施过程必然包含操作方法的改进和工作场地的合理布置，以方便工人操作。模特法特别适用于手工作业较多的劳动密集型产业，如电子仪表、汽车工业、纺织、食品、建筑、机械等行业。模特法以 MOD 为时间单位：

1 MOD＝0.129 秒

1 秒＝7.75 MOD

1 分＝465 MOD

按人类工程学原理，以人的最小能量消耗为原则，以手指移动 2.5 厘米距离所需的平均时间为基本单位，即 1 MOD，其他任何动作时间都是它的倍数。例如，使用模特法进行作业分析，将螺丝刀插入螺钉槽内的动作排列式为：M2、G1、M2 和 P5，其中，M2 表示开始时手的移动时间为 2 MOD；G1 表示简单抓握的时间为 1 MOD；M2 表示第二次手的移动时间为 2 MOD；P5 表示螺丝刀"特别注意放下"插入螺钉槽内的时间为 5 MOD。

动作时间值计算:(2+1+2+5)×0.129=1.29(秒)。

MOD法可以在实验环境中预先确定,而且标准相对统一,更利于企业计划的制订和公平性的体现。

(四) 工作抽样法

工作抽样法(Work Sampling Method)在作业测量中也是使用很广泛的一种方法,又称间接时间研究,是通过大量的间断性随机观察操作者是在工作还是处于空闲状态,按"工作"和"空闲"分类记录发生次数,分析计算百分比,对操作者实际工作时间和空闲时间的百分比做出估计。这种方法并不关心具体动作所耗费的时间,而是估计人或机器在某种行为中所占用的时间比例。例如,加工产品、提供服务、处理事务、等候指示和检修、空闲等都可看作某种"行为",会占据一定时间。对这些行为所占用时间的估计是在进行大量观察的基础上做出的。基本假设是:在样本中观察到的某个行为所占用的时间比例,一般来说是该行为发生时实际所占用的时间比例。在给定的置信度下,样本数的大小将影响估计的精度。从样本观察中所获得的数据除用于作业测定外,还可以用于估计人或设备的利用率,决定在其他作业研究方法中用到的宽放时间和工作内容,以及估计成本等。

1. 工作抽样法的应用步骤

选择好准备用工作抽样法进行观测的行为或活动后,需要经过七个步骤来测定其所占用的时间比例。

(1) 设计观测方式。观察被观测对象工作的方式可以有多种,根据将工作划分为不同行为的详略程度和划分方式的不同而不同。

(2) 决定观测的时间长度。样本法中的观测时间长度必须具有代表意义,即在该时间段内,每一行为都应该有发生若干次的机会。例如,某行为一周只发生一次,那么将观测时间设定为一天就毫无意义,在这种情况下,观测的时间也许要几个月。

(3) 决定最初的样本数。通常,研究人员在观测开始之前需要对被观测行为所占用的时间比例进行初步估计,并设定期望估计精度,统计决定最初样本数。经观测得出数据后,再进一步考虑是否要增加样本数。

(4) 选择随机观测时间。观测者去观测现场获取数据的时间应该在选定的时间长度内随机确定,以避免数据失真。如被观测对象知道观测者的固定观测时间,他们就有可能在这一时间有意调整行为方式,所获数据就不能代表真正的工作方式。

(5) 观察和获取数据。观察并采用一定方式记录下有关数据。

(6) 检查是否需要更多的样本数。

(7) 数据计算、分析与得出结论。

2. 工作抽样法的特点

工作抽样法具有四个主要优点是:观测者不需要受专门训练(其他方法都需要);不需要使用秒表等计时装置,因此可同时进行几种行为的观测;在工作循环较长的情况下,因为所需观测时间不多,因此是一种经济的工作研究方法;与其他的作业测定方法相比,对实际工作打扰少,更易于被观测人员接受。

局限性在于所需观察的样本数较大,需要保证有一定的估计精度等。此外,这种方法对于重复性工作的标准时间的制定是不经济的。

(五) 作业测量中人的因素

工作研究和作业测量用来制定工人工作的标准方法和标准时间，离不开工人的认同和合作。工作研究的目的是提高生产率，从根本上和长远角度改善工人的工作条件，满足他们的物质和社会需要。但在实践过程中，工作改进的根本和长远利益，往往不能被工人认识到和直接感受到，工人们更关心的是立刻得到的直接好处，有人认为工作研究会使他们付出过分的努力，受到更多的管制和约束，生产率提高会使他们中的一些人失去工作甚至失业。所以在研究人员与工人之间建立起良好的沟通和信任关系，是工作研究取得成功的关键。管理学发展史上著名的霍桑（Hawthorne）工厂试验，雄辩地证明了这一点。

工作研究和作业测量追求的目标和成功的保证是减轻工人的劳动强度，以同样的付出获取更多报偿，或以额外的付出获取加倍的报偿，在组织和成员之间公平地分配工作改进的成果，不是榨取工人的手段，也决不应当以牺牲一部分人的利益作为提高生产率的代价。

第三节 人机工程

一、人—机—环境系统

生产过程也是人与机器和环境发生交互作用的过程，几次产业革命使得这种关系变得更加广泛与复杂。无论是要提高效率还是要保证系统安全或正常运行，都必须处理好人—机器—环境三者之间的关系。

在生产过程中工人为了完成任务必须操纵设备、控制机器，而控制的前提是首先要利用人的感官系统从机器上的显示系统中获取机器运行状态信息，然后再根据人的判断指挥命令人的操作系统去对机器的控制系统施加影响，机器受到其控制系统作用后产生响应并重新在显示系统中反映出状态信息。这便是一个人—机系统在运行过程中会发生的交互作用过程。但还应注意的是，机器与人之间是依靠环境来沟通的，环境既是媒体也是干扰源，因此，研究人与机器的关系不可能脱离环境的影响，平时所说的人—机系统实际上也是包含着环境因素在内的。人机工程是以人—机系统为对象，研究其内部相互作用与结合的规律，使机器和环境系统更适合人的生理和心理特点，达到在生产中具有安全、健康、舒适和高效率的目的。

由于人—机—环境系统由三大要素构成，人机工程也围绕着它们进行了深入的探讨。其中对于人的方面，人机工程主要在感官神经系统和人体构造与测量学等方面，对人接受信息、进行判断、做出反应这一过程的机制、素质及极限能力，以及对人体肌体特征、动作的生物力学特性等方面进行研究，并形成人因工程（Human Factor Engineering）的专门分支；对于机器方面，人机工程主要结合人的特性探讨了机器显示、控制、空间布置、作业设计等方面的专门问题。由于以上两方面研究涉及较多医学、生理、心理学等方面的内容，属于工业工程师较深的知识层次，故在此不做介绍，本节仅就环境因素的影响做简单介绍。

二、人机系统的类型

根据功能行使方式的不同,有三种典型的人—机系统:手工操作系统、半自动化系统和自动化系统,如图6-6所示。

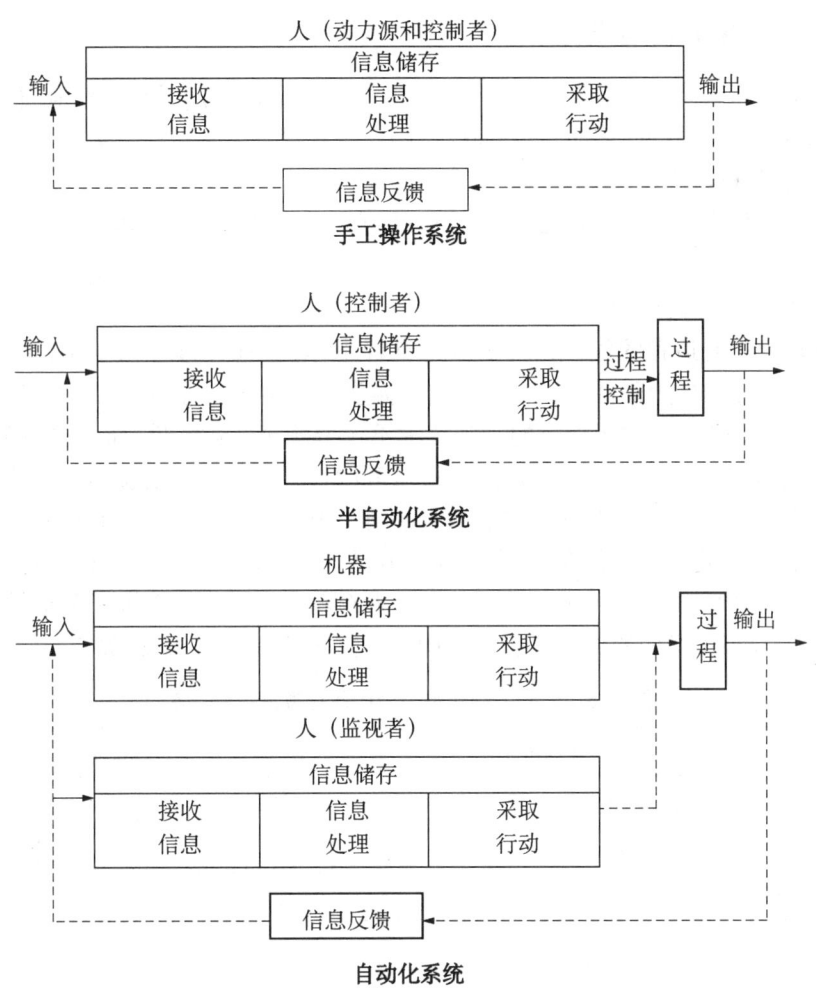

图6-6 三种典型的人—机系统

在手工操作系统中,人接收信息(工作命令和操作规程)并储存信息(大脑记忆或记录下来),使用辅助机械(无动力源的机械)和手工工具将输入(原材料或零部件)转换(加工或装配)为输出(零件、部件或最终产品)。当感觉器官(眼、耳、鼻、手)发现输出与储存的信息产生差距时,就会通过调整输入或转换过程进行修正。因此,在手工操作系统中,人既作为动力来源又是工作过程的控制者。

在半自动化系统中,人主要作为工作过程的控制者。人与机器相互配合,感知工作过程的信息,将其与工作标准进行比较、判断,并操纵控制机构启动或关闭机器或作中间调整,动力一般由机器提供。

在自动化系统中,所有的感受、信息处理和行动功能均由机器来完成,人只是充当监视者的角色,即通过显示器或仪表所显示的工作状态参数,协助机器控制工作过程。

半自动化系统包含了工作设计所要研究的人与机器在工作过程中的全部相互关系,即人接受工作信息,操纵工作过程的控制机构,机器对人的控制活动做出反应,并将输入转换为输出。这些关系受到人的工作方法、动作及工作环境的影响。

三、工作环境分析与设计

工作环境是指人操纵机器设备或利用各种工具进行劳动生产时在工作地周围的物理环境因素,主要包括气候状况、照明与色彩状况、噪声等状况三大类影响因素。

(一)气候分析与设计

工作地和工作用房的气候状况决定于下列因素:空气的温度与流动速度、气压与大气污染等。

1. 温度对人工作的影响

在工作环境中有适宜的气候条件是获得良好工作能力的前提。室内温度高会引起瞌睡、疲劳,从而使工作能力降低,增加差错;室内温度低则会分散注意力,因此需要确定一个适宜温度(包括湿度)。但对于冷热的主观感觉不仅依赖于气候条件,而且也与工作人员的体质、年龄、性别、对水土的适应、工作难易、服装等因素有关。也就是说,对适宜温度的评定是与主观态度有关的。因此,所谓最佳温度不是某一固定的数值,而是指某一区域。例如,美国的统计资料规定,最佳温度范围是脑力劳动 15.5 ℃~18.3 ℃;轻劳动 12.7 ℃~18.3 ℃;体力劳动 10 ℃~16.9 ℃。我国一般企业对温度控制往往多限于冬季供暖,温度以距地面 1.5 米、离墙 1 米处的温度为准,各种用途建筑物内的最佳温度,如表 6-5 所示。

表 6-5 我国各种建筑物内的最佳温度范围标准

地 点	最佳温度范围	地 点	最佳温度范围
学校教室	18.3 ℃~21.1 ℃	食堂	18.3 ℃
医院病房	21.1 ℃~22.2 ℃	工厂车间	12.8 ℃~18.3 ℃
剧院电影院	18.3 ℃~20 ℃	住宅	18.3 ℃

2. 空气流通对人工作的影响

工作环境中的空气流动情况也会影响劳动效率,实验表明在温度相同的情况下,保持空气新鲜的工作地要比空气停滞的工作地效率高出约 10%。一般认为在工作人员不多的房间中,空气流动的最佳速度估计约为 0.3 m/s,在拥挤的房间中约为 0.4 m/s,而当室内温度、湿度都很高时,空气流速最好应达到 1~2 m/s。

3. 空气污染对人工作的影响

环境中的空气污染源有两个,第一个来源于人。在人的呼吸过程中会排出二氧化碳,随着劳动强度的增大,二氧化碳的排放量会随之增加,成年男子在不同劳动强度下的二氧化碳呼出量,如表 6-6 所示。与此同时,劳动者汗水的蒸发也会污染空气。第二个空气污染源来自生产过程(包括加工、运输、贮存等)中产生的粉尘、烟雾、气体、纤维质、蒸气等,不仅影响效率,甚至工作安全,更严重的是损害健康。因此,保持室内空气清洁,至少把污染限制在许可范围之内是必需的。

表6-6 不同劳动情况下成年男子的二氧化碳呼出量

能量代谢率	劳动强度	二氧化碳呼出量(m^3/h)	计算用量(m^3/h)
0	睡觉	0.011	0.011
0～1	极轻劳动	0.012 9～0.023	0.022
1～2	轻劳动	0.023～0.033	0.028
2～4	中劳动	0.033～0.053 8	0.046
4～7	重劳动	0.053 8～0.084	0.069

(二) 照明分析与设计

视觉对人在工作环境中正确定向起着最重要作用,正常人通过视觉刺激的反应大约可以得到全部信息的80%。眼睛作为接受视觉显示信息的器官,其功能及其效率的发挥依赖于照明条件和显示物的颜色特征。

1. 照明对工作人员的影响

人的视觉功能的发挥依赖于周围环境的照明水平和对比度。所谓对比度是反映观测物体与其背景的亮度差。统计分析表明,照明条件与对比度情况越好,工作中的差错率、事故率越低,而且对于效率提高也有促进作用。

照明除对工作人员的效率有一定影响外实验还表明在照明不好时人会更快地疲劳,工作效果更差。如果创造舒适的光线条件,不仅在从事手工劳动,而且在从事要求紧张的记忆、逻辑思维的脑力劳动时,也会提高工作能力。此外照明对人的自我感觉也有影响,它主要影响工作人员的情绪状态和动机,而这些对工作能力也有影响。一般认为明亮的房间是令人愉快的,而且光应从左侧投射。因此,选择工作地点时一般都喜欢比较明亮的地方。在供休息的房间里,多数人都喜欢较暗的地区。

2. 工作场地和厂房的照明

工作场地上必须有适宜的照明,一般在设计照明系统时,应考虑工作附近的适当亮度、工作附近的固定照明、工作与背景之间应有适当的亮度差、避免光源或作业区域发出眩光。

根据以上这些因素,并结合科研成果和经验,确定最适当的照明条件(照明要求、照明方式选择、照明方法的确定、照明设备的安装等)。既要避免作业损失和工伤设备事故的发生,又要防止照明上的浪费。因此,合理的工作地照明应是使工作面照度适宜、均匀、稳定,而且无炫目感。良好的照明,不仅要明亮,还需要消除黑角暗道,更要避免闪光反射,并不发生过高热量。因此,在进行工作地照明的组织工作时,不仅要考虑光源,还要考虑距离及分布,以及操作者视网膜对光线的适应性,如表6-7所示。

表6-7 不同工作的照明条件要求

工作分类	举 例	标准照度(lx)	照度范围(lx)
超精密工作	钟表、超精密机械加工、刺绣	1 000	700～1 500
精密工作	排字、汽车和飞机组装	500	300～700
普通工作	机加工、铸造、焊接	200	150～300

续 表

工作分类	举 例	标准照度(lx)	照度范围(lx)
粗工作	木工	100	70～150
非工作	车间非工作区	50	30～70
	附属生活区及厕所	20	15～30

(三) 色彩分析与设计

由于色彩容易创造形象与气氛,激发心理联想和想象,因此色彩能够比普通照明产生更进一步的效果。许多国家的工业卫生、环境保护专家和劳动心理学家以及医学家证明厂房、建筑物及工作地装备的色调,对工人的劳动情绪、生产效率和作业质量有明显的影响。实践证明,色彩已不是可有可无的装饰,而是一种管理手段,可以为改善劳动环境、提高生产效率服务。

1. 颜色对人的影响

色彩对工作人员的影响表现在人的机体和心理两个方面。医学家从医学上证实,颜色对人体的机能和生理过程会发生作用,影响到内分泌系统、含水量的平衡、血液循环和血压。例如,红色系会使人各种器官的机能兴奋和不稳定;蓝、绿色系会使人各种器官的机能稳定。颜色产生影响是因为色彩与它所属的对象和物品是紧密相连的,所以,颜色对心理的影响受制于生活中积累起来的人与物交往的经验,以及对物的态度。也就是说色彩能引起或改变某种情绪,如"明快"的颜色引起愉快感,"阴郁"的颜色可能是心情不佳的起因。一般情况下,红、橙、黄色给人以温暖感觉,称为暖色;青、绿、紫色给人以寒冷感觉,称为冷色。因此朝北的房间室内温度低时,可用暖色,高温车间必须用冷色。

暖色一般起积极的兴奋的心理作用。红色系对人在生理上起增加血压及脉搏的作用,在心理上有兴奋作用,并有不安感及紧张神经的副作用,一般不广泛使用。橙色系列可以增加食欲,适合于食堂。黄色系列的生理反应近于中性,所以可用于一般工作场所,特别是女工作人员为主的场所,用暖色为宜。

冷色一般起消极的镇静的心理作用。青色系列对人在生理上起降低血压及脉搏的作用,在心理上有镇静作用,有清洁感,但大面积使用会给人荒凉的感觉,所以只能配套使用。在冷色中,绿色系列的生理反应近于中性,可给人以平静感。

明色调与暗色调,由反射决定的色彩亮度可能影响人的情绪,如明色调会使人产生轻松、自在、舒畅的感觉,暗色调会使人产生压抑和不安的感觉。色彩的选择除了上述的一般情况外,还与人的个别特点像年龄、性别、生活经验等有关。例如,儿童喜欢鲜艳的色调,如红色或黄色,成年人偏好蓝色、绿色和红色。统计调查显示成人所喜爱的色调顺序为:蓝、红、绿、黄、橙、紫、褐、灰、黑、白与粉色。

2. 生产环境与设备的色彩调节

生产用的厂房一般不主张涂成单一颜色或者一种色调占主要地位。因为单一颜色会使视觉疲劳,把表面涂成对比色是有效的。具体颜色还要适合于房间的用途。如普通厂房应采用明快的色调;温度很高的房间最好涂上冷色调;俱乐部和休息室应采用使人感到舒适的暖色调；而会客室则可涂上暗色调。通常天花板要具较大的反射值；而墙与地板的反射值应较小。

设备不论规模大小，大体上可分为主机、辅机和动力来源，以及控制盘、座面和工作台等。对这些进行色彩装饰时，要将生产用房的环境色、机械色、作业时的材料色结合在一起考虑，由环境色和工作内容确定设备本体的色调。一般来说，设备使用中性的绿色系列和没有刺激的灰色系列较佳，因为这种色彩能予人以静感而可使工作人员眼睛不会过度疲劳。此外，对于需要卫生管理的食品、饮料工厂的设备，则采用白色或近于白色最佳。对于搬运设备如堆高机、手推车等尽量避免深色，以较明快的色彩为好。

(四) 噪声分析与设计

人—机工程中，噪声是对生产者形成干扰，感到不快、不安或有伤害的一切声音信号，主要包括城市交通、工厂和建筑施工等噪声以及商业、体育和娱乐场所的人群喧闹声等。

1. 噪声对工作效率的影响

噪声直接或间接影响工作效率。在嘈杂的环境里，人们心情烦躁，工作容易疲劳，反应迟钝，注意力不容易集中等都直接影响工作效率、质量和安全。尤其是对一些非重复性的劳动影响更为明显。通过许多实验得知，在高噪声下工作，心算速度降低，遗漏和错误增加，反应时间延长，总效率降低。降低噪声给人带来舒适感，精神轻松，工作失误减少，精确度提高。噪声干扰对人的脑力劳动会有消极影响，使人精力分散。分散注意力的噪声会使劳动生产率下降，可能导致劳动能力损耗，在从事要求长时间内保持紧张注意的工作，如检查作业、监视控制作业等，噪声干扰会大大降低工作能力。

由于噪声的心理作用，分散人们的注意力以及高噪声掩饰危险、警报信号，容易引起工伤事故。实践证明，噪声较高的工厂，如钢铁厂等，噪声是酿成事故不可忽视的原因。噪声造成经济上的损失也是十分可观的。据世界卫生组织估计，仅工业噪声，每年由于低效率、缺勤、工伤事故和听力损失赔偿等，就使美国损失近40亿美元。值得注意的是，声音过小也会成为问题。在一个寂静无声的房间里工作，心理上会产生一种可怕的感觉，使人痛苦，这也必然影响工作。

2. 噪声控制

形成噪声干扰的过程是：声源—传播途径—接收者。因此，噪声控制必须从这三个方面研究解决。首先是降低声源噪声级，如果技术上不可能或经济上不合算，则考虑从传播途径和接收者方面采取措施。

(1) 声源控制。通过研制和选择低噪声的设备和改进生产加工工艺，提高机械设备精度和安装技术，使发声体不发声或降低发声强度，就可以从根本上解决噪声污染。工厂中的噪声主要是机械噪声和空气动力性噪声。要选择低噪声机器或对现有声源采取措施，首先需要了解各种声源的性质和发声机理。

(2) 限制噪声传播。在传播途径上阻断和屏蔽声波的传播，或使声源传播的能量随距离衰减，这是限制噪声传播的有效方法。一方面，工厂总体设计布局要合理。预计工厂建成后可能出现的厂区环境噪声情况，在总图设计时予以考虑。例如，将高噪声车间、场所与噪声较低的车间、生活区分开设置，以免互相干扰，对特别强烈的噪声源，可设在厂区比较边远偏僻地区，使噪声级最大限度地随距离自然衰减。另一方面，利用天然地形，如山岗土坡、树丛草坪和建筑屏障等有利条件，阻断或屏蔽一部分噪声的传播。在噪声严重的工厂、施工现场或交通道路的两旁设置有足够高的围墙或屏障,减弱声音传播。

(3) 接收者的防护。当其他措施不成熟或达不到预期效果时,使用防护用具进行个人防护是一种经济、有效的方法。防护用具常见的有橡胶或塑料制的耳塞、耳罩、防噪声帽及耳孔内塞防声棉(加上蜡或凡士林)等,可以降低噪声 20~30 db。在噪声强烈的车间,也可以开辟小的隔声间,工人在其中进行仪表控制或休息。此外,可以从工作组织上采取轮换作业,缩短工人在高噪声环境中的工作时间。

复习思考题

1. 什么是工作设计,进行工作设计有何意义?
2. 为什么要进行工作研究和工作设计?
3. 简述工作扩大化与工作丰富化的区别。
4. 什么是工作标准?如何制定工作标准?
5. 人—机工程可以从哪些方面来帮助提高生产率?

案例分析

丰田汽车公司某工厂的职务定期轮换

丰田汽车公司的基层组织是工段、班组,分别设工段长、班长及组长,组长下面是一般作业人员,每个工段配置有数百台设备,共有 220 余名人员。

该工厂为使员工多能化,具有多种技能,进行了职务定期轮换。

(1) 定期调动:主要以基层管理人员为对象,以若干年为周期的工作场所的变动,职务内容、所属关系、人事关系都发生变化。

基础管理人员的定期调动,主要是考虑让他们担任尚未担任过的工作,让他们能在新的人事关系、工作环境中学习未曾掌握的知识和技能,进一步扩大视野,提高管理能力。而且,在一个新环境里,能够发现新的问题。因此,有利于促进生产率的提高。

(2) 班内定期轮换:根据情况进行的班内变动,所属关系、人事关系基本不变。目的在于培养和训练多面手。

(3) 岗位定期轮换:在班内以 2~4 小时为单位的有计划的交替作业。

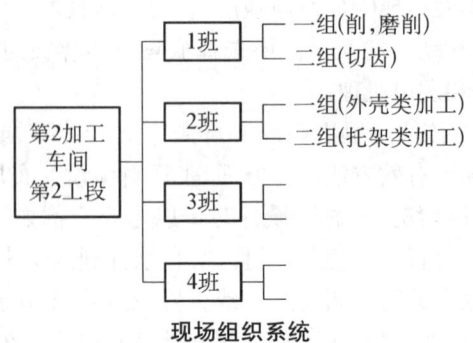

现场组织系统

丰田试图通过这种形式实现一般作业人员的"多能化",由班长将班内的作业分为若干个作业单位,排出作业轮换训练表,使全体成员轮换进行各工序的工作,最后使每个人都能掌握各个工序的工作。

【思考题】

丰田公司的这种做法会形成什么样的结果?有什么好处?

第七章 生产计划

学习目标

1. 描述生产计划系统的框架,说明其中主要计划的作用和相互联系;
2. 解释为什么生产计划应当是分层的;
3. 掌握综合生产计划的主要概念和编制策略;
4. 编制综合计划和主生产计划(MPS)的方法;
5. 掌握 MRP 的原理与计算逻辑和技术参数;
6. 了解 MRP 的概念与演变过程。

 开篇案例

C 电器设备公司生产计划

星期三上午,11:50,C 电器设备公司的主生产计划员朱女士正准备去吃午饭,电话铃响了,是公司主管销售的副总裁。

"朱女士,你好。我刚刚接到我们浙江的销售代表的电话,他说,如果我们能够比 D 公司交货更快,就可以和一家大公司做成 A3 系统的一笔大生意。"

"这是一个好消息。"朱女士回答,"一套 A3 系统可以卖 100 万呢!"

"是的。"副总裁说,"这将是一个重要的新客户,一直由 D 公司控制着。如果我们这第一步走出去了,以后的生意会接踵而来的。"

朱女士知道,副总裁打电话给她绝不仅仅是告诉她这个好消息。"如果我们能够比 D 公司交货更快"才是打电话的原因。作为主生产计划员,她意识到副总裁下面还有话说,她全神贯注地听着。

"你知道,朱女士,交货是销售中的大问题。D 公司已经把他们的交货期从原来的 5 周缩短到 4 周。"副总裁停顿了一下,也许是让朱女士做好思想准备。然后接着说:"如果我们要做成这笔生意,我们就必须做得比 D 公司更好。我们可以在 3 周之内向这家公司提供一套 A3 系统吗?"

朱女士在今天上午刚刚检查过 A3 系统的主生产计划。她知道,最近几周生产线都已经排满了,而且 A3 系统的累计提前期是 6 周,看来必须修改计划。"是 3 周以后发货吗?"朱女士问道。

"恐怕不行,3 周就要到达客户的码头。"副总裁回答。朱女士和副总裁都清楚,A3 系统太大,不能空运。

"那我来处理这件事吧。"朱女士说,"两小时之后我给您回电话。我需要检查主生产计划,还需要和有关人员讨论。"

副总裁去吃午饭了。朱女士继续工作、解决问题。她要重新检查 A3 系统的主生产计划,有几套 A3 系统正处于不同的生产阶段,它们是为其他客户做的。她需要考虑当前可用的能力和物料;她要尽最大的努力,使销售代表能够赢得这个重要的新客户;她还必须让其他老客户保持满意。尽一切可能把所有这些事情做好,这是她的工作。

下午 1:50,朱女士给销售副总裁打了电话:"您可以通知您的销售代表,从现在开始 3 周,一套 A3 系统可以到达客户的码头……"

"太好了!朱女士。你是怎么解决的呀?"副总裁高兴地问道。

"事情是这样,我们有一套 A2 系统正在生产过程中。我请您的助手给这套 A2 系统的客户代表打了电话,请他和客户联系,能否推迟 2 周交货。我们答应这家客户,如果他们同意推迟两周交货,我们将为他们延长产品保修期。他们同意了,我们的财务部门也批准了。我可以修改计划,利用现有的物料和能力把 A2 系统升级为 A3 系统,就可以按时交货了。"

(资料来源:高德拉特,科克思.目标[M].第 3 版.北京:电子工业出版社,2012.4.)

在这个案例中,ERP 软件系统的主生产计划功能为主计划员提供了一个工具,主计划员利用 MPS 软件工具得到关于 A3 系统的生产、能力和物料信息,在此基础上,她要精心考虑,如何重新做出安排,既要实现本公司的目标,又要让客户满意。她的关于产品和产品生产过程的知识,使她清楚如何把 A2 系统升级为 A3 系统。她具有组织和沟通的能力,和公司的其他人员,包括销售、市场、工程技术、财务以及高层管理层人员协同工作,找到一个需要公司各个方面共同支持的解决方案。

生产计划按照计划期的长短,分为长期生产计划、综合生产计划(也称为中期生产计划)和生产作业计划(也称为进度计划或排程计划)。长期生产计划的主要任务是进行产品组合决策、生产过程决策和生产能力决策,它决定了企业的长期供给能力和竞争态势。综合生产计划的任务是充分利用现有资源和生产能力满足全年市场需求,并合理地控制库存和尽可能均衡地组织生产,以降低生产成本。生产作业计划的任务是科学地安排生产活动的每一个细节,以确保按综合生产计划或按顾客订单要求的质量、数量和交货期交货。生产计划是组织和控制企业生产活动的依据,是生产与运营管理的主线,企业的所有生产活动都应纳入计划,故生产计划的重要性怎么强调都不过分。

对于处理流程型企业,由于其生产设施的投资较大,以及主要按备货方式生产,使得尽可能提高生产能力的利用率成为生产计划的主要问题。故相对于作业计划来说,综合生产计划的地位更关键。而对于制造装配型企业,由于主要按订单生产,对交货期的要求很严格,故生产作业计划的作用更为重要。但是,对于采用流水生产过程按备货方式生产的制造装配型企业来说,综合生产计划同样扮演着重要的角色。

在本章中,我们首先给出生产计划系统的框架,然后分别讨论综合生产计划和生产主计划的编制以及 MRP 的基本原理,作业计划将在第八章阐述。

第一节 生产计划系统

生产计划系统是一个以长期资源计划、综合生产计划、主生产计划、物料需求计划和详细作业计划为主线,包括需求预测、需求管理、分销计划、能力计划等相关计划和职能,并以生产控制信息的及时反馈连接构成的复杂系统。生产计划系统的框架如图7-1所示。

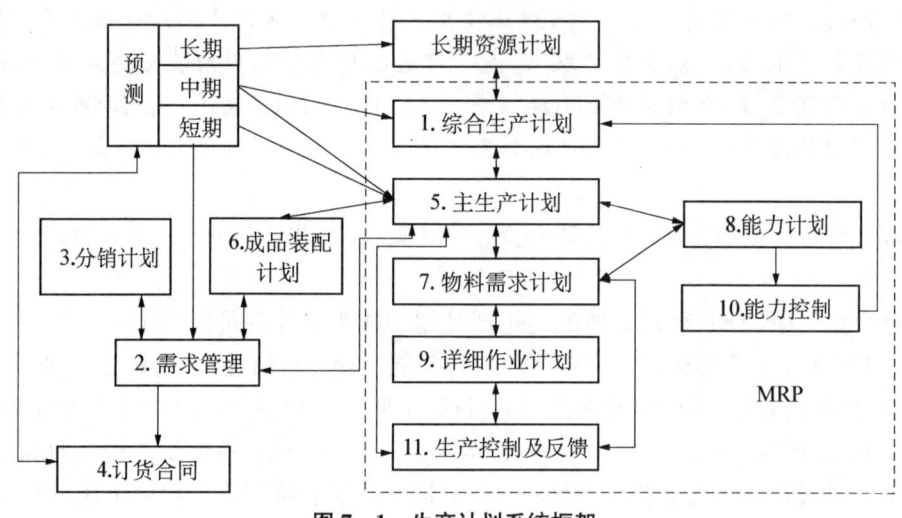

图7-1 生产计划系统框架

一、综合生产计划

综合生产计划(Aggregate Production Planning,见图7-1中的模块1),又称为中期生产计划或生产计划大纲,由于其计划期一般为一年,故许多企业又称之为年度生产计划。综合生产计划的对象主要是产品类。一个产品类中可以包含多个品种或产品族,它们均具有相似的加工特征,特别是具有相似的季节性需求变化特征,故可在计划生产率和库存水平时将其看作一类产品,不再做进一步的细分和规定。长期资源计划(Long-Range Resource Planning)是综合生产计划的前提,其主要任务是确定企业产品组合在每个工厂的分配、选择生产过程和进行生产能力规划,它决定了企业的长期供给能力和竞争优势。综合生产计划是根据市场需求的预测制订的,它的决策变量主要是生产率、人力规模和库存水平。其目标是如何充分利用生产能力满足预测的顾客需求,同时使生产率尽量保持均衡,并合理控制库存水平以降低总生产成本。

对于处理流程型企业,综合生产计划的作用是非常关键的,这是由这类企业的设备或生产设施投资大,生产连续进行,生产能力可以准确核定,以及采用备货生产方式满足顾客需求的生产性质决定的。而对于制造装配型企业,由于大多采用按订单生产的方式,产品是非标准化的、定制化的,在制订综合生产计划时往往缺乏足够的订货合同,又不能事先生产出产品来等候顾客订货,加之生产能力随产品结构的变化而改变,不能事先准确核定,所以,综合生产计划只能起一种指导作用。这类企业生产计划的重点是生产作业计划。

近十几年来,越来越多的制造装配型企业将综合生产计划扩展为产销联合计划,或简称为产销计划(Sales & Operations Planning,S&OP),发挥综合生产计划的指导作用,改善研发、生产和销售之间的沟通和协调。产销计划的编制机制类似于综合生产计划,但参与计划编制的功能部门不仅包括销售部门和制造部门,还包括财务部门甚至新产品设计部门。相应的,主持产销计划编制的领导通常是企业的总经理或主管销售和运营的负责人,后者西方企业称之为首席运营官(Chief Operating Officer,COO)。产销计划一般在年初编制全年计划,然后按月滚动修订。产销计划主要的输入与输出内容如下。

(一) 输入

(1) 预测的需求(来自市场部门和销售部门);
(2) 确认在计划期投产的新产品(来自工程部门);
(3) 生产能力(来自制造部门);
(4) 预计所需的资金(来自财务部门)。

(二) 输出

(1) 销售计划(由市场部门和销售部门负责);
(2) 新产品投产计划(由设计部门和工程部门负责);
(3) 供应计划(由制造部门负责);
(4) 资金计划(由财务部门负责);
(5) 积存订单计划(由总经理或COO负责);
(6) 库存计划(由总经理或COO负责)。

二、需求管理

需求管理(见图7-1中的模块2)是生产计划系统与顾客间的界面,它应当向主生产计划发出经过确认的顾客订货合同,作为制订主生产计划的依据。它向顾客所做的交货承诺,应当是以企业的可承诺能力(Available to Promise,ATP)和产品生产周期为基础的。它还应当协调和监督成品装配计划(Final Assembly Schedule)和分配计划(Distribution Plan)的执行情况。

需求管理不仅要响应顾客需求的变化,而且应当积极地影响顾客需求的变化模式。最常用的方法有灵活的定价策略、折扣策略和促销策略、采用预定系统来平抑需求的波动性和不确定性。例如,公用电力公司可以通过实行峰谷电价来限制高峰期用电需求和鼓励低谷期用电,从而缓解高峰期发电能力不足和降低低谷期发电机欠负荷运行的成本。许多服务企业由于服务不能储存,超过系统服务能力的顾客需求就会丢失,而需求低于系统的服务能力又会造成设施的闲置和很大的浪费,因此这类企业普遍采用预定系统来降低需求的不确定性。例如,航空公司普遍采用机票预定系统,并且越早预定享受的折扣越大,与其联网的机票代理商覆盖越广,这种平抑需求波动的效果就越显著。

三、主生产计划

主生产计划(Master Production Schedule,MPS,见图7-1中的模块5)是生产计划系统

的核心,是生产制造功能与市场营销功能的界面,是所有短期生产活动(包括材料采购、零部件外协、制造和装配等活动)的依据。主生产计划的期限一般为季度或月度,因此有些企业又称为季度、月度投入产出计划。主生产计划的对象是产品品目,在实行按订单装配生产方式的企业中,其对象是进入最后装配阶段的部件和分装件。

在备货生产方式下,主生产计划是按综合生产计划规定的任务排产。在按订单生产方式下,主生产计划是根据实际订货合同编制作业计划,规定什么时间生产什么,在哪生产,生产多少。主生产计划还要根据产品构成从总体上核算关键设备的生产负荷,进行负荷平衡,消除生产能力的瓶颈。这项工作称为粗能力计划(Rough-Cut Capacity Planning)。

主生产计划的计划期,应当依据企业自制产品的生产提前期(Production Lead Time,也称为生产周期,包括工程设计周期、材料采购周期和加工周期)来确定。此外,理想的情况是主生产计划完全依据订货合同来制订,但许多企业往往做不到这一点,在制订主生产计划时,手头的订货量不饱满,故计划中还不得不包括一部分预测的需求,这就使得主生产计划带有一定的不确定性。尤其对于按订单生产的企业,主生产计划中包含较多的预测产量,这将会导致生产能力浪费和半成品库存积压。通常的解决办法是采取滚动计划的方式,将主生产计划的计划期分为几个阶段,根据新到的订货合同对主生产计划进行滚动修订。滚动计划方法是在订货不足的情况下,不得已而采取的一种计划方法。当滚动期短于生产周期时,同样会带来严重问题,使企业生产秩序不稳定,在制品库存上升,呆死料增加,整个生产与运营管理处于被动局面。故企业应从经营战略高度和需求管理方面根本解决主生产计划任务不足的问题。

在实行按订单装配生产方式的企业中,由于顾客要求的交货期大大短于生产周期,所以只能根据顾客订货合同要求编制成品装配计划。这种情况下主生产计划的对象是进入最后装配阶段的部件和分装件,如何实现与成品装配计划的衔接是编制主生产计划要考虑的重要问题。

四、物料需求计划

物料需求计划(Material Requirements Planning, MRP,见图7-1中的模块7)是根据产品的物料清单(Bill of Material, BOM)和零件的可用库存量,将主生产计划转化成最终的、详细的材料需求和零件需求及零件外协加工作业计划。

对于制造装配型企业,由于产品结构复杂,往往涉及成千上万种不同规格的材料的零件品目,只要有一种缺货,就会影响整个产品的加工和装配进度。故对于制造装配型企业来说,物料需求计划对确保主生产计划和顾客订单的及时齐套交付非常关键。物料需求计划工作复杂、琐碎而又十分重要,故企业的生产管理或供应链管理都是先对这部分只能实现计算机管理。

目前西方国家制造企业已普遍采用MRPⅡ(Manufacturing Resource Planning)系统进行制造管理,并采用ERP(Enterprise Resource Planning)系统进行供应链的管理,而这两种计算机化的生产与运营管理系统的核心部分就是物料需求计划。

五、能力计划

主生产计划和物料需求计划能否按期实现的关键是生产作业计划是否与实际生产能力

相吻合。超出现有生产能力的作业计划必然被延迟,只有满足现有生产能力约束的生产作业计划才是可行的,故能力计划是生产作业计划的保障。能力计划(Capacity Planning,见图 7-1 中的模块 8)一般分为两个层次:第一个层次称为粗能力计划(Rough-Cut Capacity Planning),其功能是在主生产计划制订阶段根据产品工艺路线对关键生产设备或称为"瓶颈"环节的负荷进行概算,以确认主生产计划是否可行并进行必要调整;第二个层次称为详细能力计划(Detailed Capacity Planning),它是在制订物料需求计划阶段,根据零件品目的加工批量和工艺路线,对每台主要设备的负荷进行测算,如果作业超出生产能力限制,则考虑采取加班、外包、调整加工次序等措施确保计划进度,如采取这些措施仍不能完全解决问题,则应考虑修改主生产计划的进度安排。经验表明,如果经粗能力计划平衡后的主生产计划切实可行,则一般可省去详细能力计划这一步。

六、详细作业计划

详细作业计划(Detailed Operation Schedule,见图 7-1 中的模块 9)的计划期一般为日或一个轮班,它是依据物料需求计划具体确定每种零件品目的投入时间和完工时间,以及各种零件在每台设备上的加工次序,以充分利用瓶颈环节生产能力,保证各种零件按期完工,同时尽量使设备负荷均衡和使在制品库存尽量减少。详细作业计划的一个主要任务是安排关键设备或瓶颈环节零件加工顺序。

七、生产控制

生产计划系统必须形成一个"闭环"才能够有效运作。生产控制(Production Control,见图 7-1 中的模块 11)的功能就是使生产计划系统成为一种闭环控制系统。其任务一方面是将生产过程的状态信息、变化信息和目标偏差信息,及时反馈给生产计划部门,这些信息包括加工进度、库存水平、材料到货情况、设备故障、工程更改、缺勤、质量问题等,以便计划部门及时采取纠正措施,确保计划实现;另一方面是负责将操作者和各生产单位的绩效信息及时报告生产计划部门,如产量、工时、废品率、能源利用率、设备利用率、生产率等,以便进行绩效考核和确定奖励计划。生产控制以生产作业计划为标准,生产作业计划以生产控制为保证,两者缺一不可。

八、生产计划的层次

生产计划系统应当是分层的。长期生产计划属于战略性计划,它应当在公司层面编制和下达;综合生产计划和主生产计划属于战术性计划,它应当在工厂层面编制和下达;物料需求计划和详细作业计划属于操作性计划,故应当在车间层面编制和下达。下层生产计划必须在上层生产计划的约束条件内编制。最早在理论上提出生产计划层次结构的学者是美国生产管理学家 C.A.哈克斯(C. A. Hax)和 H.C.米尔(H.C.Meal)。[1] 生产计划的典型层次结构见图 7-2。

---

[1] Silver, Edward A., Decision Systems for Inventory Management and Production Planning, 2nd ed. New York: John Wiley & Sons Inc., 1985, p.576.

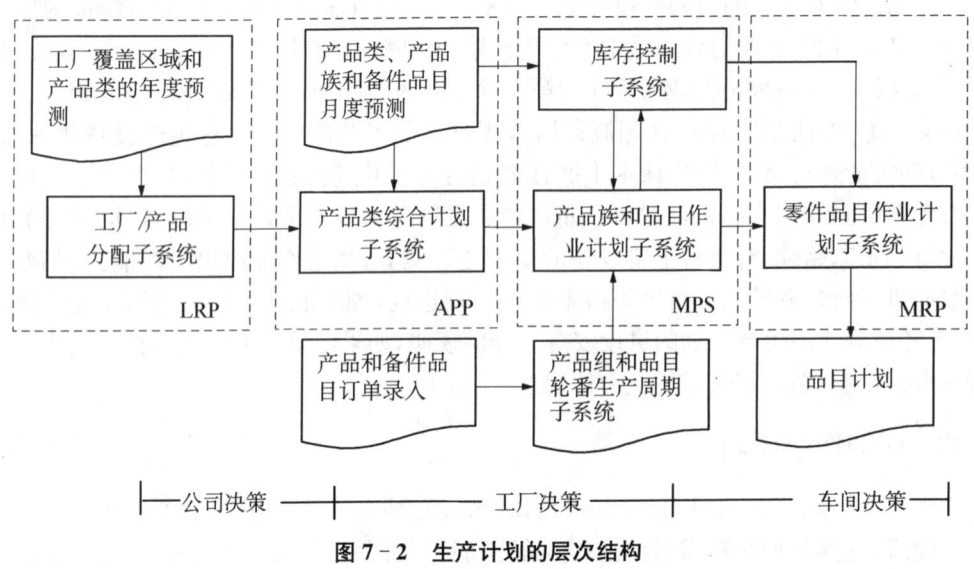

图7-2 生产计划的层次结构

第二节 综合生产计划

一、综合生产计划的编制策略

综合生产计划的任务就是要在满足顾客需求、维持合理的期末库存水平、尽量降低总生产成本和尽量使生产率保持恒定之间求得一种合理的均衡。因此综合生产计划的主要任务可以表述为:对于特定的产品类,根据生产计划期内每个期间的需求预测 D_t,依次确定各个期间 $t=1,2,\cdots,T$ 的生产率 P_t,期末库存水平 I_t 和人力规模 W_t,在满足需求的前提下,使整个计划期内的总成本尽可能低。

制订综合计划有以下两种方法:一种是通过市场需求及预测得到未来一段时期内市场的需求量,计划人员利用此信息可以决定如何利用公司现有的资源组织生产以满足市场需求。另一种是通过模拟不同主生产计划和计算相应的生产能力需求,了解每个工作中心是否有足够的工人与设备。实践中,通常有三种基本的综合生产计划编制策略,即追踪策略、均衡策略和混合策略。

(一)追踪策略

即在计划期内改变生产率或劳动力水平来适应要求的一种策略。当订货变动时,雇佣或解雇工人、加班加点、使用外协,使产量与订货一致。其优点是根据需求的变化调整生产率,每期期末只维持最低限度库存;其缺点是要对生产率进行频繁调整,这会带来一些不利的后果,如产品质量不稳定,工人情绪不稳定,生产费用增加等,这显然是生产计划人员所不希望的。

(二)均衡策略

即在计划期内保持生产率和劳动力水平不变,使用调节库存或变化的工作时间来适应这种恒定生产率计划的优点是生产秩序稳定,工人情绪稳定,从而质量也容易保持稳定。但这种计划也存在严重的缺点,它会使得在计划期的某些期间上,库存水平大大高于最低限度期末库存水平。因此,对于需求波动幅度较大的市场环境来说,恒定生产率计划通常不是一个好的计划。

(三) 混合策略

上述两个策略都是极端的策略,在企业里,最好的策略应该是采取两种策略的混合。

二、生产计划指标体系

生产计划的主要指标有品种、产量、质量、产值和出产期。

(一) 品种指标

品种指标是企业在计划期内出产的产品品名、型号、规格和种类数,它涉及生产什么的决策。确定品种指标是编制生产计划的首要问题,关系到企业的生存和发展。

(二) 产量指标

产量指标是企业在计划期内出产的合格产品的数量,它涉及"生产多少"的决策,关系到企业能获得多少利润。产量可以用台、件、吨表示。对于品种、规格很多的系列产品,也可用主要技术参数计量,如拖拉机用马力计量,电动机用千瓦计量等。

(三) 质量指标

质量指标是企业在计划期内产品质量应达到的水平,常采用统计指标来衡量,如一等品率、合格品率、废品率、返修率等。

(四) 产值指标

产值指标是用货币表示的产量指标,能综合反映企业生产经营活动成果,以便不同行业比较。根据具体内容与作用不同,分为商品产值、总产值、净产值三种。

商品产值是企业在计划期内出产的可供销售的产品价值。商品产值的内容包括:用本企业自备的原材料生产和成品和半成品的价值;用外单位来料加工的产品加工价值;工业劳务的价值。只有完成商品产值指标,才能保证流动资金正常周转。

总产值是企业在计划期内完成的以货币计算的生产活动总成果的数量。总产值包括:商品产值;期末期初在制品价值的差额;订货者来料加工的材料价值。总产值一般按不变价格计算。

净产值是企业在计划期内通过生产活动新创造的价值。由于扣除了部门间重复计算,它能反映计划期内为社会提供的国民收入。净产值指标有两种算法:生产法和分配法。

按生产法:
$$净产值 = 总产值 - 所有转入产品的物化劳动价值$$

按分配法:
$$净产值 = 工资总额 + 福利基金 + 税金 + 利润 + 属于国民收入初次分配的其他支出$$

(五) 出产期

出产期是为了保证按期交货确定的产品出产期限。正确地决定出产期很重要,因为出产期太紧,保证不了按期交货,会给用户带来损失,也给企业的信誉带来损失。出产期太松,不仅不利于争取顾客,还会造成生产能力浪费。

对于订货型(MTO)企业,确定交货期和产品价格是主要的决策;对于备货型(MTS)企业,主要确定品种和产量。

三、综合生产计划考虑的主要成本项目

(一) 正常生产成本

正常生产成本指在正常的、稳定的生产状况下,单位产出的生产成本,主要包括直接材料、直接人工和制造费用。可以根据是否随产量变化的性质,将正常生产成本划分为可变成本和固定成本。可变成本主要包括直接材料和直接人工成本,但对于某些类型的企业而言,如果工人工资是固定的,不随产量变化,则应视为固定成本。制造费用包含的费用项目中大部分属于固定成本,如折旧费、管理人员工资、取暖费、修理费等。故为了简化问题,可以将其全部归为固定成本。正常生产成本的典型特征如图 7-3 所示。

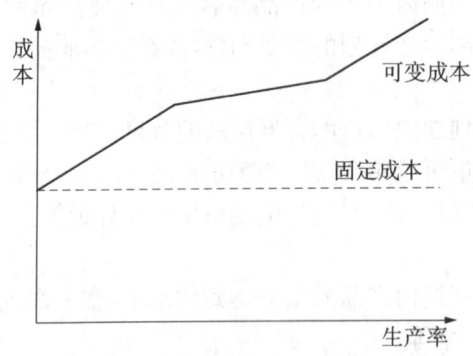

图 7-3 正常生产成本的典型特征

(二) 加班成本

加班成本的典型特征是随加班时间和生产率增加而呈指数曲线形状急剧上升,就是说,加班时间越长,次数越多,加班成本的支出上升越快,它与加班时间和生产率不是一种比例关系。加班是应当极力避免的,这不仅因为其成本大大高于正常生产成本,而且它往往使工人过度疲劳,精力不能完全恢复,结果导致正常生产率的下降。故为减少加班,在采用数学规划模型求解最优生产计划时,甚至人为地有意加大加班成本,以减少生产计划对加班的依赖。加班成本的典型特性如图 7-4 所示。

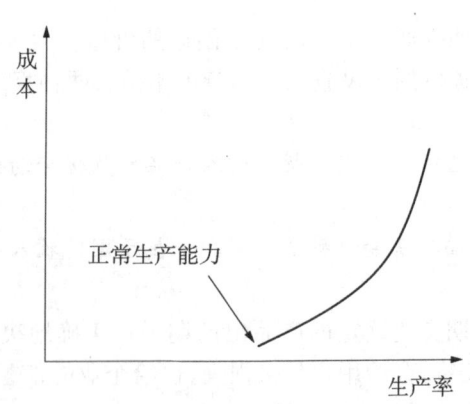

图 7-4 加班成本的典型特征

(三) 改变生产率的成本

改变生产率的成本主要是指通过增加工人或增加外协加工,在短期内增加生产率,或者通过临时解雇工人(虽然也是一种选择,但应尽量避免)压缩生产率所导致的成本。增雇工人需要增加工资支出和增加培训费用支出;增加外协要多支出外协加工费和外协管理费等。尤其对于短期的临时外协加工来说,其加工费可能大大高于本企业的正常生产成本。改变生产率的成本的典型特征如图7-5所示。

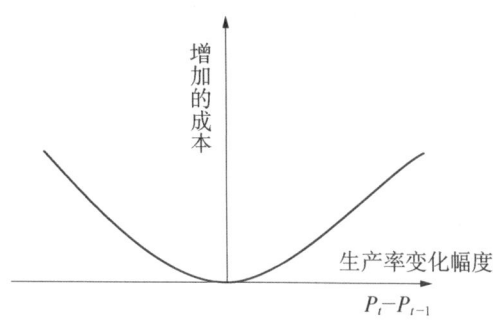

图7-5 改变生产率成本的典型特征

(四) 库存成本

库存成本包括订货成本和保存成本,库存成本的增加或减少不仅指产成品成本,还可能包括相应的原材料库存成本。

(五) 缺货成本

缺货成本指的是由于缺货造成的损失。当生产能力不能满足需求时,可以忽略缺货成本。这里要指出的是,从综合生产计划的角度来看,如果生产能力不足是主要问题的话,则只需按最大生产率水平持续恒定地生产即可,那样问题就简单了。而更多的情况是,生产能力超过平均顾客需求,在这种情况下才产生了要在上述各种成本中做出最佳权衡的问题。

四、综合生产计划的编制方法

(一) 反复试验法

反复试验法,又称"试错法",可能在管理实践中应用最广的方法。面对复杂的管理对象,人们很难找到优化的方法来处理,于是通过直觉和经验得出一种方法。将这种方法用于实践,取得经验,发现问题,对方法做出改进,再用于实践……如此反复。虽然,不一定能得到最优解,但是一定能得到可行的且大体令人满意的结果。在制订生产计划中,也可采用反复试验法,综合以上三种策略。下面将以一个例子说明如何应用反复试验法。

某公司将预测的需求转化为生产需求,如表7-1所示。该产品每件需20小时加工,工人每天工作8小时。招收工人需广告费、考试费、培训费等,折合一个工人需300元,裁减一个工人需解雇费200元。假设无废品和返工。为了应付需求波动,有1 000件产品作为安全库存。单位维持库存费用为6元/(件·月)。设每年需求类型相同0,计划年度开始时的工人数等于年度结束时的工人数,库存量也近似相等。现比较以下不同策略下的费用。

表 7-1 预测的需求量

月份	预计月生产需求量	累计需求量	每月正常工作日数	累计正常工作日数
4	1 600	1 600	21	21
5	1 400	3 000	22	43
6	12 00	42 00	22	65
7	1 000	5 200	21	86
8	1 500	6 700	23	109
9	2 000	8 700	21	130
10	2 500	11 200	21	151
11	2 500	13 700	20	171
12	3 000	16 700	20	191
1	3 000	19 700	20	211
2	2 500	22 200	19	230
3	2 000	24 200	22	252

1. 仅改变工人的数量

采取这种纯策略需假定随时可以雇到工人,完全根据计划期内的产量预测,进行招聘和裁减工人来调整员工数量,或通过加班、轮休、外包等调节产量,很多服务型企业较适用,如教育、医疗、建筑业等。这种策略可见表 7-2,总费用为 200 000 元。

表 7-2 仅改变工人数量的策略

月份	预计月生产需求量	所需生产时间	月生产天数	每人每月生产小时	需工人数 (3)÷(5)	月初增加工人数	月初裁减工人数	变更费
4	1 600	3 200	21	168	190		37	7 400
5	1 400	28 000	22	176	159		31	6 200
6	1 200	24 000	22	176	136		23	4 600
7	1 000	20 000	21	168	119		17	3 400
8	1 500	3 0000	23	184	163	44		13 200
9	2 000	40 000	21	168	238	75		22 500
10	2 500	50 000	21	168	298	60		18 000
11	2 500	50 000	20	160	313	15		4 500
12	3 000	60 000	20	160	375	62		18 600
1	3 000	60 000	20	160	375			0
2	2 500	50 000	19	152	329		46	9 200
3	2 000	40 000	22	176	227		102	20 400
维持 1 000 件库存费=1 000×6×12=72 000(元)					256	256		128 000
总费用=72 000+128 000=200 000(元)								

注:需工人数(3)÷(5)是指需工人数的计算公式为:对应的同行第 3 列数值除以第 5 列数值。

2. 仅改变库存水平

在每个计划期内产量保持一致,利用产成品库存缓冲需求和生产之间的差异,有利于员工队伍的稳定、产品质量的提升,降低员工的流失率和缺勤率,提高员工忠诚度,而且员工素质更高,水平更稳定。本策略很适合技术要求更高,需求变动相对较小的企业。

这种策略允许暂缓交货。由于 252 天内需生产 24 200 件产品,则平均每个工作日生产 96.03 件,需 1 920.63 小时($=96.03\times20$),每天需工人 241 人($=1 920.63\div8$),则每天平均生产产品 96.4 件($=241\times8\div20$)。仅改变库存水平的策略如表 7-3 所示。总费用 209 253 元。

表 7-3 仅改变库存水平的策略

月份	累计生产天数	累计产量	累计生产需求	月末库存	维持库存费
4	21	2 024	1 600	1 424	7 272
5	43	4 145	3 000	2 145	10 707
6	65	6 266	4 200	3 066	15 633
7	86	8 290	5 200	4 090	21 468
8	109	10 508	6 700	4 808	26 694
9	130	12 532	8 700	4 832	28 920
10	151	14 556	11 200	4 356	27 564
11	171	16 484	13 700	3 784	24 420
12	191	18 412	16 700	2 712	19 488
1	211	20 340	19 700	1 640	13 056
2	230	22 172	22 200	972	7 836
3	252	24 293	24 200	1 093	6 195
总费用=209 253(元)					209 253

3. 混合策略

对很多企业而言,上述每种策略都不一定很理想,则可以采取以上策略的组合,以使成本最低,服务水平提高。

混合策略可以多种多样,这里仅讲一种(见表 7-4)。考虑到需求的变化,在前一段时间采取相对低的均匀生产率,在后一段时间采取相对高的均匀生产率。4 月初需生产 1 600 件,每天需生产 76.1 件。设前一段时间采用每天 80 件的生产率,则每天需要工人 200 个($=80\times20\div8$)。生产到 8 月底,累计 109 天,生产了 8 720 件($=109\times80$)。在余下 143 天($=252-109$)内,需要生产 15 480 件($=24 200-8 720$)产品,平均每天生产 108.25 件($=15 480\div143$),需 271 人($=108.25\times20\div8$)。因此,在 9 月初要雇 71 人,每天可生产 108.4 件($=271\times8\div20$)产品,年末再裁减 71 人。这种混合策略的总费用为 179 275 元。

表 7-4 混合策略

月份	累计生产天数	生产率	累计产量	累计生产需求	月末库存	维持库存费	变更工人数
4	21	80	2 024	1 600	1 080	6 240	71×300= 21 300
5	43	80	4 145	3 000	1 440	7 560	
6	65	80	6 266	4 200	2 000	10 320	
7	86	80	8 290	5 200	2 680	14 040	
8	109	80	10 508	6 700	3 020	17 100	
9	130	108.4	12 532	8 700	3 296	18 948	
10	151	108.4	14 556	11 200	3 073	19 107	71×200= 14 200
11	171	108.4	16 484	13 700	2 741	17 442	
12	191	108.4	18 412	16 700	1 909	13 950	
1	211	108.4	20 340	19 700	1 077	8 958	
2	230	108.4	22 172	22 200	636	5 139	
3	252	108.4	24 293	24 200	1 021	4 971	
总费用=143 775+35 500=179 275(元)						143 775	35 500

反复试验法不能保证获得最优策略,但可以不断改善所采取的策略,也可以试着改变混合策略,以减少总费用。

(二) 数学方法

在运营管理的综合计划制订中,有许多数学方法可以使用,如线性规划中的运输问题法,可以在一定条件下,计算出正常产量、加班产量、外包数量、加班的时间以及库存量等。鲍曼的管理系数模型,是关于管理人员经验和业绩的正规决策模型,主要通过回归分析进行计算模拟。另外,在现实过程中使用的还有线性决策法则和仿真模型等。

以上的多种方法中,反复实验法应用的是图表技术,简单易懂,应用方便,但结果不具有唯一性和最优性;优化求解的线性规划中的运输问题法已经有成熟的计算机软件,并可以进行敏感性分析,但许多复杂的实际情况难以进行精确的建模;启发式的管理系数模型简单实用,使用回归分析模拟管理者的决策过程;变参数的仿真模型非常复杂,对于一般的管理者难度较大,但精确度较高。

第三节 主生产计划

综合生产计划只代表企业在计划期内应生产的产出总量目标,要付诸实施则必须进一步将总量计划分解为具体的产品产出计划,即分别按照产品的品种型号规格等编制各季度各月的产量任务,这就是主生产计划(MPS)。主生产计划规定了什么时间、生产什么、生产多少以及什么时候生产。主生产计划还根据产品品种构成,总体上核算关键设备的生产负荷,进行负荷平衡,以消除生产能力的瓶颈。

一、主生产计划的作用

主生产计划是物料需求计划的主要输入,处理的是外部的独立需求,是将外部需求和产销计划转化为内部生产作业计划订单,它是一种外部冲击与内部生产之间的缓冲机制。所以,主生产计划的本质作用就是在外部需求与内外部供给之间建立一种平衡,以尽可能地满足变化的外部需求。图 7-6 给出了一种主生产计划作用的形象描述。

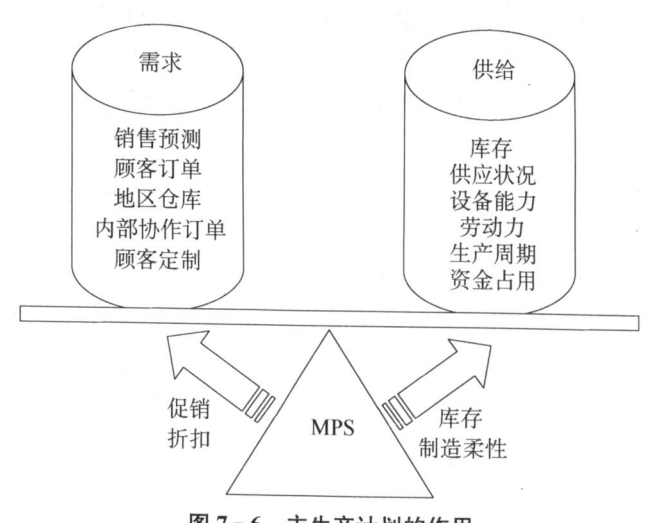

图 7-6　主生产计划的作用

我们从图中看到,一边是市场需求,另一边是外部和内部供给,二者都带有很大的不确定性。而主生产计划就像是一个冲击吸收器,一方面推动市场和销售部门运用需求管理,如促销、预定和折扣等,尽量增加顾客的订单,降低销售预测的比例;另一方面,通过维持适当的库存水平和提高制造系统的柔性,包括设备能力的柔性和劳动力的柔性以及与供应商的沟通,确保可靠的供给。显然,这是一项非常重要又非常困难的工作。

主生产计划的需求通常来自以下几个方面:

(1) 实际需求(Actual Demand),包括:① 顾客订单;② 批发商和经销商的订单。

(2) 配套件需求(Option Demand),包括:① 服务备件库存补货需求;② 公司内部各工厂之间的协作需求;③ 成品或半成品库存的补货需求。

(3) 预测的需求(Item Forecast),指季节性库存。

(4) 安全库存。

二、主生产计划的对象

从主生产计划的需求可以看出,主生产计划不是一种预测,它主要是依据经过确认的需求对最终品目的完成日期和数量的一种规定。这里最终品目的含义是物料清单的顶层品目,它可以是产品,也可以是进入总装的部件,甚至可以是关键零件,只要被置于物料清单的顶层。显然,哪些品目应包含在主生产计划中是 MPS 首先要解决的问题。这要根据企业的生产方式和产品结构的特点来确定,典型的情况有以下三类:

(1) 在备货生产方式下,企业用大量的原材料和零部件制造少量的标准化产品,故列入 MPS 的最终品目通常是最终产品,如电视机、电冰箱等。最终品目的选择如图 7-7(a) 所示。

(2) 在按订单制造方式下,企业通常是用相对少量的原材料和零部件生产品种较多的最终产品,这种情况下 MPS 的计划编制对象一般是将通用部件和模块与专用零部件区分开,将通用部件和模块作为单独的计划编制对象,以减少主生产计划排产的品目数。最终品目的选择如图 7-7(b) 所示。

(3) 在按订单装配生产方式下,企业是用通用的和标准化的零部件生产具有高选择性的产品,因此 MPS 的计划编制对象应当是分装件和通用件。例如,机床的生产,列入 MPS 的最终品目可能是床身、工作台、导轨和其他的主要分装件。此种情况下最终品目的选择如图 7-7(c) 所示。

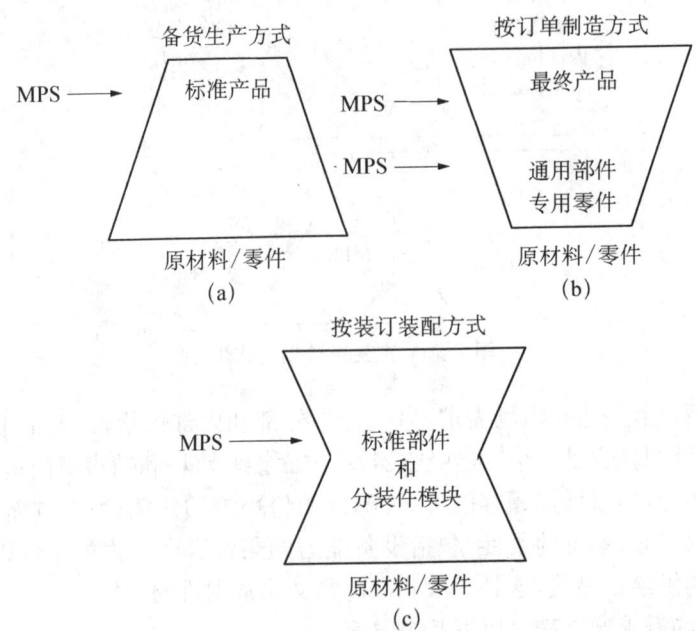

图 7-7　不同生产方式下 MPS 计划编制对象的选择

用主生产计划对产品或单一产品族的最少品目数进行排产,既反映了预期的生产水平,同时又在提供最终产品组合上保证了最大的灵活性。

三、主生产计划的编制

实践中常用的主生产计划编制策略主要有均衡策略、追踪策略和批量策略,同时大多数制造企业还运用滚动计划方法定期修订主生产计划以适应变化的环境。在西方企业的主生产计划编制规则中,还很重视可承诺能力规则的运用,以便销售人员向顾客做出可靠的承诺。

(一) 均衡策略

所谓均衡策略(Leveling Strategy),是将整个计划期的生产要求平均分派给每一个期间,在整个计划期内以恒定的生产率进行生产。均衡策略的优点是生产秩序稳定;有利于产品质量的稳定;缺点是可能在某些需求量低于平均水平的期间上形成较高的库存。为了克服这一缺点,可以采用分段均衡的策略。对于计划期内需求分布相对均衡的情况,适宜采用均衡策略编制主生产计划。表7-5是采用均衡策略编制主生产计划的一个简单示例。其中,前六周每周的全部需求为5个单位,后六周每周的全部需求为15个单位,计划期内总需求为120个单位,平均每周10个单位。主生产计划即按此排产。

表7-5 采用均衡策略编制 MPS 示例

	期间											
	1	2	3	4	5	6	7	8	9	10	11	12
需求预测	5	5	5	5	5	5	15	15	15	15	15	15
实际需求												
全部需求	5	5	5	5	5	5	15	15	15	15	15	15
可用库存	25	30	35	40	45	50	45	40	35	30	25	20
主生产计划	10	10	10	10	10	10	10	10	10	10	10	10
期初库存	20											

(二)追踪策略

所谓追踪策略(Chase Strategy),是按计划期每个期间的全部需求排产,需求变化,主生产计划也跟着变化。追踪策略的优点是可以保持较低的期末库存水平,缺点是需要按照需求的变化频繁地改变生产率。对于计划期内需求分布很不均衡的情况,适宜采用追踪策略编制主生产计划。表7-6是采用追踪策略编制主生产计划的一个简单示例。

表7-6 采用追踪策略编制 MPS 示例

	期间											
	1	2	3	4	5	6	7	8	9	10	11	12
需求预测	5	5	5	5	5	5	15	15	15	15	15	15
实际需求												
全部需求	5	5	5	5	5	5	15	15	15	15	15	15
可用库存	20	20	20	20	20	20	20	20	20	20	20	20
主生产计划	5	5	5	5	5	5	15	15	15	15	15	15
期初库存	20											

(三)批量策略

所谓批量策略(Lot Sizing),是按预先确定的期量标准或确定批量的某种算法,将相邻几个期间的生产要求合批。批量策略的优点是可以减少投产批次,节省作业转换时间损失,合理安排不同产品或零件的轮番生产;缺点是会增加半成品或成品的库存,增加生产控制的工作量。批量策略是最常用的主生产计划编制策略,改进批量编制策略,关键是改进批量的确定方法,可以因地制宜地选择经济订货批量法、部分期间法以及西尔弗-米尔启发式方法等。表 7-7 是采用批量策略编制主生产计划的一个简单示例。其中,批量规模为 30 个单位,每当可用库存下降到 5 个单位时,投产一个新的批量。

表 7-7 采用批量策略编制 MPS 示例

	期 间											
	1	2	3	4	5	6	7	8	9	10	11	12
需求预测	5	5	5	5	5	5	15	15	15	15	15	15
实际需求												
全部需求	5	5	5	5	5	5	15	15	15	15	15	15
可用库存	15	10	5	30	25	20	5	20	5	20	5	20
主生产计划				30				30		30		30
期初库存	20											

(四) 滚动计划

所谓滚动计划(Rolling Plan),是每隔一定时间,根据变化了的市场需求情况,对主生产计划进行一次修订,包括修订需求的预测和原主生产计划订单下达的时间和数量。滚动计划的间隔期称为滚动期,一般是月度。滚动修订主生产计划时,计划期长度保持不变,从而整个计划向前顺延一个滚动期。滚动计划的优点是可以根据变化了的市场需求或供应情况及时调整计划。但由于原计划已经实施了一个滚动期,有些订单已经开始执行,中间突然变化,会造成某些已采购的原材料形成库存呆料,或造成某些已执行的零件订单形成闲置的在制品库存,这些都是损失。因此,关键还是要提高计划的预见性,而不是靠滚动计划随时调整。

表 7-8 是采用滚动计划方法编制主生产计划的一个简单示例。其中,原计划是上表 7-7 的批量投产计划。当计划执行一周后,发现第一周实际收到的顾客订单数量为 10 个单位,因此,在第二周开始时,主生产计划员修改了原计划对需求的预测,将其增加到每周 10 个单位。这样,如果仍按原来的主生产计划下达批量生产订单,就会在某些期间上出现负的现有库存,也就是发生缺货[见表 7-8(a)]。于是,主生产计划员重新调整了批量订单下达的时间。滚动修订后的主生产计划见表 7-8(b)。

表 7-8 采用滚动计划策略编制 MPS 示例
(a) 修改了需求预测后的情况

	期 间											
	1	2	3	4	5	6	7	8	9	10	11	12
需求预测	5	10	10	10	10	10	15	15	15	15	15	15
实际需求	10											
全部需求	10	10	10	10	10	10	15	15	15	15	15	15
可用库存	10	0	−10	10	0	−10	−25	−10	−25	−10	−25	−10
主生产计划				30				30		30		30
期初库存	20	10										

(b) 滚动修订后的主生产计划

	期间											
	1	2	3	4	5	6	7	8	9	10	11	12
需求预测	5	10	10	10	10	10	15	15	15	15	15	15
实际需求	10											
全部需求	10	10	10	10	10	10	15	15	15	15	15	15
可用库存	10	30	20	10	30	20	5	20	5	20	5	20
主生产计划		30			30			30		30		30
期初库存	20	10										

(五) 可承诺能力

可承诺能力(Available to Promise，ATP)，又称为可承诺现货、可用性承诺，是主生产计划的一条重要排产规则，它告诉销售部门企业能够向各类顾客承诺的剩余能力或预留能力的总水平是多少，销售部门应当据此向顾客做出品种、数量和交货期的承诺。只有在可承诺能力范围内的交货承诺才是有保障的，否则将会发生违约。

下面简要说明在主生产计划阶段如何计算 ATP。

按照定义，可承诺能力等于主生产计划减去截至下一个主生产计划之前实际收到的订单。其计算公式为：

$$ATP = MPS - 下一个 MPS 之前的订单之和$$

在计划期初，可承诺能力的计算还应考虑上期的期末库存余额，其计算公式为：

$$ATP = 初库存 + MPS - 下一个 MPS 之前的订单之和$$

第四节 物料需求计划

一、物料需求计划的基本思想

物料需求计划(Material Requirements Planning，MRP)是 MPS 需求的进一步展开，也是实现 MPS 的保证和支持，是根据 MPS、物料清单、库存记录和已定未交的订单等资料，计算出企业要生产的全部加工件和采购件的需求量；按照产品出厂的优先顺序，计算出全部加工件和采购件的需求时间，并提出建议性的计划订单。

MRP 的基本原理就是根据产品出产计划倒推出相关物料的需求；围绕物料转化组织制造资源，实现按需要准时生产。指导思想为在需用的时刻所有物料都能配套备齐，而在未到需用的时刻又不过早地积压。MRP 主要解决以下 5 个问题：

(1) 要生产(含采购或制造)什么？生产(含采购或制造)多少？(这些数据从 MPS

获得）

（2）要用到什么？（这些数据根据 BOM 表获得）

（3）已经有了什么？（这些数据根据物料库存信息,即将到货信息或产出信息获得）

（4）还缺什么？（这些数据根据 MRP 计算结果获得）

（5）何时安排（包括何时开始采购制造、何时完成采购制造）？（这些数据通过 MRP 计算获得）

物料需求计划的功能可以用图 7-8 来表示。

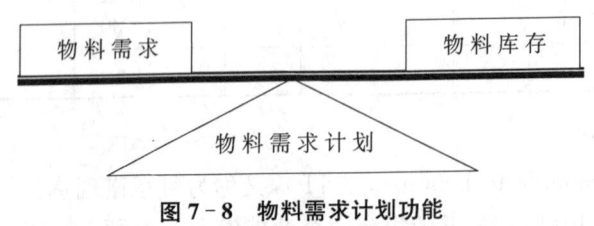

图 7-8　物料需求计划功能

二、MRP 结构

MRP 系统的组成一般包括产品出产计划、物料清单、库存和采购记录以及每个零部件的提前期。结构如图 7-9 所示,主要包括数据文件和输出报告等。

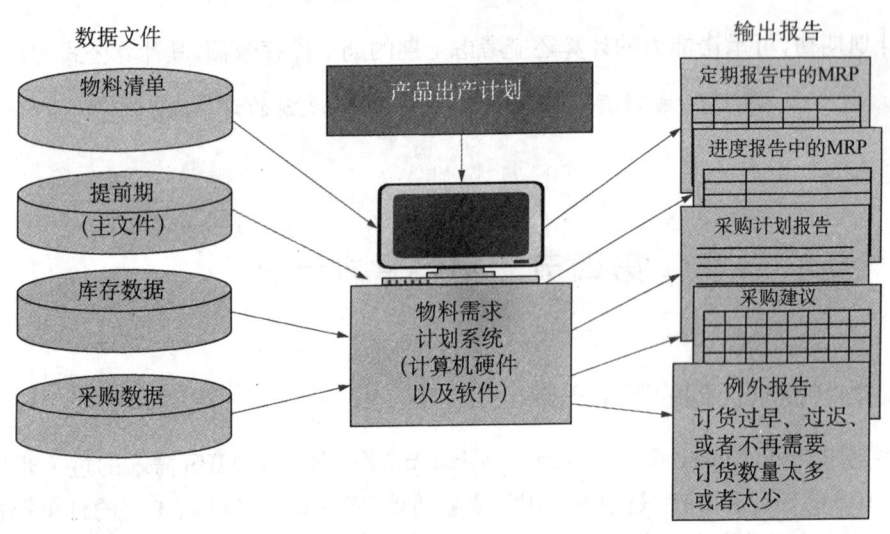

图 7-9　MRP 结构图

从图 7-9 可以看出,MRP 的输入有三个部分：主生产计划（或产品出产计划,MPS）、物料清单（产品结构文件,BOM）和库存状态文件。MRP 与其组成部分以及上一级的综合计划的关系,如图 7-9 所示。可见 MRP 在对综合计划具体分解的基础上又可以在计划不可行时,向上及时反馈,使计划更可行,更符合战略一致性。

(一) MRP 主要输入

1. 主生产计划

主生产计划是 MRP 的主要输入,在第三节已详细介绍了。主生产计划示例,如表 7-9 所示。它表示产品 A 的计划出产量为:第 3 周 10 件,第 7 周 15 件;产品 B 的计划产量为:第 4 周 12 件,第 6 周 14 件;产品 C,计划 1~11 周每周出产 10 件。

表 7-9 主生产计划

周　次	1	2	3	4	5	6	7	8	9	10	11
产品 A			10				15				
产品 B				12		14					
产品 C	10	10	10	10	10	10	10	10	10	10	10

2. 物料清单

物料清单(Bills of Materials,BOM)通常称为产品结构文件或产品结构树。物料清单不仅反映了物料、零部件的数量组成,而且反映了产品的制造顺序。在实践中,很多企业由于急于将产品推向市场,BOM 并不完善,常常会出现产品尺寸、零件数量等错误,发现错误后再下发工程变更通知单(ECN)。

BOM 表示了产品的组成及结构信息,包括所需零部件的清单、产品项目的结构层次、制成最终产品的各个工艺阶段的先后顺序,以及特殊的加工过程等。利用 BOM 可以准确地计算相关需求的信息。其中所包含的物料可分成两类:一类是自制项目,另一类是采购项目(包括所有的原材料、外购件和外协件)。MRP 展开后,自制项目的物料需求计划便形成相应的生产作业计划,采购项目的物料需求计划形成相应的采购供应计划。

在产品结构文件中,各个元件处于不同的层次。每一层次表示制造最终产品的一个阶段。通常,最高层为 0 层,代表最终产品项;第一层代表组成最终产品项的元件;第二层为组成第一层元件的元件;以此类推。为了形象地说明产品结构文件,以图 7-10 所示的三抽屉文件柜为例,并以图 7-11 所示的产品结构树来说明。

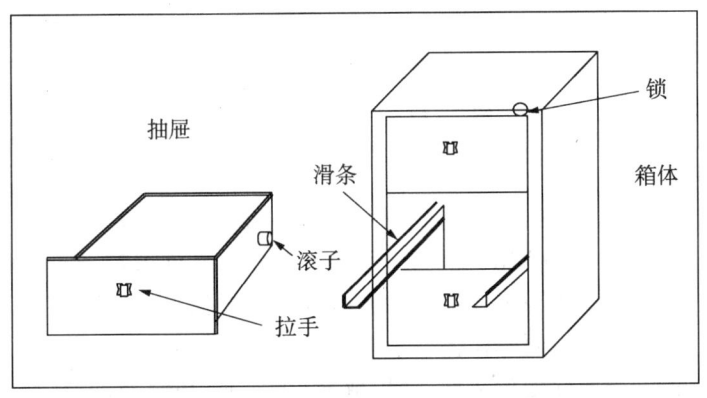

图 7-10 三抽屉文件柜组成示意图

三抽屉文件柜由1个箱体、1把锁和3个抽屉组成,一个箱体又由1个箱外壳和6根滑条装配而成;每个抽屉又由1个抽屉体和1个手柄和2个滚子组成;锁为外购件。将产品及其元件之间的关系用一种树形图表示出来,称为"产品结构树",如图7-11所示。将产品结构树转换成规范的数据文件格式就成为产品结构文件。

图7-11中方框里字母后括号中的数字表示单位上层元件包含的该元件的数量,L表示加工、装配或采购所花的时间,称为提前期。它相当于通常所说的加工周期,装配周期或订货周期。

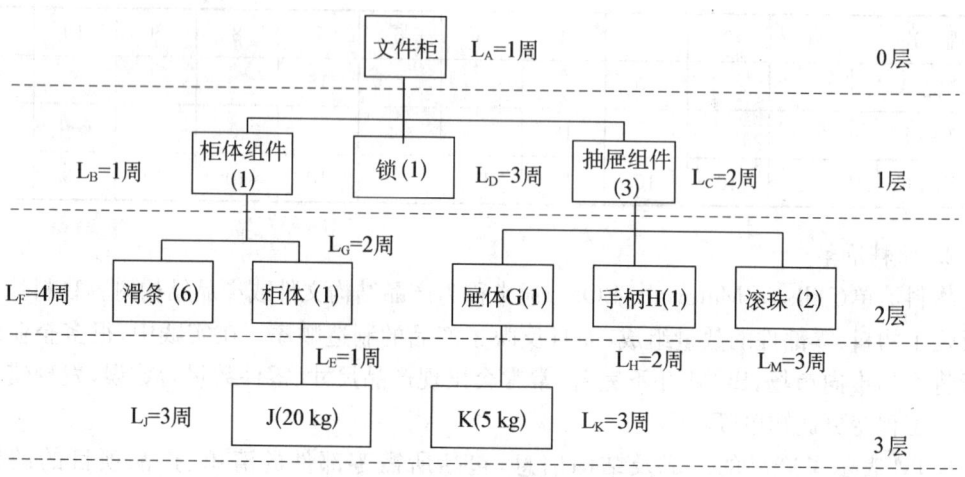

图7-11 三抽屉文件柜结构树

实际产品对应有多种多样的产品结构:同一零部件分在同一产品结构树的同层次上、同一零部件分在同产品结构树的同层次上,如图7-12所示。这种特点给相关需求的计算带来了困难,一般采用低层码技术来处理。所谓低层码是指在所有产品结构树的所有层次中,位置最低的层次码称为该零件的低层码。在图7-12中,零件C的低层码为2。

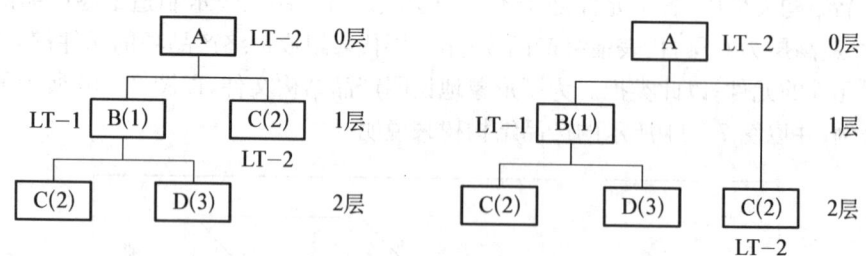

图7-12 产品A的结构树

3. 库存状态文件

良好的库存管理,清晰的库存记录是MRP成功实施的必要条件,只有企业的库存记录准确率达到99%以上,才能使MRP顺利运行。库存状态文件保存了每一种物料的有关数据,MRP系统关于订什么,订多少,何时发出订货等重要信息,都存贮在库存状态文件中。产品结构文件是相对稳定的,而库存状态文件却处于不断变动之中。

库存状态文件,又称库存记录文件,提供成品、半成品、在制品、原材料等物料项目的订货信息和可用量信息。表7-10为部件的库存状态文件的记录。其中,时间是这样规定的:

现有数为周末时间数量,其余 4 项为一周开始的数量。数据项可以做更细的划分,如预计到货量可以细分成不同的来源,现有数可以按不同的库房列出。

表 7-10　库存状态文件

部件 LT=2周		1	2	3	4	5	6	7	8	9	10	11
总需要量			100	100					50			100
预计到货量			200									
现有数	20	20	220	220	220	120	20	20	20	−30	−30	−130
净需要量										180		300
计划订货量									30		100	

一个产品的库存信息包括:

(1) 现有库存量。它是指在企业仓库中实际存放的物料的可用库存数量。

(2) 计划收到量(在途量)。它是指根据正在执行中的采购订单或生产订单,在未来某个时段物料将要入库或将要完成的数量。或者说已发出订货,这是采购部门在订单下达后,将订单和预计到货时间等信息通知相关部门,准确的采购到货信息,也是 MPS 和 MRP 顺利运行的前提。

(3) 已分配量。它是指尚保存在仓库中但已被分配掉的物料数量。

(4) 提前期。它是指执行某项任务由开始到完成所消耗的时间。

(5) 订购(生产)批量。在某个时段内向供应商订购或要求生产部门生产某种物料的数量。

(6) 安全库存量。为了预防需求或供应方面的不可预测的波动,在仓库中经常应保持最低库存数量作为安全库存量。

根据以上的各个数值,可以计算出某项物料的净需求量。

$$净需求量=毛需求量+已分配量-计划收到量-现有库存量$$

(二) MRP 的主要输出

物料需求计划的输出内容主要是生产与库存控制计划与报告,不同系统的内容与形式存在差别。MRP 的输出结果主要包括两项:① 对各种物料的具体需求(需求量和需求时间);② 订单或生产提料单的发出时间。这些结果被称为措施(或决策)提示信息。

一般来讲,有如下几个方面的输出内容:

(1) 零部件投入产出计划。

(2) 原材料需求计划。

(3) 互转件计划。

(4) 库存状态记录。

(5) 工艺装备机器设备需求计划。

(6) 计划发出订货。

(7) 零部件完工情况统计。

(8) 库存预算报告。
(9) 交货期模拟报告等。

三、MRP 技术参数

在整个 MRP 系统中,有一些技术参数对 MRP 非常关键,这些参数包括标识码、提前期、批量、安全库存等。这些参数如何确定,采用什么方法确定,是 MRP 设计与使用过程中必须考虑的技术问题。

(一) 制造/采购标识码

制造/采购标识码属于库存文件中的一个项目,通常用字母 P 或 M 来表示某物料是采购或是制造。当运行 MRP 时,这个码决定是做采购订单还是做制造订单。如果是采购项目,无须产生项目组件的需求;而对于制造项目,就必须利用 BOM 来决定由哪些零件、部件或材料来制造这个项目。

(二) 提前期

指一个物料项目从投料开始到入库可供使用为止的时间间隔。

采购件的提前期:从发出采购订单开始,经供应商供货、在途运输、到货验收、入库所需的时间。

自制件提前期:从订单下达开始,经过准备物料,准备工具、工作地和设备,加工制造,直到检验入库所需的时间。

确定提前期要考虑的因素:排队时间、运行时间、调整准备时间、等待运输时间、检查时间和运输时间。

当排队等待时间是主要因素:$L=2N+6$(L 是提前期,以工作日计;N 为工序数)。
当运行时间是主要因素:$L=k \times T$(k 为系数,可取 1.5~4,T 为工件总加工时间)。

(三) 批量政策

在实际生产中,为节省订货费或设备调整准备费,需要确定一个最小批量。也就是说,在 MRP 处理过程中,计算出的计划发出订货量不一定等于净需要量。

增大批量就可以减少加工或采购次数,相应地将减少订货费或设备调整费,但在制品库存会增大,要占用更多的流动资金。而批量过小,占用的流动资金减少,但增加了加工或订货费用。因此,必须有一个合理的批量。

由于产品结构的层次性,使得批量的确定十分复杂。各层元件都有批量问题,一般仅在最低层元件订货时考虑批量。

实际计划生产或采购的交付数量和订货数量未必等于净需求量,这是由于在实际生产或订货中,准备加工、订货、运输、包装等都必须是按照一定的数量来进行的。因此,实际净需求量必须以某种数量来计算,这一定的数量称为生产或订货的批量。

物料需求批量过大,占用的流动资金过多,但加工或采购的费用减少;批量过小,占用流动资金减少,但增加了加工或采购的费用。因此,批量的选择是项重要的工作,物料需求批量的计算方法较多,这里不做详细介绍。

(四) 安全库存

设置安全库存是为了应付不确定性,防止生产过程产生缺料现象,避免造成生产或供应中断。尽管 MRP 处理的是相关需求,仍有不确定性。比如,不合格品的出现,外购件交货延误,设备故障,停电,缺勤等。因而,相关需求也有安全库存问题。

但 MRP 认为,只有对产品结构中最低层元件或原材料设置安全库存才是必要的,而不必对其他层次元件设置安全库存,这样可以减少在制品占用,降低生产费用。安全库存的引入将对净需要量的计算产生影响,一般可将安全库存从现有数中减去。

随着计划、生产、设计的不断变化,物料清单和物料需求计划也会发生改变。相应地如果产品出产计划发生改变,各种需求量也会发生改变。MRP 系统可以通过相应调整来反映这些改变,通过这种方式可不断更新计划。

四、MRP 的逻辑原理

1975 年,美国人约瑟夫·奥里奇编写了有关 MRP 的权威性专著,他针对订货点法的应用范围,提出了一些对制造业库存管理有重要影响的新观点,他认为:

(1) 根据主生产计划(Master Production Schedule,MPS)确定独立需求产品或备件备品的需求数量和日期。

(2) 依据物料清单自动推导出构成独立需求物料的所有相关需求物料的需求,即毛需求。

(3) 由毛需求以及现有库存量和计划接收量得到每种相关需求的净需求量。

(4) 根据每种相关需求物料的各自提前期(采购或制造)推导出每种相关需求物料开始采购或制造的日期。

$$净需求量=毛需求量-计划接收量-现货量(现有库存量)$$

图 7-13 为 MRP 逻辑图。

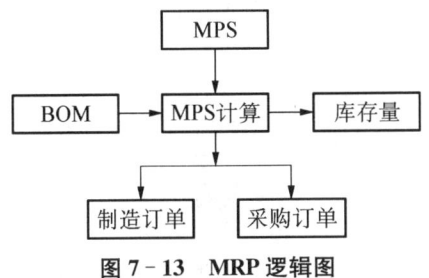

图 7-13 MRP 逻辑图

五、MRP 编制步骤

尽管大多数 MRP 系统都是通过计算机系统进行处理,但 MRP 的处理过程却比较直观,可以通过手工完成。

MRP 的基本处理过程包括三个步骤:

首先,对主生产计划的需求按照物料清单展开,从物料清单的最终产品开始逐层从上往下分解需求,直到最低层次的外购原材料为止。

其次,在分解过程中 MRP 系统逐层计算库存项目的毛需求量和净需求量,不够的库存通过编制生产加工计划和采购计划进行库存补充。

第三,在计划周期内的所有最低层次项目的毛需求量和净需求量都计算完毕,MRP 系统最后产生加工计划和采购计划建议书,经过人工调整后确认加工计划和采购计划,用于指导生产和采购。

MRP 的处理过程如图 7-14 所示。

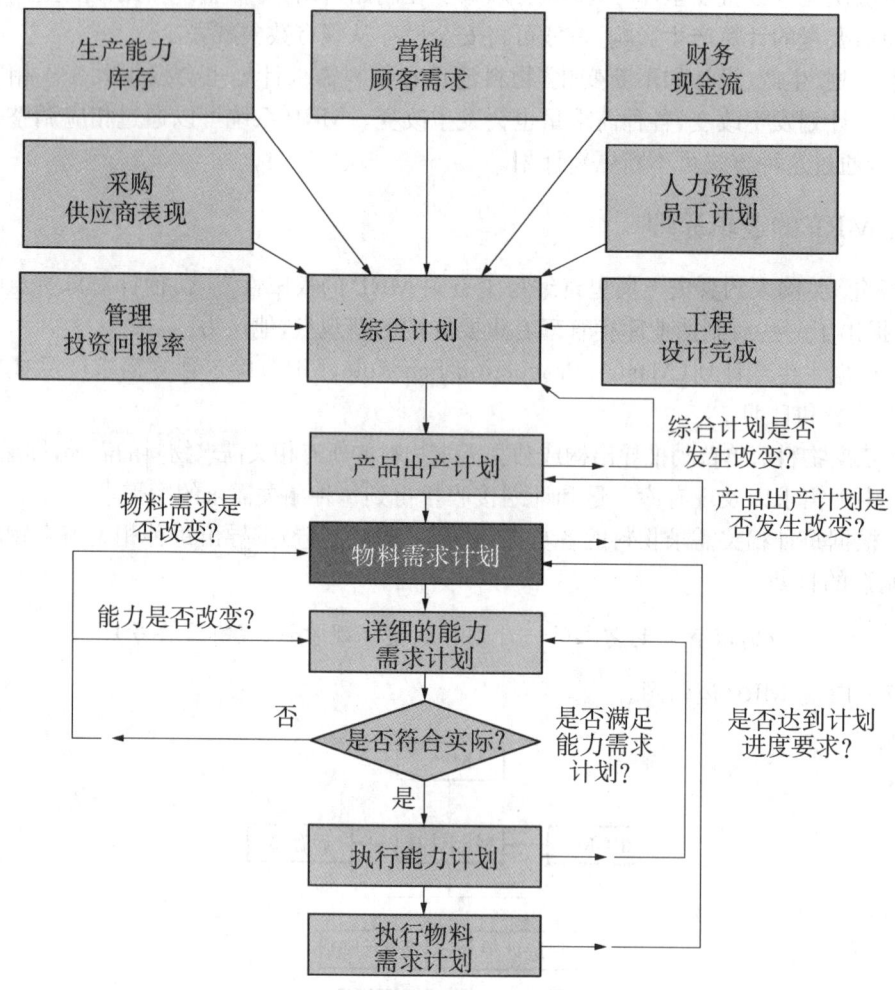

图 7-14 物料需求计划的处理过程

(一) MRP 计划的编制和需求计算

MRP 计划编制的主要工作是进行需求的计算,包括毛需求和净需求的计算。MRP 的计算基于两个原理:

(1) 按照反工艺路线以及主生产计划要求的最终产品数量和交货期,依据物料清单、库存状态文件,从最终产品向下层层分解,计算出每种物料的订购/生产的时间和数量。计算机在处理时依据项目的层次码选择处理的先后顺序,最上层项目首先处理,以后逐层向下分解,逐层计算毛需求和净需求。

(2) 把生产运作过程看作是一个不断循环发展的周期性活动,计算时从第一个周期开始不断地向前推进。

(二) MRP 的运行方式

MRP 有两种运行方式,重新生成方式与净改变方式。重新生成方式是每隔一定时期,从主生产计划开始,重新计算 MRP,重新调整整个厂的进度计划。这种方式适合于计划比较稳定,需求变化不大的 MTS 生产。净改变方式是当需求方式变化时,只对发生变化的数据进行处理,计算那些受影响的零件的需求变化部分。净改变方式可以随时处理,或者每天结束后进行一次处理。

选择重新生成方式还是净改变方式以及运行频次需要考虑以下几个方面的因素:产品生产周期的长短、对主生产计划的改变程度、工程更改工作量及难度和计算机资源与处理能力等。

六、MRP 的演进

由于企业竞争的加剧,以及内部与外部日益协调的信息集成的需要,MRP(物料需求计划)逐步发展成为 MPRⅡ(制造资料计划)到 ERP(企业资源计划)。

复习思考题

1. 描述生产计划系统的框架,说明其中主要计划的作用和相互关系。
2. 何谓滚动式计划方法?
3. MTS 企业和 MTO 企业如何确定产品品种与数量?
6. 综合计划编制的方法有哪些?其应用条件及限制如何?
7. MRP 的基本思想是什么?
8. MRP 系统有哪些输入和输出?MRP 系统的处理过程如何?

第八章　作业计划

🔒 学习目标

1. 了解作业计划编制的标准；
2. 掌握作业排序的基本方法；
3. 掌握作业计划的优先规则；
4. 熟悉生产作业控制的内容与方法。

 开篇案例

忙碌，不代表有效率

某忙碌的制造企业的生产准备会议

■ 史黛西（生产主管）坐在会议桌旁，前面堆了一大堆文件，她手上拿着一张名单，似乎已经准备好应付围攻。她说："对，已经查出来了。事实上，昨天晚上我一直忙着追踪和查证这些资料。结果，我发现出问题的零件有三十种。"

■ 唐纳说："你确定原材料都发出去了吗？"

■ "没错，"史黛西说，"他们已经根据时间表，把原材料发出去了，但是在最后装配部还看不到这些零件，零件卡在新瓶颈那里了。"

■ "等一等，你怎么知道那真的是瓶颈呢？"

■ 她说："因为这些零件被耽搁了，我觉得一定是……"

目前现状

■ 大量（超过30种）零部件延迟，未按期交货；
■ 可能设备生产能力出现瓶颈，但生产能力事先已知；
■ 生产过程存在一定的约束，包括人力、时间、设备等；
■ 基于一定的优先策略，零部件的加工存在优先顺序；

假定排除设备故障等意外情况发生，问题出在哪里？

（资料来源：高德拉特，科克思.目标[M].第3版.北京：电子工业出版社，2012.）

MRP计划下达到车间还应转化为详细作业计划，也就是根据原材料和外协件库存和到货的情况，将MRP每周的任务进一步展开为每日和每个工作轮班的具体任务，并下达到工作中心。编制MRP计划时，大多是按无限能力计算排产的，因为MRP假设在MPS阶段进行了粗能力平衡，在那里已经考虑了瓶颈的约束。但实践表明，在MRP实施过程中还会出现瓶颈,还可能因某个或某些工作中心产能的限制,导致大量订单拖期。因此在详细作业计划排程中要充分利用瓶颈环节生产能力,一种有效的措施是合理安排任务和加工的优先顺序。

第一节　作业计划概述

一、作业计划要解决的基本问题

作业计划是综合计划的具体执行性计划,是依据物料需求计划具体规定每种零件品目的投入时间和完工时间,以及各种零件在每台设备上的加工次序,以充分利用瓶颈环节生产能力,保证各种零件按期完工,同时尽量使设备负荷均衡和使在制品库存尽量减少。因此,编制作业计划实质是将资源分配给不同的任务,按照既定的目标,确定各种资源利用的时间问题。也就是将一个任务如何分配给不同的机器加工,使加工时间最少、成本最小的问题。由于每项任务都可能分配给不同的机器加工,就有如何给机器分配任务的问题;每台机器都可能被分配了多项任务,而这些任务受到加工路线的约束,就带来加工顺序的问题。前者属于任务分配的问题,后者属于排序问题。因此,作业计划就是根据MRP制订车间生产计划,再把任务分配到班组、工作地、工人,涉及任务分配和作业排序的问题。

二、作业计划标准

编制作业计划需要一定的基础数据,这些基础数据就是作业计划标准,又称期量标准,是对加工对象在生产过程中所规定的一组时间和数量标准。制定合理的作业计划标准,是保证生产的配套性、连续性和充分利用设备能力的重要条件。企业的生产类型和生产组织形式不同,采用的作业计划标准也就不同,具体而言:

(1) 大量流水线生产的作业计划标准有节拍、流水线工作指示图表和在制品定额等。

(2) 成批生产的作业计划标准有批量、生产间隔期、生产周期、生产提前期和在制品定额等。

(3) 单件生产的作业计划标准有生产周期、生产提前期等。

(一) 流水线生产作业计划标准

1. 节拍

节拍是组织大量流水生产的依据,是大量流水生产作业计划标准中最基本的作业计划标准,其实质是反映流水线的生产速度。它是根据计划期内的计划产量和计划期内的有效工作时间确定的。在精益生产方式中,节拍是个可变量,它需要根据月计划产量做调整,这时会涉及生产组织方面的调整和作业标准的改变。

$$R = \frac{F_e}{Q_i}$$

式中，R——流水线节拍；

F_e——第 i 工序看管周期时间长度；

Q_i——第 i 工序看管周期产量。

2. 流水线标准工作指示图表

在产品专业化生产中每个工作地都按一定的节拍反复地完成规定的工序。为确保流水线按规定的节拍工作，必须对每个工作地详细规定它的工作制度，编制作业指示图表，协调整个流水线的生产。正确制定流水作业指示图表对提高生产效率、设备利用率和减少在制品起着重要作用。它还是简化作业计划提高作业计划质量的有效工具。

流水线作业指示图表是根据流水线的节拍和工序时间定额来制定的。流水线作业指示图表的编制随流水线的工序同期化程度不同而不同。连续流水线的工序同期化程度很高，各个工序的节拍基本等于流水线的节拍，因此工作地的负荷率高。这时就不存在工人利用个别设备不工作的时间去兼顾其他设备的问题。因此连续流水线的作业指示图表比较简单，只要规定每条流水线在轮班内的工作中断次数、中断时刻和中断时间即可。图 8-1 是连续流水线作业指示图表的一个例子。

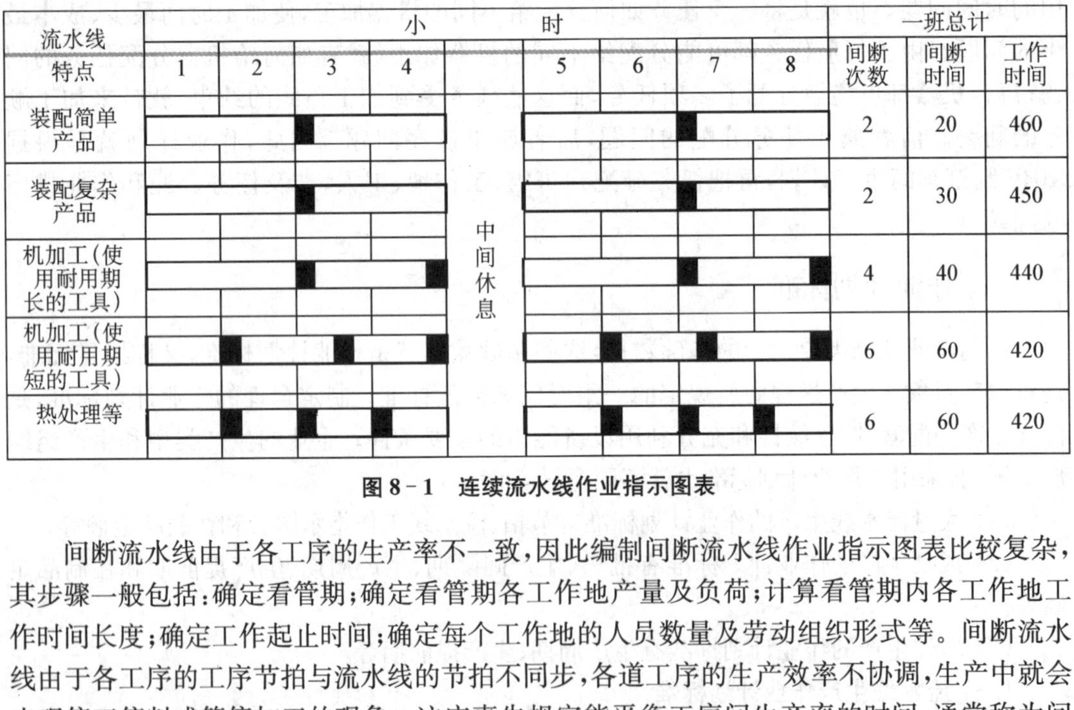

流水线特点	小时 1	2	3	4	5	6	7	8	一班总计 间断次数	间断时间	工作时间
装配简单产品									2	20	460
装配复杂产品									2	30	450
机加工（使用耐用期长的工具）									4	40	440
机加工（使用耐用期短的工具）									6	60	420
热处理等									6	60	420

（中间休息）

图 8-1 连续流水线作业指示图表

间断流水线由于各工序的生产率不一致，因此编制间断流水线作业指示图表比较复杂，其步骤一般包括：确定看管期；确定看管期各工作地产量及负荷；计算看管期内各工作地工作时间长度；确定工作起止时间；确定每个工作地的人员数量及劳动组织形式等。间断流水线由于各工序的工序节拍与流水线的节拍不同步，各道工序的生产效率不协调，生产中就会出现停工停料或等停加工的现象。这应事先规定能平衡工序间生产率的时间，通常称为间断流水线的看管期，如图 8-2 所示。

间断流水线的标准指示图中所规定的内容如下：

(1) 每个工作地在看管期内的工作延续时间。

当只有一个工作地工序，它的工作延续时间 T_s 等于流水线看管期产量 P_L 与单件工时 t_0 的乘积（$T_s = P_L \cdot t_0$），而看管期产量 $P_L = T_L \div R$。本例中，$P_L = 120 \div 6 = 20$（件）。当有多个工作地（S_0）且各工作地的工作时间相等时，它的工作延续时间 $T_s = P_L \div S_0 \cdot t$，图 8-2 中，工序 1 有 01、02 两个工作地，$T_s = 20 \div 2 \times 12 = 120$（分）。当有多个工作地且各个工作地时间不等时,可尽可能使负荷集中在一个工作地上,而将剩余的负荷分配给另外工作地。

流水线产品名称			班次	日产量(件)		节拍(分)		运输批量(件)		节奏(分)		看管周期(小时)		看管周期产量(件)
××零件			2	300		2		1		2		2		60
工序号	工时定额(分)	工作地号	工人号	劳动组织	每一个看管期(2小时)标准工作进度									看管期产量
					10	20	30	40	50	60	70	80	90 100 110 120	
1	4	01	01	多机床看管	━━										30
		02	01		━━										30
2	2	03	02		━━										60
3	3	04	03	兼管06工作地	━━━━━━━━━━━━━━━━━━━━━━━━━━━━━━━━━━━━━━										40
		05	04		━━━━━━━━━━━━━━━━━━━━━━━━										20
4	1	06	04							━━━━━━━━━━━━━━━━━━━━━━━━━━━━━━					60
5	2.5	07	05	兼管09工作地	━━━										48
		08	06		━━━━━━━━━━━━										12
6	1.5	09	06					━━							60
7	2.8	10	07		━━━										60

图 8-2 间断流水线工作与中断时间交替程序图

(2)规定各工作地在看管期内的工作起止时间以及工人任务的分配。

对于工作延续时间不足看管期长度的工作地,要根据有否可能使工人兼做其他工序,充分发挥工人在工时利用上的潜力的原则,安排工人的工作起止时间。

3. 在制品占用量定额

在制品占用量定额是指在一定的时间、地点和生产技术组织条件下为保证生产的连续进行而制定的必要的在制品数量标准。在制品是指从原材料投入到产品入库为止,处于生产过程中尚未完工的所有零件、组件、部件和产品的总称。在制品占用量按存放地点分为流水线(车间)内在制品占用量和流水线(车间)间在制品占用量;按性质和用途分为工艺占用量、运输占用量、周转占用量和保险占用量。在制品构成如图 8-3 所示。

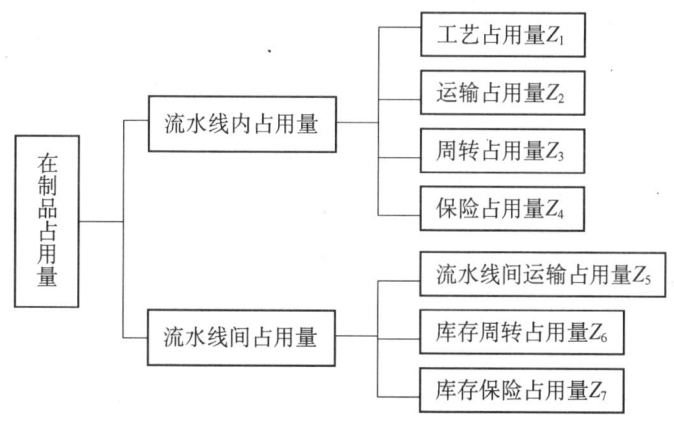

图 8-3 在制品分类结构图

大量流水线占用量可分为工艺占用量、运输占用量、流动占用量和保险占用量。

(1) 工艺占用量(Z_1)。

工艺占用量是指正在流水线各道工序每个工作地上加工、装配或检验的在制品数量。

$$Z_1 = \sum_{i=1}^{m} S_i g_i$$

式中,S_i——第 i 道工序的工作地数;

m——流水线的工序数目;

g_i——第 i 道工序上工作地同时加工的零件数。

(2) 运输占用量(Z_2)。

运输占用量是指处于运输过程中或放置在运输装置上的在制品占用量。它取决于运输方式、运输批量、运输间隔期、零件体积及存放地的情况等因素。

当采用连续输送装置运送时:

$$Z_2 = \frac{L}{l} \times n_1$$

式中,L——运输装置的长度(m);

l——相邻两个运输装置的距离;

n_t——运输批量。

(3) 工序间流动占用量(Z_3)。

由于平衡前后相邻工序生产率周而复始积存的在制品占用量,叫工序间流动占用量。工序间流动占用量可用分析计算法和图表法结合起来加以确定。

① 分析计算法。

$$Z_{\max} = \left(\frac{t_s \times s_i}{t_i} - \frac{t_s \times s_j}{t_j} \right)$$

式中,t_s——两相邻工序同时工作时间;

i——前工序;

j——后工序;

s_i、s_j——第 i、j 工序的工作地数;

t_i、t_j——第 i、j 工序单位工时。

t_s 为正值,表明最大占用量是在同时工作结束时形成的;如为负值,表明最大占用量是在同时工作前形成的。

例如,根据图 8-4 中数值,可求:$Z_{\max}(1-2) = 50 \times (2/8 - 1/2) = -12.5$(件)。

第二道工序与第三道工序的最大占用量为:$Z_{\max}(2-3) = 50 \times (1/2 - 1/4) = 12.5$(件)。

第三道工序与第四道工序的最大占用量为:$Z_{\max}(3-4) = 50 \times (1/4 - 1/6) = 4.17$(件)。

② 图解法。

从上述计算结果,并通过对图 8-4 的分析,可以看出:第一道工序有两个工作地,在与第二道工序同时工作的 50 分钟内,共生产 12.5 件。第二道工序有一个工作地,50 分钟内生产 25 件。所以,为了保证第二道工序能不停歇地生产,在同时工作开始前,第一道工序就应给第二道工序准备 12.5 件在制品。如果不这样，03 号工人在第二道工序时作时停，就不可能在后 50 分钟内兼做第四道工序，因而，使整个流水线要另外增加一名工人。当第二道工序停止工作，但第一道工序仍然继续生产，在后 50 分钟内为第二道工序准备了 12.5 件的在制品的占用量如此周而复始，在第一道工序和第二道工序之间，在制品从最大占用量逐渐减少到零，然后再由零逐渐增加到最大占用量，如图 8-4 所示。

流水线名称			工作班次	平均节拍（分）	运输批量（件）	运输节拍（分）	每班看管次数	看管周期（分）	
螺钉流水线			2	4	1	4	4	100	
工序号	看管期任务	时间定额(分)	工作地号	工作地负荷	工人号	工人去处	时间（分）0　　50　　100	最大占用量	看管期末流动占用量
1	25	8	1 2	100 100	1 2				
2	25	2	3	50	3	6		12.5	12.5
3	25	4	4	100	4			12.5	0
4	25	6	5 6	100 50	5 6			4.17	0

图 8-4 间断流水线工序间流动占用量变化示意图

（4）保险占用量（Z_4）。

① 为整个流水线设置的保险占用量，其常集中在流水线的末端用来弥补出现废品和出现生产故障，造成零件供应中断而设置的在制品。

② 为工作地设置专用保险占用量，日常集中于关键的工作地旁边。

$$Z_4 = 消除故障时间 \div 工序单件工时$$

综上所述，车间内部占用量：

$$Z_{in} = Z_1 + Z_2 + Z_3 + Z_4$$

（5）库存流动占用量（Z_5）。

它是使车间或流水线之间协调工作而占用的零部件或毛坯数量。它是由于前后两车间或流水线之间生产效率不等以及工作制度（班次或起止时间）不同而形成的在制品的占用量。

$$Z_5 = Z_{in}(P_L - P_h)$$

式中，Z_{in}——生产效率较低的车间或流水线的班产量；

P_L——生产效率较低车间或流水线的班次；

P_h——生产效率较高的车间或流水线的班次。

(6) 车间之间库存保险占用量(Z_6)。

其与 Z_4 同。

(7) 车间之间库存保险占用量(Z_7)。

它是由于供应车间(或流水线)交付延期或出现大量废品,为保证需用车间正常生产而设置的在制品的占用量。

$$Z_7 = T_{in} \div R$$

式中,T_{in}——供应车间(或流水线)的恢复间隔期;

R——供应车间(或流水线)的生产节拍。

由以上可知: $$Z_{st} = Z_5 + Z_6 + Z_7$$

在确定在制品的占用量时,应该注意以下几个问题:

一是对不同车间(或流水线)应明确哪种占用量在生产中起主导作用。例如,毛坯车间的在制品占用量有工艺、流动和保险占用量三种,其中流动占用量是主要的;机加工车间有工艺、运输、流动和保险四种,其中工艺占用量是主要的。

二是占用量定额是按一种零件分别计算的,计算时应考虑生产过程的衔接,结合标准作业计划加以确定,然后按存放地点汇总成分零件的占用量定额表。

三是占用量定额表由生产科编制,财务科估价和核算占用的流动资金。

四是占用量定额制定后,必须按车间、班组和仓库细分,并把它交给员工讨论核实,使人人关心,共同管好在制品。

五是占用量定额一经批准,就成为全厂计划工作中的一种非常重要的作业计划标准,对稳定生产作业计划秩序和协调生产活动有着极重要的作用,应严肃对待,并要注意定额水平的变动情况,定期调整。

(二) 成批生产的作业计划标准

成批生产在组织和计划方面的主要特点是:企业按一定时间间隔依次成批生产多种产品。因此,成批生产作业计划要解决的主要问题,就是妥善安排生产的轮番,保证有节奏地均衡生产。

批量是同时投入生产并消耗一次准备结束时间,所制造的同种零件或产品的数量。生产间隔期是指相邻两批相同产品(零件)投入或产出的时间间隔,生产间隔期是批量的时间表示。

$$批量 = 生产间隔期 \times 平均日产量$$

确定批量和生产间隔期的方法有以下两种:

1. 以量定期法

以量定期法是根据提高经济技术效果的要求,确定一个最初的批量,然后相应地计算出生产间隔期。

(1) 最小批量法。

最小批量法是从设备利用和劳动生产率这两个的最佳选择出发考虑的。

$$\delta \geqslant \frac{t_{ad}}{Q_{\min} \times t}$$

$$Q_{\min} \geqslant \frac{t_{ad}}{\delta \times t}$$

式中，δ——设备调整时间损失系数；

t_{ad}——设备调整时间；

$Q_{\min}$——最小批量；

t——单件工序时间。

设备调整时间损失系数如表 8-1 所示。

表 8-1　设备调整时间损失系数 δ

零件名称	生产类型		
	大批	中批	小批
小件	0.03	0.04	0.05
中件	0.04	0.05	0.08
大件	0.05	0.08	0.12

（2）经济批量法。

经济批量法主要考虑两个因素：设备调整费用和库存保管费用，上述最小批量法，规定批量的下限，即仅考虑设备的充分利用和较高的生产效率，而忽视了因批量过大造成的在制品资金占用及在制品存储保管费用，如图 8-5 所示。

$$总费用 = \frac{Q}{2} \times C \times i + A \times \frac{N}{Q}$$

微分得：

$$Q = \sqrt{\frac{2NA}{C \cdot i}}$$

式中，$Q/2$——库存在制品平均存量；

A——设备一次调整费；

C——单位产品成本；

N——年产量；

i——单位产品库存费用率。

按上述方法计算的批量，都只是最初批量，还需要根据生产中的其他条件和因素加以修正。批量大小应使一批在制品各主要工序的加工不少于装修轮班，或在数量上与日产量成倍比关系，这是从便于在工间休息空隙做好轮换零件的准备工作、调整工作；应考虑批量大小与工具的使用寿命相适应；批量大小应与夹具工作数相适应；应考虑大件小批量、小件大批量；一般毛坯批量应大于零件加工批量，零件加工批量应大于装配批量，它们最好是成整倍数；批量大小应和零件占用面积和设备容积相适应。

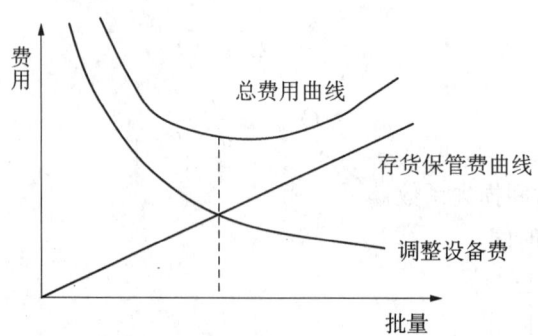

图 8-5 设备调整费、存货保管费和批量关系图

2. 以期定量法

以期定量法是先确定生产间隔期,然后使批量与之适应。其与经济批量法不同,经济批量法着重考虑经济因素,而以期定量法则是为了便于生产管理。生产间隔期与批量关系如表 8-2 所示。

表 8-2 标准生产间隔期表

生产间隔期	批 类	批 量	投入批次
1 天	日批	装配平均日产量	每日一次
10 天	旬批	装配旬平均产量	每月三次
半月	半月批	装配半月平均产量	每月两次
1 个月	月批	装配月产量	每月一次
1 季度	季批	装配季产量	每季一次
半年	半年批	装配半年产量	每年两次
1 年	年批	装配年产量	每年一次

生产间隔期批量的种类不宜过多,一般以六种以内为宜。超过了可以按照装配需要的顺序、零件结构的工艺特征、外形尺寸和重量大小、工时长短划分为若干组,然后从中选择一个典型零件制订批量和生产间隔期,同一组的零件就可仿此制订批量。

(三) 生产周期

生产周期是从原材料投入生产开始,到制成成品出产时为止的整个生产过程所需的日历时间。成批生产中的生产周期是按零件工序、零件加工过程和产品进行计算的,其中,零件工序生产周期是计算产品生产周期的基础。

1. 零件工序生产周期

零件工序生产周期是一批零件在渠道工序上的制造时间。

$$T_{op} = \frac{Q}{SF_e K_t} + T_{se}$$

式中,T_{op}——批零件的工序生产周期;

F_e——有效工作时间总额；

K_t——工时定额完成系数；

S——同时完成该工序的工作地数；

Q——零件批量；

T_{se}——准备结束时间。

2. 零件加工过程的生产周期

在成批生产中，零件是成批加工的，因此，零件加工过程的生产周期在很大程度上取决于零件工序间的移动方式。通常先按顺序移动方式计算一批零件的生产周期，然后用一个平行系数加以修正。

（1）顺序移动方式。

$$T_{顺} = \sum_{i=1}^{m} T_{opi} + (m-1) \times t_d$$

式中，$T_{顺}$——批零件顺序移动方式计算的加工过程生产周期（分或小时）；

T_{opi}——该批零件在第 i 道工序加工的工序周期（分或小时）；

m——工序数目；

T_d——零件批在工序间转移的平均间隔时间（分或小时）。

（2）平行移动方式。

考虑平行移动（或部分平行移动）后的零件加工过程的生产周期：

$$T_{平} = K_p \times T_{op}$$

式中，K_p——平行系数。

3. 产品生产周期

在零件加工生产周期确定后，按此计算毛坯制造、产品装配及其他工艺阶段的生产周期。在此基础上根据装备系统图及工艺阶段的生产周期的平衡衔接关系，编制出生产周期图表，确定产品的生产周期。

（四）生产提前期

生产提前期是产品（毛坯、零件）在各工艺阶段出产（或投入）的日期比成品出产的日期应提前的时间。产品装配出产期是计算提前期的起点，生产周期和生产间隔期是计算提前期的基础。提前期分投入提前期和产出提前期。

1. 投入提前期

投入提前期是指各车间投入的日期比成品出产日期应提前的时间，如图 8-6 所示。

$$某车间投入提前期 = 该车间出产提前期 + 该车间生产周期$$

2. 出产提前期

出产提前期是指各车间出产的日期比成品出产日期应提前的时间。其计算可按工艺过程及顺序连锁进行，如图 8-6 所示。

$$某车间出产提前期 = 后车间投入提前期 + 保险期$$

上述两公式，是指前后车间批量相等的情况下，提前期的计算方法，实际上，计算生产提前期主要是根据生产周期,以此为基础,生产周期加上保险期。如前后车间批量不等该怎么计算呢?这时不仅要考虑生产周期和保险期,而且还要考虑生产间隔期。如前后车间批量不等,上述计算则应予以调整。首先看投入提前期的计算。它的公式不变,因为车间之间的批量不等,不会影响到投入提前期的计算。原因是投入提前期算的是本车间的出产提前期加上本车间的生产周期,算的都是车间内部的,而一般来说,车间之间的批量可以不等,而车间内部投入和出产批量相等。所以如果车间之间的批量不等,不会影响到车间的投入提前期的计算。其次看出产提前期。因为出产提前期要以后一车间的投入提前期为基础,加上一个保险期。后一车间的批量与本车间的批量不等。计算时,还要加上一个车间的生产间隔期和后车间的生产间隔期之差。即前后车间的生产间隔期之差。由于前后车间的批量不等,所以前后车间的生产间隔期也不等。生产间隔期和批量呈正比例。

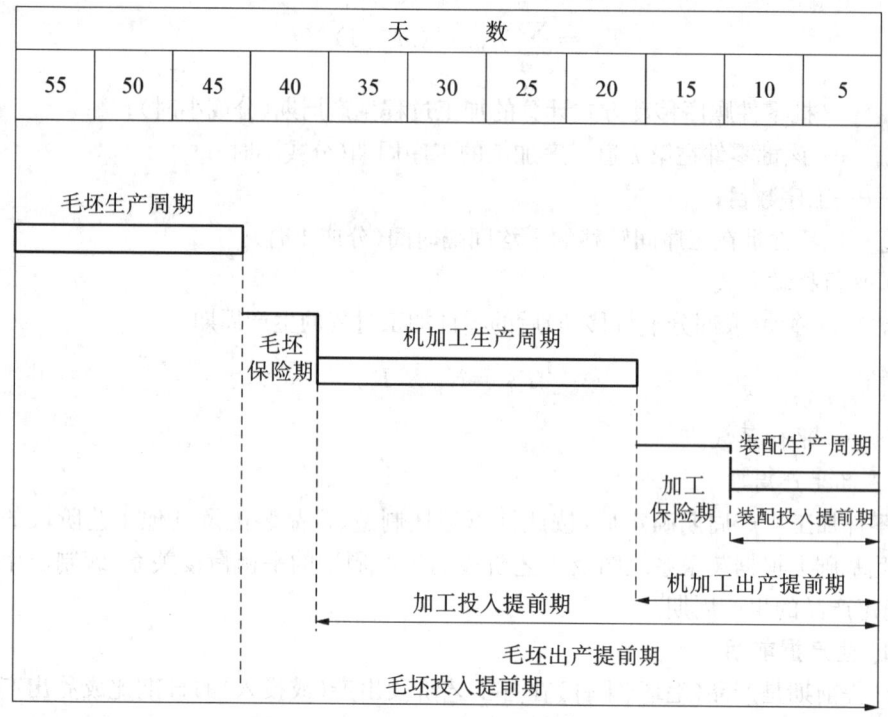

图 8-6 机械企业车间提前期示意图

【例8-1】 毛坯车间的批量是 500 件,机加工车间的批量是 250 件。每月任务是 500 件,保险期为 2 天,假设一个月 24 个工作日,计算投入出产提前期。

解:由已知条件知,毛坯车间是一个月一批,机加工则是一个月两批,机加工一批工作日是十二天。

因此,毛坯投入提前期=24+毛坯车间出产提前期

毛坯出产提前期=机加工车间投入提前期+保险期+两车间生产间隔之差

机加工投入提前期=机加工出产提前期+机加工出产日期=0+12=12(天)

∴ 毛坯出产提前期=12+2+(24−12)=26(天)

∴ 毛坯投入提前期=24+26=50(天)

为什么要加上前后车间间隔期之差呢?原因就在于前面生产一批要供后面两批使用,

前面毛坯是 500 件,后面需要两批加工,先用一半,隔一段时间再用一半,所以等待的时间要长一些。

(五) 在制品占用量

成批生产中的在制品,分为车间内部在制品和库存在制品两部分,后者又可分为流动在制品和保险在制品。由于成批生产中在制品占用量是变动的,因此,占用量指月末的在制品数量。

1. 车间内部在制品占用量

车间内部在制品占用量是由于成批投入但尚未完工出产而形成的,它们整批地停留在车间内,所以应计算其批数和总量。成批生产车间内部的各种在制品是在不断变化的,因此,需分类计算,车间内部在制品储备量只是指月末在制品数量。

$$Z_{in} = T_c \times n_d$$

式中,T_c——批零件生产周期(日);

n_d——平均每日零件需要量,$n_d = Q \div T_{im}$;

Q——零件批量(件);

T_{im}——生产间隔期(日)。

故
$$Z_{in} = Q \times T_c \div T_{im}$$

从上述可看出,车间内部在制品占用量与生产周期同生产间隔之比有关系;这种关系可分为三种情况,如图 8-7 所示。

(1) 生产周期小于生产间隔期。此时在制品占用量不超过一批零件的数量,仅仅出现在该零件投入期与产出期之间,其他时间没有在制品。

(2) 生产周期等于生产间隔期,此时月末在制品占用量经常为一批。

(3) 生产周期大于生产间隔期,此时在制品占用量经常为好几批。其批数决定于生产周期与生产间隔之比。

T与R关系	生产周期T(天)	生产间隔期R(天)	T/R	进度 上旬	进度 中旬	进度 下旬	在制品平均占用	在制品期末占用量
$T=R$	10	10	1				一批	一批
$T>R$	20	10	2				二批	二批
$T>R$	25	10	2.5				三批半	三批
$T<R$	5	10	0.5				半批	一批

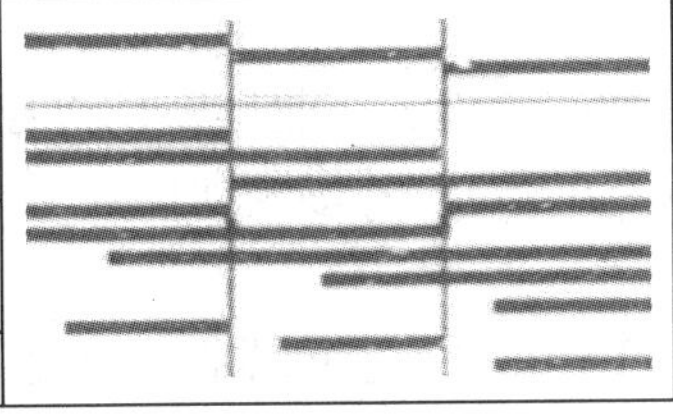

图 8-7 成批生产时在制品占用的各种情况

2. 车间之间库存在制品

车间之间库存在制品,它是由于前后车间的批量间隔期不同而形成的。

$$Z_{st} = n_d \cdot D_{st}, D_{st} = (T_{in1} - T_{in2}), n_d = N_2/D$$

故
$$Z_{st} = N_2 \div D \times (T_{in1} - T_{in2})$$

式中，Z_{st}——平均库存流动占用量（件）；
n_d——每日平均需求量（件/日）；
D_{st}——库存天数（日）；
N_2——后车间领用批量；
D——两次领用间隔天数；
T_{in1}——前车间的出产间隔期；
T_{in2}——后车间的投入间隔期。

以上是计算平均库存流动占用量，还必须计算期末库存流动占用量。确定期末库存流动占用量方法如下：

（1）前车间成批出产交库，后车间成批领用。当交库数量与领用数量相等，交库间隔日数与领用间隔日数相等时，期末流动量为零（当后车间已领用而下一批尚未交库时），或者为一批（当已交库而后车间尚未领走时）。

（2）前车间成批交库，后车间分批领用。这种情况下期末流动量很不固定，它取决于交库日期、交库批量和领用批量。

（3）前车间成批交库，后车间连续领用。这种情况和第二种情况基本相似，所不同的是连续领用，库存占用量渐次减少，到下一次前车间交库前，库存占用量为零。

（4）车间之间的库存占用量，是为了防止意外原因使前后车间生产脱节而设置的。

（六）单件小批量生产作业计划标准

单件小批量生产的特点是产品品种多、每种产品的生产数量很少，一般是根据用户要求按订货组织生产的。因此单件小批生产作业计划所要解决的主要问题是控制好产品的生产流程，按订货要求的交货期交货。其作业计划标准有生产周期、生产提前期等。

第二节　作业排序

一、作业排序

作业排序是作业计划的基础。作业排序是否合理，影响到产品能否按期交货，影响到设备的利用率和在制品库存的数量，并影响到任务平均拖期完工时间等服务质量问题，因而十分重要。

作业计划的对象是工作中心，它可以是一台设备，一组设备，或一个特定的工作区域，是生产车间的基本生产单元。我们看到，工作中心作业排序的目标之间往往是冲突的，如何在这些目标中做出取舍，如何在确保按期交付订单的前提下兼顾其他目标的实现，这就是工作中心作业排序要解决的问题。

当多项任务（零件）排队等候某个工作中心加工时，哪项任务应当优先安排，这就是作业优先次序安排（简称作业排序）要解决的问题。迄今为止，已经提出了多种排序规则，每种规则各有利弊，各有各自的适用对象和条件，很难绝对地说哪种排序规则是最好的。以下介绍一些比较成熟的排序方法和它们在生产作业计划中的应用。

二、作业排序问题的分类

排序问题有不同的分类方法。在制造业领域和服务业领域中,有两种基本形式的作业排序:① 劳动力作业排序,主要是确定人员何时工作;② 生产作业排序,主要是将不同工件安排到不同设备上,或安排不同的人做不同的工作。在制造业和服务业企业中,有时两种作业排序问题都存在。在这种情况下,应该集中精力注意其主要的、占统治地位的方面。在制造业中,生产作业排序是主要的,因为要加工的工件是注意的焦点。许多绩效度量标准,如按时交货率、库存水平、制造周期、成本和质量都直接与排序方法有关。除非企业雇用了大量的非全时人员或是企业一周七天都要运营,否则劳动力排序问题将是次要的。反过来,在服务业中,劳动力作业排序是主要的,因为服务的及时性是影响公司竞争力的主要因素。很多绩效标准,如顾客等待时间、排队长度、设备(或人员)利用情况、成本和服务质量等,都与服务的及时性有关。

在制造业的生产作业排序中,还可进一步按机器、工件和目标函数的特征分类。按照机器的种类和数量不同,可以分为单台机器的排序问题和多台机器的排序问题。对于多台机器的排序问题,按工件加工的路线特征,可以分成单件车间(Job-Shop)排序问题和流水车间(Flow-Shop)排序问题。工件的加工路线不同,是单件车间排序问题的基本特征;而所有工件的加工路线完全相同,则是流水车间排序问题的基本特征。

按工件到达车间的情况不同,可以分成静态排序问题和动态排序问题。当进行排序时,所有工件都已到达,可以依次对它们进行排序,这是静态排序问题;若工件是陆续到达,要随时安排它们的加工顺序,这是动态排序问题。

按目标函数的性质不同,也可划分不同的排序问题。例如,同是单台设备的排序,目标是使平均流程时间最短和使误期完工的工件数最少,实质上是两种不同的排序问题。按目标函数的情况,还可以划分为单目标排序问题和多目标排序问题。

由此可见,由机器、工件和目标函数的不同特征以及其他因素上的差别构成了多种多样的排序问题及相应的排序方法。

三、作业排序规则

(一) 先到先服务规则

先到先服务规则(First-Come, First-Served, FCFS),即任务的处理顺序是按照其到达工作中心的先后次序依次进行的。这种排序规则不仅在制造业企业中常见,而且在服务业企业中也很常见,如银行出纳台、百货商场收银台、火车站售票处等。与制造企业不同,在服务企业中,是否遵循 FCFS 规则还关系到公平问题。

(二) 最短作业时间规则

最短作业时间规则(Shortest Operating Time, SOT),即在所有排队等候某个工作中心加工的任务中,选择作业时间(准备时间+加工时间)最短的那一件最先加工。在准备时间可以忽略的情况下,该规则等同于最短加工时间规则(Shortest Processing Time, SPT)。

(三) 超限最短加工时间规则

超限最短加工时间规则(Transcended Shortest Processing Time, TSPT),即事先设定

一个排队等候的时间限度,对于等候时间超过此时间限度的任务,优先安排其中作业时间最短的任务。如果没有哪项任务的排队等候时间超限,则按最短作业时间规则排序。

(四) 最早到期规则

最早到期规则(Earliest Due Date,EDD)即在所有排队等候某个工作中心加工的任务中,按照计划交货期从前到后的顺序,最先安排计划交货期最早的任务,而不管该项任务何时到达该工作中心。

(五) 最短松弛时间规则

所谓松弛时间,等于某项任务距离计划交货期的剩余时间与该项任务的作业时间之差。而最短松弛时间规则(Least Slack Time,LS),是将最高优先级分派给具有最短松弛时间的任务,而不管其计划交货期的早晚。例如,有 A 和 B 两项任务,A 的计划交货期比 B 早 1 天,但二者的作业时间相差很大,A 为 8 小时,B 为 8 天。若按最早到期规则安排加工次序,就可能会使 B 的完工期进一步推迟,而最短松弛时间规则试图避免这种情况。

四、作业排序中的甘特图

甘特图是作业排序中最常用的一种工具,最早由 Henry L.Gantt 于 1917 年提出。这种方法是基于作业排序的目的,将活动与时间联系起来的最早尝试之一。有两种基本形式的甘特图:作业进度图和机器图。作业进度图表示一项工作的计划开始日期、计划完成日期以及现在的进度。例如,假设一个汽车制造公司有三项工作在进行中,它们分别是加工汽车零件 A、B 和 C。这些工作的预定计划和现在的完成情况如图 8-8 所示。

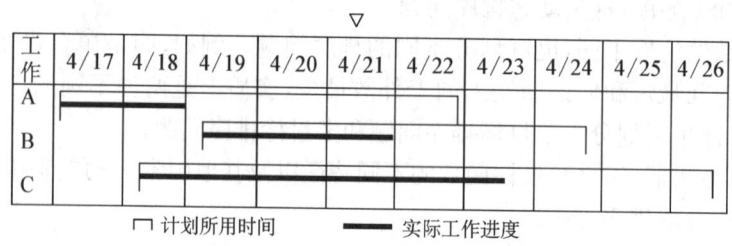

图 8-8 某汽车零件公司甘特图

在当前日期(以记号标出的 4 月 21 日),这张甘特图显示出,A 的完成情况滞后于计划,B 在按计划完成,C 的完成情况则超前于计划。假设截止到 4 月 26 日,需要零件 A 的公司还不能收到订货,其装配线就要停产,那么这种情况就需要新的作业计划并更新甘特图。如果这三项工作都在等待进行磨削加工,之后他们要进行抛光才能最后交货,则图 8-9 表示了三种工作在两种不同设备上的所需时间、时间安排和现在的进度。这种形式的甘特图就称为机器图,它描述不同工作在每一台机器上的工作次序,也可被用来管理生产进度。

如图 8-9 所示,在 4 月 23 日当天,A 刚好按计划完成,因为实际进度与当今的日期一致,而抛光机是空闲的。与图 8-8 所示的当初的计划交货期相比,图 8-9 显示三项工作都将超期才能完成,但需要 A 的公司其装配线却不必停工。这样,生产管理能很容易地从甘特机器图中看到错综复杂的计划的结果。

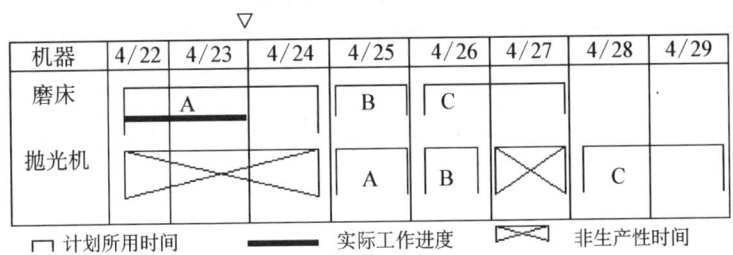

图 8-9 某汽车零件公司机器图

五、流水线作业排序问题

流水线其基本特征是每个工件都顺序地经过线上不同机器加工,它们的加工路线都一致。大量大批生产类型的作业计划问题实际上是流水车间的作业计划问题。我们说加工路线一致,是指工件的流向一致,并不要求每个工件必须经过加工路线上每台机器加工。如果某些工件不经某些机器加工,则设相应的加工时间为零。一般说来,对于流水作业排序问题,工件在不同机器上的加工顺序不尽一致。但本部分要讨论的是一种特殊情况,即所有工件在各台机器上的加工顺序都相同的情况。这就是排列排序问题。流水作业排列排序问题常被称作"同顺序"排序问题。对于一般情形,排列排序问题的最优解不一定是相应的流水作业排序问题的最优解,但一般是比较好的解;对于仅有 2 台和 3 台机器的特殊情况,可以证明,排列排序问题下的最优解一定是相应流水作业排序问题的最优解。这里只讨论排列排序问题。但对于 2 台机器的排序问题,实际上不限于排列排序问题。

(一) 最长流程时间 F_{max} 的计算

这里所讨论的是 $n/m/P/F_{max}$ 问题,其中 n 为工件数, m 为机器数, P 表示流水线作业排列排序问题, F_{max} 为目标函数。目标函数是使最长流程时间最短。最长流程时间又称作加工周期,它是从第一个工件在第一台机器开始加工时算起,到最后一个工件在最后一台机器上完成加工时为止所经过的时间。由于假设所有工件的到达时间都为零($r_i=0, i=1, 2, \cdots, n$),所以 F_{max} 等于排在末位加工的工件在车间的停留时间,也等于一批工件的最长完工时间 C_{max}。

设 n 个工件的加工顺序为 $S=(S_1, S_2, S_3, \cdots, S_n)$,其中 S_i 为第 i 位加工的工件的代号。以 C_{ks_i} 表示工件 S_i 在机器 M_k 上的完工时间; $p_{s_i^k}$ 表示工件 S_i 在 M_k 上的加工时间, $k=1, 2, \cdots, m; i=1, 2, \cdots, n$;则 C_{ks_i} 可按以下公式计算:

$$C_{1s_i} = C_{1s_{i-1}} + p_{s_i^1}$$

$$C_{ks_i} = \max\{C_{(k-1)s_i}, C_{ks_{i-1}^k}\} + p_{s_i^k} \quad k=2, 3, \cdots, m; i=1, 2, \cdots, n \tag{8.1}$$

当 $r_i = 0, i = 1, 2, \cdots, n$ 时, $F_{max} = C_{ms_n}$。

在熟悉以上计算公式之后,可直接在加工时间矩阵上从左向右计算完工时间。

【**例 8-2**】 有一个 $6/4/p/F_{max}$ 问题,其加工时间如表 8-3 所示。当按顺序 $S=(6, 1, 5, 2, 4, 3)$ 加工时,求 F_{max}。

表 8-3 加工时间矩阵

i	1	2	3	4	5	6
P_{i1}	4	2	3	1	4	2
P_{i2}	4	5	6	7	4	5
P_{i3}	5	8	7	5	5	5
P_{i4}	4	2	4	3	3	1

解:按顺序 $S=(6,1,5,2,4,3)$ 列出加工时间矩阵,如表 8-3 所示。按上式推算,将每个工件的完工时间标在其加工时间的右上角。对于第一行第一列,只需把加工时间的数值作为完工时间标在加工时间的右上角。对于第一行的其他元素,只需从左到右依次将前一列右上角的数字加上计算列的加工时间,将结果填在计算列加工时间的右上角。对于从第二行到第 m 行,第一列的算法相同。只要把上一行右上角的数字和本行的加工时间相加,将结果填在加工时间的右上角;从第 2 列到第 n 列,则要从本行前一列右上角和本列上一行的右上角数字中取大者,再和本列加工时间相加,将结果填在本列加工时间的右上角。这样计算下去,最后一行的最后一列右上角数字,即为 $C_{m_{s_n}}$,也是 $F_{\max}$。计算结果如表 8-4 所示。本例 $F_{\max}=46$。

表 8-4 顺序 S 下的加工时间矩阵

i	6	1	5	2	4	3
P_{i1}	2^2	4^6	4^{10}	2^{12}	1^{13}	3^{16}
P_{i2}	5^7	4^{11}	4^{15}	5^{20}	7^{27}	6^{33}
P_{i3}	5^{12}	5^{17}	5^{22}	8^{30}	5^{35}	7^{42}
P_{i4}	1^{13}	4^{21}	3^{25}	2^{32}	3^{38}	4^{46}

(二) $n/2/F/F_{\max}$ 问题的最优算法

对于 $n/2/F/F_{\max}$ 问题,F 表示流水线作业排序问题。著名的 Johnson 算法是 S. M. Johnson 于 1954 年提出的一个有效算法。为了叙述方便,a_i 以 J_i 表示在 M_1 上的加工时间,以 b_i 表示 J_i 在 M_2 上的加工时间。每个工件都按 $M_1 \rightarrow M_2$ 的路线加工。Johnson 算法建立在 Johnson 法则的基础之上。Johnson 法则为:

如果
$$\min(a_i, b_j) < \min(a_j, b_i)$$

则 J_i 应该排在 J_j 之前。如果中间为等号,则工件 i 既可排在工件 j 之前,也可以排在它之后。按上式可以确定每两个工件的相对位置,从而可以得到 n 个工件的完整顺序。但是,这样做比较麻烦。事实上,按 Johnson 法则可以得出比较简单的求解步骤,我们称这些步骤为 Johnson 算法。

(1) 从加工时间矩阵中找出最短的加工时间。

(2) 若最短的加工时间出现在 M_1 上,则对应的工件尽可能往前排;若最短加工时间出现在 M_2 上,则对应工件尽可能往后排。然后,从加工时间矩阵中划去已排序工件的加工时间。若最短加工时间有多个,则任挑一个。

(3) 若所有工件都已排序,停止。否则,转步骤(1)。

【例 8-3】 求表 8-5 所示的 $6/2/F/F_{max}$ 问题的最优解。

表 8-5 加工时间矩阵

i	1	2	3	4	5	6
a_i	5	1	8	5	3	4
b_i	7	2	2	4	7	4

解:应用 Johnson 算法。从加工时间矩阵中找出最短加工时间为 1 个时间单位,它出现在 M_1 上。所以,相应的工件(工件 2)应尽可能往前撑。即,将工件 2 排在第 1 位。划去工件 2 的加工时间。余下加工时间中最小者为 2,它出现在 M_2 上,相应的工件(工件 3)应尽可能往后排,于是排到最后一位。划去工件 3 的加工时间,继续按 Johnson 算法安排余下工件的加工顺序。求解过程可简单表示如下:

将工件 2 排第 1 位　2
将工件 3 排第 6 位　2　　　　　　　　　3
将工件 5 排第 2 位　2　5　　　　　　　3
将工件 6 排第 3 位　2　5　6　　　　　3
将工件 4 排第 5 位　2　5　6　　4　3
将工件 1 排第 4 位　2　5　6　1　4　3

最优加工顺序为 $s=(2,5,6,1,4,3)$。求得最优顺序下的 $F_{max}=28$。

(三) 一般 $n/m/P/F_{max}$ 问题的启发式算法

对于 3 台机器的流水车间排序问题,只有几种特殊类型的问题找到了有效算法。对于一般的流水车间排列排序问题,可以用运筹学中的分支定界法。用分支定界法可以保证得到一般 $n/m/P/F_{max}$ 问题的最优解。但对于实际生产中规模较大的问题,计算量相当大,以至于用计算机也无法求解。同时,还需考虑经济性。如果为了求最优解付出的代价超过了这个最优解所带来的好处,也是不值得的。

为了解决生产实际中的排序问题,人们提出了各种启发式算法。启发式算法以小的计算量得到足够好的结果,因而比较实用。下面介绍用 Palmer 法求一般 $n/m/P/F_{max}$ 问题近优解的启发式算法。1965 年,D.S.Palmer 提出按斜度指标排列工件的启发式算法,称之为 Palmer 法。工件的斜度指标可按下式计算:

$$\lambda_i = \sum_{k=1}^{m}[k-(m+1)\div 2] \times p_{ik} \quad k=1,2,\cdots,n \tag{8.2}$$

式中,m——机器数;

p_{ik}——工件 i 在 M_k 上的加工时间。

按照各工件 λ_i 不增的顺序排列工件,可得出令人满意的顺序。

【例 8-4】 有一个 $4/3/F/F_{max}$ 问题,其加工时间如表 8-6 所示,用 Palmer 法求解。

表 8-6 加工时间矩阵

i	1	2	3	4
P_{i1}	1	2	6	3
P_{i2}	8	4	2	9
P_{i3}	4	5	8	2

解：对于本例：

$$\lambda_i = \sum_{k=1}^{m}[k-(3+1)\div 2]\times p_{ik} \quad k=1,2,3$$

$$\lambda_i = -P_{i1} + P_{i3}$$

于是，$\lambda_1 = -P_{11} + P_{13} = -1 + 4 = 3$

$\lambda_2 = -P_{21} + P_{23} = -2 + 5 = 3$

$\lambda_3 = -P_{31} + P_{33} = -6 + 8 = 2$

$\lambda_4 = -P_{41} + P_{43} = -3 + 2 = -1$

按 λ_i 不增的顺序排列工件，得到加工顺序(1,2,3,4)和(2,1,3,4)，恰好这两个顺序都是最优顺序。如不是这样，则从中挑选较优者。在最优顺序下，$F_{\max} = 28$。

六、单件作业的排序问题

单件作业排序问题是最复杂的一类排序问题。单件车间作业计划与流水车间的作业计划不同，由于涉及任务分派，所以工件的加工路线多样化，从而导致作业排序的问题比流水作业排序问题复杂得多。

（一）任务分派问题

把工件分派各工人或机器，将区域分配给销售人员，将出故障的机器分配给维修人员维修等都是任务分配问题。

当车间有多个工件可以由多个机器完成，如何分配加工使得资源利用最优。

假设有 n 个任务要分配给 n 个任务承担者（人或机器），用 0～1 整数规划方法表示，任务分配问题的数学模型为：

$$\min Z = \sum_{i=n1}^{n}\sum_{j=1}^{n} c_{ij} x_{ij}$$

式中，c_{ij}——第 i 个任务承担者完成第 j 个任务的时间（或费用）。

约束条件 $\sum_{i=1}^{n} x_{ij} = 1 \quad j=1,2,\cdots,n$

$$\sum_{i=1}^{n} x_{ij} = 1 \quad i=1,2,\cdots,n$$

$$x_{ij} = 0, \text{or } 1$$

解决任务分配问题可以通过匈牙利算法找到最优方案。

（二）作业排序问题

单件小批量的作业计划问题属于单件作业排序问题。由于工件的加工路线多样化，导致其作业排序的问题比流水作业排序问题复杂得多。用优化方法需要更长计算时间,因此一般也都用启发式算法才更有实践应用价值。关于单件作业排序问题的求解本书不作具体介绍,感兴趣的读者可以阅读有关参考书。

第三节　作业控制

一、实行生产作业控制的原因和条件

生产计划和生产作业计划都是生产活动发生之前制订的,尽管制订计划时充分考虑了现有的生产能力,但计划在实施过程中由于以下原因,往往造成实施情况与计划要求偏离:

(1) 加工时间估计不准确。对于单件小批量生产类型,很多任务都是第一次碰到,很难将每道工序的加工时间估计得很精确。而加工时间是编制作业计划的依据,加工时间不准确,计划也就不准确,实施中就会出现偏离计划的情况。

(2) 随机因素的影响。即使加工时间的估计是精确的,但很多随机因素的影响也会引起偏离计划的情况。例如,工人的劳动态度和劳动技能的差别、人员缺勤、设备故障、原材料的差异等,这些都会造成实际进度与计划要求不一致。

(3) 加工路线的多样性。调度人员在决定按哪种加工路线加工时,往往有多种加工路线可供选择,不同的加工路线会造成完成时间的偏离。

(4) 企业环境的动态性。尽管制订了一个准确的计划,但第二天又来了一个更有吸引力新任务,或者关键岗位的职工跳槽,或者物资不能按时到达,或者发生停电等,这些都使得实际生产难以按计划进行。

当实际情况与计划发生偏离,就要采取措施。要么使实际进度符合计划要求,要么修改计划使之适应新的情况。这就是生产控制问题。

实施生产控制有三个条件:

(1) 要有一个标准。标准就是生产计划和生产作业计划。没有标准就无法衡量实际情况是否发生偏离。生产计划规定的产品出产期,MRP系统生成的零部件投入出产计划,通过作业计划方法得出的车间生产作业计划,都是实行生产控制的标准。

(2) 要取得实际生产进度与计划偏离的信息。控制离不开信息,只有取得实际生产进度偏离计划的信息,才知道两者发生了不一致。计算机辅助生产管理信息系统能有效地提供实际生产与计划偏离的信息。通过生产作业统计模块,每天都可以取得各个零部件的实际加工进度和每台机床负荷情况的信息。

(3) 要能采取纠正偏差的行动。纠正偏差是通过调度来实行的。

二、不同生产类型生产控制的特点

不同生产类型生产控制的特点不同,如表8-7所示。

表 8-7 不同生产类型的典型特点

特 点	单位小批生产	大量大批生产
零件的流动	没有主要的流动路线	单一的流动路线
瓶颈	经常变动	稳定
设备	通用设备,有柔性	高效专用设备
调整准备费用	低	高
工人操作	多	少
工人工作的范围	宽	窄
工作节奏的控制	由工人自己和工长	由机器和工艺过程
在制品库存	高	低
产品库存	很少	较高
供应商	经常变化	稳定
编制作业计划	不确定性高,变化大	不确定性低,变化少

(一) 单件小批生产

单件小批生产是为顾客生产特定产品或提供特定服务的。因此,产品品种千差万别;零件种类繁多。每一种零件都有其特定的加工路线,整个物流没有什么主流。各种零件都在不同的机器前面排队等待加工。各个工作地之间的联系不是固定的,有时为了加工某个特定的零件,两个工作地才发生联系,该零件加工完成之后,也许再也不会发生什么联系了。这种复杂的情况使得没有任何一个人能够把握如此众多的零件及其加工情况。为此,需要专门的部门来进行控制。

工件的生产提前期可以分成以下五个部分,如图 8-10 所示。

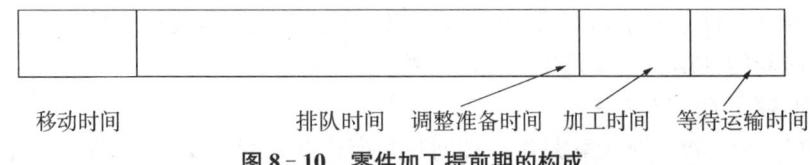

图 8-10 零件加工提前期的构成

(1) 移动时间。移动时间为从上道工序加工完成后转送到本工序途中所需时间。这个时间取决于运输工具和运输距离,是相对稳定的。

(2) 排队时间。由于本工序有很多工件等待加工,新到的工件都需排队等待一段时间才能加工。排队时间的变化最大,单个工件的排队时间是优先权的函数,所有工件的平均排队时间与计划调度的水平有关。

(3) 调整准备时间。调整准备时间为加工本工件需做的调整准备所花的时间。它与技术和现场组织管理水平都有关。

(4) 加工时间。加工时间是按设计和工艺加工,改变物料形态所花的时间。加工时间取决于所采用的加工技术和工人的熟练程度,它与计划调度方法无关。

(5) 等待运输时间。加工完毕,等待转入下一道工序所花的时间。它与计划调度工作有关,对于单件小批生产,排队时间是主要的,它大约占工件加工提前期的80%~95%。排队时间越长,在制品库存就越高。如果能够控制排队时间,也就控制了工件在车间的停留时间。要控制排队时间,实际是控制排队队长的问题。因此,如何控制排队的队长,是生产控制要解决的主要问题。

(二) 大量大批生产

大量大批生产的产品是标准化的,通常采用流水线或自动线的组织方式生产。在流水线或自动线上,每个工件的加工顺序都是确定的,工件在加工过程中没有排队现象,没有派工问题,也无优先权问题。因此,控制问题比较简单,主要通过改变工作班次,调整工作时间和工人数来控制产量。但是,在组织混流生产时,由于产品型号、规格、花色的变化也要加强计划性,使生产均衡。

三、利用"漏斗模型"进行生产控制

德国汉诺威大学的贝克特(Bechte)和温道尔(Wienda)等人在20世纪80年代初提出了"漏斗模型"(Funnel Model)。所谓"漏斗"是为了方便地研究生产系统而做出的一种形象化描述。一台机床、一个班组、一个车间乃至一个工厂,都可以视为一个"漏斗"。作为"漏斗"的输入,可以是上道工序转来的加工任务,也可以是来自用户的订货;作为"漏斗"的输出,可以是某工序完成的加工任务,也可以是工厂制成的产品。而"漏斗"中的液体,则表示累积的任务或在制品。液体的量则表示在制品的量,如图8-11所示。

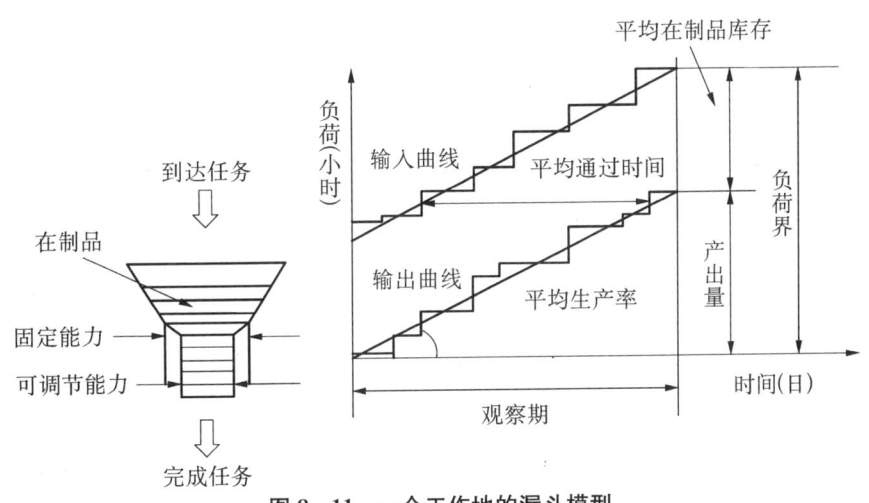

图8-11 一个工作地的漏斗模型

(一) 输入输出图

图8-11左部分漏斗的开口的大小表示生产能力,它是可以调整的。液面高低表示累积任务量的大小。图8-11右部分为输入输出图,其中包括输入曲线和输出曲线,它们分别描述工件的到达情况和完成情况。横坐标为时间,通常以工作日为单位;纵坐标为工作负荷,通常以小时表示。曲线的垂直段表示某天到达或完成的一个或多个工件所包含的工作量;水平段表示相邻两个到达或完成的任务之间的时间间隔。如果运输时间不变,输入曲线与上道工序的输出曲线相对应。输入曲线和输出曲线表示在一定观察期内任务到达的累计情况和任务完成的累计情况,它们可以从过去任何一天开始构造到现在。实际上,几周时间

已足够。两条曲线任一时刻垂直方向的距离表示该时刻在制品占用量(以工作量表示),两条曲线的水平距离表示相应工作任务在该工作地停留的时间(按 FIFO 规则)。

(二) 基本公式

对于单台机器的情况,可以按泊松输入、负指数分布、单服务台的等待制(M/M/1)系统来描述。

$$平均队长\ L = \lambda \div (\mu - \lambda)$$

$$平均队列队长\ L_8 = \lambda \div \mu^2 (\mu - \lambda)$$

$$平均通过时间\ T = 1 \div (\mu - \lambda)$$

$$平均等待时间\ T_w = \lambda \div \mu(\mu - \lambda)$$

式中,λ——平均到达率(单位时间到达工件的平均数);

μ——平均完工率(单位时间完成的平均工件数)。

若 $\mu > \lambda$,平均等待时间等于工件的平均在制品占用量(以时间为单位表示),平均队长等于平均在制品库存。

在一段较长的时间(如数周)内,如果工况稳定,输入曲线和输出曲线可以近似地由两条平行直线来表示,其斜率等于平均在制品库存/平均通过时间。这时,下式成立:

$$平均通过时间 = \frac{平均在制品库存}{单位时间平均产量}$$

(三) 控制规则

按照以上公式,可以采用四个简单的规则来调整输入、输出、在制品库存和通过时间。

(1) 若希望保持在制品库存稳定,就要使单位时间内的平均输入等于平均输出。

(2) 若希望改变在制品库存量,可暂时增加或减少输入。增加输入,在制品量将上升;减少输入,在制品量将下降。

(3) 若希望平均通过时间在所控制的范围内,则适当调整平均在制品库存与单位时间平均产量的比例。

(4) 要使各个工件的平均通过时间稳定,就采用 FIFO 规则安排各工件的加工顺序。

下面通过举例说明如何做出工作地的输入输出图及其参数计算。

【例 8-5】 某工作地加工能力为 8 小时/天,现对该工作地做了为期 10 天的观察(某月 20~29 号),在观察期内的输入输出情况如表 8-8 所示。试根据这些数据画出该工作地的输入/输出曲线,并计算有关参数。其中 1~10 号工件已生产,11~15 工件已投入,但尚未出产。

表 8-8 某月 20—29 日工作地生产情况表

任务号 i	投入日期	出产日期	定额工时 t_i(小时)	生产周期 T_{pi}(天)
1	15	20	5	5
2	12	21	10	9
3	18	22	10	4
4	20	23	5	3

续表

任务号 i	投入日期	出产日期	定额工时 t_i（小时）	生产周期 T_{pi}（天）
5	17	23	10	6
6	15	24	15	9
7	22	25	5	3
8	24	26	5	2
9	24	27	5	3
10	20	29	20	9
11	21	—	20	—
12	21	—	5	—
13	23	—	15	—
14	25	—	35	—
15	28	—	15	—

解：设：AB 为观察期未出产量；BA 为观察期期初在制品；BE 为观察期期末在制品；ML 为平均生产率；MZ 为加权平均通过时间；MI 为平均在制品；MA 为平均设备利用率；P 为观察期；a 为加工能力（小时/天）。

首先，根据表 8-8 的数据做出工作地输入输出图，如图 8-12 所示。

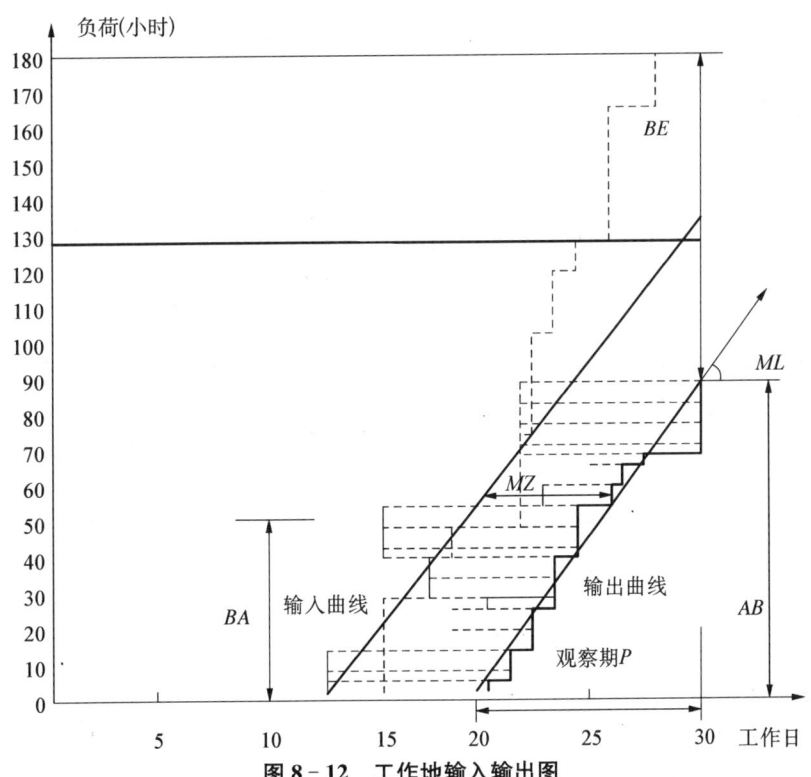

图 8-12　工作地输入输出图

然后,再计算该工作地的有关生产参数。

(1) 计算观察期末出产量 AB(以小时为单位),从表 8-12 中可知 1~10 号工件已经出产,累积出产量为:

$AB = 90$(小时)

(2) 计算平均生产率:

$ML = AB \div P = 90 \div 10 = 9$(小时/天)

(3) 计算加权平均通过时间 MZ。每一批生产任务的实际通过时间都可以从生产现场测得。但是,人们关心的不是每批生产任务的通过时间,而是一定时期内工序的平均通过时间。统计数据表明,大多数情况下生产任务批量与通过时间呈正比关系,因此,平均通过时间采用加权平均方法,且以生产任务的工时定额为权数计算平均通过时间。

平均加权通过时间也可由下式求出:

$$FE = \sum_{i=1}^{n}(t_i T_{pi})$$

$MZ = FE \div AB$

可以算出:

$FE = 585$

因此,

$MZ = FE \div AB = 585 \div 90 = 6.5$(天)

式中,FE 未通过时间面积。

(4) 在制品占用分析。由图 8-8 可看出:

观察期期初在制品:$BA = 50$(小时)

观察期期末在制品:$BE = 90$(小时)

(5) 计算平均设备利用率:

$MA = ML \div a = 9 \div 8 = 1.125 = 112.5\%$

"漏斗模型"适合于多品种小批量生产系统的控制。例如,根据图 8-12 中的有关信息,管理人员就可以对下一计划期投料量的大小做出决策。图中输出曲线的斜率(即平均出产率 ML)说明对下一期的投入率不要超过 9 小时/天的水平,否则就要进一步增加在制品积压。

利用"漏斗模型"的理论和方法,还可以对生产系统进行全局的动态的监控,克服了传统的只注重单个工作地产量大小,设备利用率高低的弊端。

复习思考题

1. 生产作业计划解决什么问题?举例说明。
2. 为什么要制定作业计划标准?企业有哪些主要的作业计划标准?
3. 不同生产类型下,如何编制车间生产作业计划?
4. 怎样正确选择生产批量?
5. 为什么要实行生产作业控制?
6. 漏斗模型的基本原理是什么?它在生产控制中的用途如何?

案例分析

生产计划综合案例

A公司是一家集研发、生产、销售为一体的现代办公家具、酒店家具制造企业,年产值近3亿元。公司经常延迟交货,客户反应频繁,公司高管决定进行管理变革。

经现场初步调研及对管理人员访谈发现:

(1) 车间半成品堆积如山,产品无标识。
(2) 车间现场看板未更新。
(3) 车间自主安排生产。公司从订单到出货流程如下:

销售部门(订单)—PMC部—内部生产单(确定出货时间)—车间

【思考题】

A公司生产计划可能存在什么问题?应如何改善?

第九章 库存管理与控制

学习目标

1. 了解库存及库存管理的定义;
2. 掌握库存控制的三种方式;
3. 掌握单周期库存模型的计算方法;
4. 掌握多周期库存模型的计算方法;
5. 掌握 ABC 分类法的基本原理和实施步骤。

开篇案例

沃尔玛的库存管理

沃尔玛是美国最大的连锁零售集团之一,从一个规模非常有限的区域型企业,快速成长为一个超级跨国集团。沃尔玛的成功与其独特的供应链体系有着不可分割的密切联系。

首先沃尔玛建立了实时监控销售的 POS 系统,管理者可以在任何时刻准确地掌握整个集团的所有销售细节,并据此全盘优化订货。其次,沃尔玛建立了自己的运输网络,可以快速地将订到的货物送往遍布世界各地的沃尔玛大型超市。由于货源补充迅速,沃尔玛货场的库存量远远低于同行业平均水平。再次,沃尔玛对少量销售不畅的库存物资,采用退货或减价销售的方式快速消化库存,保证整个集团的物资库存处于一个很低的水平。

(资料来源:中国大物流网)

库存越来越被企业经营者所重视,因为库存是有成本的,在很多企业中,库存占用大量的流动资金,减少库存,降低库存成本,追求"零库存"是库存管理的中心与极点,也是企业"第三利润源泉"的重点所在。

第一节 库存管理与控制概述

库存在许多企业的资产中占比很高,一般为总资产的 50%,每个企业都存在着库存管理和控制的问题,也在不断地寻求着库存、服务水平和成本等的动态持续均衡。

一、库存的定义及类别

国民经济的各个行业都会遇到库存问题,从狭义上理解,库存即存放在仓库中,暂时未被利用的物品。从广义上理解,库存是具有经济价值的任何物品的停滞与储藏,包括一切暂时闲置的、用于未来的、有经济价值的资源。资源的闲置与这种资源是否存放在仓库中没有关系,与其是否处于运动状态也没有关系。从不同角度可以对库存进行多种分类。

(一) 按库存物资的存在状态分类

按库存物资的存在状态分类可以将库存主要分为原材料库存、在制品库存和成品库存,如图 9-1 所示。

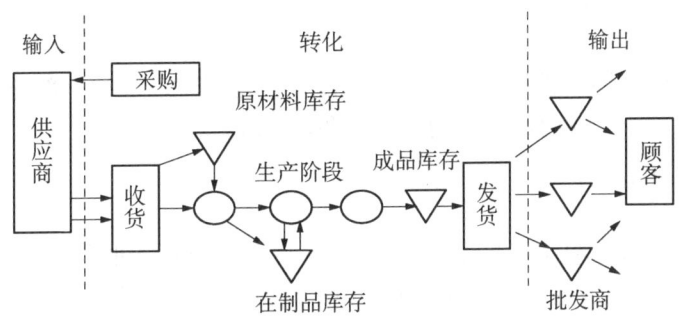

图 9-1 生产企业的物料流

1. 原材料库存

原材料库存是指在生产过程中,企业需要持有一定数量的符合企业生产规定要求的原材料。有时,也将外购件库存划归为原材料库存。在生产企业中,原材料库存一般由供应部门来管理控制。

2. 在制品库存

在制品库存包括生产过程中不同阶段的半成品库存,一般由生产部门来管理控制。

3. 产成品库存

产成品库存是准备运送给消费者的最终产品,通常由销售部门或物流部门来管理控制。

其他还有维修库存包括用于维修与养护的经常消耗的物品或备件,如石油润滑脂和机器零件,但是不包括产成品维护活动所用的物品或备件,一般由设备维修部门来管理控制。

以上 3 种主要库存可以存放在一条供应链上的不同位置。原材料库存可以存放在两个位置:供应商或生产商处。原材料进入生产企业后,一次通过不同的工序,每经过一道工序,价值都有所增加,从而成为不同价值水平的在制品。当在制品在最后一道工序被加工完成后,形成产成品。产成品库存可以放在不同的存储点,如生产企业内、配送中心、零售店,直至转移到最终消费者手中。

(二) 按库存的作用分类

1. 周转库存

由周期性的采购所形成的库存就称为周转库存。周转库存的存在是基于这样的思想:采购批量或生产批量越大,单位采购成本或生产成本就越低(节省订货费用,得到数量折扣等)。当总需求一定时,每次订货批量越大,两次订货之间的间隔越长,周转库存量也越大。

2. 安全库存

安全库存是指为了应付需求,生产周期或供应周期等可能发生的无法预测的变化都会使提前期发生变动,而设置的一定数量的持有超过周转库存的库存。虽然消除需求变动和提前期不确定性是不可能的,但是通过采用一定方法预测需求,并选择能够准时交付的运输服务,以及具有可靠提前期的供应商等都有可能减少甚至消除安全库存。

3. 调节库存

调节库存是为了调节企业生产中的各种不均衡而设置的,如需求与供应之间、生产速度与供应速度之间、各个生产阶段的投入与产出之间等的不均衡。例如,为了保持生产能力均衡,将淡季生产的产品放置于仓库,形成调节库存,以备旺季需求,即是生产能力与需求之间的不均衡形成了调节库存。

4. 在途库存

在途库存是处于运输过程中的物品,也可以看作是周转库存的一部分。这种库存是客观存在的,大小取决于运输时间及该期间内的平均需求。

二、库存的作用

一般认为,库存可以增加企业运作的柔性,提高企业的服务水平。市场变幻莫测,运营管理系统也会随机出现各种故障,因此,企业为了抵御这些无法控制的因素对生产经营的影响,通常保有一定数量的库存,所有企业(包括实行 JIT 的企业)都持有一定的库存,原因如下。

(一) 保持运营的独立性

工作中心的原材料库存可以使企业减少生产设备数量,执行相对独立的生产计划,在装配线的工作地,由于不同的零件加工时间的差异,保持零部件库存作为缓冲,可以使平均产出相对稳定。

(二) 适应产品需求的变化

如果能够准确掌握产品需求状况,调节企业生产速率完全同步也许是有可能的(但未必经济)。然而,通常需求是很难准确把握的,必须持有安全库存或缓冲库存以抵消变动,提高服务水平。成品库存将外部需求和内部生产分隔开,像水库一样起着稳定作用。

(三) 分离生产流程,防止中断和短缺

在生产过程中维持一定量的在制品库存,使企业的下一个程序不受上一个程序波动的影响。尤其当某道工序的加工设备发生故障时,如果工序间有在制品库存,其后续工序就不会中断。例如,在订货提前期内,原材料订购后发生交货延迟:运输时间变动、卖方原料不足导致无法完成订单,卖方工厂或个别货运公司出现意外事故,货物丢失或发送错误或原材料不合格等。持有一定数量的库存就可以防止材料短缺。

(四) 追求经济效益

一次订货费用一般包括人工、电话、打印、包装等,订货次数越少,订货批量越大,就会节约订货成本。而且大批量采购一般还可以利用折扣,降低采购成本和运输成本,尤其是预期价格会上涨的物品,可以更好地应对通货膨胀,减少损失等。

尽管库存有着如此重要的作用,但掩盖了生产经营中的各种矛盾,是应该消除的。同时库存是需要成本的,应该在尽可能低的库存水平下满足需求。

三、库存管理与控制的衡量指标

管理是从衡量开始的。在库存管理中,管理者也需要用一些指标对库存进行监控和衡量,使其保持一个适当的水平。衡量库存的方法有多种,但在库存管理中具有重要意义的衡量指标有三个。

(一) 平均库存值

平均库存值是指某一时期全部库存物品的价值之和。一般来说,制造企业的库存平均占用资金比例大约是 25%,而批发、零售业的比例可能达到 75% 左右。管理人员可根据历史数据或同行业的平均水平从纵横两方面进行评价。但也必须从满足市场需求的角度来考虑库存管理的好坏,因此下面两个指标可能更重要。

(二) 可供应时间

可供应时间是指现有库存能够满足需求的时间,可以分别用每种物料的平均库存量除以相应时间段内单位时间的需求量。在有些情况下,后者更具现实意义。例如,根据物料可获性的不同,有些物料的库存量为两周,而另一些物料的库存可能只是两三天就可以。

(三) 库存周转率

库存周转率是年销售额与年平均库存值之比。库存周转率越小,意味着库存占用资金量越大,保管费等越高;反之亦然。同时,库存周转率对企业经营中至关重要的资金周转率指标也有极大影响。但库存周转率的最优值难以一概而论,很多西方制造企业周转次数一年为 6~7 次,有的日本企业一年可达 40 次之多,中国企业大多在 4~6 次。

第二节　库存管理与控制的基本方式

不同的库存问题有不同的特点,相应的管理与控制方法和手段也不尽相同,因此首先要了解影响库存问题的环境要素和库存所具有的特征。

一、库存问题的分类

库存控制主要是相关需求和独立需求的多周期需求,以及单周期需求。库存问题基本可以划分为单周期和多周期库存问题,如图 9-2 所示。

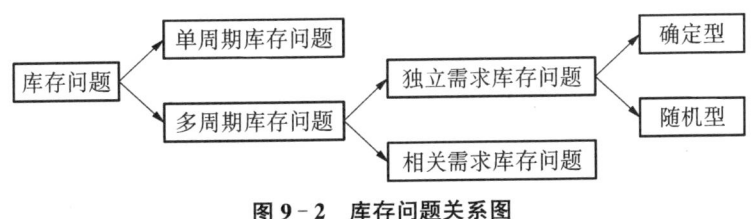

图 9-2　库存问题关系图

(一) 单周期库存和多周期库存

根据物料需求的可重复次数,可将库存分为单周期库存和多周期库存,前者也被称作一次性订货问题,即某物品在一定时间内只订货一次,消耗完也不再补充订货,一般库存时间不长,不存在库存订货点与库存检查期的决策问题,主要决策变量是订货量。由于单周期的库存订货量决策具有较大风险,因此如何优化订货量是单周期库存管理的核心,需要解决的两类典型问题是:圣诞树问题和报童问题。

> **圣诞树问题**是指偶尔发生的对某种产成品或服务的需求,如某届运动会的纪念章、中秋节的月饼等,类似于圣诞节期间对圣诞树的需求。
> **报童问题**是指对于某些易于过期或保质期较短的产成品的需求,如水果、食品、期刊等,类似于读者对日报的需求。
>
> (资料来源:马士华,陈荣秋.生产运作与管理)

多周期库存又称为重复性订货问题,即在足够长的时间里对某种物品的重复的、连续需求,库存需要不断补充。例如,企业里的原材料,加油站油品库存,超级市场的商品等。因此多周期问题的决策包括:① 何时订货;② 每次订多少;③ 多长时间检查库存。回答这些问题是多周期库存控制的核心。

(二) 独立需求库存和相关需求库存

独立需求是指对某种物品的需求只受企业外部的市场影响而不受其他种类物品的影响,表现出对这种产品需求的独立性,是企业系统直接面对客户的直接输出需求,同时具有随机性、不确定性,企业不能控制,通常用预测的方法来估算。

相关需求,又称非独立需求,是指与其他需求有内在相关性的需求。根据相关性,企业可以精确计算出相关需求量和需求时间。相关需求是一种确定性需求,是企业内部的物料转化环节之间发生的需求。如自行车车轮和自行车的需求,如果自行车制造厂的市场需求是 1 000 辆自行车,相关需求车轮 2 000 个,以及其他零部件。市场对自行车的需求是独立需求,而对自行车车轮的需求则是相关需求。只要知道独立需求与相关需求的对应关系,就可以通过一定方法精确计算出来相关需求。

独立需求和相关需求库存问题是两类不同的库存问题。另外,当需求率和订货提前期确定时,为确定性库存问题。现实中,两者都是受市场需求影响的随机变量,将两者中的任一看作随机变量,就是不确定型库存,也称随机型库存。由以上分析可见,库存控制要解决三个基本问题:① 确定库存检查周期;② 确定订货量;③ 确定订货点(何时订货)。

根据上面三个基本问题,库存控制系统有三种:连续性检查库存控制系统,即 (Q,R) 策略;周期性检查策略,即 (t,S) 策略;连续性检查的固定订货点、最大库存策略,即 (R,S) 策略。

二、连续性检查库存控制系统

连续性检查库存控制系统[(Q,R)策略]又叫固定量系统,是订货点和订货量都为固定量的库存控制系统,即(Q,R)系统,其中,Q表示订货量,R表示订货点(Reorder Point,提出订货时的库存量)。基本思想是固定一个订货点,连续检查库存,当库存余额降低到订货点以下时,即发出一次订货。当库存降到R或以下时,提出订货Q,经过LT(订货提前期,从发出订货到到货的时间间隔)时间后,订货到达,库存量增加Q,如图9-3所示。

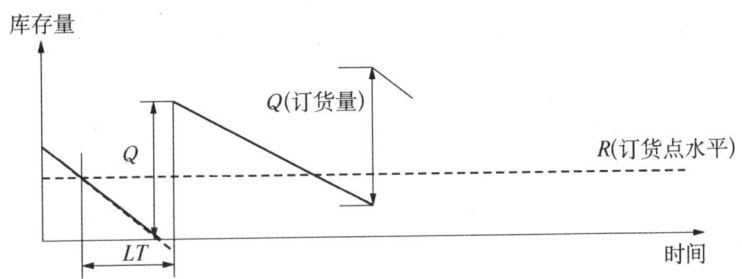

图 9-3 连续性检查库存控制系统

连续性检查库存控制系统的库存管理存在如下特点：

(1) 每次订货批量 Q 通常是固定的,批量大小选择时主要考虑总库存成本最低的原则;

(2) 每相邻两次订货的时间间隔通常是变化的,其大小主要取决于需求量的变化情况,需求大则时间间隔短,需求小则时间间隔长。

要发现现有库存量是否达到订货点 R,必须随时检查库存量,这就增加了管理工作量,但它使库存量得到严密的控制。因此,该策略适用于需求量大、缺货费用较高、需求波动性很大的产品。对于下列情况,可以考虑采用连续性检查库存控制系统：

(1) 所储物资具备进行连续检查的条件。并非所有的物资都能很方便地随时进行检查,这是运用此方法的前提条件。

(2) 价值虽低但需求量大的物资及价格昂贵的物资均是需要严格重点控制的物资,应该考虑采用连续检查控制方式。前者是因为此类物资价格低量大,采用连续检查控制方式的一些较易实施的方案可以简化控制程序,如双仓系统;后者是因为连续检查控制方式可以及时搜集库存信息,较灵活优化库存管理。

(3) 市场上易于采购的物资。由于订货时间无法确定,连续检查控制方式适用于市场上随时可以采购到的物资。

三、定期检查库存控制系统

定期检查库存控制系统[(t,S)策略]又称固定间隔期系统,是每隔一个固定间隔期,检查一次库存,并发出一次订货,把现有库存补充到最大库存水平 S,在两次订货的间隔期,库存按照需求不断减少。如果检查时库存量为 L_1,则订货量为 $(S-L_1)$,如图 9-4 所示。

定期检查库存控制系统不需随时检查库存;到了固定的间隔期,各种不同物资可以同时订货,简化了管理,节省了订货费。不同物资的最高水平 S 可以不同。此种控制系统订货时间间隔固定但订货量通常是变化的,关键是确定订货间隔期。具有以下条件的可以考虑采用此种方法：

(1) 需要定期盘点和定期采购、定期生产的物资,主要是指需要成批生产的各

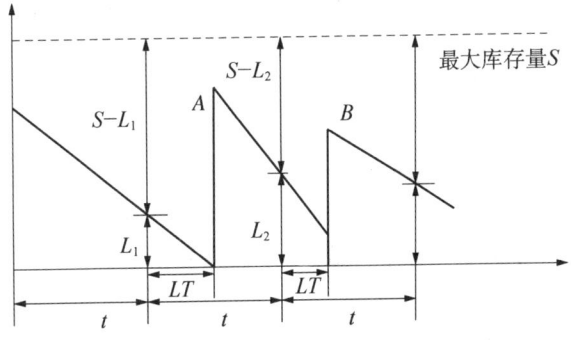

图 9-4 定期检查库存控制系统

种原材料、配件、毛坯和零配件等。企业在编制上述物资的生产计划或采购计划时，通常都要考虑现有库存的情况，由于计划是定期制订并执行的，因此，这些物资需要定期盘点和定期采购。

(2) 具有相同供应来源的物资，是指同一供应商生产或产地在同一地区的物资。由于物资来源的相似性，可以采用统一采购策略，不仅能够节约订货和运输费用，而且可以获得一定的价格折扣，降低购货成本。定期检查存货可以保证统一采购的顺利进行。

(3) 需要计划控制的物资。价值较高的物资由于占用资金较多，需要通过计划控制库存数量，达到优化库存成本的目的。因此，此类物资的生产与采购通常纳入计划管理，多采用与计划期同步进行的周期检查控制方式进行控制。

四、最大最小系统

固定间隔期系统的缺点是不论库存水平 L 多少，都按期发出订货，当 L 很高时，订货量很少，为了克服这个缺点，就出现了固定间隔期的最大最小系统[(s, S)策略]，需要先确定一个最低库存水平点 s，当经过时间间隔 t，如果库存降到 s 以下，则发出订货；否则，再经过时间 t，重新考虑是否发出订货，如图 9-5 所示。

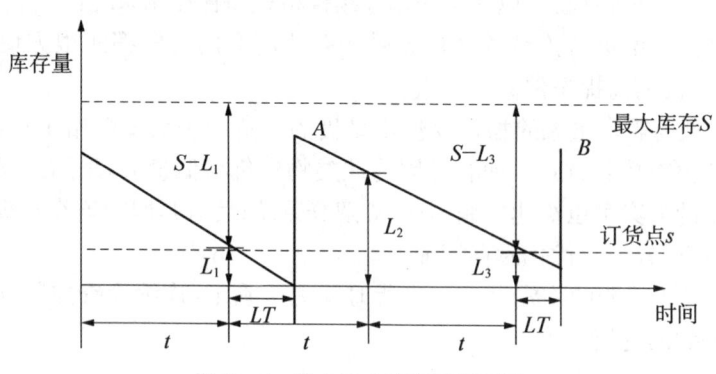

图 9-5　最大最小库存控制系统

家乐福的库存管理

严格的库存管理是家乐福生鲜经营成功的重要基础。对不同的生鲜食品，家乐福明确设定了不同的库存量。一般来说，肉类食品库存控制在 1~2 天、水果为 2 天、蔬菜为 1 天、鱼类可无库存。家乐福每个店都根据电脑显示的销量，以销订货，尽可能减少库存。

因为生鲜食品库存有限，一旦缺货很难快速补齐，这就需要供应商加快物流配送速度。因此，家乐福尽可能选择当地最优秀的供应商，通过加强内部管理来最大限度地减少缺货现象的发生，各个门店都制定了相应措施，及时反馈缺货信息，并按相应的同期盘点方法，电脑自动统计商品销售量且打出相应的订单，同时，对不同商品的销售及销售速度都有专人监控，掌握存货动态。此外，家乐福还建立了厂商配送时间表，确保安全库存。

(资料来源：中国零售企业网)

第三节 单周期和多周期库存模型

库存控制的基本模型包括单周期库存模型和多周期库存模型。对于单周期需求,库存控制的关键在于确定订货量;多周期需求是在较长时间内反复发生的需求,库存需要不断补充以满足反复需求,因此,多周期库存控制的决策问题是如何补货。

一、单周期库存模型

单周期库存问题中,订货量也就是预测的需求量。但预测与实际需求总是有差距的。当订货量大于需求时,未销售出去的物品可能以低于成本的价格出售,甚至报废,还要另外支付一笔处理费,这种由于供过于求导致的费用称为超储成本(陈旧成本)。订货量小于需求时,就会失去潜在的销售机会,导致机会损失,发生欠储成本(机会成本)。单周期库存控制主要是在超储成本和欠储成本之间取得平衡。

(一)期望损失最小法

期望损失最小法就是比较不同订货量下的期望损失,取期望损失最小的订货量作为最佳订货量。库存物品的单位成本为 C,单位售价为 P,实际需求量为 d,发生概率为 $P(d)$。若在预定时间内卖不出去,则单价只能降为 $S(S<C)$ 卖出,则单位超储损失为:$C_0=C-S$;单位机会损失为:$C_U=P-C$。订货量为 Q 时的期望损失为:

$$E_L(Q)=\sum_{d>Q}C_U(d-Q)p(d)+\sum_{d<Q}C_0(Q-d)p(d)$$

【例 9-1】 已知,每份挂历进价 $C=50$ 元,每份售价 $P=80$ 元。若在一个月内卖不出去,则只能按单价 $S=30$ 元卖出,求该商店最优订货量。按历史记录,新年期间某商店挂历需求概率分布如表 9-1 所示。

表 9-1 某商店挂历需求分布概率

需求 d(份)	0	10	20	30	40	50
概率 $p(d)$	0.05	0.15	0.20	0.25	0.20	0.15

解: 设该商店买进 Q 份挂历,则:

当 $d>Q$ 时,每份机会损失为 $C_U=P-C=80-50=30$ 元;当 $d<Q$ 时,每份超储损失为 $C_0=C-S=50-30=20$(元)。

当 $Q=30$ 时:
$$\begin{aligned}EL(Q)=&[20\times(30-0)\times0.05+20\times(30-10)\times0.15+20\times(30-20)\times0.20]+\\&[30\times(40-30)\times0.20+30\times(50-30)\times0.15]\\=&280(元)\end{aligned}$$

当 $Q=10$ 时:
$$\begin{aligned}EL(Q)=&[20\times(10-0)\times0.05]+[30\times(20-10)\times0.20+30\times(30-10)\times0.25+\\&30\times(40-10)\times0.20+30\times(50-10)\times0.15]\\=&580(元)\end{aligned}$$

当 Q 取其他值时，可按类似方法计算，结果如表 9-2 所示。

表 9-2 期望损失计算表

订货量 Q	实际需求量 d						期望损失 $EL(Q)$
	0	10	20	30	40	50	
	概率 $p(D=d)$						
	0.05	0.15	0.20	0.25	0.20	0.15	
0	0	300	600	900	1 200	1 500	855
10	200	0	300	600	900	1 200	580
20	400	200	0	300	600	900	380
30	600	400	200	0	300	600	280
40	800	600	400	200	0	300	305
50	1 000	800	600	400	200	0	430

由上表可见，当 Q 等于 30 时，期望损失最小，应采取 30 份为订货量。

(二) 期望利润最大法

比较不同订货量下的期望利润，取期望利润最大的订货量作为最佳订货量。设订货量为 Q 时的期望利润 $E_P(Q)$，则：

$$E_P(Q)=\sum_{d<Q}[C_U d-C_0(Q-d)p(d)]p(d)+\sum_{d>Q}C_U Q_p(d)$$

承[例 9-1]$Q=30$ 时：

$E_P(Q)=[30\times 0-20\times(30-0)]\times 0.05+[30\times 10-20\times(30-10)]\times 0.15+$
$[30\times 20-20\times(30-20)]\times 0.20+[30\times 30]\times 0.25+[30\times 30\times 0.20+$
$30\times 30\times 0.15]$
$=575(元)$

当 Q 取其他值时，可按类似方法计算，结果如表 9-3 所示。

表 9-3 期望利润计算表

订货量 Q	实际需求量 d						期望利润 $EL(Q)$
	0	10	20	30	40	50	
	概率 $p(D=d)$						
	0.05	0.15	0.20	0.25	0.20	0.15	
0	0	0	0	0	0	0	0
10	−200	300	300	300	300	300	275
20	−400	100	600	600	600	600	475
30	−600	−100	400	900	900	900	575
40	−800	−300	200	700	1 200	1 200	550
50	−1 000	−500	0	500	1 000	1 500	425

由上表可见,当 Q 等于 30 时,期望利润最大,应采取 30 份为订货量。

二、多周期库存模型

在现实中,大多数都是多周期库存问题。按照需求率和订货提前期是否已知,可分为两种:确定型库存控制模型(需求率、订货提前期已知)和随机型库存控制模型(需求率和订货提前期至少有一个未知)。

(一) 库存成本的构成

库存成本是在建立库存系统时发生的直接成本,库存总成本一般以年为时间单位,包括以下 4 项。

1. 存储成本

存储成本(Holding Costs,C_H)指为保持库存而发生的成本,包括固定成本和变动成本,前者如仓库折旧、保管员固定工资等;后者如空间成本、资金成本、库存服务成本及库存风险成本等,与物品价值和平均库存量有关。

2. 订货成本

订货成本(Ordering Costs,C_O)指企业为了实现一次订货而进行的各种活动的费用,如分析供应商、来料验收、跟踪订货等各项费用,只与订货次数有关,一般与一次订货量多少无关。

3. 购入成本

购入成本(Purchasing Costs,C_P)指购买或生产物资需要的费用,与物资的单价和数量有关。

4. 缺货成本

缺货成本(Shortage loss Costs,C_S)指由于库存中断如停产等造成的损失,如失去销售机会带来的利润损失和信誉损失等,与缺货多少、缺货次数有关。

以 C_T 表示年库存总成本,则:

$$C_T = C_H + C_O + C_P + C_S$$

库存管理的目标就是要使库存总成本 C_T 最小。

(二) 确定型库存控制模型

确定型库存控制模型主要有经济订货批量模型、经济生产批量模型和价格折扣模型等三种。

1. 经济订货批量模型

经济订货批量(Economic Order Quantity,EOQ),就是按照库存总成本最小的原则确定出的订货批量,是固定订货批量模型的一种,可以用来确定企业一次订货(外购或自制)的数量。当企业按照经济订货批量订货时,可实现订货成本和存储成本之和最小化。

(1) 假设条件。

① 外部对库存系统的需求率为均匀的已知常量。年需求量和单位时间需求率分别以 D 和 d 表示。② 每次订货量无最大最小限制。③ 采购、运输均无价格折扣。④ 订货提前期已知,且为常量。⑤ 单次订货费用与订货批量无关。⑥ 存储成本是库存量的线性函数。⑦ 不允许缺货。⑧ 补充率为无限大,全部订货一次性交付。⑨ 采用固定量系统。

经济订货批量条件下,随时间变化,库存量 Q 的变化情况,如图9-6图所示。采用的是固定量系统,最大库存量为 Q,最小为0,且不存在缺货情况。库存量按固定需求率 d 不断消耗、减少;当库存降到订货点时,就发出订货指令;经过固定的订货提前期 LT,库存降为 O 时,新的一批订货 Q 刚好到达,库存量立即补充到 Q,平均库存量为 $Q/2$。

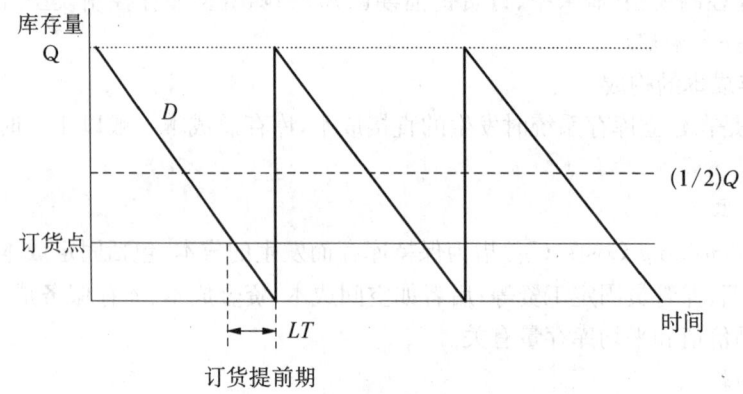

图9-6 经济订货批量假设条件下的库存变化

(2) 经济订货批量的计算。

由于不允许缺货,缺货成本 C_S 为0。购入成本 C_P 与订货批量无关(无价格折扣),为常量,如图9-7所示。

$$年度总成本 = 年存储成本 + 年订货成本 + 年购入成本$$

其中:
$$年订货成本 = 年需求量 \div 订货批量 \times 单位订货成本$$
$$年存货成本 = 订货批量 \div 2 \times 单位存储成本$$
$$年购入成本 = 单价 \times 年需求量$$

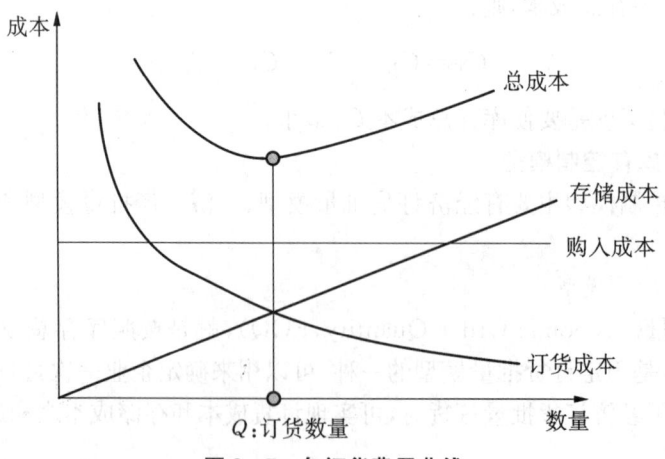

图9-7 年订货费用曲线

因此, 库存总成本 = 存储成本 + 订货成本 + 购入成本

$$C_T = C_H + C_O + C_P$$
$$= H(Q \div 2) + S(D \div Q) + p \times D$$

两边对 Q 求导,并令一阶导数为 0,可得到:

$$Q^* = EOQ = \sqrt{\frac{2SD}{H}}$$

式中,H——单位维持库存费用;
p——单价;
D——年需求总量;
S——一次订货费用。

$$订货点(ROP)=单位时间需求量×订货提前期=d×LT$$

最佳订货批量下:

$$C_O + C_H = S(D \div EOQ) + H(EOQ \div 2) = DS \div \sqrt{\frac{2DS}{H}} + \frac{H}{2}\sqrt{\frac{2SD}{H}}$$

$$= \frac{1}{2}\sqrt{2DSH} + \frac{1}{2}\sqrt{2DSH} = \sqrt{2DSH}$$

【**例 9-2**】 A公司以单价10元每年购入某产品8 000件。每次订货费用为30元,资金年利息率为12%,单位维持库存费按库存货物价值的18%计算。若每次订货的提前期为2周,试求经济订货批量、最低年总成本、年订购次数和订货点。

解: 已知单价 $p=10$ 元/件,年订货量 $D=8\,000$ 件/年,单位订货费即调整准备费 $S=30$ 元/次,单位维持库存费 H 由资金利息和仓储费用两部分组成,即 $H=10×12\%+10×18\%=3$ 元/(件·年),订货提前期 LT 为2周。

经济订货批量:$EOQ = \sqrt{\frac{2SD}{H}} = \sqrt{\frac{2×8\,000×30}{3}} = 400$(件)

最低年总成本:$C_T = H×(EOQ \div 2) + S×(D \div EOQ) + P×D$
$= 3×(400 \div 2) + 30×(8\,000 \div 400) + 10×800$
$= 81\,200$(元)

年订货次数:$n = D \div EOQ = 8\,000 \div 400 = 20$ 次

订货点:$ROP = (D \div 52)×LT = 8\,000/52×2 = 307.7$(件)

2. 经济生产批量模型

经济生产批量(Economic Production Lot,EPL),或称经济生产量(Economic Production Quantity,EPQ)。实际中,库存是边补充、边消耗的,也就是说当生产率大于需求率时,库存是逐渐增加的。当库存达到一定量时,就停止生产。由于生产系统调整准备时间的存在,在补充成品库存的生产中有一个一次生产多少最经济的问题,这就是经济生产批量问题。

(1)假设条件。

经济生产批量模型的假设条件,除与经济订货批量模型第(8)条假设不一样之外($p>d$),其余都相同。如图9-8显示的是经济生产批量模型假设下的库存量变化。P为生产率;d为需求率($d<P$);T为生产时间;I_{max}为最大库存量;Q为生产批量;ROP为订货点;LT为生产提前期;Tp为生产时间。由于生产率 p 大于需求率 d,在生产时间 tp 内,库

存以 $p-d$ 的速率上升,每次生产 Q 件,生产结束时刚好达到最大库存量 I_{max}。$Q-I_{max}$ 即为生产时间 tp 内的消耗量。达到最高库存量 I_{max} 时,停止生产,开始消耗库存,库存以需求率 d 的速率开始下降,当库存降为 0 时,又开始新一轮的生产。平均库存量为 $I_{max}/2$。

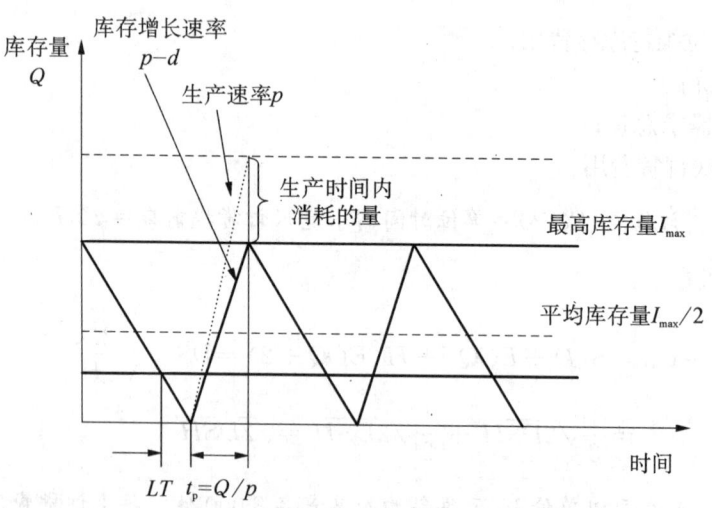

图 9-8 经济生产批量模型假设下的库存量变化

(2) 经济生产批量的计算。

在 EPL 模型假设条件下,由于补充率不是无限大,因此,平均库存量不是 $Q/2$,而是 $I_{max}/2$。现在问题归结为求 I_{max}。生产时间 $tp=Q/p$,所以,最大存储量 $I_{max}=tp(p-d)=(Q/p)(p-d)=Q(1-d/p)$,根据 EOQ 的总成本公式,可得:

$$C_T = C_H + C_O + C_P$$
$$= H(I_{max} \div 2) + S(D \div Q) + p \times D$$

对上式求导,并令一阶导数为 0,可得:

$$Q^* = \text{EPL} = \sqrt{\frac{2DS}{H\left(1-\dfrac{d}{p}\right)}} = \sqrt{\frac{2DSp}{H(p-d)}}$$

式中,p——生产率(件/天);

d——需求率(件/天);

S——设备准备费用(元/次);

D——年需求量(件/年);

H——单位产品年存储费用(元/件·年)。

【例 9-3】 戴安公司是氧气瓶生产厂,年工作日为 220 天,市场对氧气瓶的需求率为 50 瓶/天。氧气瓶的生产率为 200 瓶/天,生产提前期为 4 天。年库存成本为 1 元/瓶,设备调整费用为 35 元/次。求:经济生产批量(EPL)、每年生产次数、最大库存水平、订货点、一个周期内的生产时间和纯消耗时间。

解:已知:$S=35$ 元/次,$p=200$ 瓶/天,$d=50$ 瓶/天,$H=1$ 元/瓶·年,年需求量 $D=50 \times 220 = 11\,000$(瓶)。

经济生产批量：

$$Q^* = \sqrt{\frac{2DSp}{H(p-d)}} = \sqrt{\frac{2\times 11\,000\times 35\times 200}{1\times(200-50)}} = 1\,013$$

每年生产次数：$n=(D\div Q^*)=(11\,000\div 1\,013)=10.86\approx 11$（次）。

最大库存水平：$I_{\max}=Q^*(p-d)\div p=1\,013\times(200-50)\div 200=759.75\approx 760$（瓶）

订货点：$ROP=d\times LT=50\times 4=200$（瓶）

生产时间 tp 和纯消耗时间（$t-tp$）：

$tp=Q^*\div p=1\,013\div 200=5.065$（天）

$t-tp=(Q^*\div r)-(Q^*\div p)=1\,013\div 50-1\,013\div 200=20.26-5.065=15.20$（天）

3. 价格折扣模型

现实生产中，供应商为了刺激需求，往往根据订货数量向用户提供价格折扣。当用户面临供应商列出不同订购数量的折扣条件时，企业又该如何通过适合的订购数量，使总成本最低呢？

(1) 假设条件。

价格折扣模型的假设条件，除与 EOQ 模型第(3)条假设不一样之外（允许价格折扣），其余都相同。如图 9-9 所示，订货量为 Q；每年需求为 D；每次订货费为 S；每年单位库存成本为 H；单位物资的采购价格（以三种数量级为例），当 $Q<Q_1$ 时，单价为 P_1；当 $Q_1\leqslant Q<Q_2$ 时，单价为 P_2；当 $Q\geqslant Q_2$ 时，单价为 P_3，其中 $P_1>P_2>P_3$。

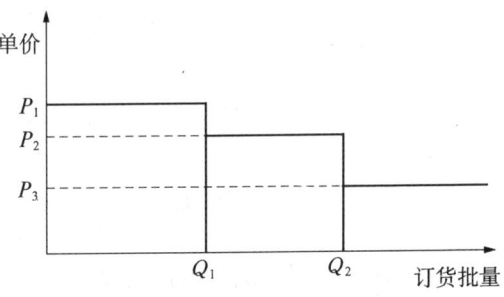

图 9-9 有数量折扣的价格曲线

(2) 价格折扣模型的计算。

不同购买水平会导致不同价格水平，在此情况下总费用就需考虑购买费用。即：$C_T=C_H+C_O+C_P=H(Q/2)+S(D/Q)+P(Q)\times D$，$C_T$ 随 Q 的变化，如图 9-10 所示。

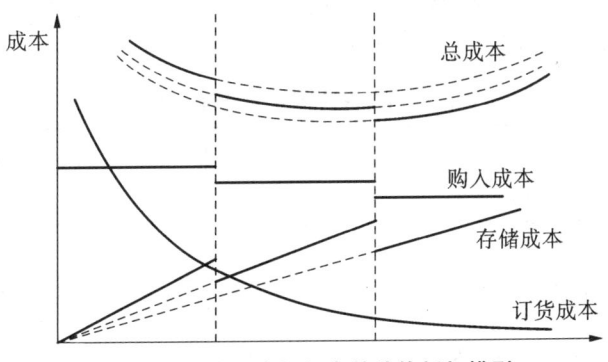

图 9-10 有两个折扣点的价格折扣模型

由于每种数量折扣的总成本公式只是相差常数 $P\times D$，因此，三条总成本曲线是相互平行的，最低点就是对应的经济订货批量，都是相同的。在计算中，完全可以忽略价格 P 的影响，先计算出经济订货批量 Q^*，但是，Q^* 是否在 Q_1、Q_2 之间，是不确定的。因此，需要逐个进行计算。

计算步骤如下：

① 取最低价格代入基本 EOQ 公式，求出最佳订货批量 Q^*。若 Q^* 可行（即所求的点在曲线 CT 上），Q^* 即为最优订货批量，停止。否则转步骤②。

② 取次低价格代入基本 EOQ 公式求出 Q^*。如果 Q^* 可行，计算订货量为 Q^* 时的总费用和所有大于 Q^* 的数量折扣点（曲线中断点）所对应的总费用，取其中最小总费用所对应的数量，即为最优订货批量，停止。即计算：

$$TC(Q^*) = \frac{1}{2} \times Q^* \times H + \frac{D \times Q^*}{S} + P_2 \times D$$

$$TC(Q_2) = \frac{1}{2} \times Q_2 \times H + \frac{D \times Q_2}{S} + P_3 \times D$$

其中的最小者即为结果；否则，转入下一步。

③ 如果 Q^* 不可行，重复步骤②，直到找到一个可行的 EOQ。即计算：

$$TC(Q^*) = \frac{1}{2} \times Q^* \times H + \frac{D \times Q^*}{S} + P_1 \times D$$

$$TC(Q_1) = \frac{1}{2} \times Q_1 \times H + \frac{D \times Q_1}{S} + P_2 \times D$$

$$TC(Q_2) = \frac{1}{2} \times Q_2 \times H + \frac{D \times Q_2}{S} + P_3 \times D$$

其中最小者即为价格折扣模型下的 EOQ。求得合适订货批量之后，可以计算每年订货次数和订货周期：

$$每年订货次数 N = [年需求 D \div 订货批量 Q]（取整）$$

$$订货周期 T = 365 \div 每年订货次数 N（天）$$

【例 9-4】 一家大医院的维修部每年使用大约 816 箱液体清洁剂。订货成本为 12 元，库存成本是每年每箱 4 元，新价目表如表 9-4 所示。请确定最优订货量和总成本。

表 9-4 医院维修部新价目表

数量范围（箱）	1~49	50~79	80~99	100 以上
价格（元）	20	18	17	16

解： ① 计算通常的经济订货批量：$Q^* = \sqrt{\dfrac{2DS}{H}} = \sqrt{\dfrac{2 \times 816 \times 12}{4}} = 70$（箱）。

② 画出不同的数量折扣的总成本函数图，如图 9-11 所示。

由于 $Q^* = 70$ 落在 50~79 之间，因此根据公式 $TC = \dfrac{1}{2} \times Q \times H + \dfrac{D \times Q}{S} + P(Q) \times D$，计算：$TC(70) = 70 \times 4 \div 2 + 816 \times 12 \div 70 + 18 \times 816 = 14\,968$（元）

$TC(80) = 80 \times 4 \div 2 + 816 \times 12 \div 80 + 17 \times 816 = 14\,134$（元）

$TC(100)=100\times4\div2+816\times12\div100+16\times816=13\,354(元)$

因此,最优的订货批量应该是 100 箱,总成本为 13 354 元。

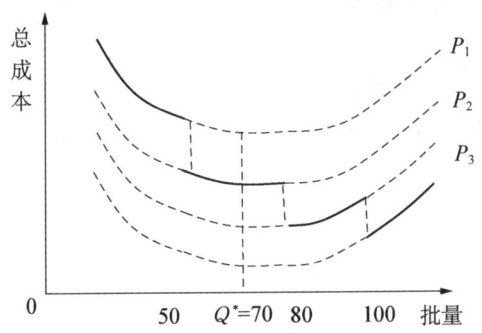

图 9-11　不同的数量折扣的总成本函数图

(三) 随机型库存控制模型

当需求量和订货提前期有一个未知时,问题演变成随机库存问题。实际中,常用简化的方法,即通过设置一定量的安全库存来进行随机库存控制。在随机型库存模型中,整个库存由两部分组成。

(1) 流动库存:用于订货间隔期内的库存消耗,储备量相当于每次经济订货批量。

(2) 安全库存:除保证正常状态下的库存计划量外,为防止由不确定因素引起的缺货而备用的缓冲库存,目的是预防意外,储备量与现实消耗或订货量无关,而与消耗量的分布特性有关。

提前期内需求近似服从正态分布的情况,如图 9-12 所示。即使有安全库存的存在,仍不能保证顾客的每一次需求都能得到保证,因此缺货是不可避免的。服务水平表示提前期内不发生缺货的概率。客户服务水平与安全系数对应关系的常用数据,如表 9-5 所示。

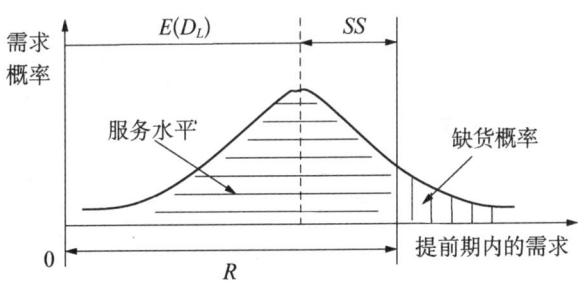

图 9-12　提前期内的需求近似服从正态分布的情况

表 9-5　客户服务水平与安全系数对应关系的常用数据

服务水平	0.999 8	0.99	0.98	0.95	0.90	0.80	0.70
安全系数	3.5	2.33	2.05	1.65	1.29	0.84	0.53

因此,订货点为:

$$ROP=SS+E(DL)=DE+Z^*\sigma$$

式中，SS——安全库存；

$E(DL)$——提前期内需求的期望。

对于提前期需求符合正态分布的情形，Z 为标准正态分布上的百分位点；σ 为提前期内需求量的标准差。

【例 9-5】 某超市的某种食用油平均日需求量为 1 000 瓶，并且食用油的需求情况服从标准差为 20 瓶/天的正态分布，如果提前期是固定常数 5 天，如客户服务水平不低于 95%，计算安全库存。

解： 已知 $\sigma_d = 20$ 瓶/天，$L = 5$ 天，$F(z) = 95\%$，查表知 $z = 1.65$

$$S = z\sigma_d\sqrt{L} = 1.65 \times 20 \times \sqrt{5} = 74(\text{瓶})$$

三、库存的分类管理——ABC 分类法

（一）ABC 分类法的基本原理

ABC 分类法是将库存物品按品种和占用资金的多少（价值）或重要程度的不同将其分 A、B、C 三类，特别重要库存（A 类）、一般重要库存（B 类）、不重要库存（C 类）三个等级，然后针对不同等级分别进行管理和控制的方法。在库存控制中，一般从两个方面分析因素的重要性：占品种数量的百分比和占用金额的百分比。如表 9-6 所示，A 类是指存货数量占总品种数的 10% 左右，但价值占存货总价值 70% 左右；B 类是指存货数量占总品种数的 20% 左右，价值占存货总价值的 20% 左右；C 类是指存货数量占总品种数的 70% 左右，但价值占存货总价值 10% 左右。

表 9-6 ABC 分类标准

类别	品种数百分比	金额百分比
A 类物资	约 10%	约 70%
B 类物资	约 20%	约 20%
C 类物资	约 70%	约 10%

（二）ABC 分类法的实施步骤

在企业库存年使用量、价格和品类等统计资料齐全的条件下，ABC 分类法的实施步骤如下：

（1）首先根据企业的库存物资信息，将各库存物资占用资金的情况进行汇总，计算出各库存物品占用资金情况。具体做法是将每一种物品的年使用量乘上单价，如表 9-7 所示。

（2）根据占用资金情况，按从多到少的顺序依次排列。

（3）将各种物资归入相应的类别，完成分类。

表 9-7 ABC 分类法的计算

产品序号	年使用量①	单价（元）②	占用资金③=①*②	占用资金百分比④=③÷10 000	累计百分比	占产品项的百分比	分类
1	10	680	6 800	68.0	68.0	10	A
2	12	100	1 200	12.0	80.0	20	B

续 表

产品序号	年使用量①	单价(元)②	占用资金③=①*②	占用资金百分比④=③÷10 000	累计百分比	占产品项的百分比	分 类
3	25	20	500	5.0	85.0	30	B
4	20	20	400	4.0	89.0	40	B
5	20	10	200	2.0	91.0	50	C
6	20	10	200	2.0	93.0	60	C
7	10	20	200	2.0	95.0	70	C
8	20	10	200	2.0	97.0	80	C
9	15	10	150	1.5	98.5	90	C
10	30	5	150	1.5	100	100	C
合计			10 000	100			

(三) ABC 分类法的应用

对库存物品进行 ABC 分类后,企业可以对不同类别物品采用不同控制策略,如表 9-8 所示。具体而言:

(1) A 类物品是控制的重点,应尽可能从严控制其库存储备、订货数量、订货时间,保持完整和精确的库存记录,给予最高的处理优先权。在保证需求的前提下,尽可能减少库存,节约流动资金。

(2) B 类物品,采取一般控制,保持正常记录,给予较高的处理优先权。在力所能及的范围内,应适度减少 B 类库存,采用经济订货批量法。

(3) C 类物品,应采取简单控制,增加订货量,采用大宗采购方式,保持简单记录,给予一般的处理优先权。

表 9-8 不同类别存货的库存控制策略

物资类别	A	B	C
控制程度	重点控制	适当控制	简单控制
采购量的计算	精确计算	粗略计算	一般计算
订货方式	尽可能减少库存	经济批量订货	大宗采购方式
库存检查	经常检查	定期检查	年终检查
安全库存量	低	较高	大量

需要注意的是:ABC 分析法的优点是减轻库存控制工作任务。这是因为 ABC 分析法没有把重点放在占库存物品大多数的 C 类物品上。针对企业具体情况,可以将存货分为适当的类别,不要求局限于三类。

复习思考题

1. 库存控制的重点是什么？
2. 库存控制的方法有哪些？
3. 企业如何实施库存控制？

案例分析

安科公司是一家专门经营进口医疗用品的公司，公司经营产品26种，共69个客户，年营业额为5 800万元人民币。公司按销售额的大小，将经营的26种产品排序，划分为ABC三类。排序在前3位的产品占到总销售额的97%，归为A类产品；第4、5、6、7种产品每种产品的销售额在0.1%~0.5%之间，归为B类；其余的21种产品，共占销售额的1%，归为C类。

对A类的3种产品，实行连续性检查策略，即每天检查库存情况，随时掌握准确的库存信息，进行严格控制，在满足客户需要的前提下维持尽可能低的安全库存量。在与国外供应商的协商，并对运输时间进行认真分析的基础上，确定订货提前期为两个月。同时，为了预防预测及工厂交货时间的不准确，公司还保持了一定的安全库存（下一个月预测销售量的1/3）。

对B类产品，采用周期性检查的库存管理策略。每个月检查库存并订货一次，目标是每月检查时应有以后两个月销售量的库存（其中一个月的用量视为安全库存，另外在途还有一个月的预测量）。每月订货时，再根据当时剩余的实际库存数量，决定需订货的数量，使得B类产品的库存周转率低于A类。

对C类产品，采用定量订货的方法。根据历史销售数据，计算产品的半年销售量为最高库存量，两个月销售量为最低库存量。一旦库存达到最低库存时，就订货，补充到最高库存量。这种方法比前两种更省时间，但是库存周转率更低。

【思考题】

1. ABC分类法的依据是什么？
2. ABC分类以后，安科公司的库存管理效果如何？

第十章 现场管理

学习目标

1. 熟悉现场管理基本原理；
2. 掌握5S活动基本程序；
3. 了解目视管理的常用方法和实施步骤；
4. 了解定置管理的原理和实施步骤。

开篇案例

迪士尼乐园的现场管理

迪士尼乐园,从1955年在加州成立至今已42年,她从1971年佛罗里达州开业至今26年以来,第一线"卡司"成员,在公司里仍扮演着最重要的角色。在迪士尼乐园中,员工被称为"卡司"成员,而顾客则被称之为宾客。宾客的满意,乃是迪士尼的首要目标,而环境维持与标准化,则是达到此目标的不二法门。许多游客总会为迪士尼的洁净与安全的环境,而印象深刻、难以忘怀,终致再三到访。

仔细观察,宾客会发现在园里,到处设置了垃圾桶。从我最近一次的到访,我可以数得出来,在我站的附近地方就有6个桶子。沃特·迪士尼相信,没有一位宾客会走上超出25步去丢弃他的垃圾。而这些垃圾桶也被设计成能巧妙地融入宾客的周遭环境里。在下午,当米老鼠与她的伙伴们,在主题大街游行时,我发现有许多宾客,斜靠着垃圾桶,或傍依而坐,有些甚至坐在上面,咀嚼着美味零食。在正常的时段里,垃圾桶内的箱子,常被快速而有效的方法更换掉。另有一部载运空箱的车子,即时到达现场,并将空箱放入桶内。一组卡司成员,每10或15分钟,带着加长型的扫把及畚斗,巡回在街上,从板凳下以及灌木丛里捡垃圾。任何一位沃特·迪士尼乐园的卡司成员,当他走过园里随时发现有垃圾时,则会立即去捡拾。有人甚至告诉我:"如果总裁麦克·爱森纳(Michael Eisner)在场的话,他也会去捡拾。"所有收集到的垃圾,会被快速送到地下的收集站,经由真空的管子到处理厂。如此,宾客则可免除垃圾的不良景象与气味。

另一个宾客执着再访迪士尼的理由,是卡司成员的友善态度和良好的教养。沃特·迪士尼的梦想,乃在于提供但是合乎宾客满意,而且更要持续不断地超乎宾客满意的服务。沃特·迪士尼乐园是一个将宾客捧上舞台,而由在舞台上的卡司成员,尽力设法让宾客欢愉的地方。卡司们必须注意到安全与清洁,且随时穿着合适的装束。就像在影片中,或在舞台上,任何些许不完善、不完美(如在街上的碎屑,让人感到不快的气味等),是不能被容许的。

也因此，任何卡司的工作、行动、任何建筑、任何设备、任何事件及任何有趣的事物，都将以能让宾客获得十足满意的方式来处理。

在大门进口处的售票卡司，也被告知他们的工作不但只是售票，还要与宾客沟通。在迪士尼，当卡司成员见宾客时，这些售票员即被教导须用眼光接触、微笑，以及欢迎宾客。当一位卡司发现有宾客正在为其他的宾客朋友拍照时，卡司即应立即自愿代为这群宾客做拍照服务。从事环境维持的男、女服务员，也有他们的工作说明及SOP。他们经常被提醒：他们是在舞台上让宾客愉快的主要角色；清扫工作反而是次要的责任。为免除不优雅的弯腰动作去捡垃圾，卡司们使用长手柄的畚斗和扫帚，或顶端附有勺子的棒子，以能优雅地将碎屑扫入畚斗。管理阶层也会时常提供此类的训练。通常环境维持的卡司成员，会很自然地混入群众中，因此，宾客们大抵不会特别注意到他们的存在。

迪士尼会认为我们现在做的每一件事皆非完美，因此我们要持续不断地追求完美的工作，如果我们认定我们此时已臻完美，那我们将会停止改善。卡司成员们已被授权在必要时，可以自动自发做出超越宾客满意的程度。

现场管理主要来源于日本的企业管理经验。现场管理，就是运用科学的管理制度、标准、方法和手段，对现场的各种生产要素进行合理地、有效地计划、组织、协调、控制，使它们处于良好的结合状态，以达到优质、低耗、高效、均衡、安全、文明生产的目的。

第一节 现场管理概述

一、现场管理的含义

现场有广义和狭义之分。广义的现场包括任何企业用来从事生产经营的场所，如厂区、车间、仓库、运输线路、办公室以及营销场所等；狭义的现场是指企业内直接从事基本或辅助生产的场所或企业为顾客制造产品或提供服务的制造中心，是生产系统布置的具体体现，是企业实现生产经营目标基本要素之一。

现场管理是指用科学的管理手段对生产现场各生产要素，包括人（工人和管理人员）、机（设备、工具、工位器具）、料（原材料）、法（加工、检测方法）、环（环境）、信（信息）等进行合理有效的计划、组织、协调、控制和检测，使其处于良好的结合状态，以实现质量、成本、交货期、效率、安全、员工士气等管理目标。

二、现场管理的特点

现场管理在本质上是生产作业系统管理或者说是一种综合性管理。在理论和实践上具有鲜明的特点。其主要特点如下。

（一）综合性

生产现场是人、机、料、法、环等诸生产要素的结合点，也是生产、技术、质量、成本、物资、设备、安全、劳动、环境等各项专业管理的落脚点。因此，企业的现场管理具有十分鲜明的综合性,是一项综合管理,而且是一项纵横交叉的立体式的综合性管理。

(二) 基础性

现场管理属于作业性质的基层管理,是企业管理的基础。它是以管理基础工作为依据,离不开标准、定额、计量、信息、原始记录、规章制度和教育等项基础工作,充分体现了现场管理的基础性。所以,加强现场管理可以进一步完善管理的基础工作。

(三) 动态性

现场各生产要素的配置是在一定的生产技术组织条件下,在投入与产出的转换过程中实现的,这是一个不断变化的动态过程。现场管理应根据变化了的现状,不断提高生产现场对环境变化的适应能力,从而不断提高企业的市场竞争能力。

(四) 直观性

由于现场是企业各项专业管理的集结点,是从事生产活动的主要场所,因而它是一个开放性的系统,能够综合反映企业的素质,正所谓"百闻不如一见",企业的各方面素质优劣在现场均处于"曝光"状态。

(五) 全员性

现场管理的核心是人。现场的一切活动都要由人去掌握、操作、完成。这就要求与生产现场有关的所有员工参与管理,积极开展各项民主管理活动,实行自我管理,自我控制,不断提高员工的素质,发挥广大员工的积极性和创造性。

由于现场能够生产出顾客满意的产品或服务(生产附加价值),这是企业生存和发展的基础,所以,现场管理的重要性是不容置疑的。但关于"现场"在组织结构中的位置,则有两种不同的观点:一种是管理阶层的角色在于给现场提供支持,现场位于管理结构的顶层。因此,为了解决现场发生的大小问题,管理阶层必须密切接触现场的实情。换句话说,管理阶层提供的各种协助都是源自现场的特定需求;另一种则是管理阶层的角色在于提供政策和资源给现场,现场置于管理结构的底层。位在顶层的许多管理人员倾向于认为,他们的工作总是在告诉"现场"人员做什么事,如图 10-1 所示。

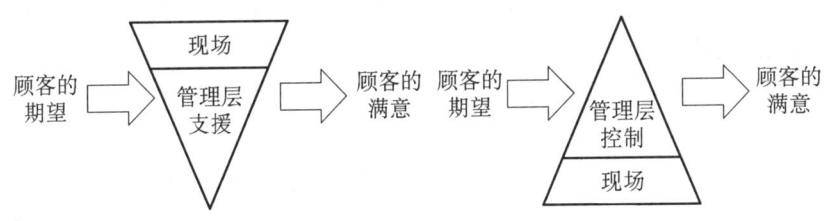

图 10-1 现场在管理结构中的位置(顶层与底层)

三、现场管理的基本内容

从管理的要素或对象来阐述,现在一般认为现场管理包括有以下内容:

(1) "人",包括现场管理的组织领导者、技术人员、管理人员以及操作工人、辅助工人。"人"是现场管理中最关键的因素。

(2) "机",即生产现场的工具、设备。包括工夹、量、模、刀具及机械设备、电器设备、运输设备和检测装置等,这是组成现场生产力的重要因素。

(3) "料",是指生产现场需用的各种原材料、辅料、配套件、在制品、半成品等,它们是组成现场生产力的重要因素,也是现场管理中数量大、变化多、难度最高的关键因素。

(4)"物",是指生产现场需用的其他辅助性物品和生活设施,如工具箱、更衣箱、饮料箱、消防器材、电风扇等等。这是现场管理中比较繁杂,但又不可忽视的内容之一。

(5)"法",是指组织现场生产所必需的各种制度、法规、标准和技术工艺等,也就是现场管理必须具备的各种工艺规范和检测方法的制订及其实施。

(6)"环",是指现场作业环境,包括厂房、场地、通道、作业区域的划分以及通风照明,也包括尘毒、噪声等安全和劳动卫生方面的管理。

(7)"资",是指投入生产现场的固定资金和流动资金的总和。它要求加强成本控制,减少资金占用,降低生产成本,提高生产现场的经济效果。

(8)"能",是指生产现场所需要的油、电、水、汽等动力资源,节约各类能源消耗、降低能耗成本也是现场管理的重要内容。

(9)"信",是指生产现场经常进行的信息交流与信息反馈。要求信息渠道畅通,信息反馈迅速,如实反映生产现场的实际状态。

显然,现场管理即是对生产要素在一定空间范围内的综合管理。

另外,从系统管理的角度,现场管理应包括以下各个方面:

(1)现场生产组织管理,包括现场生产组织形式的确定及改善,生产作业计划的编制、现场生产调度、生产进度的统计分析等。

(2)现场技术工艺管理,包括技术图纸,工艺文件及工艺规程执行情况的检查、考核,工艺流程的确定,工艺的改革以及技术改革等的管理。

(3)现场质量管理,包括现场质量把关、检测控制及质量保证体系的运行、现场文明生产的组织实施等。

(4)现场设备管理,包括设备的维护、保养、修理和设备的合理利用、安全操作等。

(5)现场物资管理,包括一切生产用原材料、辅料、在制品、半成品和工具、夹具、工装模具、刃具、量具、工位器具、料架以及其他非生产用的物品的管理。

(6)现场劳动管理,包括劳动力的调度和安排,劳动定额的修订、实施,劳动技能的训练和提高、劳动纪律的执行等的管理。

(7)现场安全管理,包括安全纪律、安全设施、防尘防毒、防火防汛以及防暑降温等的管理。

(8)现场环境管理,包括厂房、场地、通道、作业区域、作业环境、厂容厂貌、通风、照明、色标等的管理。

(9)现场成本管理,包括生产批量的确定、生产周转速度的加快、材料定额和工时定额的执行、控制、统计与分析、原材料的合理利用、节约节能工作的开展等。

由上述内容可以看出,现场管理几乎包括了企业所有部门。因此,现场管理也是一个全面的管理概念。

四、现场管理的基本原理

按照日本企业的经验,"改善"是现场管理的基本原理。它是一种用以持续不断地改进工作方法和人员效率的企业经营理念。在日文里,"改善"意指持续不断地改进。此词也隐含每一位管理人员及作业人员,要以相对较少的费用来改进工作方法。"改善"的理念是要求我们自己在工作上、社交上及居家的日常生活中,应致力于不断地改进。

在改善的范畴里,管理具有两项主要的功能:"维持"与"改进"。"维持"是指从事保持现有技术、管理及作业标准的活动,以及支持这些标准所需的训练和纪律。在"维持"的功能下,管理部门要执行工作的指派,使每一个人都能依照标准的作业程序来工作;而"改进"则是以改进现有标准为目标的活动。改进可再区分为"改善"和"创新"。所谓"改善",是由于持续不断的努力,产生诸多小步伐累积而成的改进。"创新"则是借助大笔资源投资于新技术或设备,产生戏剧性变化的改进。"改善"需要强调要以员工的努力、士气、沟通、训练、团队、参与及自律来达成目标。这些都是一种常识性和低成本的改进方式。

"改善"着重于以"过程为导向"的思考模式。在"改善的过程"中,第一个步骤就是要建立"计划(Plan)—执行(Do)—检查(Check)—处置(Action)"的 PDCA 循环,以 PDCA 循环作为"改善"持续运作的工具,以达成"维持标准"和"改进标准"的目标。其中的"计划"是指建立改善的目标;"执行"是指依计划推行;"检查"是指确认是否按计划的进度在实行,以及是否达成预定的计划;"处置"是指新作业程序的实施及标准化,以防止原来的问题再次发生。一旦达成改善的目标,改善后的现状,便随即成为下一个改善的目标。PDCA 的意义就是永远不满足现状,因为员工通常较喜欢停留在现状,而不会主动去改善。所以管理人员必须持续不断地设定新的挑战目标,以带动 PDCA 的循环。

另外,由于与现场保持密切的接触与了解是改善的前提。因此,现场管理的基本程序是:① 当问题(异常)发生时,要先去现场。② 检查现场的有关物件。③ 当场采取暂行处置措施。④ 发掘真正原因并将之排除。⑤ 将有关工作标准化以防止再发生。这 5 项工作被日本人称为现场管理的金科玉律。

第二节 现场管理方法

现场管理是企业专项综合管理,涉及企业管理的方方面面。相应地,现场管理的研究方法或技术也很多,如 5S 管理、定置管理、目视管理、工作地布置、标准化管理、全面质量管理(Total Quality Management,TQM)、计划与生产过程控制、质量控制(Quality Control,QC)小组、六西格玛、全员设备维修(TPM)、工作研究、人因工程、学习型团队、班组建设、精益生产、企业流程再造、制造执行系统(MES)等。在对现场进行管理时,可以根据实际的生产情况和管理目标,选择合适的管理方法。

一、5S 管理概述

(一) 5S 管理的含义

5S 起源于日本企业广泛采用的现场管理方法,通过开展整理、整顿、清扫、清洁和素养五项活动,规范现场、现物,营造一目了然的工作环境,培养员工良好的工作习惯,实现对生产现场中的生产要素进行有效管理。"S"是上述五个日文汉字短语发音的第一个字母,故称为 5S,其含义如表 10-1 所示。

表 10-1　5S 管理的含义

日文汉字	日文发音	含义	举例
整理	SRIRI	清理物品,明确判断要与不要,不要的坚决丢弃	倒掉垃圾,长期不用的东西放仓库
整顿	SEITON	将整理好的物品定置、定量摆放,并明确标示	寻找必需品的时间减少到最低,让常用物品随手可得
清扫	SEISO	清楚工作现场的脏污并防止污染发生	谁使用谁负责清洁(管理)
清洁	SEIKETSU	维持以上 3S 工作,使其制度化、规范化	环境随时保持整洁
素养	SHITSUKE	人人依规定行事,养成好习惯	严守标准、团队精神

(二) 5S 的作用

5S 对于塑造企业形象、降低成本、提高工作效率、安全生产、改善现场等发挥了巨大作用。

具体而言,5S 的作用可主要概括为以下五个方面:① 提高工作效率;② 保证产品质量;③ 保障生产安全;④ 降低生产成本;⑤ 提升企业文化。除此以外,推行 5S 还具有消除交货延迟、培养有企划能力以及自主管理的干部和员工等作用。因此,推行 5S 活动,进行规范化的管理经营活动,是企业存在、发展和壮大的有效途径之一,是现代企业提高管理水平的关键和基础。

二、5S 管理的内容

5S 包括整理、整顿、清扫、清洁、素养五个内容。

(一) 整理

整理是指区分要用和不要用的物品,不要用的清除掉。它包含两层意思:① 将工作场所任何东西区分为要用与不要用两类;② 将不需要的物品清除。

整理实施的关键是制定需要与不需要的判别标准以及各类物品的处理方法,可细分为:① 对于需要的判别标准应该是"客观需要"的物品,而不是"以防万一"需要的物品;② 处理物品时要注重物品现在的使用价值,而不是物品购买时的价值;③ 对于现场不需要的东西要坚决清除,做到生产现场无不用之物;④ 对需要的物品调查使用频度,决定日常用量及放置位置。

(二) 整顿

整顿是指将整理好的物品依规定定位、定量地放好,明确地标示。它包含两层意思:① 分门别类摆放必需品到固定位置;② 一旦物品或者设备有异常,通过整顿能立刻发现。整顿的目标是可以快速、正确、安全地取得所需要的物品。

整顿的实施要点在于物品的分类、定位和标示,可细分为三个方面:① 为物品正确地命名、标识,制定规范;② 生产必需的物品、工装、夹具、量具按类别、规格摆放整齐;③ 使用不同颜色、形状等对物品进行标识。

对于作业现场不同的物品有不同的整顿方法和要求,但都要满足以下五条基本要求:① 确定放置场所;② 规定放置方法;③ 画线定位;④ 清楚标示场所物品;⑤ 说明物品数量。

(三) 清扫

清扫是指清除工作场所的脏污,并防止污染的发生。它包含两层意思:① 扫除工作岗位的垃圾、灰尘,清除长年堆积的杂物、污染,不留死角;② "清扫其实就是点检",通过清扫暴露设备磨耗、瑕疵、漏油、松动、裂纹、变形等缺陷。

清扫的实施关键是明确清扫的目标和制订有效的清扫计划,保证现场干净、明亮。清扫的实施方法如下:① 落实整理工作,建立清扫责任区;② 执行例行扫除,清理污秽;③ 调查脏污来源,彻底根除;④ 建立清扫基准,共同遵守。

(四) 清洁

清洁是整理、整顿、清扫这3项工作的坚持与深入,并将其制度化和规范化。清洁不能单纯地从字面上来理解,其本质是通过制度化来维持前面3S的成果,拥有整洁、干净、明亮清爽的工作环境。

清洁的实施关键是通过制定清洁的稽核方法和奖惩制度,落实前面3S工作,维持5S意识。清洁的要求和实施方法,归纳为:① 明确清洁的目标;② 确定清洁的状态标准;③ 充分利用色彩的变化;④ 定期检查并制度化。

(五) 素养

素养是指人人依规定行事,养成好习惯。素养是5S活动的核心和精髓,是保证前4S持续、自觉、有序、有效开展的前提,是使5S活动顺利开展并坚持下去的关键。整理、整顿、清扫、清洁和修养这5个S之间是相辅相成、缺一不可的。5S之间的关系如图10-2所示。整理是整顿的基础;整顿是整理的巩固;清扫是显现整理、整顿的效果;而通过清洁来持续保养并巩固之前取得的成效;通过持续的宣传和实施、总结与改进,使之上升为一种习惯,即素养,从而使企业形成整体的改善气氛,能够进入良性的循环之中。

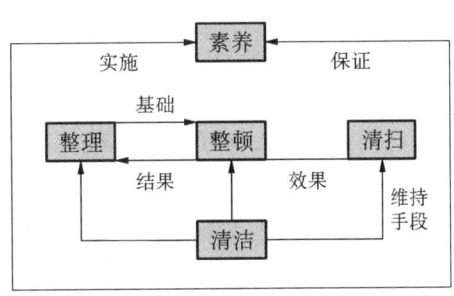

图 10-2　5S 之间的关系

素养的关键是制定共同遵守的有关规则和礼仪守则,并通过教育训练,开展诸如早会、礼貌运动等活动,并配合检查考核,使人人养成工作认真规范的习惯。

(六) 5S 活动的延伸

目前很多企业在5S基础上,增加安全S(Safety)或习惯化(Shiukanka),形成6S,增加服务(Service)或坚持(Shikoku),形成7S,也有的企业加上效率(Speed)、简化程序(Simple)、软件设计及应用(Software)形成8S。其实,只要能领会5S的精要,彻底做好5S,则其他延伸的S就比较容易推行了。

三、5S 活动的开展

企业开展5S活动,应该根据自身的实际情况,制订切实可行的实施计划,分阶段推进,一般步骤如下。

(一)成立推行组织

为了有效推行 5S 活动,需要建立一个符合本企业条件的推行组织。一般企业普遍采用的 5S 推行委员会的组织结构,如图 10-3 所示。

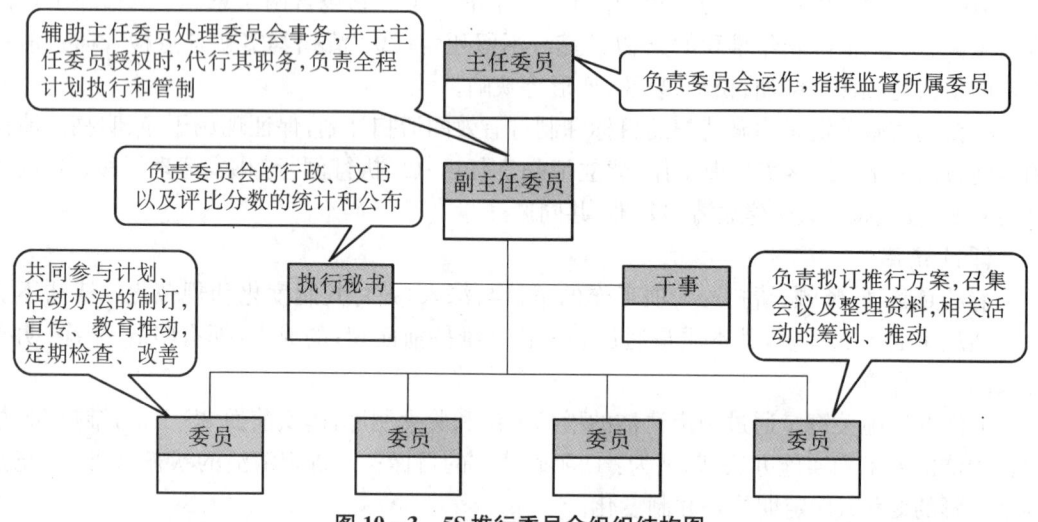

图 10-3 5S 推行委员会组织结构图

(二)拟定推行方针与目标

推行 5S 活动时,应制定推行方针(如自主管理、全员参与)作为指导原则,设定活动目标(如工伤效率降低 30%)作为活动的努力方向及执行过程的成果检验。

(三)制订工作计划及实施方案

拟订 5S 活动工作进度计划,如表 10-2 所示;张榜公示,使员工知道在 5S 活动推行过程中要做什么、如何做等。

表 10-2 5S 活动工作进度计划

序号	项目	1月	2月	3月	4月	5月	6月	7月	8月	备注
1	计划、组织	■								
2	教育与培训、宣传	■■■	■■■							
3	样板区域 5S 活动推行		■■■	■■■	■■■					
4	5S 活动全面实施				■■■	■■■	■■■	■■■		
5	5S 活动评比考核					■■■	■■■	■■■	■■■	
6	5S 活动总结、持续						■■■	■■■	■■■	

(四)教育与培训

推行 5S 活动一定要让企业的各级主管和全体员工了解 5S 的含义、作用和实施方法等,激发大家的参与感和投入感。因此,教育培训是活动成败的关键,而且应是一个长期的系统工程。

(五) 宣传

各项准备活动就绪以后，为了让员工更好地了解 5S 管理，激起对 5S 管理的热情和兴趣，积极参与到 5S 活动中，有必要采用宣传攻势，进行大规模的宣传造势，创造良好的活动气氛。可以通过标语、漫画、看板等通俗易记的方法进行宣传。

(六) 活动试运行

在 5S 活动的推行过程中，有时会遇到各种各样的问题，这些问题如果得不到解决，5S 活动的推行就很困难。因此在企业正式、全面地推行 5S 活动前，先可以通过整理、整顿两项活动的推行，样板区域 5S 活动的推行，总结经验和不足，为企业全面推行 5S 奠定基础。

在 5S 活动推行过程中，常用的工具有红牌作战、定点拍照、寻宝活动、油漆作战等。红牌是指用红色的纸做成的 5S 管理问题揭示单，红牌作战是指 5S 推行委员会在工作现场巡回诊断，依一定的基准判断出违反 5S 规则的情形及不符合的项目时，就在其上面贴上红牌。凡被贴上红牌的物品，责任部门必须自行检讨，并将处理结果向红牌张贴者联络报告。定点拍照是指从同样位置、同样方向，对问题点连续进行拍照，对比改善前后的状态，让员工清楚改善的进度和效果。寻宝活动是在 5S 整理活动过程中，找出现场的无用物品，进行彻底整理的一种趣味化的手段。油漆作战主要适用于清扫活动。

(七) 全面推进 5S 活动的实施

在试运行以及样板区推行工作总结的基础上，拟订详尽的计划和活动办法，推进 5S 活动在企业的全面实施。在 5S 活动全面推进的过程中，必须进行定期诊断与查核，对发现的问题，及时进行纠正和控制。

(八) 5S 活动的评比与考核

5S 评比与考核是检验各部分的 5S 活动是否有效推行，以及推行的效果是否达到要求所进行的检查评比活动，是推进 5S 活动的一种有效手法。5S 评比与考核一般以部门为单位进行考核，通过对照考核评分标准打分、评价、奖优罚劣。

(九) 5S 活动的持续改善

5S 是一项长期的活动，只有持续地推行才能真正发挥 5S 的效力。各部门要不断地进行检讨改善以及实施效果确认。对有效的改善对策要通过标准化、制度化纳入日常管理活动中；对发现的问题要进行汇总，形成改善项目，限期整改。这一过程可以运用管理循环圈 PDCA 作为改善持续的工具，以实现改进、维持、再改进的目标。

第三节　目视管理

一、目视管理概述

(一) 目视管理的含义

目视管理是利用形象直观、色彩适宜的各种视觉感知信息来组织现场生产活动，达到提高劳动生产率目的的一种管理方式。它是以视觉信号为基本手段，以公开化为基本原则,尽可能地将管理者的要求和意图让大家都看得见,从而达到员工的自主管理、自我控制及提高劳动生产率的目的。所以目视管理是一种以公开化和视觉显示为特征的管理方式,也可称之为"看得见的管理""一目了然的管理"。目视管理在日常生活中得到广泛应用,如交通信号灯,红灯停、绿灯行;排气口上绑一根小布条,看布条的飘动可知其运行状态。

目视管理可在生产现场通过将工作中发生的问题、异常、浪费以及六大管理目标等状态进行可视化描述,使生产过程正常与否"一目了然"。当现场发生了异常或问题,操作人员便可以迅速采取对策,防止错误,将事故的发生和损失降到最低程度。目视管理方式可以贯穿于各个管理领域中,常常与 5S 管理结合使用,提升现场管理水平。

(二) 目视管理的作用

通过实施目视管理,可以做到:① 使管理形象直观,有利于提高工作效率;② 使管理透明化,便于现场人员互相监督,发挥激励作用;③ 延伸管理者的能力和范围,降低成本,增加经济效益;④ 目视管理有利于产生良好的生理和心理效应;⑤ 目视管理能减少现场管理人员。

二、目视管理的内容

目视管理可以使生产现场的各种要求直观化,也使操作人员能够方便学习,正确处理,因此能大大提高现场安全的程度。一般而言,目视管理项目包括以下七个方面内容:

(1) 规章制度与工作标准的公开化。
(2) 生产任务与完成情况的图表化。
(3) 以清晰的、标准化的视觉显示信息落实定置设计。
(4) 控制手段的形象与直观化。
(5) 物品的码放和运送的数量标准化。
(6) 现场人员着装的统一化与挂牌制。
(7) 色彩的标准化管理。

目视管理对所管理项目的基本要求是统一、简明、醒目、实用、严格。同时,还要把握"三要点":① 透明化,无论是谁都能判明是好是坏(异常),"一目了然";② 视觉化,明确标示各种状态,正常与否能迅速判断,精度高;③ 定量化,不同状态对应定量数据或可确定范围,判断结果不会因人而异。

三、目视管理的实施

目视管理的实施步骤如图 10-4 所示,共分为 8 个步骤,各步骤的内容简单说明如下:

首先要明确管理目的、期望目标、活动期间、推行方法等,并形成文件。成立诸如目视管理推行委员会的组织。制订包括目视管理活动计划、目视管理办法、奖惩条例、宣传事宜等活动计划。设定包括作业管理、品质管理、物品管理、设备和工装夹具管理、生产控制与交货期管理等目视管理项目。在现状调查的基础上,明确问题点与改善点。针对目视管理项目,使用"看板管理""图示管理"等方法,设计多种形式的目视管理用具。目视管理常用用具如表 10-3 所示。

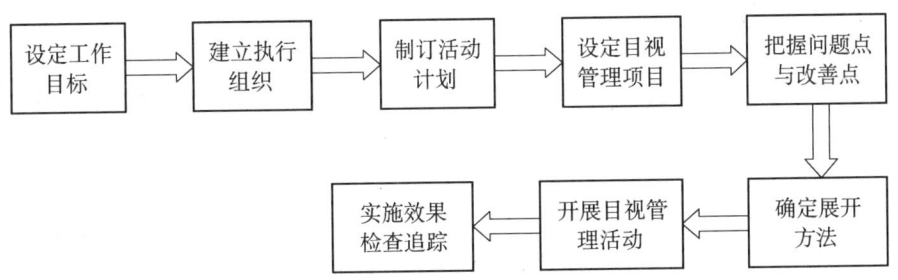

图 10-4 目视管理的实施步骤

表 10-3 目视管理常用用具

序号	项 目	目视管理用具实例
1	目视生产管理	生产管理板、目标生产量标示板、实际生产量标示板、生产量图、进度管理板、负荷管理板、人员配置板、电光标示板、作业指示看板、交货期管理板、交货时间管理板、作业标准书、作业指导书、作业标示灯、作业改善揭示板、出勤表
2	目视物料管理	放置场所编号、现货揭示看板、库存表示板、库存最大与最小量标签、订购点标签、缺货库存标签
3	目视质量管理	不合格图表、管制图、不合格发生标示灯、不合格品放置场所标示、不合格品展示台、不合格品处置规则标示板、不合格品样本
4	目视设备管理	设备清单一览表、设备保养及点检处所标示、设备点检检验表、设备管理负责人标牌、设备故障时间表(图)、设备运转标示板、经常停止柏拉图、运转率表、运转率图
5	目视安全管理	各类警示标志、安全标志、操作规范

在宣传、培训的基础上,开展目视管理活动,包括设计并张贴海报、标语;规划责任区;规划办公室、生产工序、设备、公共场所等的标示、管理看板和图表;制定目视管理活动评价规定;进行现场巡视、指导和评审;活动总结和改善。为确保目视管理活动准确实施,企业按自身生产经营特点,制定切实可行的考核指标,设计制定相应的查核表,并定期检查,常抓不懈。

第四节 定置管理

一、定置管理概述

(一) 定置管理的含义

定置管理是以生产现场物品的定置进行设计、组织实施、调整、协调与控制全部过程的管理,是工作研究方法的具体应用。其核心是研究生产要素中人、物、场所的状况,以及三者在生产活动中的相互关系,力求消除工作中不合理的因素。从某种意义上讲,定置管理是

5S活动的基本内容之一,但它同时又是5S活动的深入和发展。

（二）定置管理的作用

定置管理实施的作用:① 使各种物品合理化定置,最大限度地减少生产经营现场中物的不安全因素;② 建立起规范、舒适、严格的工作环境,减少生产中人的不安全行为;③ 使生产均衡,劳动组织合理,岗位责任明确,提高生产效率;④ 使物流和各种物品摆放有序,避免碰伤、变形等,保证产品质量。总之,通过实施定置管理,能够构建一个"环境整洁、生产均衡、物流有序、纪律严明、设备完好、信息准确"的生产经营现场。

二、定置管理的基本原理

定置管理的目的是使人、物、场所处于最佳结合状态,实现人、物、场所在时间和空间上的优化组合。因此,定置管理着重于处理好人与物、物与场所以及信息媒介与定置的关系。

（一）人与物、场所结合的基本状态

定置管理要在生产现场实现人、物、场所三者最佳结合。在生产现场,人与物的结合状态有A、B、C三种基本状态。A状态是指人与物能马上结合发挥效能的状态。这是生产中理想的状态,在这种状态下能使生产井然有序。B状态是指人与物不能马上结合发挥效能的状态。C状态是指人与物已失去结合的意义,与生产无关。

实际生产时,为实现人与物的有效结合,需要消耗一定的工时和成本,因此要设法消除C状态,认真分析B状态使之转化为A状态。定置管理的任务就是努力使人与物、场所的结合保持A状态,设法采取措施和对策将B和C状态转化为A状态。

（二）人与物的结合成本

为了定量化说明各类物品之间的关系,我们将所有物品的价值形态分为两种,即原来价值和存在价值。人与物立即结合,发挥出物的价值,是该物的本来价值。人与物不结合,物作用发挥不出来,这时的物仅有存在价值。而让人与物结合需要付出的代价就是结合成本。物的本来价值、存在价值和结合成本三者关系可用公式表示为:

$$物的原来价值(V_0) = 物的存在价值(V) + 人与物的结合成本(g)$$

从这个公式可以看出:当人与物处于立即结合状态时,其结合成本为"0"。此时,物的存在价值与其本来价值相同;当人与物处于B类结合状态时,需要花费时间、精力去寻求两者的结合,其结合成本就会大于"0",此时物的存在价值就小于物的本来价值了。

例如,某企业冲压车间加工某零件,需要到模具库取用模具,假设该模具原来价值1 000元,取用定额工时为24分钟,该车间工时费用为10元。据此可计算出该模具的存在价值为:$1\,000 - 10 \times 24 \div 60 = 996$(元)。即此时人与物的结合成本为4元。

如果通过定置管理,把取用模具的时间减少到12分钟,该模具的存在价值就应该增加。此时的存在价值为:$1\,000 - 10 \times 12 \div 60 = 998$(元)。即此时人与物的结合成本降低为2元。人与物的结合成本由原定额的4元减少为2元中间的差额即为定置管理取得的效益(2元)。

反过来,我们还可以得出结论:如果人和模具处于C类结合状态,则模具的存在价值为"0",此时的模具与生产无关。这就是定置管理为什么要达到A状态的原因。

（三）物与场所的关系

实现人与物的A类结合状态,还必须考虑物与场所的合理结合。即通过对生产现场、人、物进行作业分析和动作研究,使被加工物品按生产工艺的要求科学固定在某一位置上,达到物和场所的有效结合,缩短人的取物时间,促进人与物的最佳结合。

场所定置的方法有两种:一种是固定位置,即场所固定,物品存放位置固定,物品的信息媒介物固定。例如,冲压模具,不用时存放固定地方,用时领出,装在设备上使用,用后经检验无损,放回原领出地。另一种是自由位置,即相对固定一个存放物品区域,具体在什么位置,要由生产过程来定,如原材料、半成品、成品等,可用位置卡片来移动物品。

场所本身一般处于下列三种状态之一:

A 状态,良好状态。工作环境良好,场所作业面积、照明、噪声、通风、粉尘等都符合有关标准,符合操作者生理、安全需要。

B 状态,需要改善状态。工作环境需要不断改善,布局不够合理,环境条件对现场人员在生理上、安全上都有达不到要求之处。

C 状态,需要彻底改造的状态。这种状态不能达到现场人员的基本生理、安全要求。

定置管理的任务即是把 B 状态和 C 状态逐步转变成 A 状态。

(四) 信息媒介物与人、物、场所的关系

在生产活动中,众多的对象物不可能都同人处于直接结合状态,而绝大多数是处于间接结合状态。要实现人与物的科学结合,就必须依靠信息媒介物的指引和确认。在定置管理中,使用的特定信息包括引导性信息和确认性信息两类。

通过引导性信息人被引导到目的场所,分为两个层次:一是"该物在何处",表明物品存放的场所,如物品的位置台账;二是"该处在哪里",形象地指示存放物品的处所或区域的位置,如定置图。

通过确认性信息确认场所和物品,也分为两个层次:一是"这里就是该场所",表明该场所就是物品的存放场所,如区域牌、货架标牌、名称、标号、图示等;二是"此物就是该物",标明物的确认性信息,使人同该物的结合成为有效的结合,如物品的名称、规格、数量、质量、颜色、形状等。

良好的定置管理,要求信息媒介达到以下要求:

(1) 场所标志明显;
(2) 场所设有定置图;
(3) 位置台账齐全;
(4) 存放物的序号、编号齐全;
(5) 信息标准化(物品流动时间、数量、摆放等)。

三、定置管理的基本内容

定置管理的内容随着企业的性质和所在行业的不同而有所差异。但对一个生产性车间(现场)来说,一般都包括设备定置、区域定置、工具箱定置、工位器具定置、仓库定置、办公室定置、色调定置(环境)、特别定置(薄弱环节)、环境美化和净化定置等内容。限于篇幅,其具体内容在这里恕不一一介绍,有兴趣的同学可查阅有关书刊。

(一) 定置物品分类

按照现场物流的运动状态,通常把需要定置的物品分成四类。

A 类:在用类。表示人、物、场所三者处于紧密结合状态。即操作者正需要使用该物品。

也就是说，所需要的物品处于可以随时取到的状态。

B类：待用类。表示人、物、场所暂无紧密联系，需通过一定时间转化为"A"类物品。例如，暂时存放在一边的待用贮备物品，等一个阶段后即转入使用的物品。

也就是说，所需要用的物品需要通过一定时间寻找的状态。

C类：转出类。表示人、物、场所关系松散，待转出现场的物品，如完成的待检品等。

D类：处理类。表示生产现场可遗弃、待清理的、与生产工作无关的物品，如长期不用积压的零部件、弃用的工作器具、工具箱等。

定置就是采用一定的形式，把所有的物品进行区域划分、定置路标、标牌设计，对A、B、C、D类物品定置挂牌，并区别颜色。

例如，定置牌的色彩标准一般可为：

"A"类可用红底白字表示；

"B"类可用黄底白字表示；

"C"类可用蓝底白字表示；

"D"类可用黑底白字表示。

定置区域的色彩标准一般可用黄色油漆线表示。

（二）定置管理设计原则

定置管理设计是应用定置管理的基本理论和方法，分析现场物流系统各环节的人、物、场所相互关系和工序衔接上所存在各种问题，制定改善方案和管理办法，对现场、人、物及其相互之间的结合状态所进行的优化设计。

定置管理设计的基本原则主要有：

（1）最大的灵活性和协调性。物品的定置场所、设施和定置方式要能适应情况的变化。

（2）最大程度利用空间。现场是一个立体空间，各类物品的停放、贮存、保管应充分利用空间并具有可见性。

（3）最大限度地方便操作。现场物品的停放位置，应与操作者保持适当距离和高度；容器的大小、深度应考虑操作者手臂运动所能达到的范围；工作台、凳椅、踏脚板、资料架应有适当的面积、高度和位置。

（4）最短距离和最少装卸次数。原材料—半成品—成品之间的移动距离应最短。产品在加工过程中的装卸，应该在满足工艺要求的条件下减少到最少次数以减少磕碰和降低成本。

（5）切实的安全和防护保障。所有工作场地和各类物品仓库，停放场所及物品定置，都要确保人身安全，有切实的防火、防盗、防污染等措施。各类物品的停放应有摆放数限、高度等状态要求，达到平衡可靠，最大限度地减少人、物结合时的结合成本。

（6）单一的流向和看得见的搬运路线。从原材料投入到产成品的物流，应按单一流向顺序移动，避免发生交错和混乱。

（三）定置标准

定置标准一般包括以下内容：

（1）按标准设计的现场定置图；

（2）生产场地、通道、工具箱、物品存放区等的信息显示，如标牌、标志线等；

（3）对易燃易爆物品、消防设施、有污染的物品，要符合特别定置的规定；

（4）要包括卫生区的定置，并设置责任区信息牌；

（5）临时停滞物品区域的定置，包括积压的半成品停滞、待安装的设备、建筑材料等，要有明确的定置标准区域；

（6）垃圾、废弃回收点的定置，包括回收箱的分类标志，如各种切屑箱为黄色、垃圾箱为白色、大杂物箱为蓝色，在这些箱上还应设置明显的标牌；

（7）按定置图的要求，清除与区域无关的物品。

以下是一些共性的标准，仅供参考：

（1）工具箱的定置标准，包括按标准设计定置图；工具摆放要严格遵守定置图，不准随便乱堆乱放；定置图和工具卡片，一律贴在工具箱内门壁上；工具箱的摆放地点要标准化，同工种、工序的工具摆放要标准化。

（2）现场办公室定置标准。包括办公室定置图应贴在门内或墙壁上；物品要按定置图的编号顺序依次摆放，做到整齐、大方、美观、舒适；文件柜要摆放合适位置，一般是靠墙摆放；办公室内与本室工作无关的物品一律清除干净；每天要排出值班人员，负责该日的卫生清洁及物品定置整理工作。

（3）库房定置标准。包括库房定置图要贴在库房显著的位置上，以便查看；库房内物品要按照定置图上规定分类摆放，贴好标签（信息铭牌），物品摆放做到齐、方、正、直；货格的层、格各处干净无污垢；库房的定置要做到账、物、卡、号、图相符，转序出入库手续要齐备；库房内与本库房应备物品无关的物品一律清除干净；库房的运输通道要通畅。

（4）定置物的放置标准。包括工件的定置应按区、按类放置，做到标志与实物相符；工件摆放做到齐、正、方、直，符合安全要求；定置物的摆放要完全符合定置图，定置后不得随意挪动；标准信息铭牌放置到规定位置后，不得随意挪动位置，关系发生变化时，图、物、区域、铭牌等都要进行相应调整；定置物要放置在本区域内，不得放置在区域线或隔离围栏之外。

（5）特别定置管理标准。包括安全存放点的选择和要求；消防灭火器具的定置要求；现场电源、电路、电器设施的定置要求；现场吸烟地点的选定及定置要求；对精密、大型、稀少设备的重点作业场所和区域实行定置；对不安全场所，如建筑施工场所的机械安装现场、吊装物品现场、易滑坠落现场、塌方现场、易发生机械伤人的场所及安全通道安排定置。

（6）检查现场的定置标准。包括有检查现场的定置图；要划分不同区域并用不同颜色标志，具体有半成品的待检区用蓝色标志，合格区用绿色标志。成品区的待检区用蓝色标志，合格区用绿色标志。废品区用白色标志；返修区用红色标志。待处理区用黄色标志；小件物品可装在不同颜色的大容器内，以示区别。

四、定置管理的实施

（一）成立定置管理推行领导小组，制订定置管理的推行计划，并进行宣传、教育等工作

推行定置管理必须坚持"始于教育，终于教育"的原则，在全体员工中有组织、有计划地开展理论培训，以此来转变观念，树立信心，统一认识，掌握定置管理的内容、原理、程序和注意事项等，不搞形式，不搞花架子，务必求真务实。实践证明，推行定置管理必须建立以主要负责人挂帅的领导机构，全员参加，才能成功。

(二) 现场调查,明确问题点

针对不同管理对象和管理目的,对生产现场的人、物结合现状进行详尽的调查研究,明确现存的问题,并进行归纳整理,以便提出改进的方案。现场调查的内容如表 10-4 所示。

表 10-4 现场调查内容表

序号	调查具体内容	序号	调查具体内容
1	人、机操作情况	7	生产现场物品搬运情况
2	物流情况	8	生产现场物品摆放情况
3	作业面积和空间利用情况	9	质量保证和安全生产情况
4	原材料、在制品管理情况	10	设备运转和利用情况
5	半成品库和中间库的管理情况	11	生产中各类消耗情况
6	工位、器具的配备和使用情况		

(三) 分析问题,提出改革方案

根据调查发现的问题,运用流程分析、作业分析及动作分析等研究方法分析加工路线和加工方法,分析人和物的结合状态,分析物流和信息流,按照 5W1H 系统提问、ECRS 改善原则对现状进行详细分析,提出科学的改进方案。

(四) 定置管理设计

定置管理设计实际是在遵循设计原则的前提下,绘制一幅带有定置管理特点和能反映定置管理要求的"管理文件"和目标的图形,该图称为管理图,简称定置图。定置图的种类如图 10-5 所示。

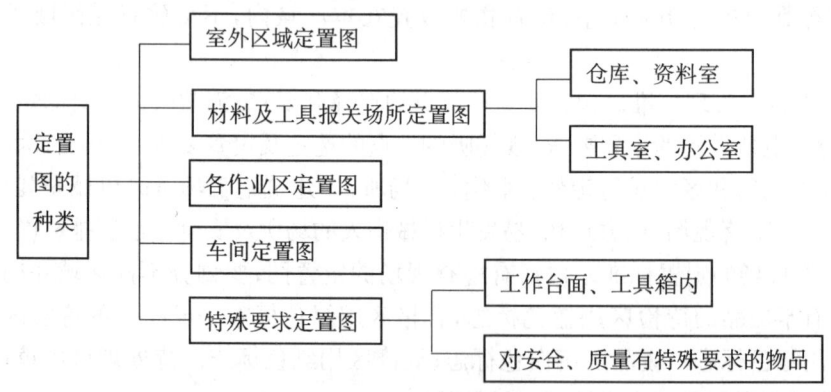

图 10-5 定置图的种类

绘制定置图,明确改善方案中现场各种场所、物品的具体位置。定置图的绘制是一项很重要的工作,对于生产厂有总厂、分厂、车间、工段、班组、工具箱、仓库定置图等多种,其要求各不相同,但图上的各种符号、图示要统一。车间、工段、班组等定置图,要以某一固定位置的设备作参照物,然后依次画出各个区域和各种物品的定置位置。

定置管理设计中除了绘制定置图,还需要进行信息媒介物的设计。这主要包括生产现场各种区域、通道、活动器具和位置信息符号的设计,各种货架、工具箱、生活柜等的结构和编号的标准设计,物品的台账、物品(仓库存放物)确认卡片的标准设计,信息符号设计和图示板、标牌设计,制定各种物品的进出、收发办法的设计等。

(五) 定置实施

定置方案的实施是理论付诸实践的阶段,也是定置管理工作的重点。主要包括按照定置设计的内容要求,清除与生产无关之物;制作专用的工位器具,如定置架、箱、柜等;对生产现场的物品按设计要求开展5S活动;按定置图进行定位和设置标志牌,做到"定置必有图,有图必有物,有物必有区,有区必挂牌,挂牌必分类,图物必一致"。

(六) 维持、深化和提高

定置管理的目的是改变人的行为习惯,但绝非一日之功,也不可能一劳永逸,非反复抓不可。必须采取一定的措施,要经常开展检查评比工作,把检查评比的结果同经济责任、评先、劳动竞赛、达标等绩效挂钩考核。

复习思考题

1. 现场管理的内涵是什么?
2. 现场管理的发展原因是什么?
3. 简述现场管理的发展历程。

案例分析

某集团公司总经理想推行5S管理,但遭到一些人的反对。

行政副总:我桌面文件虽然乱堆乱放,但我可以以最快的速度找出需要的文件,开会时临时需要一个文件,我也可以准确地告诉秘书在桌面的什么位置,在哪一叠文件的第几页。如果按5S整理得井井有条,可能反而很难找到需要的文件了。

其他几位高管也有类似的想法。

车间主任也不乐意:现在生产任务繁重,每个人都有忙不完的工作,哪有时间去打扫整理,就是整理好了忙起来又乱了。

【思考题】

针对这个公司的情况,应如何推行5S管理项目?

第十一章 持续改进

🔒 **学习目标**

1. 掌握可持续性理念下的运营管理；
2. 掌握持续改进的概念和内容；
3. 掌握持续改进的原则和手段。

 开篇案例

我国医疗质量持续改进

医疗质量和安全是医疗服务的核心，也是全体医务人员不懈的追求。现代管理学之父彼得·德鲁克指出，在所有组织中，医院的流程是最复杂的，医院被视为最不安全的地方之一。如何优化流程，改进质量历来是全世界医疗机构着力解决的重难点问题之一。

为持续改进质量，原卫生部于2007年启动了"品管圈"工具用于医疗机构实践。在国内医疗界取得成功，并很快得以普及。2011年原卫生部在《三级综合性医院评审实施细则》中便引入PDCA循环，要求通过质量管理计划的制订及组织实现的过程，实现医疗质量和安全的持续改进。2016年国家卫计委颁布了《医疗质量管理办法》，明确指出医疗机构应当熟练运用医疗质量管理工具开展医疗质量管理与自我评价，将质量管理工具的应用上升到政策层面，作为医疗机构的一项管理常规。

作为其中的佼佼者，复旦大学附属中山医院引领广大医务人员正确开展质量持续改进活动，形成品管圈近千个，参与人员一千余人，改善了医疗质量问题数百项，各项医疗质控指标显著提升，患者满意度达到全市第一，更取得各类专利数十项，荣获全国医院品管圈大赛四连冠及国家科技进步奖二等奖等骄人战绩。

（资料来源：高鑫，医疗质量持续改进案例精选：复旦大学附属中山医院80周年院庆文集[M].复旦大学出版社，2017年.）

第一节 持续改进概述

一、持续改进的含义

改进是指为改善产品的特征及特性或提高用于设计、生产和交付产品的过程的有效性和效率所开展的活动。当改进是渐进的,并且是积极地寻求进一步改进的机会,也就是持续改进。在 2000 年版的 ISO 9000 中,持续改进定义为:增强满足要求的能力的循环活动。它也是一种注重通过不断地提高企业管理的效率和有效性,实现其质量方针和目标的方法。持续改进(持续强调了以一系列彼此衔接的步骤进行改进的思想)是为了满足顾客日益增长的需求和希望并确保质量管理体系的不断进步,持续改进过程是提高质量管理体系的重要手段;持续改进的前提是市场的要求和由此制定的企业发展战略。

也有观点认为:持续改进是指不断地向现有的绩效水平发起挑战并寻找更好的解决方法的过程。这种管理哲理认为:企业产品和业务流程的改进是一个无休止的,不断取得微小进展的过程,虽然每次的改善很小,但不断改善,则成功的可能性增大,没有任何一项改善活动太渺小而不值得实施。对今天工作的微小改进,将预示着明天工作的更大、更有用的进步。通过这种方式,企业可以从简单的工作做起,不断实现创新。员工可以将自己的想法变为现实,最终使企业获得巨大的竞争力。改进与持续改进如表 11-1 所示。

表 11-1 改进与持续改进

	改　　进	持续改进
定义	具备满足要求的能力的循环活动	增强满足要求的能力的循环活动 (ISO 9000:2000-3.2.13)
目的	在尚未达成既定目标之前,通过消除现状与目标之间差距的循环活动,以达成既定目标,进而具备满足要求的能力	在已经达成既定目标之后,通过不断建立并达成新的更高目标的循环活动,以增强满足要求的能力。
方法手段	质量方针、质量目标、审核发现、审核结论、数据分析、管理评审、纠正措施或预防措施	注:制定改进目标和寻找改进机会的过程是一个持续过程,该过程是审核发现、审核结论、数据分析、管理评审或其他方法,其结果通常导致纠正措施或预防措施
实施时机	在尚未达成既定目标之前,即改进是当现状与目标存在差距时实施的	在已经达成既定目标之后,即制造过程的持续改进是当制造过程有能力且稳定或当产品特性可预测且满足顾客要求时实施的(ISO/TS 116949:2002-8.5.1.2 注 2)
关注焦点	现状与目标之间差距的减少乃至消除	产品特性及制造过程参数变差的控制与减少
图解	持续改进 / 改进：现状 → 目标 → 新的目标；突破性改进(改革创新)；渐进性改进(日常管理);纠正措施	

持续改进的概念来源于质量管理的领域,根据 2008 版质量管理体系 ISO 9000 系列标准描述,"任何一家组织在实际的生产经营中,都要对自己的产品、过程和管理进行或多或少的改进,这些改进被称为质量改进。但是,相当多的组织都是"自发的、不自觉的、无计划的、

不系统的改进",这样的改进不能称为"持续改进"。

二、持续改进的起源

持续改进是指"对企业不同领域或工作位置上所做的不断的改进和完善",起源于 TWI(Training Within Industries)和 MT(Management Training)。TWI 是"二战"后美国军火工业广泛采用的"工业内部培训",20 世纪 40 年代在美国发展起来。当 TWI 在许多国家被引进时,在日本产生的影响最大,至少有一千万的日本企业界的领导、专业人员及员工都接受了 TWI 培训,对日本企业管理的理论和实践有着深远的影响。

TWI 包含三部分标准的培训内容:

JIT(Job Instructional Training)让领导者认识到使员工得到足够职业培训的重要性以及怎样进行这些培训;

JMT(Job Methods Training)是关于如何获得改进和完善工作方法的思路并将其实践;

JRT(Job Relations Training)是关于上下级关系和领导方法的。

在日本,这些培训工作是由不同的专业组织(如日本工业培训协会)来完成的。同时,许多领先的日本大公司将 TWI 根据需要做适当变动后用来培训自己的潜在领导者。

MT 是美国空军发明的,"二战"后也被日本引进,在日本工业和国际贸易部近 50 年不懈的努力下,截至 1994 年年底,已有 300 多万日本企业界的领导人接受过 MT 的培训。在日本,为了进入企业中上领导层,获得 MT 的培训结业证书几乎是一种必需手段。MT 培训使日本企业界的领导获得以下三个方面的知识:认识员工相互之间关系和个人关系的重要性;不断对工艺和产品进行完善和改进的方法及价值;把人和工作方法相结合,科学合理地使用"计划—执行—检查"的益处。总之,日本企业界通过对 TWI 和 MT 的引进、消化和吸收,并结合日本企业的实际情况,先后发展了一些管理理论如全面质量管理(TQM)、准时生产体制(JIT)等,逐渐形成了完整的持续改善(Kaizen)体系。

Kaizen 是一个日文单词,由两个单词组成:Kai+Zen(改+善),意指小的、连续的、渐进的改进,并非中文改善的意思。Kaizen 方法是一个日本管理概念,是日本持续改进之父今井正明在《改善——日本企业成功的关键》一书中提出的,Kaizen 意味着改进,涉及每一个人、每一环节的连续不断的改进:从最高的管理部门、管理人员到工人。"持续改善"的策略是日本管理部门中最重要的理念,也是日本企业竞争成功的关键。

改善(Kaizen)被作为系统层面的一部分来加以应用并进行改进,通过流动和拉式系统来改进交货时间、流程的灵活性和对顾客的响应速度,改善活动从头到尾地改进了公司的进程。采用成立 Kaizen 小组工作法充分调动全体员工的积极性和主观能动性,把缺陷和浪费及时地消灭在每一个岗位。同时也可开展完善企业流程、优化组织结构、加强部门间和岗位间的信息改善等。戴明也鼓励日本企业采取有系统的方法解决问题,此即后来所谓的"戴明循环"(Deming Cycle)或"规划—执行—检查—行动"(Plan-Do-Check-Act,PDCA),它是进行持续改进的基石。持续改进是渐进、递增式的改进(不论改进有多么小),以去除并杜绝只增加成本却未能创造价值的所有浪费。

三、持续改进的基本内容

通常所说的质量改进往往只针对具体的产品或过程,而持续改进不仅包括对具体的产品或过程所采取的改进措施,而且还包括对管理采取的改进措施,直至长远的改进项目。组织的经营目的、发展战略、方针目标,包括质量方针和质量目标,都可能在持续改进的项目内,管理评审所涉及的改进项目,相当大一部分就与此有关。这种改进不仅是针对产品进行的技术改进(改善产品的特征及特性),而且也是针对过程进行的。因此,改进可以分为产品质量改进、过程改进、治理改进和管理体系改进。

四、持续改进的特征

(一) 持续改进是没有终点的

任何一项改进工作都不可能终止改进的机会,也就是说即使一项改进的工作取得了完全成功,仍将存在不断持续改进的空间。

(二) 持续改进是组织积极主动寻求的

持续改进是组织员工积极主动地去寻求不断改进的机会,质量管理体系 GB/T 19004—2008 中规定:管理者应不断寻求对组织过程的有效性和效率的改进,而不是等出了问题才去寻找改进的机会。

(三) 持续改进的内容涉及组织的各个方面

一般的持续改进往往只针对某个具体的产品或特定的过程,而持续改进不仅对具体的产品或特定的过程采取改进措施,而且还包括对管理活动采取措施,涵养了长远的改进项目,组织的经营目的、发展战略、方针目标(包括质量和质量目标),都有可能在持续改进的项目中。

(四) 持续改进的目的是不断提高效率和有效性,以确保预期目标的实现

持续改进是为了提高有效性和效率,工作重点要从减少错误转向发掘长处。

五、持续改进的动因

持续改进的动因对于持续改进有着重要的影响,持续改进的驱动因素可概括为内部需求拉动因素和竞争需求拉动因素两类,如图 11-1 所示。

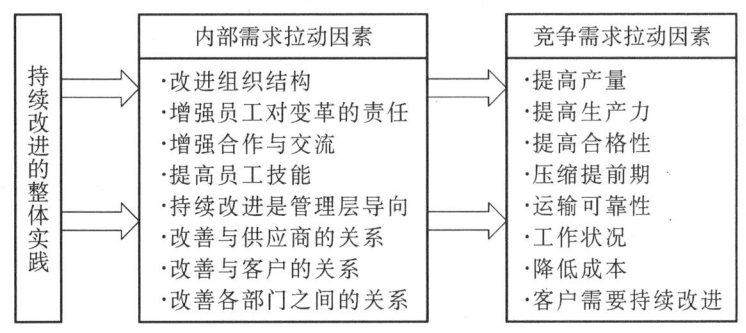

图 11-1 持续改进驱动因素

一般将持续改进的动因归结为内部需求拉动因素与竞争需求拉动因素两大类,实际上,还应该包括社会需求的拉动因素。经济社会发展的根本目的,是不断满足人民群众日益增长的物质文化生活需要,但积极扩大物质生产,并不是鼓励无节制、非理性的消费,更不是倡导奢侈浪费。毫无疑问,建设节约型社会是缓解资源供需矛盾、改善生态环境、实现可持续发展的根本出路。加快建设资源节约型社会,从根本上说,就是要着力构建新的增长方式和消费方式。而这无疑是持续改进的重要驱动因素,即以细小的改进与创新促进生产的发展与产品质量的改善,杜绝浪费,从而节约和高效利用各种资源,以尽可能少的资源消耗,满足社会需求,承托企业发展。

第二节 持续改进的原则

一、领导者重视和全员参与

若要企业成功推行持续改进,企业的管理者都必须率先转变观念,并在最高层倡导持续改进,使其管理战略与持续改进紧密相连,从而使持续改进与实际相结合,真正发挥作用。同时,在企业中的各个岗位上,从管理者到一线员工,都非常熟悉自身的岗位工作,因此他们能够发现更多贴近实际的问题并提出解决方案。所以,全体员工都应该参与到持续改进的活动中来。

对于日常管理或持续改进来说,企业领导有两个基本功能:保持和改善。保持包括了所有保证现在的技术以及与企业工作有关的标准的活动,其中也包含培训和纪律。这个保持的功能就要求企业领导努力使企业内的每个人都按照标准的流程来做工作,而改善则是对现有标准的改进和提高。持续改进侧重于通过不断的努力取得连续不断的小步的改进,从而达到目的。

日本企业界认为企业领导应遵循这样一个原则:标准的保持以及改善。而西方企业往往只着重革新而忽视持续改进所能给企业带来的巨大的好处。而革新则强调通过以新技术工艺或设备的大量投资来取得巨大的进步。在缺乏资金的情况下,革新改造是很困难的。企业工作功能看法对比,如图11-2所示。

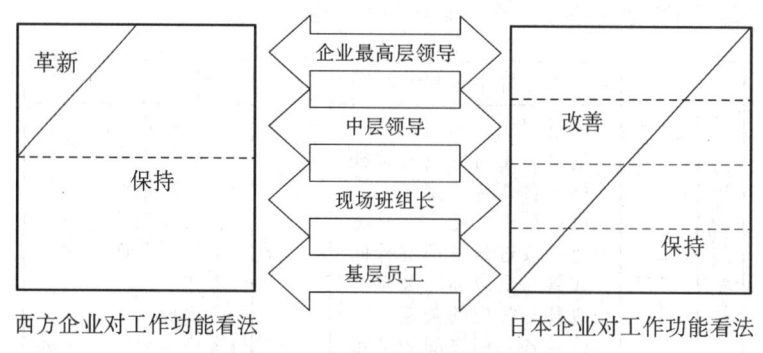

图 11-2 企业工作功能看法对比

二、过程和结果

持续改进强调以过程为主的思考方式,只有通过对过程的改进才能得到更好的结果,如果原计划的结果没有实现,那么肯定是某个过程出了问题,这时就要找出产生问题的过程并予以纠正。持续改进强调人在过程中的作用,这一点与西方企业界强调结果的思考方式有显著区别。导入持续改进的过程也需要以过程为主的思考方式,所有的持续改进工具,如 PDCA/SDCA 循环、QCD(质量、成本、交货期)、TQM(全面质量管理)、TPM(全员生产维修)以及 JIT(准时生产体制),在不注重过程的企业内实施都会失灵。所以,企业领导支持并参与到实施持续改进的过程中,是持续改进活动取得成功的组织保证。

三、遵照 PDCA/SDCA 循环

为了保证持续改进的导入能够成功,首先要引入 PDCA 循环。

(1) 计划(Plan)就是为了达到改善的目标而制定目标或行动计划。(因为持续改进是动态的不断完善的过程,所以目标也应不断地进行更新)。

(2) 做(Do)就是按计划执行工作。

(3) 检查(Check)就是检验工作是否按计划被执行,并朝所预定的方向发展。

(4) 调整(Adapt)是指通过对新的工作步骤的标准化来避免原问题的重复发生,并为下一步的改善制定目标。

PDCA 循环的实施(D)阶段的任务是执行计划(P)阶段所确定的对策和措施,而行动(A)阶段则是根据检查(C)阶段的检查和确认结果来决定下一步的行动方案。行动方案有两类:一类是通过开展标准化活动控制已达成目标的有效措施能被严格遵照执行,这类行动方案可称为控制循环(SDCA);另一类是通过新一轮的 PDCA 循环找出问题的根本原因并重新制订新的行动计划(Action Plan)。

任何一个工作过程开始的时候都是不稳定的,必须要先将这种变化的过程稳定下来,然后才可以引入 PDCA 循环。这时可先采用 SDCA 循环[Standardization(标准化)-Do-Check-Adapt(调整)],SDCA 循环的作用就是将现有的过程标准化并稳定下来,而 PDCA 循环的作用是改进这些过程,SDCA 重在保持,PDCA 重在完善,只有当已有标准存在并被遵守并且现有的过程也稳定的情况下,才可以进入 PDCA 循环,如图 11-3 所示。

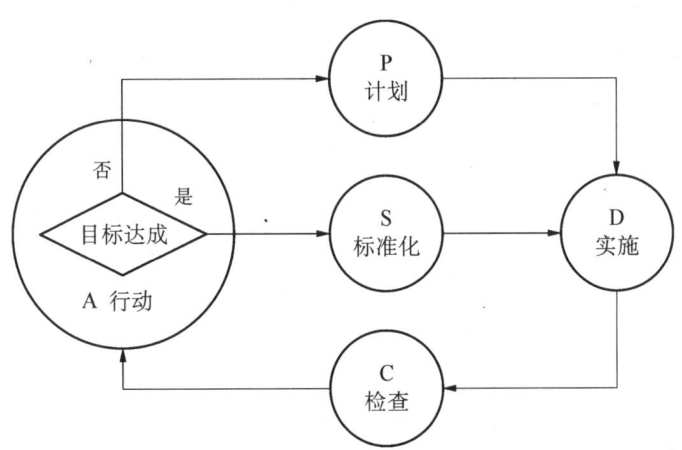

图 11-3 PDCA/SDCA 循环图

四、质量优先

质量、成本、交货期这三个企业目标中,质量应永远享有优先权。即使向客户提供的价

格和交货条件再诱人，但产品质量有缺陷，企业也不会在现在竞争激烈的市场上站稳脚跟。

五、以数据说话

持续改进就是解决问题的过程，如果要想弄清一个问题的本质并彻底解决它，人们首先要收集和分析相关数据，才能真正了解这个问题。任何没有数据分析的基础而凭感觉或猜测去解决问题的尝试都不是客观的，对有关问题现有状况数据的收集、检查和分析是找出解决问题办法和进一步完善的措施的基础。

六、视下一道工序为客户

每件工作都是由一系列的过程组成的，而每个过程都有它的供应商以及客户。"下一道工序就是客户"这句话表明了两种客户类型的存在：内部客户（企业内）和外部客户（市场上）。

大部分的企业员工只与内部客户有关系，这种事实也要求员工有义务，绝不要将有缺陷的工件或信息传递给下道工序的员工。如果每个员工都遵守这个规则，那么市场上的最终客户就会得到高质量的产品或服务。一个真正有效的质量保证体系也就意味着企业的每个员工都有此义务，并认真遵守这一规则。

第三节　持续改进的手段

在现场执行时，持续改进以标准化、5S和消除"浪费"，来达到企业的QCD（质量、成本和交货期）目标。标准化、5S以及消除"浪费"，这三种活动是企业建立起高效、成功和扁平化的工作现场结构的基础。因为操作它们并不需要复杂的工艺和特别宽的知识面，所以易于理解和导入。但是，如何使员工树立起自律性并将它们不断推向前进却是困难之所在。现场管理持续改进结构框架如图11-4所示。

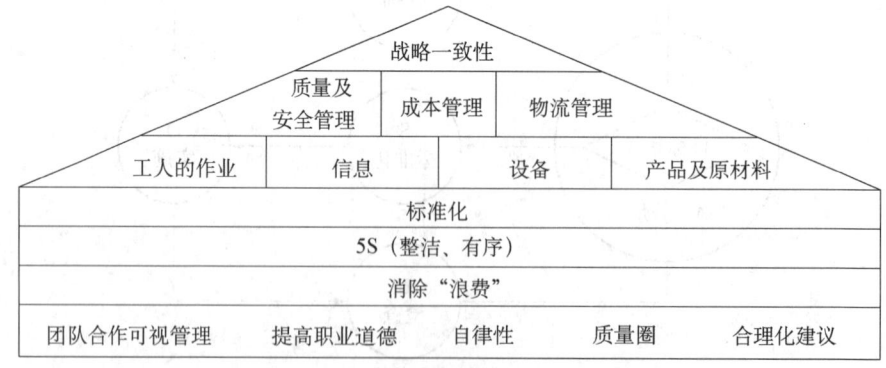

图11-4　现场管理持续改进结构框架

一、标准化

为了达到企业的QCD目标，企业必须合理利用一切可用资源，对人员、信息、设备和原材料的使用,每天都需做出计划,利用关于使用这些资源的标准有助于提高计划的效率,如果在计划的执行中出现问题或偏差,企业领导就应及时找出问题的真正原因,并将现有标准修改或完善以避免问题的再次出现,标准是持续改进的固定组成部分,它为进一步完善提供基础。工作领域标准化的含义就是指将工程师的工艺或设计要求转换成工人们每天必须遵守的工作指令。

二、5S

5S 代表了 5 个日语词,是指整洁、有序,对任何一个加工型的企业来说,如果是一个负责任的生产商并且想成为世界一流的公司,那么 5S 作为基础是应该必须实施的,对每个岗位和个人都必须单独确定 5S 规则,制定有关 5S 标准并使之遵守。5S 的内容是:Seiri,整顿,即把不必要的东西清除出现场;Seiton,整理,即把留下的东西归类;Seiso,清洁,即对设备及周围环境进行彻底清洁;Seiketsu,检查,即运用上述三项原则并注重自身行为;Shitsuke,素养,即自觉性。

三、消除"浪费"

"浪费",它另有一层深的含义,工作是由一系列的过程或步骤组成的,从原材料或信息开始,到产成品或服务结束,在每个过程中都应增值,然后进入下一过程,在每个过程中作为资源的人和设备要么使产品增值,要么无,浪费,就是指每个没有使产品增值的活动或过程。一般将可能引起浪费的原因划分如下:过量生产、库存、次品/返工、动作(行动)、生产中、等待所产生和运输过程中的浪费。

第四节 持续改进的工具

持续改进的工具主要分为问题解决工具与技术工具两大类。问题解决工具包括问题识别工具/检查表、7 种基本质量工具(如帕累特图、鱼刺图)、故障模式与失效分析(FMEA)、访谈、影响力场分析、创新工具/收集 idea 工具、可视化工具、头脑风暴、仿真、5S 运作法、平衡计分卡、六西格玛、精益六西格玛、7 种新质量工具(如流程图)、质量功能展开(QFD)、标准化作业工具、防错法(Poka Yoke)。其中比较有代表性的是管理工具 5S 运作法和平衡计分卡,以及最新的综合统计工具精益六西格玛。持续改进的解决问题工具总结如表 11-2 所示。

持续改进中的技术工具有使用标语、激励体系、通过竞赛和奖励改进、质量奖、领导层支持、管理层支持、团队方式工作、员工参与、利用通知板改进、利用媒体改进、监控改进活动、正确实施规则、标准与组织记忆、渠道与控制链、面对面交流培训员工使用解决问题的工具、管理层参观车间、TPM、PDCA、标杆管理、能力成熟度模型(Capability Maturity Model,CMM)和集成质量管理系统等。当前应用较为广泛的有标杆管理、能力成熟度模型和集成质量管理系统(Integrated Quality Management System,IQMS)等。

持续改进技术工具如表 11-3 所示。

表 11-2 持续改进的解决问题工具

序号	工具	特性	工具在持续改进流程中的有效性				
			定义	测量	分析	改进	控制
1	问题识别工具/检查表	问题分析工具	+	o	+	−	o
2	7种基本质量工具,如帕累特图、鱼刺图		o	+	++	−	+
3	故障模式与失效分析(FMEA)		+	o	++	−	o
4	访谈		+	o	++	+	o
5	影响力场分析		o	−	+	−	−
6	创新工具/收集 idea 工具	创新工具	−	−	o	++	−
7	可视化工具		−	−	+	+	+
8	头脑风暴		−	−	+	+++	−
9	仿真		−	−	+	++	o
10	5S(如整理、整顿等)运作法	管理工具	−	−	+	+	+++
11	平衡计分卡		−	−	−	+	++
12	六西格玛	统计工具	o	+	+	+	+++
13	精益六西格玛		o	+	+	++	+++
14	7种新质量工具,如流程图	控制工具	o	o	o	o	++
15	质量功能展开(QFD)		+	+	o	o	+++
16	标准化作业工具		o	+	+	o	++
17	防错法(Pika yoke)		−	+	−	+	++

注:"+"表示高;"−"表示低;"o"表示中。

表 11-3 持续改进技术工具

序号	工具	特性	工具在持续改进流程中的有效性				
			定义	测量	分析	改进	控制
1	使用标语	激励工具	−	−	−	o	+
2	激励体系		−	−	−	p	p
3	通过竞赛和奖励改进		−	−	−	+++	+++
4	质量奖		−	−	−	+++	+++
5	领导层支持	组织工具	+	+	+	+++	++
6	管理层支持		+	+	+	+++	++
7	团队方式工作		+	+	+	+++	++
8	员工参与		+	+	+	+++	++

续　表

序号	工　具	特性	工具在持续改进流程中的有效性				
			定义	测量	分析	改进	控制
9	利用通知板改进	监控工具	－	－	o	++	++
10	利用媒体改进		－	－	o	+++	+++
11	监控改进活动		－	－	o	+++	+++
12	正确实施规则		－	+	o	+++	+++
13	标准与组织记忆		－	－	o	+++	+++
14	渠道与控制链		－	－	o	+++	+++
15	面对面交流培训员工使用解决问题的工具	沟通工具	－	－	+	+++	+++
16	管理层参观车间		－	－	+	+	+
17	全员生产保全(TPM)	流程工具	+	+	o	o	o
18	PDCA		+	++	+	+	+++
19	能力成熟度模型(CMM)		+	++	+++	+	+
20	标杆管理		o	+	+	+	+
21	集成质量管理系统(IQMS)		+	++	+++	++	++

注："+"表示高；"－"表示低；"o"表示中。

第五节　持续改进活动程序

(1) 选择工作任务。

首先要阐明选择这个项目或工作任务的理由。这些任务通常是根据企业的发展目标确定的，但有时企业的现状也会影响这种选择——依据其重要性、紧迫性或经济性。

(2) 弄清当前的情况。

在项目开始前必须要弄清项目当前情况的本质，并予以分析。这需要人们去现场了解情况，运用持续改进的五个"金"原则，或收集数据。

(3) 应对收集到的数据进行深入分析，以便能弄清事情的真正背景及原因。

(4) 在分析的基础上研究对策。

(5) 导入、执行对策。

(6) 观察并记录采用对策后的影响。

(7) 修改或重新制订标准，以避免类似问题的再次发生。

(8) 检查从步骤(1)到(7)的整个过程，据以引入下一步的行动。

这种程序也和PDCA循环的原则相一致：从步骤(1)到(4)主要是计划(P)，步骤(5)是做、执行(D)，步骤(6)是检查(C)，步骤(7)和(8)是调整(A)。这种程序是一种借助于数据分析来解决问题的通用做法。另外,将问题的解决过程进行可视化以及在问题的解决过程中积极交流,并建立起高效的记录文档资料,也有助于持续改进活动的推动,使员工在持续改进活动中产生自律性的方法:表彰、奖励微小的进步;记录员工正确完成的工作;(领导)对问题采用开放的态度;创造一种"敢言"的文化;把过程开放,以便于进一步完善标准;进行评估;使客户也参与进来;设立合理化建议;建立质量保证小组;建立奖励机制;使员工明白(领导的)期望;定期检查工艺过程;对检测结果给予反馈;创造一种合作的气氛;发出具体的指令;(领导)参与标准的制订;解释为什么;举例,以事实服人;培训,怎样做,为什么做;将取得的进步可视化;排除障碍;要求积极、认真思考;创造一个宽松的环境(没有威胁)。

用可视化管理手段辅助持续改进活动。可视化管理的目的就是借助于图形、表格和绩效数据使企业领导和员工明白和熟悉用来达到 QCD(质量、成本、交货期)控制目标的各要素——从企业的整体战略一直到生产数据以及最新的合理化建议。引入可视化管理的理由:将问题暴露出来、帮助员工及企业领导,使其一直与现实保持联系。

可视化管理的最基本的原则就是:将问题暴露在聚光灯下。可视化管理的五个要素(5M)是人(Man)、设备(Machine)、原材料(Material)、方法(Method)、测量(Measurement);可视化管理中的有力工具(5S):Seiri(整顿)、Seiton(整理)、Seiso(清洁)、Seiketsu(检查)和Shitsuke(素养);把标准张贴在现场,现场中的所有墙壁都可以被当作可视化管理的工具。为了使大家明白 QCD(质量、成本、交货期)的最新情况,应在墙壁上或工位上公布最新的如下信息:① 质量。关于废品率、趋势以及目标图表等的日、周、月报,典型事故应公之于众,以达到教育大家的目的;② 成本。产能、趋势以及目标;③ 工效。如单位产品所耗工时(人数×工作时间=产量)、每日产量、设备停机时间、趋势以及目标、设备整体效率、合理化建议的数量、质量小组的活动情况等。

可视化管理的第三个功能就是将不断改进、完善的目标视觉化。制定目标的作用之一就是激励员工。可视化管理有助于鉴别现实和目标之间所存在的问题及偏差。它是一种既能使工艺过程保持稳定又能使其不断完善的工具。可视化管理是一种极其有效的激励员工的手段,它使员工们在努力实现企业目标的同时也记录下他们在其中发挥的作用。

复习思考题

1. 简述持续改进的含义和基本内容。
2. 简述持续改进的基本原则。
3. 简述持续改进的步骤。

案例分析

麦克公司运营管理面临的挑战

1. 麦克公司运营管理面临的挑战

天津麦克公司始建于 20 世纪 20 年代初,历史悠久、技术力量雄厚,是目前我国生产符合国际标准的民用机械产品的实力最强的专业厂家。

随着与国外某著名民用机械产品生产商的合作成功,麦克公司又一次迎来了良好的发展机遇。该客户是一家在国际上颇具影响的大客户,如能满足其严苛的质量、交期要求,麦克公司将会获得长期订单。利用国外先进技术建设起来的新系列产品生产车间正源源不断地为全国及海外用户提供最新系列的优质产品,并填补了我国不能生产拥有国际行业协会认证产品的一项空白。

然而也正是这个新产品生产车间,一段时间以来运营管理问题日趋凸现。随着国外订单的增加,生产能力愈显不足,车间工人经常加班加点,有时周末、节假日都难得休息。为了保证交货期,有时需将水运改陆运或陆运改空运,明显增加了产品运输费用,即便如此,交货期还是出现了延误,导致客户满意度下降。产品质量问题也时有发生,严重时甚至遭到客户索赔,凡此种种都增加了产品成本,影响了公司形象。更为严重的是,如果这些问题得不到根本解决,公司将面临被取消供应商资格的危险,甚至还会失去其他外商合作伙伴。这对公司发展是极为不利的。

2. 麦克公司新产品车间运营管理现状

2.1 新产品生产流程

新产品主要采用金属材料加工制造,其中标准件和通用件占零件总数的15%,通过市场采购获得;非标件和专用件自制或外协加工,其中外协件占零件总数的10%,新产品的核心件和关键件均自制,其中几个核心部件的生产流程为原材料领用、切割下料、机械加工、组件焊接、部件装配。这些核心部件的生产特征是品种多、批量小,零件种类多样,组件形状复杂,尺寸精度和位置精度要求高,工艺变换频繁,人工和设备占用多,占用新产品车间生产能力达80%以上。

2.2 生产计划与控制

新产品车间的生产计划与控制主要由车间主任赵主任负责。赵主任对工作认真负责,现场指挥调度能力强,他经验丰富、头脑清晰、思维敏捷、记忆力良好,既能干活又能管理,车间生产计划无须一纸一稿全部都装在他的头脑中,作业现场不用书面计划文件指导,主要靠赵主任的口头命令指挥调度。员工作业不用作业指导书,主要听赵主任口头上的指导。赵主任的这种管理方式曾经是很成功的,但用在新产品生产管理上却出现了种种不适。

生产中前松后紧、突击赶工情况时有发生。有时一天当中,工人会依照车间主任的指令一会儿干这,一会儿干那,工作内容不固定,工作地点不固定,使用的工具设备频繁变化,一道工序几个人接手,往往造成工人作业不专心,精力不集中,产品出现质量问题很难追溯到责任人。

各工序的加工能力不均衡。有的工序批量过大,等待时间长,占用场地空间大。有时原材料领取数量大大超出生产进度与日生产用量,下料区经常可见堆积如山的管材、棒材等原材料,既占用场地又影响下料工人工作。

有些工序作业时间波动很大,以新产品1010型机器床身定位组装为例,同样一种机器型号床身的定位组装时间最短,仅需耗时45分钟,最长耗时达75分钟。其加工效率显著波动的主要原因是,装配作业时间很大程度上受床身各种零件的准备程度及零件加工质量的影响。很多时候后是由于零件准备不充分、不完整或质量缺陷而影响组装的效率。

2.3 设施布置与物流

新产品车间设施布置与分区是按工艺原则进行的,设备呈机群式布置,即相同加工功能的设备放在同一区域,车床一群,铣床一群,刨床一群等。车间分区既有某些的距焊接组合加工区太近,两区作业干涉,相互影响作业的情况;也有车间利用不充分,有很大空间闲置的现象。车间生产现场物流量很大,搬运量很大,其中以组件的定位、组合问题最为突出。

2.4 生产现场管理

车间内各种原材料标志缺乏,各种标准件、零部件、工具、夹具无标志,标志不清楚或不规范。工具、物料、成品、半成品及原材料未分区定位放置。物料寻找时间长,取用错误的现象时有发生。现场不需要的物品(如半成品、废料、工具设备)存留较多。

部分工序操作区的选择随意性很大。例如,打磨、除刺,车间哪有空地就在哪磨,有时离机床较近,飞扬的粉尘、铁屑落在机器设备上,不仅造成设备不清洁,也极大地影响设备的使用寿命、加工的精度,进而影响产品质量,对员工健康也形成危害。打磨、除刺是零件、组件、部件加工的重要工序。操作次数多,时间很长,作业地点不固定,操作方法较随意,造成作业车间粉尘、铁屑飞扬,即造成现场又脏又乱,污染生产环境。磨刺经常在通道进行,很多时候通道变成作业区,形成作业区与通道不分。通道不畅,物料运输困难,导致长时间等待,延长了生产周期,降低了车间整体生产效率。

现场作业中 80% 按图纸,20% 未按设计意图加工,设计意图变动的随意性较大,工人操作缺乏交流,很大程度上影响了产品质量。工人操作的随意性很大,生产中不乏好的操作经验,但是没有给予总结与完善,形成内部操作标准没能在工人中广泛宣传与学习推广,并具体实施。一些零件的加工没有固定的加工地和操作程序,选择性很大,存在不必要的搬运和工时的浪费。某些新零件加工质量的检验主要靠经验进行,没有形成新的书面标准,用以指导检验工作,往往存在一些未加工合格的零件直接流转到下道工序,下道工序还需返工,影响了加工效率和加工质量。

车间整个电焊区作业时间较长,由于缺少必要的安全防护及隔离措施,相邻作业的电焊工人极易受到刺眼的电焊弧光影响,夜班作业时经常会损伤工人眼睛并影响其身体健康。电线、电缆乱放于通道,运送零部件的小车极有可能将其碾压而导致漏电,并且地上电线已出现塑料皮脱落情况(可能由于经常受各种零部件摩擦碰撞所导致),存在触电及火灾隐患,对工人安全生产形成极大威胁。

工人操作缺乏安全生产意识,如钻孔工人戴手套进行作业,砂轮打磨工人之间的距离太紧,喷射的火花极可能灼伤皮肤或进入眼睛,焊接区附近常有纸箱、纸板存放。

2.5 物料供应

生产缺料现象有时发生,有时也会因所采购原材料质量不合格,需退换货而影响作业进程与计划。生产中存在大量存货。由于作业不标准,供料不及时且质量很难保证以及生产弹性较小等原因,生产车间对客户的订单往往需提前完成(一般提前 1 个月)。

新产品总生产计划依照销售计划(销售订单)制定,同时编制物料需求计划,下达给采购部门进行采购。由于这些计划都是月总量计划,没有具体到日计划,因而无法反映制造部门对物料每日具体需求的种类与数量。这样有时会造成生产车间因物料供应不及时而生产延误。

2.6 其他方面

在新产品车间虽然产品是新的但很多管理人员对现代企业运营管理理论与方法了解不够,主要强调与依靠经验进行管理,现场改善与优化的意识不强,主动性不高。认为"习惯性"操作很合理,改变现行作业方式很难,甚至不可能。员工参与现场改善的积极性未被充分调动,员工未能积极主动地参加到现场优化与改善的活动中来。一些新零部件加工、制作工艺不够先进、科学。

工人干活很投入,也很卖力,但很少思考怎样干更合理、更省时、更有效;工人对产品了解不多,一些工人对自己所加工的零件名称、用途,以及所生产产品的整体构件所知很少,不了解产品很大程度上阻碍了工人生产积极性的发挥。

【思考题】

1. 你如何看待麦克公司参与国际市场竞争中所遇到的新挑战?麦克公司在完成国际订单过程中产生的种种问题的原因是什么?

2. 为什么麦克公司在国内市场竞争中颇具优势和实力,在参与国际市场竞争时却显得非常忙乱、被动和不适应?

3. 麦克公司新产品生产车间运营管理的现状说明了什么?

4. 在国内市场竞争中颇具优势和实力的中国企业,参与国际市场竞争时其运营管理能否延续国内市场竞争的老路,需要进行哪些调整和变革?

5. 如何解决麦克公司的问题?请运用运营管理的理论与方法提出相应的解决方案、对策或建议。

第十二章 精益生产

学习目标

1. 掌握精益生产的起源；
2. 掌握精益生产的含义和基本理念；
3. 掌握精益生产的思想和主要内容；
4. 掌握 JIT 的实质；
5. 理解看板的作用和看板控制系统；
6. 掌握实行 JIT 需要具备的条件。

开篇案例

精益生产在际华 3536 职业装有限公司的应用

际华 3536 职业装有限公司，地处享有中国"西部硅谷""富乐之乡"美誉，古称涪城、绵州，素有"蜀道咽喉"之称的四川省绵阳市，其前身是原中国人民解放军第三五三六工厂，原军队一级企业。

基于生产管理中出现的问题，公司决定将精益生产引入到制造车间，展开实施精益生产的规划与布局。

通过实施精益生产，公司当年第一季度，营业收入完成全年预算 29.34%，同比上年增长 65.84%。净利润同比增长 110.06%，净资产收益率同比增长 7.75%，全员劳动生产率同比增长 42.08%。

在看到精益生产引入制造车间实施成熟并取得良好成效后，公司总经理在职工大会上说道："公司下一步将分两个阶段在全公司各部门全面推广精益生产：第一阶段是应用精益生产于销售与市场营销。公司计划将精益生产的理念与原则应用于销售与市场营销，一是改善接单与订单处理作业流程，二是以现地现物原则寻求更大限度满足顾客需求，并创造更大的顾客价值。接单到出货产销作业整合及产品开发、打样整合与产品管理为制造车间精益生产的延伸，单纯在车间实施精益生产方式无法达到平稳化生产与拉式生产的要求。第二阶段是营销与生产部门的优化。公司在实施制造车间与市场营销流程的精益生产方式，取得初步的成效与成果之后，计划持续进行营销与生产部门的精益生产方式优化方案。以持续改进公司所建立的精益生产方式的框架与模式，深植精益生产方式的企业文化于日常作业与战略决策中。"总经理慷慨激昂地说完后，全场一片寂静，片刻后第一声掌声响起，随后爆发了海啸般的掌声，这些员工仿佛看到了公司美好的未来。

目前,在众多的生产管理新思想、新理论中,精益生产是影响最为广泛的新理论之一,在我国,精益生产也正广泛地展开。

第一节 精益生产的历史发展过程

根据精益生产的形成过程可以将其划分为三个阶段:丰田生产方式形成与完善阶段,丰田生产方式的系统化阶段(即精益生产方式的提出),精益生产方式的革新阶段(对以前的方法理论进行再思考,提出新的见解)。

20 世纪初,从美国福特汽车公司创立第一条汽车生产流水线开始,大规模的生产流水线一直是现代工业生产的主要特征,改变了效率低下的单件生产方式,被称为生产方式的第 2 个里程碑。大规模生产方式是以标准化、大批量生产来降低生产成本,提高生产效率的。这种方式适应了美国当时的国情,汽车生产流水线的产生,一举把汽车从少数富翁的奢侈品变成了大众化的交通工具,美国汽车工业也由此迅速成长为美国的一大支柱产业,并带动和促进了包括钢铁、玻璃、橡胶、机电乃至交通服务业等在内的一大批产业的发展。大规模流水生产在生产技术以及生产管理史上具有极为重要的意义。但是,第二次世界大战以后,社会进入了一个市场需求向多样化发展的新阶段,相应地要求工业生产向多品种、小批量的方向发展,单品种、大批量的流水生产方式的弱点就日渐明显了。为了顺应这样的时代要求,由日本丰田汽车公司首创的精益生产,作为多品种、小批量混合生产条件下的高质量、低消耗进行生产的方式在实践中摸索、创造出来了。精益生产方式是在实践应用中根据丰田实际生产的要求而被创造、总结出来的一种革命性的生产方式,被人称为"改变世界的机器",是继大量生产方式之后人类现代生产方式的第 3 个里程碑。

一、丰田生产方式的形成与完善阶段

1950 年,日本的丰田英二考察了美国底特律的福特轿车厂,当时这个厂每天能生产 7 000 辆轿车,比日本丰田公司一年的产量还要多。但是考察了美国这个厂之后,在考察报告中他却写道:"那里的生产体制还有改进的可能"。回到名古屋后,他和生产制造方面富有才华的大野耐一一起很快得出了结论:大量生产方式不适合于日本。因为第一,当时日本国内市场狭小,所需汽车的品种又很多,多品种、小批量并不适合大量生产方式的要求;第二,战后的日本缺乏大量外汇来大量购买西方的技术和设备,不能单纯地仿效鲁奇厂并在此基础上改进;第三缺乏大量廉价劳动力。

由此丰田英二和大野耐一开始了适合日本需要的生产方式的革新。大野耐一先在自己负责的工厂实行一些现场管理方法,如目视管理法、一人多机、U 型设备布置法等,这是丰田生产方式的萌芽,也被称为大野式管理。

随着采用大野耐一式的管理方法取得初步实效,他的地位也得到了逐步提升,大野耐一式的管理在更大的范围内得到应用,他的周围同时也聚集了一些人,进一步完善方法。通过对生产现场的观察和思考,提出了一系列革新,如三分钟换模法、现场改善、自动化、五问法、供应商队伍重组及伙伴合作关系、拉动式生产等。同时这些方法是在不断地完善中,最终建

立起一套适合日本的生产方式,在1962年被正式命名为丰田生产方式(Toyota Production System,TPS)。

1973年秋天发生石油危机以后,日本经济下降到负增长的状态,但丰田公司不仅获得高于其他公司的盈利,而且与年俱增,拉大了同其他公司的距离。于是丰田生产方式开始受到重视,在日本得到了普及推广。得到了学术界的认可,吸引了一些教授对其进行研究,完成了内容的体系化。

随着日本汽车制造商大规模海外设厂,丰田生产方式传播到了美国,并以其在成本、质量、产品多样性等方面巨大效果得到了广泛的传播。同时,并经受住了准时供应、文化冲突的考验,更加验证了丰田生产方式的适宜性,证明了丰田生产方式不是只适合于日本的文化,是普遍适用于各种文化、各种行业的先进生产方式。例如,在丰田生产系统中,最重要之处在于一旦发生小故障等问题,就停止生产线运转。但如果是在美国,一旦停止生产线的工作,就毫无例外地要被解雇,因为工人没有被授予可以停上生产线的权力。而且在美国这个责任自负的国度中,一旦行为失误,将被追究责任。这种情况不仅行在于美国的汽车产业,在其他产业中也都如此,所以大家都害怕停止生产线的运转。这就是两国文化差异的一个例子。

二、丰田生产方式的系统化阶段——精益生产方式的形成

为了进一步揭开日本汽车工业成功之谜,1985年美国麻省理工学院(MIT)筹资500万美元,确定了一个名叫"国际汽车计划"(IMVP)的研究项目。在丹尼尔·鲁斯(Daniel Roos)教授的领导下,组织了53名专家、学者,从1984年到1989年,用了五年时间对14个国家的近90个汽车装配厂进行实地考察。查阅了几百份公开的简报和资料,并对西方的大量生产方式与日本的丰田生产方式进行对比分析,提交了"国际汽车计划研究报告",并于1990年著《改变世界的机器》一书,提出了"精益生产(Lean Production,LP)"这一新概念。

这个研究成果引起了汽车业内的轰动,掀起了一股学习精益生产方式的狂潮。精益生产方式的提出,把丰田生产方式从生产制造领域扩展到产品开发、协作配套、销售服务、财务管理等各个领域,贯穿于企业生产经营活动的全过程,使其内涵更加全面,更加丰富,对指导生产方式的变革更具有针对性和可操作性。

接着在1996年,经过四年的"国际汽车计划"(IMVP)第二阶段研究,著《精益思想》一书。《精益思想》弥补了前一研究成果并没有对怎样能学习精益生产的方法提供多少指导的问题,描述了学习丰田方法所必需的关键原则,并且通过例子讲述了各行各业均可遵从的行动步骤,进一步完善了精益生产的理论体系。

在此阶段,美国企业界和学术界对精益生产方式进行了广泛的学习和研究,提出很多观点,对原有的丰田生产方式进行了大量的补充,主要是增加了很多IE技术、信息技术、文化差异等,对精益生产理论进行完善,以使精益生产更具适用性。

三、精益生产方式的新发展阶段

精益生产的理论和方法是随着环境的变化而不断发展的,特别是在20世纪末,随着研究的深入和理论的广泛传播,越来越多的专家学者参与进来,出现了百花齐放的现象,各种新理论的方法层出不穷,如大规模定制(Mass Customization)与精益生产的相结合、单元生

产(Cell Production)、JIT2、5S 的新发展、TPM 的新发展等。很多美国大企业将精益生产方式与本公司实际相结合,创造出了适合本企业需要的管理体系。例如,1999 年美国联合技术公司(UTC)的 ACE 管理(获取竞争性优势 Achieving Competitive Excellence),精益六西格玛管理,波音的群策群力,通用汽车 1998 年的竞争制造系统(GM Competitive MFG System)等。这些管理体系实质是应用精益生产的思想,并将其方法具体化,以指导公司内部各个工厂、子公司顺利地推行精益生产方式。并将每一工具实施过程分解为一系列的图表,员工只需要按照图表的要求一步步实施下去即可,并且每一工具对应有一套标准以评价实施情况,也可用于母公司对子公司的评估。

在此阶段,精益思想跨出了它的诞生地——制造业,作为一种普遍的管理哲理在各个行业传播和应用,先后成功地在建筑设计和施工中应用,在服务行业、民航和运输业、医疗保健领域、通信和邮政管理以及软件开发和编程等方面应用,使精益生产系统更加完善。

四、精益生产方式与丰田生产方式

(一) 精益生产与丰田生产

精益生产理论就是人们在对丰田生产方式等日本生产管理进行深入研究后得出的管理原则和思维,而根据这种思维原则建立的生产方式就是精益生产方式。

丰田生产方式是日本丰田汽车公司的生产管理方法,具有其自己的特点,侧重于生产过程的管理;而精益生产则是通过对丰田生产方式进行研究分析后得出的管理原则和思维,并根据这种思维原则建立的生产方式,同时,将眼光面向整个价值流。所谓价值流,即产品从原材料供应到最终交付给用户的所有过程,包括原材料供应过程、零部件供应过程、非生产供应过程、生产现场和产品销售代理过程,还包括产品设计过程。精益思维的原则不仅适用于汽车制造业,也适合其他行业。

杜绝浪费任何一点材料、人力、时间、空间、能量和运输等资源,是丰田生产方式最基本的概念。

"丰田生产方式"把以下 7 大浪费作为持续改进的对象:① 过剩生产的浪费;② 等待的浪费;③ 运输的浪费;④ 加工过程中的浪费;⑤ 库存的浪费;⑥ 动作的浪费;⑦ 因发生不良造成的浪费。

为了消除上述浪费,"丰田生产方式"主要采用的手段有:JIT 生产、小批生产、"自动化"、TQC 和现场改善。其中,JIT 生产主要对消除过剩生产、等待和库存的浪费有效,小批生产主要对消除库存的浪费非常有效。而"自动化"主要用来消除不良、加工及动作方面的浪费,TQC 和现场改善主要用来消除运输、加工、动作和不良方面的浪费。

"丰田生产方式"将 JIT 和"自动化"作为彻底消除浪费的两大支柱。这两者也是"丰田生产方式"的基本原理和思想。即通过 JIT 实现生产的"准时化",而通过"自动化"确保质量方面的要求。这里特别需要说明的是"自动化"概念。"丰田生产方式"中的"自动化",除了代表"自动作业"功能外,更多地涵盖"自动停止"功能。特别是代表发生不良时能"自动停止"的一种自律机制。这里所指的"自动停止"绝不仅仅代表机械方面的"自动化",而且还有人的因素,包括丰田公司采用的"停线"(Line Stop)制度。

为实现 JIT 和"自动化"所要达到的目的,"丰田生产方式"主要采用的管理手段是:① 有助于 JIT 生产正常运转的看板系统;② 有助于及时应对需求变化的均衡生产;③ 有助于压缩生产周期的生产及其准备时间的不断缩短;④ 有助于生产同期化的作业标准化;⑤ 有利于提高劳动生产率的设备布置和多能工制度;⑥ 有助于提高作业人员积极性的改善活动和提案制度;⑦ 有助于"自动化"效用的目视管理;⑧ 有助于质量控制的"职能化管理"。

(二) 精益生产≠丰田生产

精益生产是一种管理思想和思维方式,而不是一个固定的实施模式或者工具方法。

应该把精益生产看成是一种来源于丰田生产方式的管理思想,而不是与丰田生产方式相同的一个固定模式或方法。

首先,精益生产的核心是什么?不是准时化,也不是自动化,而是"持续改进"。所以,精益生产从原则上讲,也不应该有一个固定的实施模式或者工具方法,否则就无法体现"持续改进"的思想。

其次,精益生产不是一套可以从丰田照抄拷贝过来的一成不变的程序。丰田公司是生产汽车的,大部分情况下是大批量的生产制造,当然这种大批量的生产制造是在混流生产线上制造。但是,企业之间生产的产品不同,管理状况不同,人员素质不同,所处的地域文化水平也不尽相同,那么,各企业推行精益生产所采取的方式和方法也必定不能完全相同,否则,实施效果必定大打折扣,甚至失败。例如,丰田公司使用看板管理和"物料超市"来对生产流水线旁的零部件进行配送,从而保证零部件配送的准时化,并将公司零部件的库存量降至最低水平。但这样做的前提是丰田公司具有"均衡"的生产计划和"大批量、少品种"的稳定生产状态。如果离开这种前提去推行看板管理和"物料超市"来对生产流水线旁的零部件进行配送,必定会失败。

最后,对精益生产的理解,初级者认为精益生产是"引用丰田生产方式,增加流动,减少库存"的一种管理行为。中级者理解为精益生产是"发现问题、提高生产率、提升产品质量"的一种管理方式。高级者则认为精益生产是"在为解决出现的问题而反复作业期间,没有发现问题会产生不安,大家都拼命地发现问题"的一种管理文化。

丰田生产方式是丰田公司特有的包含丰田改进工具、改进方法、管理思想和企业文化在内的一种卓越的管理方式。而精益生产相对于丰田生产方式来说是"青出于蓝而胜于蓝",是一种经过消化升级改造、超越丰田生产方式的管理思想和思维方式。

第二节 精益生产的含义

一、精益生产的含义

精益生产,其中"精益"是形容词,表示无肉、少肉的或瘦的;少脂肪或无脂肪的;精干的。"精"表示精良、精确、精美,也是指少而精、更少的投入;"益"表示利益、效益等,指更多的产出。

精益生产的一些含义:

(1) 精益生产就是及时制造,消灭故障,消除一切浪费,向零缺陷、零库存进军。它把目标确定在尽善尽美上,通过不断地降低成本、提高质量、增强生产灵活性、实现无废品和零库存等手段确保企业在市场竞争中的优势,同时,精益生产把责任下放到组织结构的各个层次,采用小组工作法,充分调动全体职工的积极性和聪明才智,把缺陷和浪费及时地消灭在每一个岗位。

(2) 精益生产是一种以客户需求为拉动,以消灭浪费为核心目标,通过不断改善使企业以最少的投入获取成本和运作效益显著进步的一种全新的生产管理模式。

(3) 精益生产是从客户的角度来看待产品(服务)的价值——客户驱动;不间断地进行这些活动——流动;只生产客户所需要的——拉动;追求完美——持续改善。

(4) 精益生产的目标被描述为"在适当的时间(或第一时间,the first time)使适当的东西到达适当的地点,同时使浪费最小化和适应变化"。精益生产的原则使公司可以按需求交货,使库存最小化,尽可能多使用掌握多门技能的员工,使管理结构扁平化,并把资源集中于需要它们的地方。精益生产的方法论不但可以减小浪费,还能够增进产品流动和提高质量。

(5) 精益生产的基本目的是要在一个企业里同时获得极高的生产率、极佳的产品质量和很大的生产柔性。在生产组织上,它与泰勒方式不同,不是强调过细的分工,而是强调企业各部门相互密切合作的综合集成。综合集成并不局限于生产过程本身,还包括重视产品开发、生产准备和生产之间的合作和集成;精益生产不仅要求在技术上实现制造过程和信息流的自动化,更重要的是从系统工程的角度对企业的活动及其社会影响进行全面的、整体的优化。

二、精益生产的基本理念

(一) "利润源泉"理念

传统的理论认为,在整个产品的形成过程中,即从原材料采购开始到将产品销售给客户为止,对于利润的形成遵循着一条微笑曲线,即中间凹陷,两端翘起(见图12-1)。这一理论认为,在整个采购—生产—销售的链条中,对于利润的贡献,两端要明显大于中间,即单台利润=销售价格-原材料价格-制造成本。要增加单台利润,最有效的方式就是降低采购价格,提高销售价格,制造成本当然要降低,但不是主要因素。如果能降低采购价格并提高销售价格当然很好,但是,市场经济决定了竞争者基本要在同一个市场上购买原材料,其价格不可能由众多生产厂家中的一个决定;一般而言,相对低廉的价格往往是以低质量、完交期、次服务为代价。可以讲,微笑曲线是一厢情愿,最终决定权不在某个公司内部。

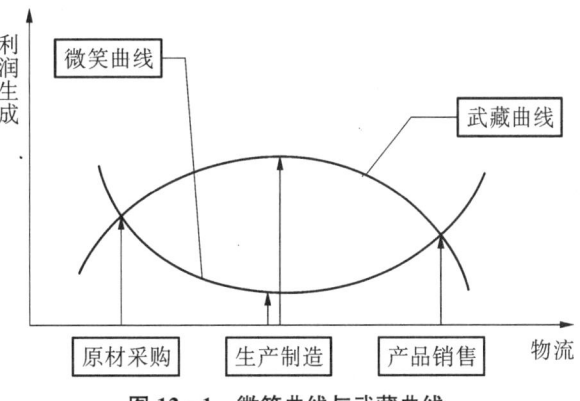

图 12-1 微笑曲线与武藏曲线

而精益生产理论更倾向于与微笑曲线形状相反的武藏曲线。这一理念认为,生产企业能够决定的是降低自己的生产成本,因此,对于利润贡献最大的应该在于产品形成的中间阶段,即制造过程中。由此决定了推行精益生产的重要意义。

精益生产关注通过不断地降低成本来提高利润。它的观点是利润的源泉在于制造过程和方法。因制造过程和方法的不同,产生的成本会大不相同。售价＝成本＋利润的"成本主义"思想已不能立足于竞争激烈的当今市场,应树立利润＝售价－成本的"售价主义"观念,通过不断的现场以及业务改善,降低产品成本,确保企业利润。

另外,精益生产方式的"利润源泉"理念也反映在评价尺度的使用方面。精益生产方式主张一切以"经济性"作为判断基准。强调高效率并不完全等于低成本,提高效率的目的是为了降低成本,不能造成将提高效率作为追求目标的错误导向。比如,就设备"稼动率"而言,按传统的"稼动率"定义大都是以该设备一天的实际生产产量,除以该设备一天的最大生产能量所得的百分比,来表示设备运用效率的成果。其结果,导致了不顾需求的增产现象。然而,在精益生产方式中,"稼动率"是指设备在所能提供的时间内为了创造价值而占用的时间所占的比重。因此,即使设备一直在运转,但如果运转的结果不能创造价值(如生产的产品没卖出去),那么,其"稼动率"仍然为零。这种用实效来评价设备"稼动率"的方法,有助于引导大家去思考企业"利润源泉"的真正含义。

利润是任何公司存在的意义。精益生产理念认为,利润的源泉在于公司内部成本的降低。

(二)"暴露问题"理念

精益生产方式非常强调问题的再现化。即将潜伏着的问题点全都暴露出来,以便进一步改善。其中采用的手段主要包括不许过剩生产,追求零库存,目视管理,停线制度等。过剩生产和库存的浪费与其他浪费是有本质性区别的,因为这两项浪费因埋没其他真正的问题点,会阻碍对问题的实质性改善。比如,本因业务流程以及协调机制设计得不合理,出现一些作业或业务的停滞等待现象。这时,如果为了避免停滞等待的浪费进行过剩生产的话,反而把因业务设计不合理而造成的真正问题点给掩盖起来。另外,还有库存问题。库存就像水库中的水平面,水位下的石头是里面的问题:生产率低、机器出故障、生产线不平衡、反复出现废品、工艺问题、团队合作问题、维修问题以及生产准备时间长等,这些问题在库存水位高的时候,一下子就埋在河底下,什么都看不见了,也就是库存的高水位将掩盖所有的问题。因此,不许过剩生产和追求零库存是精益生产方式实现问题再现化的最有力的手段。

(三)"遵守标准"理念

标准化活动是确保任何一个团体、任何一个系统有效运作并持续改进的最基本的前提条件。然而,在实际操作中总有一些不尽如人意的地方。其中,最主要的原因有两点:一是制定的标准本身脱离实际;二是实际操作者对标准的理解不够。为此,精益生产方式特推出"标准作业"制度,并要求"标准作业"必须由现场直接管理者亲自制作,确保"标准作业"的可行性和实效性。同时,要求现场管理者具备以下 5 个方面的素质:① 业务素质(掌握材料、设备、工艺、作业方法等方面的技术及其相关知识);② 职责方面(为尽管理职责,要求掌握有关企业方针/目标、生产计划、安全规则以及业务处理等方面的相关知识);③ 改善技术(掌握不断研究作业内容,消除浪费所需的知识);④ 育人技术(掌握有效培养多能工的技巧);⑤ 组织领导能力(能充分调动所属人员积极性的技巧)。

(四)"以现场为主"的理念

精益生产方式强调现场是一个有机体,绝不能将现场看成是将"脑"托付给管理部门,而只有"手脚"的场所。管理部门不能成为现场的"指挥官",应以"提供服务"的姿态,扶持现场,并充分挖掘现场的潜能,建立现场的自律机制,使现场真正处于"主人公"的位置。应该知道,再完整的数据也很难将现场的实际状况完全反映出来,而且数据本身又有滞后性,因此,远离现场的管理者很难及时准确地把握问题,采取措施,提出改进。只有亲临现场才能真正掌握第一手资料,这就是,"百闻不如一见,百观不如一行"的真理所在。

另外,有效于现场管理的可视化看板系统和立足于现场运作的均衡化生产,以及与协作企业的长期合作关系,都充分反映出精益生产方式"以现场为主"的基本理念。

(五)"持续改善"理念

精益生产方式有十项改善精神守则:① 抛弃固有的旧观念;② 不去找不能做的理由,而去想能做的方法;③ 学会否定现状;④ 不等十全十美,有五成把握就可动手;⑤ 打开心胸,吸纳不同的意见;⑥ 改善要靠智慧并非金钱;⑦ 不遇问题,不出智慧;⑧ 打破砂锅问到底,找出问题的症结;⑨ 三个臭皮匠,胜过一个诸葛亮;⑩ 改善永无止境。

这样,通过不断地改善,最终实现"集小变以成大变,化不可能为可能"的目的。

另外,特别需要指出的是,精益生产方式持续改善活动之所以能得到如此的深化主要应归功于"JIT生产"和"自动化"两者之间既相互制约又相互促进的协调机制有效运作的结果。也就是说,"JIT生产"和"自动化"这两种制度的彻底落实,促使所有相关要素不得不致力于进行持续的改善。

(六)"人本化"理念

精益生产的"人本化"理念主要反映在"多能工制度"上。在以往大量生产的时代,为追求高产量,就将作业彻底地细分化。例如,拧螺丝的作业员,每天的工作就是固定拧那几个螺丝;做鞋子工厂的某个工人,每天仅做右边的鞋子,做了十年,可是有一天要他去做左边的鞋子,却不会做。类似这种机械似的单纯化的工作,连续做了五年、十年之后,每一个人都是重复在做同样的工作,难道不会感到厌倦吗?但是,为了一家人的生活,虽然不满意但也不得不做下去,可以说是失去了人性的尊严。那么,如果过分尊重人性的尊严又会怎么样呢?让每一位作业员都随心所欲去做他喜欢的工作,按照他自己喜欢的模式去工作,不但生产率低落,同时又会助长个人主义的风气,破坏团队合作的精神,使整个工厂的管理困难增加,从而使公司失去竞争力,走向倒闭之路。所以,提升生产率和尊重人性的尊严,似乎是一个两难的问题,然而,精益生产方式的"多能工制度",却使这一个难题得以解决。

另外,精益生产方式中的提案制度,自主管理活动以及"少人化"过程减少人员时,从优秀人员中减少等制度,都是"人本化"理念的具体表现。

(七)"团队"理念

精益生产方式强调生产就如同音乐,有旋律(物流)、有节拍(均衡生产),还有相互之间的和谐(标准作业),而这些是要靠一支训练有素、协调一致的乐队(团队)来保证的。精益生产方式的"团队"理念主要反映在有利于相助的设备布置形式、设立"接棒区"、"自主研究会"、与协作企业的长期合作关系以及追求全体效率等方面。

(八)"职能化"理念

精益生产方式的"职能化"理念主要反映为"不良品不转入后工序"原则的落实。确保"良品",这是生产活动的首要条件,任何要素也不能作为轻视质量的理由,否则就是"本末倒置"。精益生产方式强调检验是一种不创造价值的浪费,检验活动的最终目的是为了消除不良,并非是挑选不良。因此,无论什么时候都要求由造成不良的部门或人员自己负责返修或返工,其目的就是为了找出真正的原因,彻底消除不良。这种明确目的,各尽其职的要求就是精益生产方式"职能化"理念的具体表现。

三、精益生产方式在生产制造系统中的主要思想体现

(一) 人本位主义

精益生产强调人力资源的重要性,把员工的智能和创造力视为企业的宝贵财富和未来发展的原动力。其具体特点表现如下。

1. 彼此尊重

"这是老板的意思。""不想做就给我回去!"在许多企业可听到这样的话,对此我们也已习以为常。我们的企业建立在泰勒原则上,从经营人员、管理人员、监督人员到操作人员的严格等级划分制度使我们的层次观念已根深蒂固。工人的任务就是不折不扣地按标准作业方法加工产品,至于"为什么这样做""怎样做更好"则是领导人员的事。在这样的企业里,工人不仅得不到物质上的平等(如工资福利、疗养晋升、工作环境和强度等方面),也得不到精神上的足够尊重(如被认可、受赞赏、参与协商和决策等),从而造成一方面领导人员指责操作人员缺乏责任心,人为缺陷太多;另一方面操作人员在抱怨声中应付着领导的每一个指令。这是造成传统大量生产方式体制僵化的重要原因。

精益生产方式要求把企业的每一位职工放在平等的地位;将雇员看作企业的合伙人,而不是可以随意替换的零件;鼓励职工参与决策,为员工发挥才能创造机会;尊重员工的建议和意见,注重上下级的交流和沟通;领导人员和操作人员彼此尊重,信任。员工在这样的企业中能充分发挥自己的智能和能力,并能以主人翁的态度完成和改善工作。

2. 重视培训

企业的经营能力依赖于组织体的活力,而这种活力来自员工的努力。只有不断提高员工的素质,并为他们提供良好的工作环境和富于挑战性的工作,才能充分发挥他们各自的能力。精益生产的成功同样依赖于高素质的技术人才和管理人才。它要求员工不仅掌握操作技能,而且具备分析问题和解决问题的能力,从而使生产过程中的问题得到及时的发现和解决。因此,精益生产重视对职工的培训,以挖掘他们的潜力。

轮岗培训(Job Rotation)和一专多能培训是提高人员素质以满足精益生产需要的有效方法,前者主要适用于领导和后备领导,后者主要适用于操作人员。通过轮岗培训,使受训者丰富技术知识,提高管理能力,掌握公司业务和管理的全貌;同时可以培养他们的协作精神和系统观念,使他们明确系统的各部分在整体运行和发展中的作用和弱点,从而在解决具体问题时,能自觉地从整体观念出发,找到改进的方案。一专多能的目的是扩大操作人员的工作范围,提高他们的工时利用率;同时提高操作的灵活性,为实现小组工作法创造条件。

3. 共同协作

传统的管理思想认为,效率来自明确的分工和严格按标准方法工作。这种思想的确为大量生产方式带来了许多好处,但同时也束缚了员工的智能和创造力,使操作人员如同机器一样地工作,缺乏合作意识和灵活应变能力;使组织体和个人的能力不能完全发挥,从而使企业僵化、保守,丧失创新的动力。精益生产则要求职工在明确企业发展目标的前提下加强相互间的协作,而具体的工作内容和划分是相对模糊的。

协作的范围涉及操作人员之间,也涉及部门和部门、领导人员和操作人员之间。这种协作打破了原有的组织障碍,通过相互交流和合作解决跨部门、跨层次的问题,减少扯皮现象,消除彼此的指责和抱怨,在相互理解的前提下共同完成企业目标。常用的方法有项目管理和小组工作法等,前者多用于跨部门间的协作,而后者一般应用于团队内部。

(二) 库存是"祸根"

高库存是大量生产方式的特征之一。由于设备运行的不稳定、工序安排的不合理、较高的废品率和生产的不均衡等原因,常常出现供货不及时的现象,库存被看作是必不可少的"缓冲剂"。但精益生产则认为库存是企业的"祸害",其主要理由如下。

1. 库存提高了经营的成本

库存是积压的资金,并以物的形式存在,因而是无息资金。它不仅没有增加产出,反而造成许多费用,并损失了货币资金的利息收入,从而使企业的经营成本上升。

这些费用包括:

(1) 料架、料箱、运输设施、数据处理设备、卸货和装货工具等仓库设施费用;

(2) 仓库管理、物料配送和质量检验等的人员费用;

(3) 因存放不当、管理不善、时空变化等原因造成的物料损耗及其相应的处理费用;

(4) 仓库场地、照明、保温、通风设备、能源等的费用。

2. 库存掩盖了企业的问题

传统的管理思想把库存看作是生产顺利进行的保障,当生产发生问题时,总可以用库存来缓解,库存越高,问题越容易得到解决。因此,高库存成为大批量生产方式的重要特征,超量超前生产被看作是高效率的表现。精益生产的思想认为,恰恰是因为库存的存在,掩盖了企业中的问题,使企业意识不到改进的需要,阻碍了经营成果的改善。

这些问题主要表现在以下一些方面:

(1) 生产缺乏计划性,灵活性差;

(2) 设备故障率高,保养和维修工作欠佳;

(3) 生产线运行不均衡,产量波动大;

(4) 人员安排不合理,缺勤率高;

(5) 废品率或次品率高,返修工作量大;

(6) 换模时间长,生产批量难以下降;

(7) 运输距离长、运输方式不合理等。

3. 库存阻碍了改进的动力

解决上述各种问题需要一定的时间,在这段时间内生产无法继续进行,为了避免因此而带来的损失,大量生产方式采取高库存的方法使问题得以"解决",事实上这些问题还是存在,并将反复出现。精益生产则采用逆向的思维方式,从产生库存的原因出发,通过降低库存的方法使问题暴露出来,从而促使企业及时采取解决问题的有效措施,使问题得到根本解决,不再重复出现。如此反复的从暴露问题到解决问题的过程使生产流程不断完善,从而提高了企业的管理水平和经营能力。

(三) 永不满足

大量生产厂家为自己制定了许多生产指标,如废品率、库存量、时间作业率、成本、零件品种数等,对于这些指标的改进也通过预先给定的百分比来进行。员工有明确的改进目标,并会努力去达到这些指标,但很少人会去超越这些指标,因为今年做得越好意味着明年的改进越难。所以,员工仅满足于完成各项指标,从而阻碍了经营潜力的发挥。

精益生产方式则把"无止境地追求完美"作为经营目标,追求在产品质量、成本和服务方面的不断完善。这一思想是区别于大量生产方式的重要特征,也是精益生产走向成功的精神动力。

准时化生产方式(JIT)和不断改进流程(CIP)是精益生产追求完美的思想体现。其主要思想如下。

1. 消除一切无效劳动和浪费

用精益生产的眼光去观察、分析生产过程,我们会发现生产现场的种种无效劳动和浪费。大量生产厂家对这些浪费却熟视无睹,甚至认为是不可避免的。精益生产把生产过程划分为增加价值的过程和不增加价值的过程,前者也称创值过程,后者则称为是浪费。精益生产方式从分析浪费出发,找到改进的潜力,利用员工的积极性和创造力,对工艺、装备、操作、管理等方面进行不断改进,逐步消除各种浪费,使企业无限接近完美的境界。

2. 追求理想化的目标

和大量生产厂家相比,精益生产厂家的生产指标没有明确的定量,而往往以最佳状态作为目标,如"零缺陷""零库存""零抱怨""零故障"等。可以说,要达到这些理想化的目标是不可能的,但它们能使员工产生一种向"极限"挑战的动力,树立永不满足的进取精神,极大限度地发挥他们潜在的智能。

3. 追求准时和灵活

物流和信息流的准确、准时是精益生产对生产过程的要求,通过采用看板生产和适时供货,使生产所需的原材料、零部件、辅助材料等准时到达所需地点,并满足所需的质量要求和数量,这里的"准时"不同于"及时",达到及时供应可通过高库存来实现,而达到准时是指在没有库存的前提下也能达到及时。准时和准确的信息流是实现这一目标的前提和保障,因此,精益生产方式的成功依赖于其独特的生产信息管理系统——看板系统。

市场需求越来越趋向于多品种,而且人们对个性的追求使产品的批量越来越小,因此,多品种小批量生产是企业必将面临的挑战。灵活的生产系统是精益生产实现多品种小批量生产的前提条件,而现代高科技技术的发展为建立灵活生产系统提供了可能。

(四)企业内外环境的和谐统一

精益生产方式成功的关键是把企业的内部活动和外部的市场(顾客)需求和谐地统一于企业的发展目标。

随着科学技术的不断发展,人们的生活条件得到了明显的改善,消费者的价值观念也发生了根本性的变化,消费需求多样化。产品设计个性化的要求使产品的生命周期缩短、更新换代加快,市场由卖方市场走向买方市场。这种变化促使企业必须改变原来的经营方式,并向二十世纪五六十年代盛行的少品种大批量生产方式提出了严峻的挑战,精益生产方式的诞生是适应这种变化的结果。

精益生产方式是目前灵活适应市场变化的最佳手段,其根本思想是把顾客需求放在企业经营的出发点,崇尚"用户第一"的理念,把用户的抱怨看作改善产品设计和生产的推动力,从而使产品的质量、成本和服务得到不断的改善,并最终提高了企业的竞争力和经营业绩。由此可见,精益生产成功的一个秘诀是:通过满足顾客需求提高企业经营利润,把顾客利益和企业利益统一于企业目标。精益生产成功的另一个秘诀是:和供货厂商保持紧密协作关系,通过适时供货和系统供货的方式使双方的利益共同增长。

适时供货是指企业通过多种管理手段,对"人、财、物、时间、空间"进行优化组合,做到以必要的劳动确保在适当的时间内按适当的数量提供必要的材料和零部件,以期达到杜绝超量、超时供货,消除无效劳动和浪费、降低成本,提高效率和质量,用最少的投入实现最大产出的供货方式。由于配套厂的任何延迟交货或者零部件的质量问题都将影响到主机厂生产的顺利进行,所以这种供货方式需要主机厂和配套厂的良好合作。

系统供货是指直接以部件或总成系统的形式实现供货的方式,从而改变传统的以单个零件分散供应的方式。系统供货有利于主机厂减少配套管理的幅度和库存量,同时有利于提高配套厂的技术含量,提高经济效益。与大量生产方式的配套情况相比,精益生产方式的配套只与八分之一到三分之一的协作单位直接发生关系,从而使主机厂和这些配套厂的协作更显重要。这种协作关系不仅停留在买卖关系上,也表现在共同提高产品质量、降低零部件成本、保障交货期等方面。

综上所述,精益生产是一种全新管理思想和方法体系,并在实践中得到了充分的认证。它的成功并不是运用一两种新管理方法的结果,而是一系列的精益生产方法。但企业在推行和应用这些方法之前,必须对本企业的内外环境、企业文化、产品属性和市场状况等做深入的分析和研究,努力为引入精益生产方式创造前提。

四、精益生产与大规模生产之间的比较

与大量生产方式相比,精益生产方式既综合了大量生产方式成本低的优点,又避免了大量生产方式僵化的缺点,力求在大量生产中实现多品种和高质量产品的低成本生产,是生产方式的又一次革命性飞跃。

(一) 精益生产的优越性

精益生产方式与以欧美为代表的大量生产方式相比,到底有些什么优越性呢?

以美国福特汽车公司为代表的大规模生产方式是以标准化、大批量生产来降低生产成本,提高生产效率的。这种方式适应20世纪初到"二战"之前美国当时的国情,汽车生产流水线的产生,一举把汽车从少数富翁的奢侈品变成了大众化的交通工具,美国汽车工业也由此迅速成长为美国的一大支柱产业,并带动和促进了包括钢铁、玻璃、橡胶、机电以至交通服务业等在内的一大批产业的发展。大规模流水生产在生产技术以及生产管理史上具有极为重要的意义。但是第二次世界大战以后,社会进入了一个市场需求向多样化发展的新阶段,相应地要求工业生产向多品种、小批量的方向发展,单品种、大批量的流水生产方式的弱点就日渐明显了。为了顺应这样的时代要求,由日本丰田汽车公司首创的精益生产,作为多品种、小批量混合生产条件下的高质量、低消耗进行生产的方式在实践中摸索、创造出来了。

与大量生产方式相比,精益生产方式的优越性主要表现在以下几个方面:

(1) 所需人力资源——无论是在产品开发、生产系统,还是工厂的其他部门,与大量生产方式下的工厂相比,均能减至1/2;

(2) 新产品开发周期——可减至1/2或2/3;

(3) 生产过程的在制品库存——可减至大量生产方式下一般水平的1/10;

(4) 工厂占用空间——可减至采用大量生产方式工厂的 1/2；
(5) 成品库存——可减至大量生产方式工厂平均库存水平的 1/4；
(6) 产品质量——可提高 3 倍。

(二) 精益生产与大规模生产方式的比较

1. 精益生产方式与大规模生产方式

精益生产方式与大规模生产方式的比较如表 12-1 所示。

表 12-1 精益生产方式与大规模生产方式的比较

比较项目	精益生产方式	大规模生产方式
生产目标	追求尽善尽美	尽量做好
管理方式	权力下放、扁平	宝塔式
生产组织	精简一切多余环节	组织结构庞大
工作方式	集成、多能、综合工作组（团队）	分工、专门化
工作关系	紧密联系,团结合作矩阵、融合	相互封闭
用户关系	产品面向用户	产品品种单一
劳动积极性	劳动积极性高,激发工作热情	工作单调、重复、缺乏工作热情
供货方式	准时生产,"零库存"	大量库存缓冲
产品特点	面向用户、品种多样化、系列化、产品周期尽可能短	大批量的标准化产品
产品质量	工人把关（直接制造者）,质量高、零缺陷	检验人员事后把关
设备和工装	柔性高、效率高	专用、高效、昂贵
设计方式	并行方式	串行模式
供应商	合同关系	同舟共济,双赢
所适应的市场时代	买方市场	物资缺乏、供不应求

2. 精益生产方式与大批量生产方式管理思想的比较

(1) 优化范围不同。

大批量生产方式强调市场导向,优化资源配置,每个企业以财务关系为界限,优化自身的内部管理。而相关企业,无论是供应商还是经销商,则以对手相对待。

精益生产方式则以产品生产工序为线索,组织密切相关的供应链,一方面降低企业协作中的交易成本,另一方面保证稳定需求与及时供应,以整个大生产系统为优化目标。

(2) 对待库存的态度不同。

大批量生产方式的库存管理强调一种风险管理,即面对生产中不确定因素（主要包括设备与供应的不确定因素）。因此,适当的库存是用以缓冲各个生产环节之间的矛盾、避免风险和保证生产连续进行的必要条件。这种传统生产方式的库存管理与优化是基于外界风险而固有的(从统计资料获得),它追求物流子系统的最优化。

精益生产方式则将生产中的一切库存视为"浪费",出发点是整个生产系统,而不是简单地将"风险"看作外界的必然条件,并认为库存掩盖了生产系统中的缺陷。它一方面强调供应对生产的保证,另一方面强调对"零库存"的要求,从而不断暴露生产中基本环节的矛盾并加以改进,不断降低库存以消灭库存产生的"浪费"。基于此,精益生产提出了"消灭一切浪费"的口号。

(3) 业务控制观的不同。

传统的大批量生产方式的用人制度基于双方的"雇佣"关系,业务管理中强调达到个人工作高效的分工原则,并以严格的业务考核来促进与保证,同时考核工作还防止个人工作对企业产生负效应。

精益生产源于日本,深受东方文化影响,在专业分工时强调相互协作及业务流程的精简(包括不必要的核实工作)——消灭业务中的"浪费"。

(4) 质量观的不同。

传统的生产方式将一定量的次品看成生产中的必然结果。这是因为,通常在保证生产连续的基础上,通过对检验成本与质量次品所造成的浪费之间的权衡,来优化质量检测控制点。

精益生产基于组织的分权与人的协作观点,认为让生产者自身保证产品质量的绝对可靠是可行的,且不牺牲生产的连续性。其核心思想是,导致这种概率性的质量问题产生的原因本身并非概率性的,通过消除产生质量问题的生产环节来"消除一切次品所带来的浪费。"

(5) 对人的态度不同。

大批量生产方式强调管理中的严格层次关系。对员工的要求在于严格完成上级下达的任务,人被看作附属于岗位的"设备"。

精益生产则强调个人对生产过程的干预,尽力发挥人的能动性,同时强调协调,对员工个人的评价也是基于长期的表现。这种方法更多地将员工视为企业团体的成员,而非机器。

第三节 精益生产的体系结构与特点

一、精益生产的体系结构

精益生产依据较为独特的生产组织方式,并取得了良好的效果。这不仅是因为它的某项管理手段比大批量生产方式或其他生产方式优越,而且在于它依托所处的经济、技术和人文环境,使用了适应环境的管理体系,从而体现了巨大的优越性。这样的一个系统既存在管理方式与环境之间相互需求、相互适应的关系,也存在各个具体手段之间相互支持、相互依赖的关系,如图12-2所示。

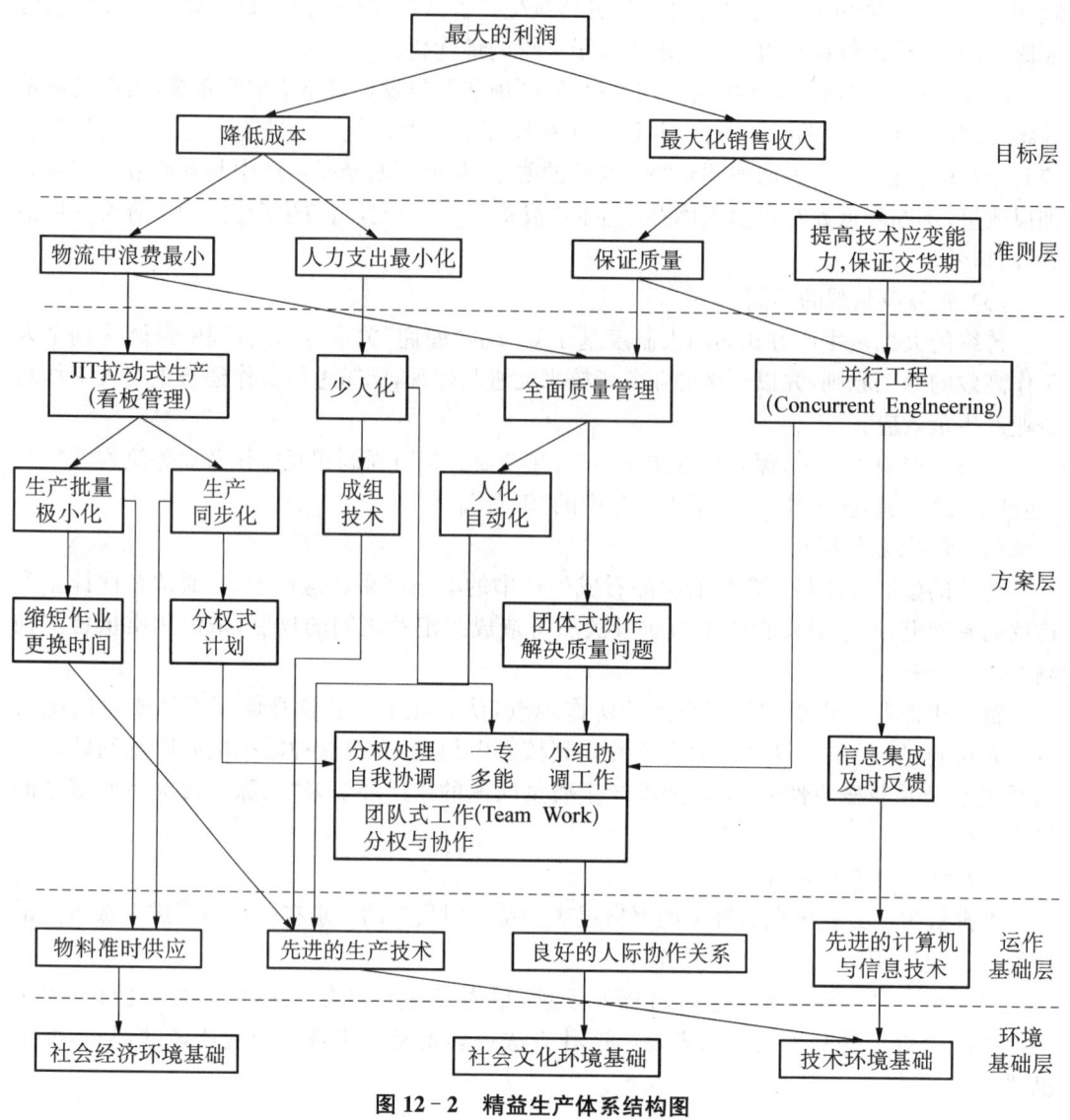

图 12-2 精益生产体系结构图

二、精益生产的特点

(一) 拉动式准时化生产

以最终用户的需求为生产起点。强调物流平衡,追求零库存,要求上一道工序加工完的零件可以立即进入下一道工序。

组织生产线依靠一种称为看板的形式。即由看板传递上道或下道需求的信息(看板的形式不限,关键在于能够传递信息)。

生产中的节拍可由人工干预、控制,但重在保证生产中的韧流平衡(对于每一道工序来说,即为保证对后退工序供应的准时化)。

由于采用拉动式生产,生产中的计划与调度实质上是由各个生产单元自己完成,在形式上不采用集中计划,但操作过程中生产单元之间的协调则极为必要。

(二) 全面质量管理

强调质量是生产出来而非检验出来的,由生产中的质量管理来保证最终质量。

生产过程中对质量的检验与控制在每一道工序都进行。重在培养每位员工的质量意识,在每一道工序进行时注意质量的检测与控制,保证及时发现质量问题。

如果在生产过程中发现质量问题,根据情况,可以立即停止生产,直至解决问题,从而保证不出现对不合格品的无效加工。对于出现的质量问题,一般是组织相关的技术与生产人员作为一个小组,一起协作,尽快解决。

(三) 团队工作法(Team Work)

每位员工在工作中不仅是执行上级的命令。更重要的是积极地参与,起到决策与辅助决策的作用。组织团队的原则并不完全按行政组织来划分,而主要根据业务的关系来划分。

团队成员强调一专多能,要求能够比较熟悉团队内其他工作人员的工作,保证工作协调的顺利进行。团队人员工作业绩的评定受团队内部的评价的影响(这与日本独特的人事制度关系较大)。团队工作的基本氛围是信任,以一种长期的监督控制为主,而避免对每一步工作的稽核,提高工作效率。团队的组织是变动的,针对不同的事物,建立不同的团队,同一个人可能属于不同的团队。

(四) 并行工程(Concurrent Engineering)

在产品的设计开发期间,将概念设计、结构设计、工艺设计、最终需求等结合起来,保证以最快的速度按要求的质量完成。各项工作由与此相关的项目小组完成。进程中小组成员各自安排自身的工作,但可以定期或随时反馈信息并对出现的问题协调解决。依据适当的信息系统工具,反馈与协调整个项目的进行。利用现代 CIM 技术,在产品的研制与开发期间,辅助项目进程的并行化。

第四节 准时化生产方式

一、准时化生产的概况

准时化生产方式是精益生产方式的核心和支柱,是有效运用多种方法和手段的综合管理体系,它通过对生产过程中人、设备、材料等投入要素的有效使用,消除各种无效劳动和浪费,确保在必要的时间和地点生产出必要数量和质量的必要产品,从而实现以最少的投入得到最大产出的目的。

准时化生产方式源于日本丰田汽车公司,但它不仅适用于日本,也适用于中国;不仅适用于汽车行业,也适用于所有流程型企业;不仅适用于规模较大的主机厂,也适用于规模较小的配套厂;不仅适用于生产制造部门,也适用于销售和采购等部门;不仅需要管理人员的支持,更需要监督人员和操作人员的参与。

准时化生产强调"非常准时"和"按需要生产",它要求生产过程中各个环节衔接的准时化,没有不必要的物流停顿和库存,按用户的质量、数量和交货期要求进行生产。准时化生产通过对生产流程的物流和信息流的改善得以实现。

二、准时制生产的产生背景

在 20 世纪中叶以前,世界汽车制造业均采用福特式的"总动员生产方式"。这种生产方式以其规模性制造的成本优势为企业创造了巨大的收益,然而随着经济的不断发展,需求的异质性暴露了"福特式"生产模式的缺陷。20 世纪后半期,整个汽车市场进入了一个市场需求多样化的新阶段,不久汽车制造业开始围绕如何有效地组织多品种小批量生产进行探讨。

日本丰田汽车公司副总裁大野耐一意识到这种生产方式的缺陷,他认为需采取一种更灵活、更能适应市场需求变化的生产方式。在这种历史背景下,大野耐一于 1953 年综合了批量生产和单件生产的特点和优点,创造了一种在多品种小批量混合生产条件下高质量、低消耗的生产方式,即适时生产。

JIT 促进了日本汽车制造业的飞速发展,JIT 被当作日本企业成功的秘诀在世界范围内受到广泛尊崇。JIT 随后便在欧洲和美国的一些企业中推广开来,并与源自日本的其他生产、流通方式一起被西方企业称为"日本化模式"。

三、JIT 的基本思想

适时生产一言以蔽之,即"只在需要的时候,按需要的量生产所需的产品",这也就是 Just in Time(JIT)一词所要表达的含义。

从这个含义我们知道 JIT 的核心是追求一种无库存的生产系统,或使库存最小化的生产系统,即消除一切只增加成本,而不向产品中增加价值的过程。从这一基本的生产哲学出发,形成了完备的 JIT 生产体系,这个体系包括:

(1) 实行生产同步化;
(2) 提高生产系统灵活性;
(3) 减少不合理生产过程;
(4) 推行标准化作业;
(5) 追求产品零缺陷;
(6) 保持库存最优化;
(7) 推行人本管理。

JIT 的最终目标是利润最大化,基本目标是努力降低成本,因此 JIT 还要求实现"四低两短"的具体生产目标。

(1) 废品量最低。消除各种不合理因素,并对加工过程中每一工序的精益求精。
(2) 库存量最低。库存是生产计划不合理、过程不协调、操作不规范的表现。
(3) 零件搬运量低。零件搬运是非增值操作,减少零件和装配件运送量与搬运次数,可以节约装配时间,并减少这一过程中可能出现的问题。
(4) 机器故障率低。低的机器故障率是生产线对新产品方案做出快速反应的保障。
(5) 生产提前期最短。短的生产提前期与小批量相结合的系统,应变能力强,柔性好。
(6) 准备时间最短。准备时间长短与批量选择有关,如果准备时间趋于零,准备成本也趋于零,就有可能采用极小批量。

四、看板管理

看板管理在适时生产中占有核心的地位。缺少了看板的适时生产无法正常运转,也谈不上适时管理了。

在实现适时适量生产中具有极为重要意义的是作为其管理工具的看板。看板管理可以说是 JIT 生产方式中最独特的部分,因此也有人将 JIT 生产方式称为"看板方式"。

(一) 推进式系统和牵引式系统

对于加工装配式生产,产品由许多零件构成,每个零件要经过多道工序加工。要组织这样的生产,可以采用两种不同的发送生产指令的方式,即推进式系统和牵引式系统。

推进式(Push)方法是由一个计划部门根据市场需求,按零部件展开,计算出每种零件部件的需要量和各生产阶段的生产提前期,确定每个零部件的投入出产计划,按计划发出生产和订货的指令。每一工作地、每一生产车间和生产阶段都按计划制造零部件,将实际完成情况反馈到计划部门,并将加工完的零部件送到后一道工序和下游生产车间,不管后一道工序和下游生产车间当时是否需要。物料流和信息流是分离的。实行推进式方法的生产系统称为推进式系统,如图 12-3 所示。

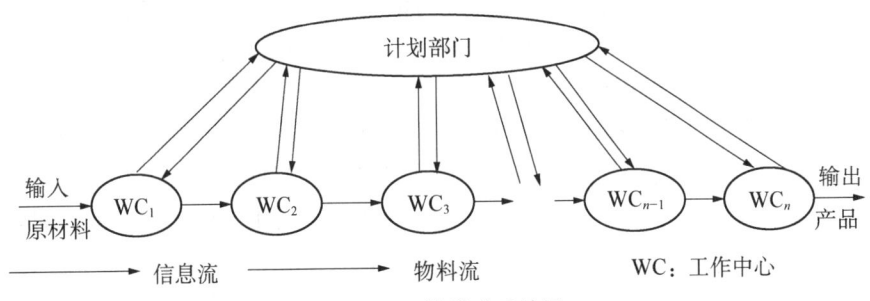

图 12-3 推进式系统图

牵引式(Pull)方法是从市场需求出发,由市场需求信息牵动产品装配,再由产品装配牵动零件加工。每道工序、每个车间和每个生产阶段都按照当时的需要向前一道工序、上游车间和生产阶段提出要求,发出工作指令,上游工序、车间和生产阶段完全按这些指令进行生产。物料流和信息流是结合在一起的。实行牵引式方法的生产系统称为牵引式系统。日本丰田汽车公司的生产系统就是牵引式系统,如图 12-4 所示。

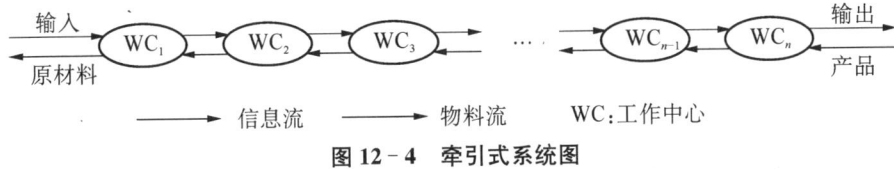

图 12-4 牵引式系统图

对于推进式系统,进行生产控制的目的就是要保证按生产计划要求按时完成任务。但在实际中,由于计划难以做到十分精确,加上不可避免的随机因素的干扰,一般不能做到每一道工序都按时完成,这就需要取得实际进步和计划要求偏离的信息,并采取纠正措施。纠正措施可以是加快实际进度(如加班加点),以保证计划的完成,也就是修改计划进度,使之符合实际情况。例如,MRP 是一个比较完善的计划方法。它的思想也是按需要准时生产,但是能够进行准时生产,不是 MRP 系统本身决定的。因为任何计划都不可能把未来的情况考虑得十分周全,很多意想不到的事情会在计划的执行过程中出现,迫使管理人员要么修改计划,要么采取一切行动,保证计划的实现。而且,零部件和产品的生产提前期也难以做到十分精确。所以靠推进式系统,即使是 MRP 这样比较完善的方法实行的推进式系统,也难以真正做到准时生产。

采用牵引式系统可以真正实现按需生产。如果每道工序都按其紧后工序的要求,在适当的时间,按需要的品种与数量生产,就不会发生不需要的零部件生产出来的情况。

(二) 看板控制系统

看板,又称作传票卡,是传递信号的工具。它可以是一种卡片,也可以是一种信号,一种告示牌。看板及其使用规则,构成了看板控制系统。

实行看板管理之前,设备要重新排列,重新布置。做到每种零件只有一个来源,零件在加工过程中有明确固定的移动路线。每一个工作地也要重新布置,使在制品与零部件存放在工作地旁边,而不是存放在仓库里,这一点很重要。因为现场工人亲眼看到他们加工的东西,就不会盲目地过量生产。同时,工人可以看到什么样的零部件即将用完,需要补充,也不会造成短缺,影响生产。重新布置使得加工作业的每一个工作地都有两个存放处:入口存放处和出口存放处。对于装配作业,一个工作地可能有多个入口存放处,如图 12-5 所示。众多的存放处放在车间内,使车间好像变成了库房。这种车间与库房合一的形式是看板控制的一个特点,是准时生产的初级阶段。

看板分两种,即传送看板和生产看板。传送看板用于指挥零件在前后两道工序之间移动。当放置零件的容器从上道工序的出口存放处运到下道工序的入口存放处时,传送看板就附在容器上。当下道工序开始使用其入口存放处容器中的零件时,传送看板就被送到上道工序出口存放处相应的容器上,同时将该容器上的生产看板取下,放在生产看板盒中。可见,传送看板只是在上道工序的出口存在处与下道工序的入口存放处之间往返运动。

每一个传送看板只对应一种零件。由于一种零件总是存放在一定的标准容器内,所以,一个传送看板对应的容器也是一定的。

传送看板通常包括以下信息:

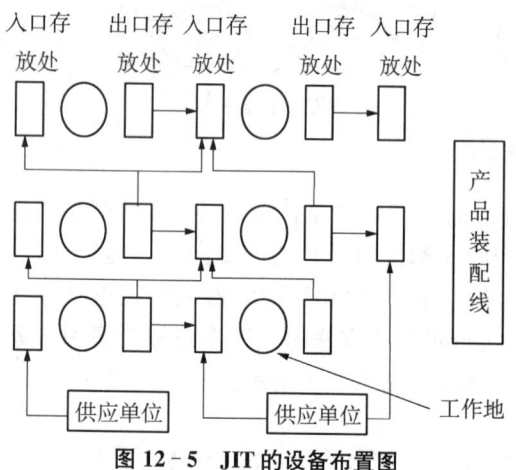

图 12-5 JIT 的设备布置图

(1) 零件号;

(2) 容器容量;

(3) 看板号(如发出 5 张的第 3 号);

(4) 供方工作地号;

(5) 供方工作地出口存放处号;

(6) 需方工作地号;

(7) 需方工作地入口存放处号。

典型的传送看板如图 12-6 所示。

从供方工作地： 38♯油漆	零件号：A435 油箱座	到需方工作地： 3♯装配
出口存放处号 No.38-6	容器：2型（黄色） 每一容器容量：20件 看板号： 3号（共发出5张）	入口存放处号 No.3-1

图 12-6 典型的传送看板图

生产看板用于指挥工作地的生产，它规定了所生产的零件及其数量。它只在工作地和它的出口存放处之间往返。当需方工作地转来的传送看板与供方工作地出口存放处容器上的生产看板对上号时，生产看板就被取下，放入生产看板盒内。该容器（放满零件）连同传送看板一起被送到需方工作地的入口存放处。工人按顺序从生产看板盒内取走生产看板，并按生产看板的规定，从该工作地的入口存放处取出要加工的零件，加工完规定的数量之后，将生产看板挂到容器上。典型的生产看板如图12-7所示。

每一个生产看板通常包括以下信息：

工作地号：38♯油漆
零件号：A435油箱座
放于出口存放处：No.38-6
所需物料：5♯漆，黑色
放于：压制21-11号储藏室

图 12-7 典型的生产看板图

（1）要生产的零件号；容器的容量；供方工作地号；供方工作地出口存放处号；看板号（如发出4张的第1号）。

（2）所需的物料：所需零件的简明材料清单；供给零件的出口存放处位置。

（3）其他信息，如所需工具等。

（三）用看板组织生产的过程

用看板组织生产的过程如图12-8所示。为简化起见，假设只有3个工作地，其中3号工作地为装配。对于装配工作地，可能有很多工作地向它提供零件，因而它的入口存放处会有很多容器，存放着各种零件。

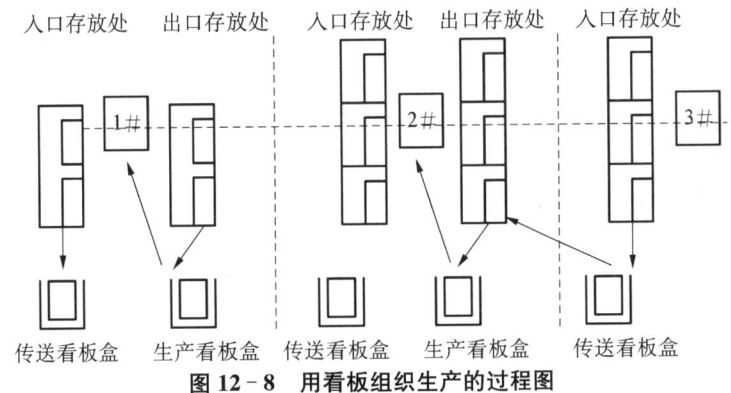

图 12-8 用看板组织生产的过程图

产品装配是按装配计划进行的。当需要装配某台产品时，3号工作地就发出传送看板，按传送看板规定的供方工作地及出口存放处号，找到存放所需零件的容器。将容器上挂着的生产看板取下，放到2号工作地的生产看板盒中，并将传送看板挂到该容器上，将容器运到3号工作地的入口存放处相应的位置，供装配使用。2号工作地的工人从生产看板盒中取出一个生产看板,按生产看板的规定,到2号工作地的入口存放处找到放置所需零件的容器,从中取出零件进行加工。同时该容器上的传送看板放入2号工作地的传送看板盒中。当生产的数量达到标准容器的要求,则将生产看板挂到该容器上,将容器放于2号工作地的出口存放处规定的位置。同样,将2号工作地的传送看板送到1号工作地的出口存放处,取走相应的零件。按同样的方式,逐步向前推进,直到原材料或其他外购件的供应地点。

实行看板管理需要确定发出的看板数量。一般而言,工件等待时间越长,所需传动看板的数量越多;同样,生产时间越长,则所需的生产看板数量越多。反过来,如果我们要缩短工件等待时间和加工时间,可以通过减少发出的看板数。当然,减少看板数并不能直接缩短工件的等待时间和加工时间,只能暴露出生产管理中的问题,从而分析问题,采取措施,最终改进管理。

(四) 看板管理的主要工作规则

使用看板的规则很简单,但执行必须严格。无论是生产看板还是传送看板,在使用时,必须附在装有零件的容器上;必须由需方到供方工作地凭传送看板提取零件或者由需方向供方发出信号,供方凭传送看板转送零件。总之,要按需方的需求传送零件,没有传送看板不得传送零件;要使用标准容器,不许使用非标准容器或者虽使用标准容器但不按标准数量放入。这样做可减少搬运与点数的时间,并可防止损伤零件;当从生产看板盒中取出一个生产看板时,只生产一个标准容器所容纳数量的零件。当标准容器装满时,一定要将生产看板附在标准容器上,放置到出口存放处,且按照看板出现的先后顺序进行生产;次品不交给下道工序。

按照这些规则,就会形成一个十分简单的牵引式系统。每道工序都为下道工序准时提供所需的零件,每个工作地都可以在需要的时候从其上道工序得到所需的零件,使物料从原材料到最终装配同步进行。做到这一点就可以消除人们的紧张心理,避免零件囤积造成的浪费。

(五) 看板的主要功能

1. 传递生产和运送指令

在JIT生产方式中,生产的月度计划是集中制订的,同时需下达到各个工厂以及协作企业。而与此相对应的日生产指令只下达到最后一道工序或总装配线,对其他工序的生产指令通过看板实现。即后道工序"在需要的时候"通过看板向前道工序去领取"所需的量"时,同时就等于向前道工序发出了生产指令。

2. 调节生产均衡

由于生产是不可能100%完全照计划进行,月生产量的不均衡以及日生产计划的修改都需通过看板来进行微调。看板就相当于工序之间、部门之间以及物流之间的联络神经而发挥着重要作用。

3. 改善机能

通过看板,可以发现并暴露出生产中存在的问题,从而可以立即采取相应的对策;防止过量生产和过量运送,其中要求看板必须按照既定的运用规则来使用。

"没有看板不能生产,也不能运送。"这一规则要求看板数量减少时,则生产量也须相应减少。由于看板所表示的只是必要的量,因此通过看板的运用能够自动防止过量生产,做到适量运送。"看板必须在实物上存放""前道工序按照看板取下的顺序进行生产",根据这一规则,作业现场的管理人员能够对生产的优先级一目了然,并且通过观察看板,就能知道后道工序的作业进展、库存情况等。

看板方式作为一种生产管理方式,非常独特,看板方式也可以说是JIT生产方式最显著的特点之一,但JIT生产方式不等同于看板方式。

JIT生产方式说到底是一种生产管理系统技术,而看板只是一种管理手段。看板只有在工序一体化、生产均衡化、生产同步化的前提下,才有可能被运用。如果错误地认为JIT生产方式等同于看板方式,不对现有的生产管理方式作任何变动就单纯地引进看板方式的话,是不会获得预期效果的。

五、准时生产的实现

用看板组织生产的过程表明,有两个存放在制品的地方:上道工序的出口存放处和下道工序的入口存放处。这两处在制品数越少,则生产的准时性就越好。每减少一次在制品,都要付出极大的努力,大大改进各方面的管理。至于减少原材料和外购件库存,还与供应厂家有关,更是不易做到。但是,只要初步实现了按牵引方式组织生产,就到达了进入准时生产的一个起始点,沿着JIT方式指引的方向不断改进。

实际上,大多数在制品存放在出口存放处,出口存放处的在制品数量可按发出的生产看板数计算,因为生产看板挂在出口存放处的容器上。当传送看板附在容器上时,则容器不是处于搬运过程中,就是放在入口存放处。于是,可以用发出的传送看板数来计算处于搬运过程和入口存放处的在制品数量。因此,控制看板的发出数量就控制了工序间的在制品数量。

通常,可以用下述方法来控制欲调整在制品的数量:

(1) 在固定生产作业计划期的期初发出看板。固定生产作业计划期指能将生产作业计划确定下来不再改变的时间范围,它取决于各个企业所处的条件,一般为10~30天。

(2) 减少超过维持前后工序不平衡的在制品所对应的看板数。

(3) 减少看板,如出现问题,则找出原因。当需要找出某一工作地生产上存在的问题时,则减少发出的生产看板数;当需要找出物料搬运方面以及需方工作地存在的问题,则减少发出的传送看板数。

(4) 生产中的问题有些是可以预先发现的,有些则只有通过减少在制品库存的方法才能发现。

(5) 要让每一个人,从工人到管理人员,都动脑筋想办法来解决发现的问题。比如,让大家思考有无新的主意来减少调整准备时间,更换机器或采用预防维修可否减少停机时间,如何更好地实现生产率与需求率之间的平衡等。

(6) 采用最简单易行的、花费最少的方法使生产在新的低库存水平下运行。

(7) 当在较低库存水平下生产能够给平稳地运行时,再减少一些看板。

(8) 重复以上过程,直至不需要看板,就实现了准时生产。

这是一个无止境的改善过程。在这个过程中,要使问题摆在每个人的面前,让大家想办法解决。这个过程是不断收紧的过程,使企业永远不会停止改进,这正是JIT的实质所在。

六、如何运行JIT

有了一个明确的目标,JIT生产方式还需要相应的手段来确保各目标的实现,通常有以下三种手段。

（一）适时适量生产

即"在需要的时候，按需要的量生产所需的产品"。对于企业来说，各种产品的产量必须能够灵活地适应市场需求量的变化，否则就会造成资源的浪费。为了降低甚至避免这种无谓的浪费，实施适时适量生产必不可少。

首先，为了实现适时适量生产，首先需要致力于生产环节的同步化。即工序间不停留，一道工序加工结束后，立即转到下一道工序，装配线与机械加工几乎同步进行。

其次，要注意对产品的合理设计。具体方法包括模块化设计，设计的产品尽量使用通用件、标准件，设计时应考虑有助于实现生产自动化以降低时间成本。

再次，JIT 要求均衡化生产，即总装配线在向以前工序领取零部件时应均衡地使用各种零部件，来生产各种产品。在制订生产计划时就必须考虑均衡化生产，将其体现于产品实现计划中，使物流在各作业、生产线、工序、工厂之间均衡地流动。为达到均衡化生产，JIT 采用月计划、日计划，并根据需求的变化及时对计划进行调整。

（二）弹性配置作业人员

劳动费用是成本的一个组成部分，要求企业要根据生产量的变动，弹性地增减各生产线的作业人数，以求尽量用较少的人员完成较多的生产活动。这种人员弹性配置的方法一反历来生产系统中的"定员制"，对作业人员提出了更高的要求，即为了适应这种变化，工人必须成为具有各种技能的"多面手"。

（三）质量管理贯穿其中

JIT 生产方式打破传统生产方式认为质量与成本之间成反比关系，通过将质量管理贯穿于每一道工序中来实现产品的高质量与低成本，具体方法包括：

（1）纠正措施。生产第一线的设备操作工人发现存在产品或设备问题时，有权自行停止生产，这样便可防止次品的重复出现，并杜绝类似产品的再产生，从而避免了由此可能造成的大量浪费。

（2）预防措施。安装各种自动停止装置和加工状态检测装置，使设备或生产线能够自动检测次品，一旦发现异常或不良产品可以自动停止设备运行。

通常的质量管理方法只是在最后一道工序对产品进行检验，不能有效预防不合格的再次发生。因为发现问题后如不立即停止生产的话，难免会持续出现类似的问题，同时还会出现"缺陷"的叠加现象，增加最后检验的频次，无形中成本增加。JIT 生产方式中发现问题就会立即停止生产并进行分析改进。久之则生产中存在的问题越来越少，企业的生产过程质量就也逐渐增强。

七、JIT 是长期行为

1982 年，日本本田汽车制造公司采用看板取货的零件数已达到其生产零件总数的 43%。不久该方法在其他一些行业和企业得到推广，更多的汽车制造企业也开始采用这种管理方法，一些企业更是结合自身情况创造性地应用了 JIT 生产方式，成效显著。

实施 JIT 使很多企业获得了良好的效益，但也暴露出一个共同的弊病，即它们不能有效地将 JIT 继续深入贯彻下去。这说明它们需要在以下方面进行改善和提高，以便可以真正做到对适时管理的理解和运用。

(一) 贵在坚持

推行JIT是一个系统过程,是企业的长期战略行为,要求全员参与、思想统一、持续改进。不能从形式上去效仿看板管理,企业不仅要坚持从局部试点出发,更要坚持长期发展。

(二) 贯穿JIT产生、成长、成熟整个发展过程的便是不断地改善

这要求企业必须具有高水平的管理作为基础和保证,努力做到以高管理推动改善,以改善促进管理,二者相辅相成必然会使企业灵活地把握JIT的精髓。高水平的管理包括先进的操作方法、合理的物流系统,以及科学的定额。

(三) 质量管理是企业整体的一个有机组成部分

传统质量管理模式使质量管理停留在质检阶段,质保部门因此难以真正融入整个产品生产过程。

以质量管理为基础的JIT生产方式,将更加灵活地使企业拥有灵活的市场反应能力,通过小额生产满足需求的多样性,使企业在竞争中立于不败之地。

【案例12-1】

嘉陵股份有限公司的JIT推行

由于摩托车行业竞争逐渐激烈,嘉陵公司积压了很多的库存,于是开始推行JIT。具体做法是:① 多品种作业;② 加强人本管理;③ 强化物流管理;④ 推行准时制生产;⑤ 推行按需生产;⑥ 追求尽善尽美:六零管理。推行JIT以后,嘉陵公司的适应市场能力明显得到了改善,产品质量提高,生产效率明显提高,生产能力加强,在市场中的竞争力有了明显的改观。

在准时制生产方式倡导以前,世界汽车生产企业包括丰田公司均采取福特式的"总动员生产方式",即一半时间人员和设备、流水线等待零件,另一半时间等零件一运到,全体人员总动员,紧急生产产品。这种方式造成了生产过程中的物流不合理现象,尤以库存积压和短缺为特征,生产线或者不开机,或者开机后就大量生产,这种模式导致了严重的资源浪费。丰田公司的准时制采取的是多品种少批量、短周期的生产方式,实现了消除库存,优化生产物流,减少浪费目的。

例如,现某企业的生产车间接到任务,要生产一组产品,需要经过铣、钻、磨、装配和打包等六道工序,每周生产3 200件。所有这些产品的加工过程相似,需要的工人相同。该企业每周工作5天,每天工作8小时。生产指定产品每道工序的单位加工时间如表12-2所示。

表12-2 加工工序和加工时间

工 序	加工时间(秒)	工 序	加工时间(秒)
铣(M)	80	装配线#1	50
钻(D)	30	装配线#2	180
磨(P)	60	包装	30

目前该生产单元按照工艺专业化布置。尽管这些产品具有一定的相似性,不需要大量的生产准备时间,但是,因为加工次序和优先级别不同,使生产很难达到应有的熟练程度,生产拖拖沓沓,有时还需要推迟交货时间,要么就经常需要工人加班加点才能完成生产任务,使生产成本提高,并且顾客对推迟交货的意见很大。现对该生产单元进行精益化改造,以彻底改变目前生产拖沓、效率低下的状况。

经过大量的调查,发现铣、钻、磨床尚有剩余生产能力,因此在不影响车间内其他产品生产的条件下,可以对这些设备进行适当的调整,安排到一个生产单元内。此外,所有的装配线和包装依靠手工完成,只需要提供一些台子和某些工具就可以完成。

步骤1:计算单件产品生产时间:

$$\frac{40 \text{ h/w} \times 60 \text{ m/h} \times 60 \text{ s/m}}{3\,200 \text{ units/w}} = 45 \text{ s/unit}$$

步骤2:计算符合单件产品生产时间每小时的生产量:

$$\frac{60 \text{ m/h} \times 60 \text{ s/m}}{45 \text{ s/unit}} = 80 \text{ units/h}$$

步骤3:计算每道工序的每小时的生产能力,以及每道工序所需工作台的数目:

包装:$\frac{60 \text{ m/h} \times 60 \text{ s/m}}{30 \text{ s/unit}} = 120 \text{ units/h}$

$$\frac{80 \text{ units/h}}{120 \text{ units/h}} = 0.67 = 0$$

(取1个工作台,尚有生产能力剩余)

装配线#2:$\frac{60 \text{ m/h} \times 60 \text{ s/h}}{180 \text{ s/unit}} = 20 \text{ units/h}$

$\frac{80 \text{ units/h}}{20 \text{ units/h}} = 4$ （取4个工作台）

装配线#1:$\frac{60 \text{ m/h} \times 60 \text{ s/h}}{80 \text{ s/unit}} = 45 \text{ units/h}$

$$\frac{80 \text{ units/h}}{45 \text{ units/h}} = 1.78$$

(取2个工作台,尚有生产能力剩余)

铣、钻、磨:因为这几道工序的加工时间有长有短,为了保证按照连续流程生产,必须平衡各道工序的劳动利用程度,提高劳动生产率;因而可以在生产车间内设置一个微型加工单元,把铣、钻、磨这三道工序有机地组合起来,并且只要一个工人就可以独立完成这三项操作。完成铣、钻、磨这三道工序所需的加工时间为170秒。因此,每小时可以完成21.2单位的产品,并且只需4个工作台。计算过程如下:

$$\frac{60 \text{ m/h} \times 60 \text{ s/m}}{170 \text{ s/unit}} = 21.2 \text{ units/h}$$

$$\frac{80 \text{ units/h}}{21.2 \text{ units/h}} = 3.8$$

(取 4 个工作台,并且有一定的生产剩余时间)

计算过单件产品生产时间和完成指定生产任务所需的工作台后,便可以开始规划精益生产单元的布置。在实际设计精益生产单元时,可以考虑设置两个铣、钻、磨加工区,每个加工区由两个工作台组成,每个工作台配备一名工人(见图 12-9)。

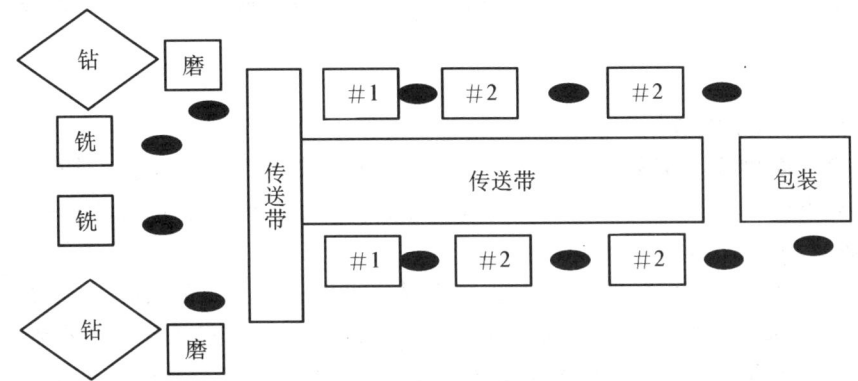

图 12-9　一个简单的精益生产单元

上图是严格按照单件产品生产时间(45 秒),或者是按照每小时的生产能力(80 单位)而设计的生产单元。由于包装、1 号装配线、铣/钻/磨等工序都存在着一定的生产剩余,制约整个生产单元的瓶颈是 2 号装配线。如果要加大生产量,或季节性的需要订单增加,那么,必须把 2 号装配线的工作适量地分配给包装、1 号装配线,或者通过寻求提高劳动生产率、降低 2 号装配线生产时间的手段来解决。如果需要减小生产单元的生产能力,那么需要裁减工人来重新平衡生产线。

复习思考题

1. 为什么精益生产比大量生产的成本更低、质量更好、品种更多?
2. 阐述精益生产管理的思想和基本方法。
3. 简述 JIT 的出发点及其与传统生产方式有什么区别。
4. 比较牵引式和推进式方式的异同点。
5. 如何从根本上保证质量?
6. 讨论供应商在 JIT 中的地位和作用。

案例分析

中小型制造企业斯达公司的精益生产之路

1. 斯达公司生产管理现状和存在的问题

斯达公司创立于上海莘庄工业区,首期投资人民币 1 000 万元,属于中小型企业。现有工厂面积 5 000 平方米,生产部门占总面积的 3/4,各类生产设备共 62 台。公司设有独立的质量监控部门，检测设备12台，检验量具296件，并设有独立的技术部门，可自行设计公司生产及检测使用的工装夹具。在2007年2月公司通过ISO国际标准质量管理体系。

(1) 交付期不能满足客户要求。

批量产品客户端准时交付率平均仅达到89%。企业生产管理系统不完善，与生产有关的要素如物料、人力等因素与生产需求常常不平衡，从而延误了生产时间，最终导致延期交货。

(2) 产率低下。

表现在以下两个方面：

① 生产准备时间。据不完全统计，斯达公司当前主要产品重要工序的首件调试都超过1小时，是单件产品工序加工时间5~20倍，这是非常高的一个比例，比大野耐一所提倡的3分钟快速换模相去甚远。

② 产品质量指数（＝总产出－次品数÷总产出）。斯达公司总体产品质量指数为89.15%，其中成品产出率93.31%，废品率4.16%，这也就意味着有4.16%的产品直接报废，另外，2.53%的产品则要根据客户是否让步接收一定程度的报废。整体报废率超过5%，这对于传统机械行业15%~30%的毛利来说是一个非常大的比率。

(3) 生产周期长及库存量大。

斯达公司采用推动式大批量生产模式，生产周期被大批量所延长，造成较长的供货时间及交付延迟。不同型号的产品各生产不同的工序流转是相互独立的，每批产品都要依次经过这些工序，每个工序在开始转线生产还要有等待时间，所以这就影响了生产周期。

斯达公司当前产品都是以上千件为一流转单元，在瓶颈工序积压更是几千件，加大了材料的等待和在制品的积压，同时也造成了过程管理的难度以及工厂现场混乱的感观。

由于在制品、产品库存都大量积压，在制品库存过多，经常性地发生在制品生锈等质量事故。有时还因为在制品多，有道工序尺寸超差，直到终检抽查时才发现，已经造成了大量的不良品，也导致了废品率居高不下。

(4) 生产现场摆放混乱。

斯达公司生产现场虽然也推行过5S管理，但只是轰轰烈烈一阵子，以后员工看没有人检查、监督，干和不干一个样，就没有坚持下来，最终半途而废。因而经常有些残余物料、待修品、报废品等滞留在现场，既占据了地方又阻碍生产。

(5) 生产信息不能及时共享。

在斯达公司，许多的生产信息不能共享。下一个工序往往不能及时知道上一个工序生产情况，如具体的完成时间、质量、数量以及其他包装要求等。当客户的要求发生变化时，由于更改生产信息不能及时让相关生产者了解，导致部分在工序中的产品是客户不迫切需要的，而客户迫切需要的产品却无法立即上线生产。

(6) 生产流程管理粗放。

斯达公司生产流程的安排基本是根据下达订单—排产—生产这三个环节来进行，而涉及企业内部各个重要管理要素的互相衔接、互相联系、互相制约等问题却没有重点考虑。生产流程往往只是一种简单的机械式的推式运行，缺乏生产需求、生产产能、生产时间、生产协调、生产预测、生产监控等科学化、数据化的分析。

针对目前斯达公司存在的生产周期长、在制品多、响应速度慢、效率低、质量缺陷多、浪费严重等问题,必须改进公司的生产运营模式,需要实施从推动生产模式到拉动生产模式的变革,导入精益生产的先进制造模式,以增加企业的竞争力,满足企业获利和市场竞争的需要。

2. 精益生产的开展

2.1 方法的选择和目标的确定

按照运营系统的持续改进方法来实施斯达公司的精益生产推进。从价值流(所谓价值流,是指从原材料转变为成品并给它赋予价值的全部活动)入手,去查看创造和生产一个特定产品所必需的全部活动,并将这些活动进行分类,划分成三类:

(1) 直接创造价值的增值步骤,如产品的装配、零件的加工活动;
(2) 虽然不创造价值,但是在现有技术与生产条件下不可避免的其他步骤,如产品的可靠性验证;
(3) 不创造价值非增值步骤,如零件的来回搬运,产品的过量生产导致的库存。

2.2 对识别出的价值流进行管理

价值流管理的着眼点之一是创造价值,把不产生价值、却占用企业资源的业务流程环节、实物流程环节全部删除。

价值流管理的另一个着眼点是缩短时间。缩短时间就是从市场需求开始,一直到生产计划制订、采购计划制订、生产的组织、仓储以及生产制造和成品出货的全部过程的缩短,从而降低成本,提高反应速度。

价值流管理的第三个着眼点是不断设置更高的目标以求达成。价值流管理要解决的问题就是如何更多地创造价值并缩短时间。因此,在改善活动中应以此来指导企业的日常经营,把时间短、损耗小,下次时间更短、损耗更小作为持续的管理目标。

依据上述的指导思想,同时根据对斯达公司主要产品生产过程的问题分析,制定以下改善目标:

(1) 实现拉动式生产模式;
(2) 缩短生产周期50%;
(3) 改善库存周转15%;
(4) 产品质量满足客户要求。

2.3 绘制价值流现状图

对斯达公司的所有的产品大类进行了整理,从统计结果看,蜗轮蜗杆业务是斯达公司核心业务,占其业务比重的77.2%。经过讨论确定将全部的蜗轮蜗杆产品作为精益生产改进的研究对象。

2.4 价值流现状图分析——寻找浪费点

绘制价值流现状图的意义就在于发现工厂生产过程中存在的浪费,然后通过分析原因,找出改进的方案并予以实施。即通过实施精益生产来消除产品价值流中的浪费。从质量、设备、物料以及人员等四个方面来寻找。

(1) 质量问题。

经统计,四个产品族的合格率分别仅为94.3%、92.3%、92.2%、96.9%,特别是加工精度要求较高的工序,其工序的不合格品比率就将近5%。

(2) 设备问题。

据全年产品交付统计,斯达公司的交付准时率仅89%。更有直接延误客户生产的记录。

(3) 物料问题。

斯达公司的物料在很大程度上采用了大批量订购的方式解决原材供应问题；紧接着也习惯性地采取大批量加工的方式推动生产,导致了大量的工序库存以及产品库存。

(4) 人员问题。

斯达公司的蜗轮蜗杆产品属于机械加工中的专业性比较强的产品,人员技能不能满足需要,不同工序的工作量不均衡。

2.5 价值流现状图分析——根源分析

通过斯达公司员工的不懈努力,结合价值流当前状态图进行了彻底的根源分析。分析发现,导致价值流不畅主要原因在于如下几个方面(详细内容见下图):

(1) 客户的寄售策略导致了高的成品库存;
(2) 习惯式的大量生产方式导致了高的在制品库存;
(3) 非快速切换工装导致换线时间过长,生产效率低下;
(4) 未实施5S管理导致现场管理混乱,工作效率更是低下;
(5) 未实施全面生产维护导致设备效能低下;
(6) 存在设备瓶颈,导致工序流转不畅,生产周期延长,库存量进一步增多;
(7) 无标准作业指导生产及切换,导致质量不稳定,切换时间延长。

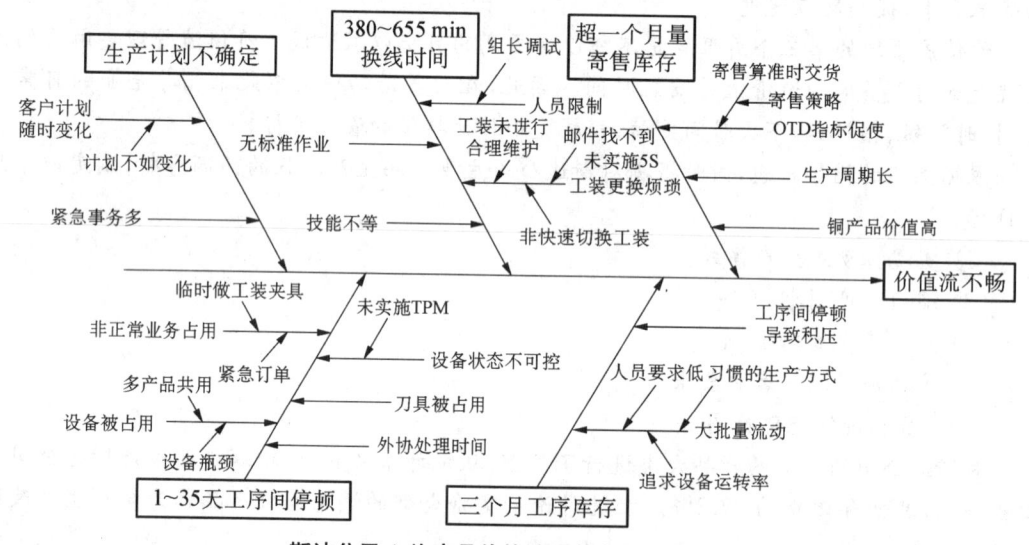

斯达公司A族产品价值流现状鱼骨图分析图

【思考题】

1. 针对目前斯达公司存在的生产周期长、在制品多、响应速度慢、效率低、质量缺陷多、浪费严重等问题,斯达公司当前的生产运营模式存在改进的必要性,需要实施从推动生产模式到拉动生产模式的变革。你是否同意该观点？说明理由。

2. 斯达公司生产现场以前也推行5S管理,但没有坚持下来。你有好的建议吗？

3. 有人认为,中小型企业由于技术和人才的限制,很难系统地、全面地实施精益生产。从斯达公司精益生产的过程看,你得到哪些启示？

第十三章 运营管理最新技术发展

学习目标

1. 了解掌握运营管理的最新技术发展;
2. 了解掌握传统制造技术与最新技术的区别;
3. 了解运营管理未来发展的趋势。

 开篇案例

三得利是一家年产值14 340亿日元的日本酒精与非酒精饮料的生产与配销企业集团公司。公司信息系统(CIS)部门提供可升级的信息系统支持170家集团的旗下公司。通常,旗下公司希望信息系统能帮助他们解决日常经营中所面临的问题。结果,由于对系统有更多需求,很短时间内CIS部门就面临系统复杂程度迅速增加的压力。大量新的需求使CIS很快变成了公司的严重制约因素,他们需要增加很多人力才能缓解迅速增长的系统支持工作压力。管理不断增加的工作压力而同时又不能突破CIS的预算目标着实成了严峻的挑战。

第一节 现代制造系统的发展趋势

科技的不断进步与社会的稳步发展在快速改变着现代制造业的产品结构、生产的过程还有与之相应的组织和管理模式。以往相对稳定的市场因为个性化和多样化的消费需求而变成了竞争加剧同时充满了动态多变性的全球化市场。为了适应这种新的市场环境,现代制造业的产品结构与管理模式也随之发生了巨大变化,以往大批量的生产方式已经不再适应多变的市场,取而代之的是基于订单的多品种、小批量的生产模式。未来制造系统发展特征如下:

(1)"全球化"的制造自动化系统。这是通过全球互联网进行资源和信息的共享,达到利用异地的设备、知识以及人力资源来生产市场所需产品的目的。

(2)"以人为本"的制造自动化系统。随着无人化工厂实施的失败和计算机集成制造系统(CIMS)实践的深入,人们认识到在注重发展制造自动化的同时还要注重人的积极主导作用的发挥。

（3）分布式的智能化和自动化系统。即将通信协议和自动化程度不同的设备集成，达到信息共享的目的。

（4）制造技术与生产管理"统一化"的制造系统。生产模式把技术和管理组合在一起，相辅相成，推动着制造系统的不断发展。

此种新的形势下，美国首先提出了敏捷制造的理念，强调制造系统完全可以通过一类新的方式即动态联盟或虚拟企业来动态地集成异地的资源，用以适应动态多变的市场。敏捷制造理念的提出，引发了一场新的研究与实践热潮，这无疑是制造业的一次伟大革命。随着研究的深入，敏捷性也已成为21世纪制造型企业的主流模式。

随着全球网络化进程的加剧和信息技术的不断发展，网络化制造已经成为敏捷制造的一种实现形式。在以往的制造型企业中，制造模式随着环境的变化而不同，如图13-1所示，从20世纪70年代的计算机集成制造（CIM）原理，到80年代的并行工程（CE）理论，到90年代的精益生产（LM）和智能制造（IM），直到现在的敏捷制造（AM）和网络化制造（NM），制造模式的转变正是顺应了制造环境的变化。可以看到的是现代制造系统必然的发展趋势是集技术、管理与人员于一体的，相互协调和关联的网络化制造系统。

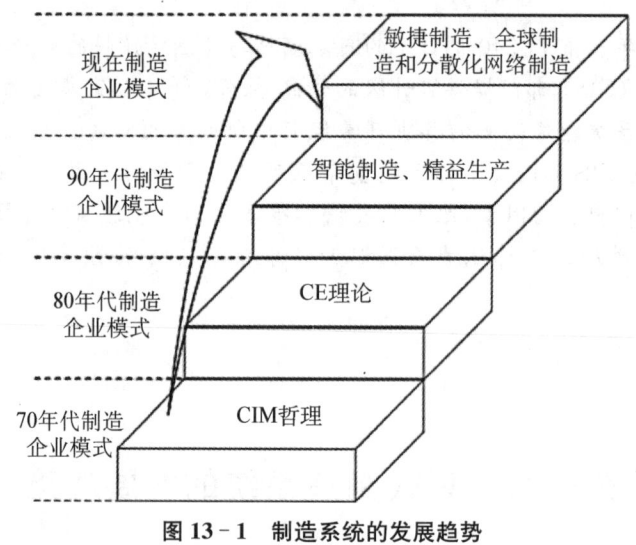

图13-1 制造系统的发展趋势

第二节 智能制造

一、智能制造的概念

所谓智能制造（Intelligent Manufacturing, IM），各国目前仍在大力研究和摸索之中。随着相关技术的发展以及相关标准的制定，智能制造的内涵正处于不断的发展之中。

我国工信部对智能制造的定义是"智能制造是基于新一代信息技术，贯穿设计、生产、管理、服务等制造活动各个环节，具有信息深度自感知、智慧优化自决策、精准控制自执行等功能的先进制造过程、系统与模式的总称。具有以智能工厂为载体,以关键制造环节智能化为核心,以端到端数据流为基础、以网络互联为支撑等特征,可有效缩短产品研制周期、降低运营成本、提高生产效率、提升产品质量、降低资源能源消耗。"

在2015年12月,我国发布的《国家智能制造标准体系建设指南(2015年版)》中,为了解决智能制造标准体系的结构和框架,将智能制造的系统架构分为生命周期、系统层级和智能功能三个维度。其中,生命周期是由设计、生产、物流、销售、服务等一系列相互联系的价值创造活动组成的链式集合。生命周期中各项活动相互关联、相互影响。不同行业的生命周期构成不尽相同。系统层级由设备层、控制层、车间层、企业层和协同层五个层级组成。智能功能包括资源要素、系统集成、互联互通、信息融合和新兴业态等五层。

具体剖析智能制造的内涵,可以从技术、构成、目标三个角度。

从技术角度说,智能制造技术是融合了AI技术、无线传感技术、新一代网络技术、先进制造技术以及现代管理技术等,研究制造活动中的信息采集与分析,知识表达与传递,智能决策与执行的综合技术。

从智能制造的构成来说,智能制造由智能制造技术和智能制造系统两部分组成。智能制造系统是基于智能制造技术构建的,一种由智能机器和人类专家共同组成的人机一体化的系统。并且,智能制造包含了设计、生产、物流、服务等全生命周期,设备层到企业层各层级,以及智能设备、智能产品、智能工厂、智能软件系统等的不同维度的内容。

从智能制造的目标来说,是实现机器与机器、机器与系统、各企业的相互连通,实现信息的集成、共享和融合,达到实时监控、自适应、自优化的目的;通过人与智能设备的合作共事,去扩大、延伸和部分地取代人类专家在制造过程中的脑力劳动;并能对企业内、整个供应链、全国乃至全球的资源进行整合和合理配置,以最快的速度响应客户的需求,以达到用最低的成本最高效地生产出令客户满意的高品质产品的目的。

二、智能制造技术

智能制造技术(Intelligent Manufacturing Technology,IMT)是指利用计算机模拟制造专家的分析、判断、推理、构思和决策等智能活动,并将这些智能活动与智能机器有机地融合起来,将其贯穿应用于整个制造企业的各个子系统(如经营决策、采购、产品设计、生产计划、制造、装配、质量保证和市场销售等),以实现整个制造企业经营运作的高度柔性化和集成化,从而取代或延伸制造环境中专家的部分脑力劳动,并对制造业专家的智能信息进行收集、存储、完善、共享、继承和发展的一种极大地提高生产效率的先进制造技术。

智能制造技术是人工智能(Artificial Intelligence,AI)技术与制造技术的有机结合,是为实现智能制造的支撑技术和关键技术,是新一代网络技术、信息技术、制造技术、自动化技术、系统工程与AI等学科相互渗透、相互交织而形成的一门综合技术。

智能制造技术的一些支撑技术如下。

(一)物联网技术

物联网技术的提出,对于人类社会进步的巨大意义是毋庸置疑的,它首先突破了物与人的界限,将物纳入了全球网络之中。物联网的概念最早在1999年由美国麻省理工学院Ashton教授提出,随着2005年ITU(International Telecommunication Union,国际电信联盟)在突尼斯举行的WSIS(World Summit On Information Society,信息社会世界峰会)上首次使用"Internet of Things"这个词组,并发布了《ITU 互联网报告 2005:物联网》,"物联网"的概念正式确定。

对于物联网,国内外专家学者都从不同的角度给出了各种各样的定义。欧盟委员会信息和社会媒体 RFID 部门负责人 Lorent Ferderix 博士认为物联网是一个将虚拟和实体"物"赋予身份标志、物理属性和虚拟特征的,与信息网络无缝整合的,基于标准通信协议的自组织动态的全球网络基础设施。中国的政府报告中对物联网做了如下说明:"物联网是按照约定的协议,通过传感设备把网络连接起来,进行信息通信和交换,以实现智能化管理、监控、识别、定位、跟踪的一种网络。"

简单来说,物联网就是利用传感技术对具有唯一身份标志的物品和物理世界进行全面感知,基于互联网与通信网进行传递,最后利用智能管理和控制系统进行信息处理和应用,实现物与人、物与物的双向信息传递和控制的新型网络系统。

（二）工业机器人技术

工业机器人是一种用于工业生产的机器人,它是计算机、AI、机械设计等众多学科发展融合的高科技产物,是一种拟人的、自动控制的、可重复编程的机电一体化生产设备,已成为柔性加工制造系统、自动化的生产工厂以及 CIMS 中不可或缺的一部分。机器人的广泛采用,是提高企业生产效率和生产质量,提高企业生产自动化、智能化水平,改善工厂环境,降低工人作业危险的重要手段。

工业机器人能在恶劣的环境下代替人生产,能完成人类不可能完成的任务,能节约人力,保证生产的高质量和高效率。因此,自 1961 年美国 Unimate 公司诞生了第一台商用工业机器人以来,随着科技的进步以及企业对于自动化、智能化需求的提升,工业机器人已经被广泛应用于焊接、喷漆、装配、搬运、检验等生产的各个环节,涉及汽车、机械、核电、石油、电子、食品加工等各个领域。

汽车制造业是工业机器人应用较早也是最广泛的行业,几乎占到整个工业机器人的一半以上,汽车制造业目前也是高度自动化、智能化的领头行业,值得学习和借鉴。在汽车生产中工业机器人在整车及零部件生产的弧焊、点焊、喷涂、搬运、涂胶、冲压等工艺中大量使用。例如,一辆汽车车身约有 30 004 000 个焊点,其中约有 60% 由点焊机器人负责,如果是在大批量汽车生产线上,所用点焊机器人数量能达到 150 多台。装配机器人在汽车生产中也起到重要的作用,小到车灯、仪表盘等配件,大到发动机的装配都可以由机器人完成,大大提高了装配效率。据统计,装配机器人在汽车生产中机器人应用比例是最高的,达到 22%。

（三）大数据技术

随着信息技术和网络技术的发展,无论在生活中、网络中、生产中无时无刻不在产生巨量的数据,人类已经进入了"大数据时代"。如今,数据为科技创新提供了新的途径,即从假设驱动变为数据驱动,更多的潜在价值将逐渐被人们挖掘。在大数据时代,数据作为一种新的重要资源,如同石油资源、人才资源一样,数据规模和对数据的分析应用能力是各个企业、行业乃至国家竞争力的体现,挖掘数据的价值将成为创造新价值和促进新一轮经济增长的强大的推力。

目前,人们对于"大数据"还没有统一的定义,从特征上来说,所谓的"大数据"不仅指数据本身的规模的庞大和类型的繁杂,也指其具有产生和增长速度快、可挖掘价值大但价值密度低、可整合和反复利用的特征。这些特征导致了其在可容忍时间内超过了现有信息技术和软硬件工具对其进行处理的能力。因此,大数据技术就研究了对这些海量数据的采集、传输、存储、计算、分析和应用。大数据技术在应用过程中包含了数据采集工具、平台和数据分析系统等,其根本目标在于从各种类型的数据中,快速获得有价值的信息,通过解决巨量数据处理问题促进其应用领域的突破性发展。

欧美国家较早展开了对大数据技术的研究,并取得了一些成果。2006年Apache公司设计了Hadoop,Hadoop是一种分布式系统基础架构,作为目前大数据处理的领先技术被很多互联网公司应用,如雅虎、百度和Facebook等。IBM也推出了大数据解决方案BigInsights、DB2和WebSphere,可以支持结构化或非结构化的数据分析。除了在信息产业,金融、医疗、电力、交通等行业也纷纷开始引入大数据技术。例如,使用大数据技术分析疾病症状,并利用实时数据监控医疗体制的运行状况和民众健康的变化趋势,不断提高医疗服务水平;在电力行业,通过大数据分析得到合理分配电力能源和节能减排的方案等。

在制造业,大数据技术主要可以在产品研发、市场预测、生产管理上发挥重要作用,为企业的各种决策提供依赖数据而不是依赖经验的智能支持。美国通用电气致力于打造基于大数据技术的"工业互联网",并于2013年联手亚马逊等科技公司打造"工业云"产品。虽然大数据技术在制造业的应用还处于起步阶段,但可以肯定的是,工业大数据带来的智能生产和大规模定制,是未来制造业发展的必然趋势。

(四) 云计算技术

云计算是在数据爆炸的物联网时代,对于海量数据存储和计算的需求扩大以及对于社会资源合理化利用需求下,网格计算、分布式计算、并行计算的进一步发展,是"计算能力"的商业化实现。云计算的主要目的是提供高可靠的,可拓展的分布式按需计算。对于用户来说,只需要一个连接云数据中心的网络和终端浏览器,就可以像使用水电一样使用云端提供的计算服务。生活中常见的云计算服务有搜索引擎、云网盘、网络信箱等。

云计算较为权威的定义来自NIST(National Institute of Standards and Technology,美国国家标准技术研究所),其对云计算的定义是:"云计算是一种按使用量付费的模式,这种模式提供可用的、便捷的、按需的网络访问,进入可配置的计算资源共享池(资源包括了网络、服务器、存储空间、应用软件、服务),用户在投入很少的管理工作,与服务供应商进行很少的交互的情况下,就可以快速获得这些资源。"

将云计算的技术优势运用到制造业企业中,可为其带来新的发展空间。这种将云计算技术优势与制造业自身特点相结合的新模式有一个形象化的名称——云制造。云制造实际是云计算概念在制造业的应用和延伸,是一种面向服务的网络化制造模式。云制造将云计算的计算能力延伸为各种制造资源,如图13-2所示,云制造中的用户向云制造服务系统发出自己的需求,云制造服务系统将各种人力资源、设备资源、技术资源、软件资源经过整合和调度合理地提供给用户,帮助用户利用各种资源完成产品的研发、生产、检验等,实现制造资源的利用最大化。其中,云制造服务系统主要负责各种制造资源的虚拟化、服务化封装与整合,资源的调度组合与管理,云服务的运行与安全监管,以及对资源提供者和用户的管理。

云计算技术为实现智能工厂提供了数据处理能力和制造资源整合的支持,让工厂在有限的资源条件下,实现利用的最大化。云计算与制造业的融合还处于起步阶段,国外一些公司已经有所应用,并取得了显著成效。IBM 公司为其全球研究机构所设计和建设了云计算平台 RC2,RC2 能为 IBM 全球 3 000 多名研发人员以服务的方式提供随需应变,自助获取的计算资源,能把全球 9 个研究中心的信息资源很好地整合。波音公司通过网络协同平台展开制造服务外包,其中波音 787 机型就集合了 40 多个国家和地区的研发能力,从而使研发周期大大缩短,减少了一半的成本。

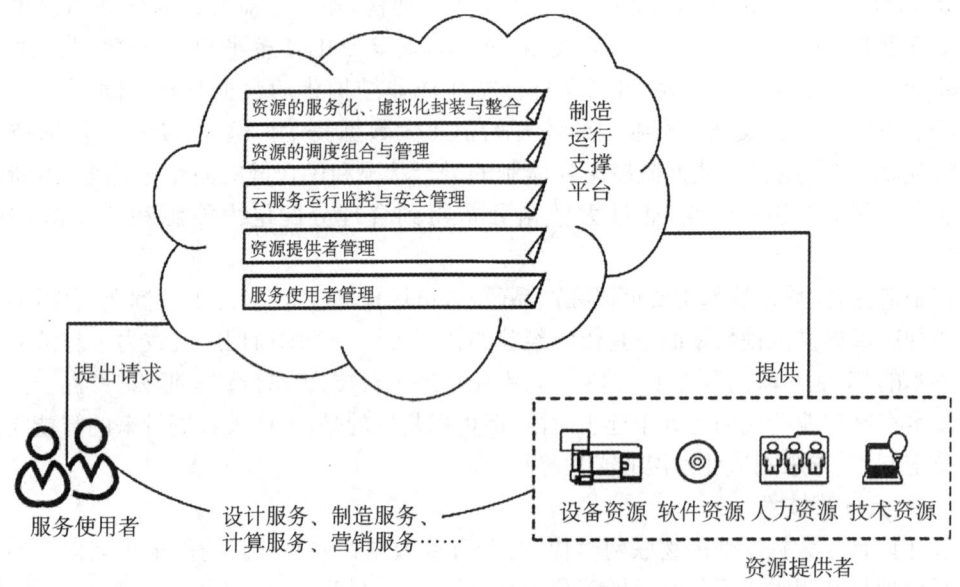

图 13-2 云制造运行结构图

(五) 人工智能技术

人工智能(Artificial Intelligence,AI)技术就是指使机器或系统通过感知、学习、记忆、思维等活动而产生适当的行为,并能够不断积累经验和优化,解决各种复杂问题事件,并变得越来越高效,从而模拟、延伸和扩展人类智能。AI 技术的进步和突破的关键在于对人类大脑和神经系统奥秘的生物学研究以及计算机技术、网络技术、感知技术、控制技术等技术的发展。

目前 AI 涉及的领域很多,有机器视觉、指纹识别、人脸识别、视网膜识别、专家系统、自动规划、智能搜索、定理证明、自动程序设计、智能控制、机器人学、语言和图像理解、遗传编程等。AI 技术在交通、医疗、工业、日常生活中都得到了广泛的应用,并且对自然科学、社会、经济都产生了深刻的影响。AI 技术在制造业的应用也由来已久,工业机器人、专家系统、模糊控制、人工神经网络等都为制造效率的提高做出了巨大贡献。

从某种程度上说,智能制造技术就是 AI 技术与制造技术的深度融合,智能工厂、智慧城市、智慧地球等就是一个范围更广、更为复杂的"智能体"。可以说,目前提出的智能制造是以往 AI 技术在制造业应用的进一步发展,从 AI 技术的单项应用,到系统应用,建设智能工厂,从而最终实现智能制造。

IMT 的目标是利用计算机模拟制造业人类专家的智能活动,取代或延伸人的部分脑力劳动,而这些正是人工智能技术研究的内容。因此,IMS 离不开人工智能技术。IMS 的智能水平的提高依赖于人工智能技术的发展。当然,由于人类大脑活动思维的复杂性,人们对其的认识还很片面,人工智能技术目前尚处于发展的初级阶段。

三、智能制造系统

智能制造系统(Intelligent Manufacturing System,IMS)是指基于 IMT,利用计算机综合应用人工智能技术(如人工神经网络、遗传算法等)、智能制造机器、代理(Agent)技术、材料技术、现代管理技术、制造技术、信息技术、自动化技术、并行工程、生命科学和系统工程理论与方法,在国际标准化和互换性的基础上,使整个企业制造系统中的各个子系统分别智能化,并使制造系统形成由网络集成的、高度自动化的一种制造系统。

它是一种由智能机器和人类体验专家共同组成的人机一体化系统,它突出了在制造诸环节中,以一种高度柔性与集成的方式,借助计算机模拟的人类专家的智能活动,进行分析、判断、推理、构思和决策,取代或延伸制造环境中人的部分脑力劳动。同时,收集、存储、完善、共享、继承和发展人类专家的制造智能。

与传统制造相比,智能制造系统的特征主要表现为以下几个方面。

(一)自组织能力

IMS 中的各种组成单元能够根据工作任务的需要,自行集结成一种超柔性最佳结构,并按照最优的方式运行。其柔性不仅表现在运行方式上,还表现在结构形式上。完成任务后,该结构自行解散,以备在下一个任务中集结成新的结构。自组织能力是 IMS 的一个重要标志。

(二)自律能力

IMS 具有搜集与理解环境信息及自身的信息,并进行分析判断和规划自身行为的能力。强有力的知识库和基于知识的模型是自律能力的基础。IMS 能根据周围环境和自身作业状况的信息进行监测和处理,并根据处理结果自行调整控制策略,以采用最佳运行方案。这种自律能力使整个制造系统具备抗干扰、自适应和容错等能力。

(三)自学习和自维护能力

IMS 能以原有的专家知识为基础,在实践中不断进行学习,完善系统的知识库,并删除库中不适用的知识,使知识库更趋合理;同时,还能对系统故障进行自我诊断、排除及修复。

(四)整个制造系统的智能集成

IMS 在强调各个子系统智能化的同时,更注重整个制造系统的智能集成。这是 IMS 与面向制造过程中特定应用的"智能化孤岛"的根本区别。

(五)人机一体化智能系统

IMS 不单纯是"人工智能"系统,更重要的是人机一体化智能系统,是一种混合智能。人机一体化一方面突出人在制造系统中的核心地位,同时在智能机器的配合下,更好地发挥了人的潜能,使人机之间表现出一种平等共事、相互"理解"、相互协作的关系,使两者在不同的层次上各显其能,相辅相成。

(六)虚拟现实

制造也可实现人机一体化高水平技术,以计算机为基础,与智能推理、预测、信号处理、多媒体技术、动画处理基础合为一体,借助于传感器技术,虚拟展示现实生产中的过程等,可以按照人类意愿变化产品形态。这是实现虚拟制造的支持技术,也是实现高水平人机一体化的关键技术之一。人机结合的新一代智能界面,使得可用虚拟手段智能地表现现实,它是智能制造的一个显著特征。

四、智能制造的发展趋势

(一) 工业机器人将成为智能制造发展的重点领域

以工业机器人为代表的智能制造装备是智能制造的基石，是智能制造的实现端。我国于如20世纪70年代初，开始研发工业机器人，目前，国内企业研发出的应用型机器人系统主要集中在焊接机器人、喷漆机器人、搬运机器人、打磨机器人和自动导引车机器人等种类上。由于工业机器人具有无污染、柔性高、速度快等优点，能降低人工投入，提高生产效率，已成为智能制造的发展重点。

(二) 个性化定制将成为智能制造的重要特征

智能制造时代需求方和供给方将通过互联网和大数据分析等信息技术进行互联互通，实现以消费者为中心，以个性化制造、定制化生产为制造方式，充分满足个性化的市场需求。智能制造企业不仅生产产品，而且可以向消费者额外提供产品服务，实现生产要素的优化配置。届时智能制造企业将消费者的需求作为智能制造的最高标准，以大规模个人化定制驱动产业智能转型，基于互联网和物联网技术构建低成本、敏捷的智能制造模式，提供人性化的产品，实现订单的便捷化，满足消费者需求。

(三) PLM将成为智能制造的必备要素

PLM (Product Lifecycle Management，产品生命周期管理)包括CAD/CAE/CAM/VR/PDMT等软件，它是从需求、设计、生产、销售、使用维护到报废，面向产品全生命周期所有环节的一种先进的企业管理思想，能有效地提升智能装备制造企业的核心竞争力。通过实施智能制造也可以推动着PLM模式的深层次运用，而实现智能制造装备和产品的全生命周期管理也是智能制造发展的必然趋势，并将成为最具活力的领域。国内外比较成熟的公司有美国PTC公司的PRO/E、法国达索CATIA、德国西门子的UG、北京数码大方的CAXA和用友的UFIDA等。

(四) 系统性创新和多样化应用是智能制造发展的关键

实施智能制造是一项系统工程，技术创新是核心、模式创新是支撑，对于智能制造及其发展路径和模式，业界乃至社会由于所站的角度不同，因此有着不同的观点和认识，从智能制造试点项目的实际运行情况来看，其对产业升级的助推作用和效果是毋庸置疑的，其发展的路径也逐渐变得清晰。随着以工业机器人和高端数控机床为代表的智能装备的广泛运用，将促使以工业软件、控制技术、工业网络技术、大数据技术、系统集成运用等领域的发展加快。以"数字化工厂"与"智能车间"为代表集成化应用，以"机器人工作站"和"智能制造岛"为代表的分布式(或离散式)应用，以及基于PLM和跨领域的人性化订制、协同制造等，将在智能制造发展中扮演不同的重要角色，都应得到足够的重视，多样性应用十分关键的是解决好智能装备、技术系统与产品设计、制造工艺和管理流程的匹配融合与系统优化问题。

第三节 网络化制造

一、网络化制造的内涵

随着市场全球化、网络全球化进程的加快及企业的销售制造范围的扩大,许多跨国公司的经营策略已经转向了全球化的生产销售。要在激烈的全球化竞争环境中生存发展,现代制造型企业必须要采用一种先进的制造模式替代传统的制造模式以应对经济全球化的挑战。与此同时,网络化制造正成为敏捷制造、智能制造等先进制造哲理的一种重要实现形式。

所谓网络化制造是指通过采用先进的网络技术、制造技术及其他相关技术,构建面向企业特定需求的基于网络的制造系统,并在系统的支持下,突破空间对企业生产经营范围和方式的约束,开展覆盖产品整个生命周期全部或部分环节的企业业务活动(如产品设计、制造、销售、采购、管理等),实现企业间的协同和各种社会资源的共享与集成,高速度、高质量、低成本地为市场提供所需的产品和服务。

国家科技部定义的"网络化制造"是:"网络化制造"是按照敏捷制造的思想,采用 Internet 技术,建立灵活有效、互惠互利的动态企业联盟,有效地实现研究、设计、生产和销售各种资源的重组,从而提高企业的市场快速反应和竞争能力的新模式。

迄今为止,国内外许多专家、学者、企业应用人员在网络化制造方面已经开展了大量的研究和应用实践工作,德国 Production 2000 框架方案旨在建立一个全球化的产品设计与制造资源信息服务网;欧洲联盟公布的"第五框架计划(1998—2002 年)"已将虚拟网络企业列入研究主体,其目标是为联盟内各个国家的企业提供资源服务和共享的统一基础平台,在此基础上公布的"第六框架计划(2002—2006 年)"的一个主要集成平台体系结构目标是进一步研究利用 Internet 技术改善联盟内各个分散实体之间的集成和协作机制。

可以看出,网络化制造是企业应对知识经济和制造全球化挑战而采取的一种先进制造模式,一般意义上,网络化制造是在网络技术的支持下,利用计算机网络对制造资源进行控制和管理的一种手段,现在一般都认为网络化制造是在网络技术的基础上制造企业各种制造活动总称。它的核心是在采用网络、制造及其他相关技术的基础上为不同企业构建不同的网络制造系统,保证在系统支持下,能够突破空间和地域对企业经营的范围和生产方式的束缚,开展产品包括设计、生产、销售、采购和管理等的企业业务活动,其可以覆盖产品的部分环节甚至整个的生命周期,最终实现企业间协同生产,快速度、高质量、低成本地为市场提供所需的服务和产品,并且生产资源可以达到共享和集成的目的,以此提高整个制造群的核心竞争力。

事实上,网络联盟企业是在网络化制造模式下组建起来的,它是可以使企业快速适应市场变化的动态组织。它可以将不同的地区的现有资源快速组合起来成为一种超越了空间地理约束并靠信息手段联系统一指挥的经营性实体。这种企业组织和生产模式可克服空间和时间的约束和局限性,保持集中和分散的平衡,并且具备系统优化组合和有效协调的优越性。

网络化制造具有跨越局域网/广域网边界、覆盖企业生产经营全过程、强调企业间的协作与社会范围内资源共享、技术内容非常丰富的基本特征。实践证明,网络化制造的确是企业增强竞争力的有力工具,但是在网络化制造的大环境下,以往相对独立的工厂和车间变成了多个分布在异地,只能靠网络链接的制造实体组成的分布式的制造系统,因此系统的不确定性较之一般的制造系统增强,这使得制造系统的控制与管理,尤其是生产调度问题变得异常复杂。

二、网络化制造的特点

网络化制造作为一种先进的制造模式,它有着众多的特点,主要为敏捷化、创新化、知识化、数字化、虚拟化、直接化、集成化、网络化、智能化、模块化、标准化、开放化、易操作、安全等,如图13-3所示。正是网络化制造具有的这些特点使得其作为先进制造技术之一有了长足的发展。

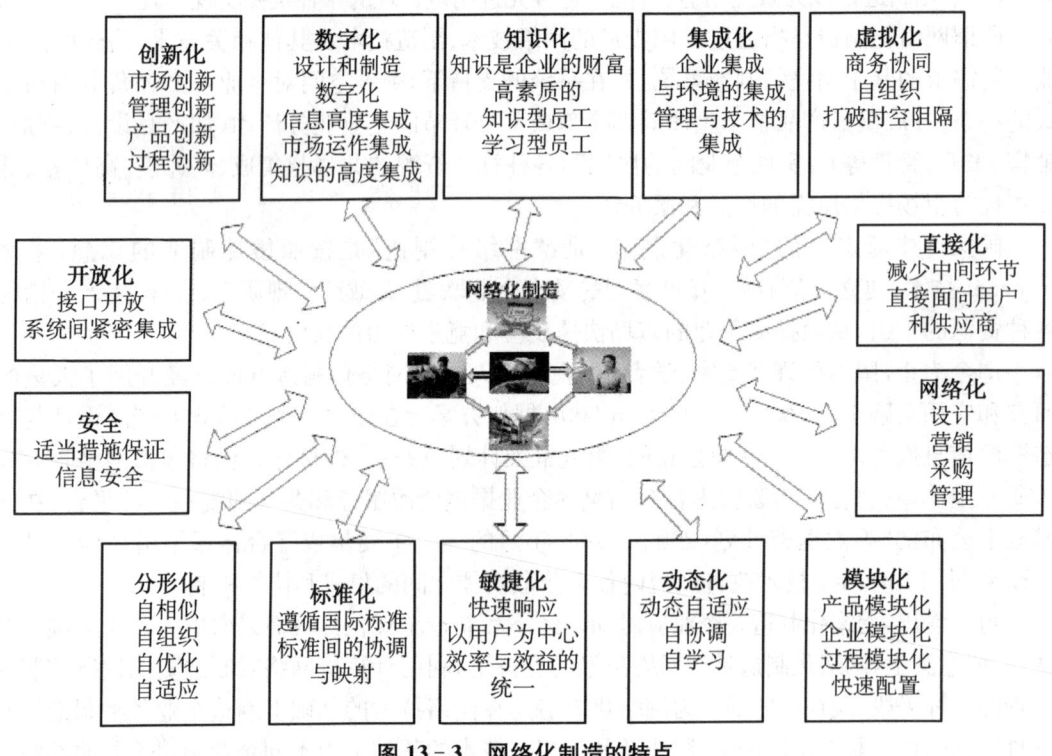

图13-3 网络化制造的特点

如今,制造企业之间已经从竞争渐渐地走向合作或协作,这就要求网络化制造应该具有网络化、数字化和集成化的特点,只有保证了网络化制造的基础实现手段,才能保证网络化制造模式真正实现从理论走向实际应用。网络化制造的目标就是将分散的各种资源进行整合,然后充分利用。数字化就是借助信息技术实现各种功能,实现无纸化设计、虚拟化制造,帮助企业构建信息管理系统,实现企业内部和外部之间信息流、物流、资金流的顺畅。随着网络技术和制造技术的不断发展,网络化制造系统的功能必定会不断扩充,这就要求网络化生产模式具有可扩充性,采用模块化组成即可实现网络化制造的快速配置。网络化制造平台间势必会有交叉业务往来,这就要求网络化生产是开放的,系统间可以相互连接,以便某些业务的顺利完成。网络化是指现代通信技术的发展促进了网络联盟的形成,由于制造资源和市场的分散,要实现资源的集成和快速重组业务,就需要网络的支撑。另外,在网络化制造模式中,无论是设计还是生产乃至管理都应该是标准化的,遵循国际标准,以便于规范和管理等,其他众多的优点更是显而易见的。

三、网络化制造的功能

网络化制造具有复杂网络的连接特性,但是网络化制造的功能依然是有规律可循,网络化制造具有生命周期的特点,主要实现市场需求/订单的捕获、计划、组建、执行和完成五个主要功能,如图13-4所示。

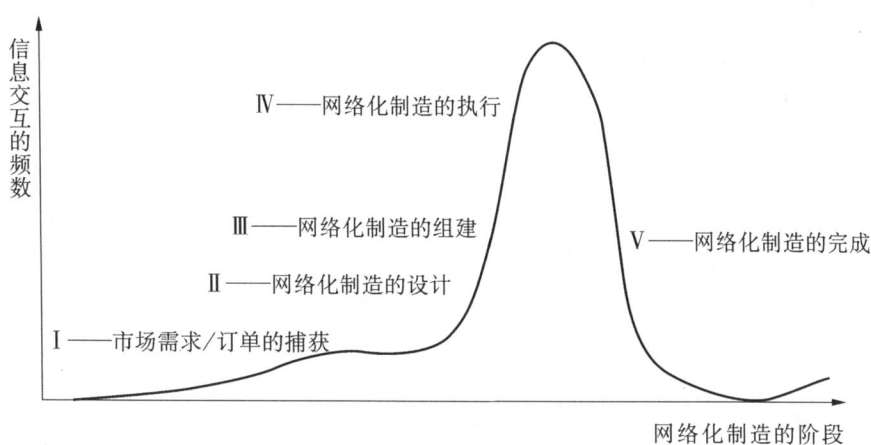

图13-4 网络化制造功能的生命周期示意图

(一)市场需求/订单的捕获

网络化制造由市场需求或是客户订单驱动,网络化制造的核心企业对市场需求和市场订单进行捕获,并基于对市场需求规模、响应速度、盈利能力、个性化程度等因素的综合判断,决定是否投标以及是否组建网络化制造系统。在这一阶段,所涉及的主体为少数企业以及客户,网络化制造之间的信息主要发生在核心企业与客户,交互方式较为简单。

(二)网络化制造的设计

当捕获到市场机会/订单之后,网络化制造的核心企业进一步设计网络化制造的组织结构、信息化协作平台、利益分配机制,构造网络化制造的整体构架。按照市场需求特性和客户订单要求,盟主企业对网络化制造的组织结构、模块功能、资源能力进行设计和计划。在制定合理的组织和能力模块之后,进一步设计和调整符合网络化制造任务的信息化协作平台(包括基础层、EJB组件层、组件构件工具层、平台核心层、应用构建层以及企业专业应用层)。除了进行基础的信息化协作平台设计之外,盟主企业设计与盟员企业的利益分配机制,最大限度地激励盟员企业的参与积极性,减少网络化制造系统运行阶段的风险。

(三)网络化制造的组建

为了满足市场需求和客户订单,网络化制造的核心企业借助 Internet/Intranet/Extranet 技术,选择网络化制造的盟员企业,组建网络化制造系统。按照网络化制造的计划功能,在任务分解的基础上盟主企业进行合作伙伴选择。合作伙伴的选择一般分为三个阶段:

（1）盟主企业对订单以及本企业所拥有的资源和能力进行分析，明确资源缺口以及网络化制造组建的需求；

（2）构建盟员企业评价指标，对现有指标库进行分析，针对不同制造模块设计差异化的指标体系。

（3）选择合作协同性条件满足能力强的盟员企业。

由于网络化制造所要实现功能的差异性，在盟员企业评价指标设计尚没有形成统一的标准，但是通常需要考虑盟员企业的竞争力特点，即企业基础能力、企业运营能力、企业创新能力和企业协调能力。在这一环节中，所涉及的主体为盟主企业以及通过信息化协作平台接入的各个潜在盟员企业，呈现出盟主企业主导的特点。

（四）网络化制造的执行

网络化制造的有效执行有赖于下达物料计划、进行生产调度和控制关键信息三个主要环节。首先，信息化协作平台进行资源配置，使网络化制造各节点企业之间的物料得到最充分利用，并编制物资配送计划下达到相关部门，保证物料的及时供应和协同化运作。紧接着信息化协作平台根据生产任务、工艺规程和资源配置信息安排生产调度，各个成员企业通过信息化协作平台获取作业计划等调度信息。制造过程中的现场信息通过信息化协作平台进行及时反馈以调整生产调度计划，信息化协作平台分析接收到的现场信息协调进行质量控制和设备维护。网络化制造中的节点企业完成各自的主产任务之后，按照计划阶段规定的利益分配原则进行利益分配。网络化制造的执行阶段各个参与方之间产生大量的产品流、物流、信息流、资金流信息，制造系统内部的信息交互迅速增长。

（五）网络化制造的完成

当上述所有环节完成之后，最终产品递交客户，完成一个网络化制造项目。盟主企业对参与的各个成员企业进行评价，并将评价结果存储进入信息化协作平台。成员企业对此次网络化制造的成果和经验进行总结，完成相应的知识管理。

一次网络化制造的生命周期始于市场机会/客户订单，止于需求的满足和订单的交付，期间与合作企业的协作在不同阶段呈现出不同特征。从长期来看，网络化制造随着盟主企业与成员企业合作次数的增加，区别于规模经济优势，在网络化制造模式中，企业所积累的协作经验、合作研发等知识效应带来网络化制造生产效率的提升。

复习思考题

1. 网络制造的流程是什么？
2. 智能制造与网络化制造的研究现状是怎样的？

案例分析

娃哈哈：以智能制造领跑饮料行业

杭州娃哈哈集团作为饮料行业的龙头企业和中国食品饮料行业的典型代表，具备较强的饮料产品研发能力，同时具备一定的智能化设备设计与制造能力，率先建立食品饮料行业的智能生产试点,有效提高了生产线的产能、工作效率和产品品质。

食品饮料流程制造智能化工厂项目是娃哈哈集团通过信息技术与制造技术深度融合来实现传统食品饮料制造业的智能化转型。娃哈哈饮料智能制造包括了集团公司运营层面信息化及网络化建设和全国各生产工厂的自动化智能化建设。该项目以企业运营数字化为核心,结合"互联网+"的理念,采用网络技术、信息技术、现代化的传感控制技术,通过对整个集团进行信息系统建设、工厂智能化监控建设和数字化工厂建设,将食品饮料研发、制造、销售从传统模式向数字化、智能化、网络化升级,实现了从传感器等现场智能元件到ERP管理系统的全过程深度融合,构建产品在线质量监控体系;实现从原材料供应到产品销售至客户的全程食品安全管控体系;另一方面在集成化的企业信息平台上实现对集团型企业的中央管控和外部资源协同,实现内部高效精细管控、优化外部供应链协同,推动整个产业链向高端化、智能化、绿色化发展,提升食品安全全程保障体系。

(资料来源:智能制造实践案例赏析,http://www.e-works.net.cn/report/2017imcase/im.html.)

参考文献

[1] 艾伦·哈里森,雷姆科·范赫克,希瑟·斯基普沃思.物流管理[M].北京:机械工业出版社,2019.

[2] William J. Stevenson.运营管理[M].张群,译.北京:机械工业出版社,2019.

[3] 陈荣秋,马士华.生产运作管理(第5版)[M].北京:机械工业出版社,2017.

[4] 邹艳芬,胡宇辰,陶永进等.运营管理[M].上海:复旦大学出版社,2013.

[5] 张敏.企业物流管理信息化问题及对策研究[J].中国管理信息化,2019.

[6] 徐天舒,刘碧玉.全球采购与供应管理[M].北京:机械工业出版社,2019.

[7] 方爱华,张光明.运营管理(第二版)[M].武汉:武汉大学出版社,2015.

[8] 马风才.运营管理(第四版)[M].北京:机械工业出版社,2017.

[9] 詹姆斯·威廉·马丁.供应链精益六西格玛管理[M].北京:机械工业出版社,2018.

[10] 张荣,刘秀英,孔涛.物流管理[M].北京:电子工业出版社,2019.

[11] 郭彬.创造价值的质量管理[M].北京:机械工业出版社,2019.

[12] 马士华,崔南方,周水银,林勇.生产运作管理[M].北京:科学出版社,2019.

[13] F.罗伯特·雅各布斯(F. Robert Jacobs),理查德 b.蔡斯(Richard B.Chase).运营管理(原书第14版)[M].任建标,译.北京:机械工业出版社,2015.

[14] 郑荆陵,颜忠娥,邱丽萍,陈铠敏.ERP生产制造管理实务[M].北京:清华大学出版社,2019.

[15] 杨华龙,刘进平.供应链管理[M].大连:大连海事大学,2019.

[16] 吴奇志,赵璋,金茂竹.运营管理[M].北京:中国人民大学出版社,2016.

[17] 汪小芬.物流与供应链管理[M].西安:西安交通大学出版社,2019.

[18] 克拉耶夫斯基(Krajewski L.J.).运营管理:流程与价值链(第7版)[M].刘晋,向佐春,译.北京:人民邮电出版社,2007.

[19] 王玉荣,葛新红.流程管理(第5版)[M].北京:北京大学出版社,2016.

[20] 马丁·克里斯托弗.物流与供应链管理[M].北京:电子工业出版社,2019.

[21] 汪利虹,冷凯君.冷链物流管理[M].北京:机械工业出版社,2019.

[22] 水藏玺,吴平新,刘志坚.流程优化与再造(第三版)[M].北京:中国经济出版社,2013.

[23] 杰克·梅雷迪思,斯科特·谢弗.运营管理(第5版)[M].唐奇,译.北京:中国人民大学出版社,2016.

[24] S.托马斯·福斯特.质量管理:整合供应链(第6版)[M].何桢,译.北京:中国人民大学出版社,2018.

[25] 水藏玺.业务流程再造[M].北京:中国经济出版社,2019.

[26] 胡欣悦.服务运营管理[M].北京:人民邮电出版社,2016.
[27] 杰拉德·卡桑(Cerard Cachon),史里斯蒂安·特维施(Christian Terwiesch),任建标.运营管理:供需匹配的视角(第2版)[M].北京:中国人民大学出版社,2013.
[28] Cengiz Haksever.服务管理——供应链管理与运营管理整合方法[M].北京:北京大学出版社,2016.
[29] 刘宗斌.互联网+运营管理:商业模式创新到落地[M].北京:清华大学出版社,2016.
[30] 崔斌.生产运作管理(第三版)[M].北京:中国人民大学出版社,2018.
[31] 杰伊·海泽,巴里·伦德尔.运作管理(第10版)[M].陈荣秋,张祥,等,译.北京:中国人民大学出版社,2012.
[32] 纳罕姆斯(Nahmias S.).生产与运作分析(第6版)[M].成晔,译.北京:清华大学出版社,2009.